Isabelle
Comtesse de Paris

TOUT M'EST BONHEUR

FRANCE LOISIRS
123, bd de Grenelle — Paris

Édition du Club France Loisirs, Paris,
avec l'autorisation des Éditions Robert Laffont.

COÉDITION ROBERT LAFFONT — OPERA MUNDI

ISBN 2-7242-0499-9

Il y a quelques années, en Saône-et-Loire, notre voiture conduite par la Comtesse de Rambuteau dérapa sur le verglas.

« Nous allons mourir », eut le temps de me dire ma cousine.

Après trois tonneaux le long d'un glacis qui surplombe la Loire, nous nous sommes immobilisées sur le chemin de halage.

Quand ma tête a frappé la tôle, j'ai cru moi aussi que c'en était fini...

En un éclair, je me suis dit : « Quel ennui de mourir sans avoir pu mieux soigner mon entrée au paradis ! »

Tout le temps que dura cette fraction d'éternité, j'ai vu très distinctement les yeux bleus de mes onze enfants me fixer intensément.

Je les voyais comme si j'avais été un voyageur dont le bateau s'éloignait d'un quai où ils étaient tous groupés.

De plus en plus larges, de plus en plus bleus, leurs yeux m'apparaissaient pour me regarder partir...

Je dédie ce livre à mes enfants, à leur merveilleux regard clair qui toujours m'apportera joie, bonheur et sagesse.

ISABELLE
COMTESSE DE PARIS

SOMMAIRE

1
Au temps béni de mon enfance

2
Bon Papa

3
Dépaysements

4
Fiançailles

5
Pour la vie...

6
Le bonheur en granite bleu

7
Brésil, mon cœur de réserve

8
Oued Akreuch

9
La fée et le minotaure

10
Navarre forte et fidèle !

11
Séville en liesse

12
Les bonheurs et les jours

13
Délire estival

14
Chez nous...

15
... En France!

Arbres généalogiques

I

AU TEMPS BÉNI DE MON ENFANCE

Lorsque j'y songe, je vois toujours de grands nuages qui galopent dans le vent...

En hiver, il y avait les bourrasques. En été, la brise. Mais aussi cet air, qui apporte une odeur d'embruns, d'algues et de sel. Cette odeur de vent d'ouest, toujours la même, signe selon les saisons, d'une attente, d'une tristesse, d'une nostalgie ou d'une immense joie.

Je vois également les grands hêtres du parc aux mille couleurs, les hêtres que je changeais en personnages vivants. Légers au printemps, protecteurs en été, féeriques en automne et si mystérieux en hiver.

Il y avait la pluie, que j'aime parce qu'elle est toujours si changeante. Pluies qui apaisent, qui effrayent, ou qui mettent en joie, pluies si ténues sur les vitres des châteaux d'autrefois. Petites pluies qui me faisaient rire et qui m'attendrissent toujours...

Il y avait les soirs d'été et le parfum des roses du Jardin français.

Il y avait le printemps, l'été, l'automne, l'hiver et les dimanches et les jeudis.

Il y avait les lundis abhorrés et tous les autres jours... A 8 heures du matin, mon institutrice pour le début de mes cours. A 10 heures, les petits-beurre. A 11 heures, la leçon de piano, exécrée. A midi, le déjeuner, et puis la récréation bruyante, explosive, riche d'inventions et si heureuse... A 2 heures et demie, les classes à nouveau jusqu'au goûter.

Ensuite les soirées pleines d'enchantements. C'était là mon enfance...

Est-elle proche ? Est-elle lointaine ? Je ne saurais le dire. Pour moi le temps n'a jamais eu de vraie valeur et tout me parle toujours au présent...

Passé et présent ne cessent d'être chauds et lumineux, brassés et vivants comme dans une boule de feu. Pendant des jours et des jours, je puis raconter les mille riens qui font une enfance heureuse. Les mille et un tableaux accrochés dans la mémoire.

J'en décroche un au hasard : il en surgit toute une histoire...

Notre enfance était si simple, si exempte de complications !

Pendant longtemps j'ai vécu comme une plante au soleil.

Parfois cependant, une angoisse étreignait mon cœur. Je n'aurais su dire pourquoi... Alors j'allais m'asseoir à l'écart. Devant le château, il y avait une esplanade d'un hectare. De là, on avait vue à la fois sur la ville et sur le parc... En automne, on posait des caissons en bois sur les bouches d'eau pour éviter qu'elles ne gèlent en hiver. J'aimais m'asseoir sur ces caissons qui poussaient sur toute l'esplanade comme de petites verrues peintes en vert. Là, je restais à rêver, à regarder les nuages...

Au bout d'un certain temps, Maman venait et disait : « Allons, Bébelle, cesse de faire l'intéressante ! »

J'avais la tête pleine d'idées de petite fille tendre et romanesque et, en même temps, j'étais un vrai garçon manqué.

La cour d'honneur du château d'Eu est bordée au nord par un muret en garde-fou qui domine une longue pente, très abrupte.

Un beau matin, je devais avoir six ans, je m'empare de l'énorme pépin qui sert à accompagner sous la pluie les personnes qui montent en voiture. A l'aide d'une chaise, j'escalade le muret...

Je ne prends pas le temps de m'effrayer du vide vertigineux. J'ai peur, si peur... que les grandes personnes surviennent et m'empêchent de réaliser le projet dont je rêve depuis plusieurs jours. A grand-peine, je parviens à déployer le parapluie. Enfin je vais pouvoir faire du parachute !

Du haut du mur, je me jette dans le vide. Aussitôt le parapluie se retourne et je vais bouler comme un lapin, très en contrebas sur le talus couvert d'herbe. Sans dommages, mais si déçue de n'avoir pu voler et très vexée des moqueries de mon frère survenu à l'instant du désastre !

Ma toute petite enfance est une nébuleuse où j'évolue comme un petit animal heureux et bien vivant... Voilà que je découvre dans ma collection familière un autre de ces tableaux, enfouis dans le souvenir. Aussitôt me pénètre la saveur exquise de ce temps béni...

Je suis entourée de parents aimants et toujours gais et de grands-parents qui sont des modèles de grands-parents. Mon père, Dom Pedro, prince du Grao-Para, titre donné au prince héritier, du nom d'une province du Brésil, est né dans ce pays, à Petropolis, en 1875, le 15 octobre.

Il était le fils d'Isabelle de Bragance, princesse impériale du Brésil et de Gaston d'Orléans, comte d'Eu. En épousant la princesse héritière du Brésil, le comte d'Eu a fondé le rameau Orléans-Bragance.

Maman est née en 1875, au château de Chotebor, en Bohême. Elle était la fille du comte Jean Dobrzensky de Dobrzenitz, baron de Bohême et de la comtesse Elisabeth Kottulinsky.

Je me rends compte maintenant qu'ils n'étaient vraiment pas sévères avec nous. Mais pour autant nous n'étions pas gâtés. Je ne recevais de cadeaux qu'à Noël et à mon anniversaire et il ne s'agissait pas forcément de cadeaux somptueux : nos parents s'attachaient surtout à nous offrir des objets pour agrémenter nos chambres. Je me souviens ainsi de plusieurs poupées dont une japonaise, d'une paire de vases en faïence fleurie, d'une pendulette en porcelaine, d'une plaque de cheminée et de maints petits objets précieux...

Ces objets n'étaient pas toujours achetés non plus. C'étaient souvent des souvenirs de famille que j'ai conservés longtemps. Jusqu'au moment de les distribuer à mon tour aux enfants...

Une exception cependant : une trottinette à pédale qu'on acheta pour notre plus jeune sœur, Thérèse. Cet objet apparut aux quatre aînés, qui n'avaient que des trottinettes en bois, d'un luxe inouï...

Notre éducation était rustique, mais non sans contrastes :

nos chambres à coucher étaient à peine chauffées et le matin, nous prenions un tub à l'eau froide. Jusqu'à être admis à « la grande table » comme nous l'appelions, nous dînions d'une soupe au lait et d'un fruit cuit. Le jeudi seulement cette soupe s'enrichissait d'un cacao. A partir de sept ans nous prenions nos repas à la table de nos parents ; celle-ci, par contre, était toujours très bien mise, avec nappes damassées et argenterie.

Nous étions dehors par tous les temps, chaussés, durant la guerre de 1914, de grosses godasses à semelles de bois. Durant cette période, pour nous tenir les pieds au chaud, notre bonne entourait nos chaussettes de pochons en papier journal.

Pour ce qui est de nos habits, nous portions longtemps le même vêtement, jupes en lainage en hiver, cotonnades en été, qui étaient changées une fois par semaine. Pour les dimanches et les jours de fête par contre, Maman nous faisait faire de très charmantes toilettes qui me plaisaient toujours beaucoup.

Sauf une fois quand, pour un gala de cinéma muet à Paris, nos grands-parents nous ont emmenés voir le film principal qui était une bien lugubre « Vie de Jésus ». La salle était remplie d'enfants et les petites filles portaient presque toutes des robes en faille rose ou bleue, à froufrous. Pour cette occasion, Maman avait commandé, pour moi, une robe en lin écru avec des entre-deux en dentelle d'Irlande. Cette tenue, qui était certainement une des plus élégantes, me donnait pourtant l'impression d'être très peu habillée...

A côté des robes en soie voyantes et multicolores des autres petites filles qui froufroutaient dans les loges alentour, je me suis sentie, ce jour-là, franchement misérable.

Maman peignait beaucoup. Surtout des portraits à l'huile que le goût du jour pourrait trouver trop ressemblants peut-être, mais qui nous plaisaient à tous énormément.

Elle était également très musicienne et excellente pianiste. Les après-midi d'hiver, avant le dîner, elle jouait de longs moments et parfois, ses mélodies me donnaient envie de pleurer. Je me cachais alors à ses pieds sous le grand piano à queue...

Lorsque nous étions plus âgés, et que l'envie nous prenait de danser au son du phonographe, elle amplifiait, en les accompagnant au piano, les airs gravés sur les disques en cire épaisse. Nous virevoltions alors entre cousins et cousines sur les parquets Louis XIII du château d'Eu ou à Paris sur les tapis ras et élimés de l'hôtel Lambert.

Papa et Maman étaient extraordinairement gais et partout où ils allaient, ils rayonnaient la sérénité et la joie... Ils étaient grands, ils étaient beaux, Papa avait les yeux myosotis des Orléans, Maman le regard gris vert qui lui venait de son sang slave.

C'était le couple le plus parfait et le plus heureux que j'ai pu connaître sur terre et je pense que cette félicité venait de l'harmonie de leur vie sentimentale. Jusqu'à l'instant de leur mort, ils étaient restés profondément amoureux et ils ne se gênaient nullement de le manifester, du moins devant leurs enfants. Nous ne les avons jamais entendus se disputer et ils étaient toujours d'accord sur tout, sauf lorsque nous partions en voyage, à cause... des bagages.

Maman s'occupait de faire préparer les effets de tout le monde. Ce n'était pas une petite affaire, car nous étions cinq enfants et il fallait prévoir des tenues adaptées à toutes les circonstances. Dès la veille du départ, s'accumulaient dans le hall, baluchons, malles et cantines, énormes cartons à chapeaux, le « plaid-rolled » que notre bonne appelait « pétrolette », sorte d'immense fourre-tout où l'on serrait les lodens de chasse, « pétrolette », nom bizarre, adopté depuis par toute la famille, y compris les nouvelles générations.

Dominant le tout, la monumentale malle-armoire de Maman...

Lorsque, au moment du départ, Papa tombait sur cet amoncellement, il s'écriait furibond : « Je ne pars plus !... »

Il survenait ensuite avec fusils, cannes à pêche et machine à écrire, une omniprésente et mystérieuse petite valise qui contenait, outre un certain nombre de lettres, de documents et de devises, des boîtes à mouches pour la pêche, un réveil, des couteaux de chasse, des canifs à lames multiples pour le bricolage, son livre de messe enfin et des quantités de pipes...

On ne tenait guère compte des cris de protestation de Papa et l'encombrant chargement arrivait toujours ponctuellement à destination.

Chères colères de Papa si vite retombées, car sa bonté reprenait aussitôt le dessus !...

Malgré le tournoiement de nos gouvernantes, institutrices, professeurs et abbés — ceux-ci pour mes frères seulement — nous étions très libres dès la fin des heures d'études et de répétitions.

Les repas étaient très gais. Nous étions presque toujours entre quinze et vingt à table, et nous pouvions parler, à la condition de nous exprimer un jour en portugais, un autre en allemand, un autre encore en anglais. Les dimanches et jeudis nous pouvions parler français.

La chère Mme Pelletier, notre institutrice, n'entendant que l'anglais, en dehors du français, boudait les jours allemands et brésiliens. La gouvernante autrichienne, la baronne Elisabeth Reisky, était ravie les jours où l'on parlait allemand. Quant à la dame d'honneur de Maman, Mlle de Maya Monteiro, son jour de gloire arrivait quand nous nous exprimions en portugais. M. Räders, le précepteur de mes frères, paraissait, lui, tout comprendre.

Grâce à mes parents, notre maison était donc toujours gaie.

Nous les entendions rire très souvent et Maman aimait vaquer à ses différentes tâches en chantant et en sifflant. L'atmosphère qui régnait dans notre maison est assez difficile à décrire, et surtout à expliquer. Mais je pense que pour l'essentiel, c'est la manière de vivre de mes parents qui emplissait la maison à toutes les heures du jour, d'une sorte de courant d'air incessant de bonheur et de joie.

Maman avait aussi un don spécial pour soigner les malades ou les mal portants ; sa manière était empirique, mais le résultat presque toujours bon.

Après sa maladie, ma sœur Françoise a gardé les jambes très fragiles. Avec raison, Maman trouvait les bains de mer indispensables pour la fortifier, et nous tous par la même occasion...

En hiver, pour activer la guérison de ma sœur, Maman faisait venir de Mers ou du Tréport un grand seau de varech qu'une brave femme nommée Virginie apportait quotidiennement avec le poisson qu'elle vendait à Eu. J'adorais notre bain le soir avant le dîner où nous marinions dans ces algues ondulantes et odorantes, et jouions à faire éclater les verrues que cette plante marine porte sur ses feuilles...

Les jours de sortie, Papa s'habillait comme tout le monde, mais à l'ordinaire, ses costumes étaient plutôt singuliers.

Dépourvu de tout respect humain, il ne craignait pas, par exemple, d'arborer pour les dîners en famille des vestons en tissu des Indes, aux grosses raies arc-en-ciel... Se sentant par ailleurs très proche des habitants d'Eu, il ne manquait aucun enterrement.

Quand, par malchance, le défunt était porté en terre un jour de chasse, Papa assistait à l'office dans un ample costume noir. En sortant de l'église, il laissait le cortège s'ébranler, se dirigeait alors vivement vers le château et à la stupeur des quelques personnes présentes, commençait, en pleine place d'Orléans, à... se déshabiller. D'abord la veste de deuil, et puis, tout en courant vers l'auto, son pantalon. Il tendait toutes ses défroques au concierge qui attendait à la grille du château.

Cette mue terminée, il apparaissait enfin dans son costume de chasseur et sautait d'un bond au volant de son auto.

Le spectacle était certes imprévu mais Papa n'en avait cure.

Souvent surprenantes, les manières de mes parents pouvaient étonner beaucoup. Mais leur simplicité, jointe à leur naturel, a fait qu'elles n'ont jamais scandalisé personne...

Mon souvenir le plus lointain me ramène en Bohême au château de Chotebor. Je devais avoir deux ans et je me vois juchée sur une grande commode blanche, dans une petite chambre à rideaux blancs. Ce devait être la nurserie et Maman me montrait à un groupe de dames. Parmi elles, il y avait sans doute ma grand-mère et les belles-sœurs de Maman. Comme elles étaient souriantes toutes ces dames ! Certaines portaient de très grands chapeaux, un peu de travers, mais toutes avaient de larges ceintures noires et brillantes, qui leur serraient la taille entre les jupes et les corsages à col empesé.

Pour mieux me voir, toutes ces jeunes femmes faisaient

autour de moi des courbettes en riant et leurs chapeaux ondulaient.

J'ai toujours dans l'oreille le son de la voix de Maman. Je savais qu'elle parlait de moi et sa voix était comme un gazouillis mais que je ne comprenais absolument pas. Cela me troublait... Je me rends compte à présent qu'elle devait parler tchèque ou allemand.

J'éprouve encore un sentiment étrange lorsque je revis cette scène, toute petite bonne femme que j'étais, me rengorgeant, toute fière de la joie de Maman qui me faisait admirer. C'est comme si du lait chaud coulait en moi. J'étais bien, j'étais heureuse...

Une autre fois, il pleut. Il pleut tellement et je suis toute seule à la maison. Je suis toute petite avec des cheveux blonds en boucles, car on m'a mis des bigoudis après le bain. J'aime bien cela parce que, ensuite, Miss Scott me frotte la tête avec quelque chose qui sent bon.

Mais aujourd'hui, je suis enrhumée et je suis toute seule. La maison sent l'eucalyptus, tout a l'air d'être dans du coton, tout est mou, et rien n'a bonne odeur. Je vais à la fenêtre. Il pleut, il pleut tellement ! Je ne bouge pas mais malgré la pluie, j'entends la chute d'eau de la rivière.

En restant bien immobile, le nez collé contre la vitre qui dégouline, je peux me donner l'illusion de pleurer. Je reste là indéfiniment et le bruit de la pluie me fait des picotements dans la tête. Il pleut, je suis toute seule, je suis toute petite...

Un jeudi après-midi, comme il fait très froid, et que j'ai mal à la gorge, je reste seule dans la salle de jeu.

Mes frères et mes sœurs sont allés jouer dehors et pour me consoler Maman m'a remis la clé d'une ravissante vitrine en marqueterie. Cette vitrine m'appartient et j'y range tous mes trésors : vaisselles de poupées, petit bureau miniature avec sa garniture complète, y compris un globe terrestre minuscule, du papier à lettres et un journal qui porte ce titre : « Le Charivari ». J'aimais à déranger et à recomposer le décor des étagères remplies de ces petites bricoles.

A cette époque de mes cinq ou six ans, nous avions une

bonne qui se nommait Denise. Elle devait avoir dix-huit ans et je ne l'aimais guère. Avec sa figure rouge et ronde, elle aurait pourtant dû m'inspirer confiance, mais elle parlait fort et j'en avais un peu peur. Il me revient un exemple de sa rusticité.

Elle s'introduit un jour dans le salon où Maman recevait des visites, pour la prévenir que ma petite sœur Thérèse pleurait : « Mââme la princesse, la petite princesse al braie, al crie beaucoup !... »

Une autre fois, Maman trouve que cette jeunesse qui lui est confiée doit songer à son âme. Elle l'envoie suivre une retraite à la paroisse. Lorsque la retraite est terminée, Maman lui demande si cela lui a plu et si elle a retenu quelque chose. « J'ai appris à méditer », répond Denise. « Et comment médite-t-on ? » lui demande Maman... « C'est très facile... On ne fait ren, on ne dit ren, on n'pense à ren !... »

Ce fameux jeudi, Denise m'apporte le goûter et reste pour me tenir compagnie. Au bout d'un moment, elle me demande si je veux jouer aux dames avec elle. J'aimais bien jouer aux dames, mais surtout avec Papa. Avec elle, cela ne m'enchantait pas beaucoup mais elle insiste si bien que je finis par lui céder.

Au début, je gagne une ou deux parties. Je suis ravie et là-dessus, Denise me dit : « Maintenant, pour que cela soit plus amusant, celle qui va perdre devra donner un cadeau à l'autre. » Avec mes six ans, je n'ai pas compris tout d'abord le sens de cette funeste proposition. J'ai même trouvé l'idée de Denise excellente... La première partie avec enjeu commence et je vois encore la grosse main de Denise poussant les pions...

Elle gagne la première partie et me dit : « Bon... Maintenant, je dois choisir un cadeau ! ».

Elle va à la vitrine et prend le petit canif miniature en ivoire que j'aime tant... Je lui demande alors : « Si je gagne maintenant, est-ce que je pourrai regagner le petit canif ? » « Bien sûr », me dit-elle. Et elle gagne un autre bibelot de ma vitrine. Oh que c'est atroce ! Elle gagne... Elle gagne, et tous mes petits bibelots s'en vont, les uns après les autres... Je suis affolée et ne sais comment arrêter cette catastrophe. En dépit de l'angoisse qui m'étouffe de plus en plus, je veux pourtant respecter nos conventions... J'ai compris plus tard qu'elle trichait...

C'est dans ces affreux instants que j'ai conçu pour toujours une certaine répugnance pour le jeu.

On s'est d'ailleurs aperçu quelque temps après que Denise était aussi voleuse...

L'épilogue de cette histoire n'est pas tout à fait tragique : mes parents ont pu récupérer quelques-uns de mes trésors, mais jamais mon préféré, le minuscule canif d'ivoire à lame double...

Pendant la guerre de 1914, nous avons tous fait un long séjour à Bossens, à soixante kilomètres de Lourdes, au bord du Gave. Nous avons passé, là, tout un hiver et un printemps, car ma sœur Françoise est tombée gravement malade pendant que nous nous trouvions à Lourdes, en pèlerinage.

Chaque fois qu'il y avait une naissance à la maison, nos parents partaient avec armes et bagages, bonnes et nourrices pour Lourdes, où l'on consacrait le nouveau-né à la Sainte Vierge.

C'est lorsque nous y sommes allés pour mon frère Dom Jao que Françoise a failli mourir. On nous a tous expédiés à Bossens avec les bonnes et Miss Scott, et nos parents sont venus nous rejoindre plus tard avec la petite convalescente.

Bossens était à cette époque un minuscule village pyrénéen. A l'écart, sur une colline, s'élevait un hôtel moderne tout en pierres grises avec une vue merveilleuse sur les montagnes et les ruines d'un château fort.

L'hiver était venu avec un ciel rose et nous faisions de la luge sur la neige bleutée. C'est là que, pour la première fois de ma vie, je suis allée à la messe de minuit. Dans la nuit, on voyait toutes les petites lanternes des paysans qui descendaient de la montagne vers l'église du village...

J'étais au banc des petites filles et je portais comme tous les jours un capulet rouge comme en ont les petites Béarnaises. Pendant la messe des dimanches, le curé se retournait pour donner des taloches aux gamins qui faisaient des bêtises. Je me souviens avoir eu très peur que cet original s'en prenne aussi à mon frère Pedro qui, au banc des petits garçons, roulait de gros yeux effarés...

Notre vie à Bossens s'écoulait calme et heureuse. Papa et

Maman nous emmenaient faire de grandes promenades dans la montagne, et nous rendions visite à des paysans qui nous offraient du lait. Un jour, ils nous ont même demandé de garder leurs troupeaux de moutons. Jamais comme ce jour-là, je ne me suis sentie aussi importante !... Nous rencontrions parfois de vieilles Béarnaises assises sur le pas de leur porte : les dernières fileuses au rouet...

Un jour, au cours d'une longue promenade, le sentier nous amène au bord du Gave. Nous trouvons le gué et le passons en sautant de pierre en pierre. La course continue sur l'autre rive, en remontant la vallée... Mais voici qu'au retour une crue subite nous empêche de retrouver le gué. Nous allons et venons le long du Gave tumultueux qui roule des eaux claires et grondantes. Papa sonde la profondeur de l'eau avec son alpenstock : « Il faut vite traverser car dans cinq minutes, ce sera trop tard ! »

Tel un saint Christophe, il nous charge les uns après les autres sur son dos. Il a de l'eau bien au-dessus des genoux et quand c'est au tour de Maman, que j'aperçois tout abandonnée de l'autre côté du gave, je me demande comment il va faire, car elle est si grande, et l'eau est encore montée. Je suis prise d'une admiration immense quand je vois Papa enlever son fardeau facilement et revenir vers nous avec allégresse...

Un jour, rien n'alla plus. Tout d'abord j'ai été grondée par Maman et mon frère s'est mis à rire. Pedro me taquinait beaucoup et Maman l'excusait souvent... Ensuite, la nurse s'était montrée sévère avec moi, car devant mettre, ce jour-là, une robe en jersey bleu marine avec mille petits boutons sur le devant, j'avais refusé de m'habiller seule. Pour couronner le tout, Papa était parti pour Lourdes...

J'étais furieuse et malheureuse et soudain j'en ai eu assez de la nurse, de l'hôtel, du restaurant avec ses odeurs de soupière en métal, de son parterre de vieilles personnes, et peut-être même de toute la famille.

J'ai déclaré tout net que je partais pour Lourdes rejoindre Papa, que je pouvais bien faire soixante kilomètres à pied et que je connaissais le chemin. J'avais six ans et Maman m'a laissée partir... Ce moment a été un des plus merveilleux de ma vie ; sitôt les pieds sur la grande route, j'ai oublié tous mes griefs et malheurs de petite fille... Nous étions en mars, des ruisseaux de neige fondue galopaient de chaque côté de la route et je revois ce paysage comme si j'y étais encore. Malgré ma révolte, je ressentais un grand bonheur et cette liberté, cette autonomie nouvelle m'enthousiasmaient. La campagne semblait prendre une autre vie, les buissons, le long des ruisseaux, étaient tout dorés par le soleil, les montagnes lointaines avaient l'air de grands coussins posés les uns sur les autres et je marchais allégrement, en faisant résonner mes grosses galoches sur la route dure. Un magnifique coucher de soleil embrasait le ciel et tout le pays. Les nuages avaient des formes et des couleurs extraordinaires et je me suis arrêtée pour les contempler ; j'étais partie, j'étais seule, j'étais heureuse...

A force de tout bien regarder, j'ai soudain aperçu Maman cachée derrière une haie.

C'était l'écroulement de mon rêve. Un instant avant, je me voyais déjà arriver à Lourdes ; j'avais bien quitté l'hôtel, je me croyais partie pour toujours, et voilà que la seule vue de Maman avait su chasser d'un coup cette illusion. Je l'ai rejointe alors le plus naturellement du monde — pas malheureuse, mais le cœur serré tout de même — avec l'impression d'avoir perdu quelque chose de très important...

Depuis le début des apparitions de la Sainte Vierge, toute la famille allait à Lourdes souvent, pour y faire ses dévotions. A l'hôtel de la Grotte où nous logions, on se souvenait du duc de Nemours, de mes grands-parents, mais surtout du prince de Joinville. Ce prince était en effet extrêmement gai et aimait à faire des farces.

Un jour, dans ce même hôtel, il réussit à verser un laxatif dans la soupe des hôtes. Non sans subtiliser la clé de tous les cabinets...

Il s'ensuivit un tapage qui dura toute la nuit...

J'ai toujours aimé Lourdes et toutes nos expéditions là-bas m'ont ravie. Le voyage en train d'abord, dans lequel nous disposions de plusieurs compartiments où l'on accrochait des hamacs pour les plus petits. Mon frère Dom Pedro et moi-même nous dormions dans les filets à bagages qui, à cette époque, étaient vraiment du filet en corde et très spacieux. L'arrivée à Lourdes, ensuite, où, par la fenêtre du compartiment, on nous faisait regarder de l'autre côté du gave les bougies qui scintillaient dans la grotte.

A l'hôtel, nous avions l'impression d'être chez nous. Nous jouions avec les enfants du propriétaire dans le grand jardin et le soir, avec la petite fille du patron, qui nous paraissait fort gâtée et prétentieuse. Elle nous préparait pourtant des dînettes de poupées avec quantité de petites vaisselles remplies de petits gâteaux que nous dévorions bien avant qu'elle n'ait fait semblant de les donner à ses poupées.

A Lourdes, Papa et Maman nous ont appris à prier, soit à la basilique, soit devant la grotte. J'aimais entendre derrière moi le bruit du gave qui roulait ses cailloux pendant que nous récitions notre chapelet en famille.

Nous rendions également visite aux demoiselles Rousse qui avaient été des compagnes de Bernadette. Depuis plusieurs générations déjà elles faisaient inévitablement partie de notre programme. Elles nous parlaient de nos grands-parents et arrière-grands-parents, mais surtout de Bernadette et j'étais persuadée qu'elles étaient elles-mêmes des saintes.

Leurs propos, qui passionnaient nos parents, ne nous intéressaient guère, car nous étions fascinés par un petit coq et une poule de Cayenne qui se promenaient sur une grande table recouverte de peluche et qui obéissaient à tous les ordres des demoiselles Rousse.

Nous faisions là-bas de longs séjours et c'est en hiver que je m'y plaisais le plus, à cause des odeurs de ville de montagne, avec ses fumées de feu de bois et la fraîcheur de la neige.

Nous allions parfois avec Papa voir le grand marché aux bestiaux dans la vieille ville. Il parlait élevage avec ces braves Béarnais dont certains portaient encore le costume du pays. Les femmes étaient toutes coiffées de leur capulet...

Petite, je ne pleurais jamais. Mes frères et sœurs et moi-même étions très durs au mal. J'étais tout le temps couverte de plaies et de bosses et lorsque je saignais trop, j'avais découvert qu'en mettant du sel sur mes coupures, cela séchait le sang. Je me mettais dans des colères terribles, ça oui, mais pleurer pour pleurer, ça non, jamais !

Quand je voyais des grandes personnes pleurer, cela me plongeait dans des abîmes d'étonnement et de crainte. Quatre fois dans ma toute petite enfance, j'ai eu cette surprise et chaque fois pour des causes bien différentes, ce qui m'étonnait encore davantage.

Une fois en hiver, Maman était au lit, joliment installée dans une chambre qui ressemblait à un salon. C'était une époque où elle était souvent allongée et je crois qu'elle attendait ma sœur Françoise, la future duchesse de Bragance.

En rentrant de promenade, je me suis précipitée chez elle pour aller l'embrasser. Elle pleurait ! J'ai eu un choc et un sentiment de catastrophe. Que se passait-il donc ? Maman me dit : « On a dû tuer Roussalka ! » Roussalka, qui est le nom d'une fée tchèque, était sa belle jument qu'elle aimait tant. Mais pourquoi l'avait-on tuée ? Le cocher, en la promenant, n'a pas vu une plaque de verglas, elle a glissé et s'est cassé une jambe ! Mon Dieu ! Maman pleure et Roussalka est morte... Encore aujourd'hui, l'idée de me promener à cheval par temps de neige me glace le cœur...

Nous avions à la maison un personnel international et à la déclaration de la guerre de 1914, Tchèques, Autrichiens et Lituaniens ont dû quitter du jour au lendemain la maison et la France.

Ma nurse était alors Katti Mayer. Maman l'avait fait venir de Vienne à ma naissance et elle sortait tout juste de son école de nurses. J'étais le premier bébé qu'elle allait soigner. Est-ce pour cela que je suis toujours restée sa préférée ? J'en avais un peu peur car toutes les bonnes françaises disaient qu'elle était méchante avec moi. Je savais bien que ce n'était pas vrai. Certes, elle était très stricte mais je l'aimais beaucoup et elle me le rendait bien. Je la trouvais très belle avec ses cheveux noirs relevés très haut, et, perché sur cette luisante masse, son petit bonnet blanc. Elle est toujours restée dans le fond de mon cœur et, tout le long de sa vie, j'ai reçu d'elle de nombreuses lettres et images pieuses pour toutes mes fêtes. Elle est morte en 1970, et lors de tous mes séjours à Vienne, j'étais heureuse d'aller la retrouver. Son sourire radieux et sa tendresse me donnaient chaque fois une grande et belle émotion.

Pendant la guerre de 1914, nous sommes allés plusieurs fois en Suisse pour revoir Grand-Maman Dobrzensky qui venait de Bohême pour nous rendre visite dans ce pays neutre.

Au cours d'un de ces séjours, Katti nous avait rejoints pour s'occuper de nous, car nous étions déjà trois je crois. Mon frère et moi-même étions très fiers de la naissance récente de notre sœur Françoise, qui est née le jour de la bataille de la Marne, tout comme Didine, ma petite chienne teckel du reste !...

Je revois si bien ce petit hôtel suisse tout propre, et si clair et blanc. Il sentait le lait chaud et la panade que l'on nous faisait ingurgiter tous les matins dans notre chambre. Katti me donnait à la cuillère cet horrible brouet helvétique...

Un soir, après le dîner, elle nous a fait présent d'un jeu de construction suisse. Les cubes, les colonnes et les balustres étaient en bois verni blanc et rouge, et c'était là un jeu tellement appétissant et net que de ma vie je n'en ai eu de si ravissant.

Pour m'apprendre à m'en servir, Katti m'a prise sur ses genoux et m'a fait jouer avec tous ces morceaux de bois rutilants. Nous avons construit une villa affreusement tarabiscotée, mais qui me parut superbe. Ensuite, nous avons rangé le jeu, placé la boîte sur une étagère près de mon lit et je me suis couchée. J'étais si bien installée sous mon édredon rouge ! D'ailleurs tout était rouge et blanc dans cet hôtel !...

Lorsque Katti est venue me border et m'embrasser, j'ai vu qu'elle pleurait. Le lendemain matin elle n'était plus là et je me suis dit : « C'est la guerre ! » Mais chaque fois que je reprenais mon jeu de construction, je la revoyais avec ses cheveux si noirs et si brillants sous la lampe à abat-jour rouge dans la petite chambre douillette où ses larmes m'étaient apparues.

Les larmes des grandes personnes dont je parle sont les premières que j'ai remarquées au début de ma vie. Par la suite, Dieu seul sait combien de larmes j'ai pu voir et combien de fois j'ai fait des efforts désespérés pour tenter de les changer en sourires, même tristes ! Pour un anniversaire de la comtesse d'Eu, on m'avait fait apprendre en portugais un sonnet que l'empereur Pedro II, père de la comtesse d'Eu, avait composé.

Dans ce poème, il était question des palmiers et des fleurs de l'exil, certes beaux, mais tellement moins beaux que ceux de sa patrie. D'oiseaux qui chantaient bien aussi, mais tellement moins bien que ceux du Brésil...

Après la messe dite à la chapelle du château d'Eu, nous sommes donc tous réunis dans le grand hall pour fêter l'aïeule. Maman me pousse contre les genoux de ma grand-mère qui est assise dans un grand fauteuil et je commence ma récitation.

La comtesse d'Eu me regarde avec ses bons yeux bleus, si clairs et si souriants, d'abord si encourageants et puis soudain, pleins de larmes...

J'étais consternée car je croyais lui avoir fait de la peine. Je ne savais pas encore que le mal du pays peut faire pleurer...

Un peu plus tard, je découvris aussi que l'on pouvait pleurer de bonheur et de joie. C'était à Eu le jour de l'armistice. Nous étions allés en ville avec Mme Pelletier qui promenait ses grands voiles de crêpe. Soudain, toutes les cloches se sont mises à sonner ; aussitôt tout le monde s'est embrassé dans la rue, en riant et en pleurant dans le même temps et en agitant des petits drapeaux. Nos grands-parents et mes parents sont sortis du château et nous avons couru à leur rencontre... Bon Papa nous a également donné des petits drapeaux tricolores, ma grand-mère pleurait, et Maman était toute pâle.

« Pourquoi pleurez-vous ? » ai-je demandé. « De joie, m'ont-elles répondu, car le cauchemar est terminé ! »

Par la suite, j'ai souvent pensé à toutes ces larmes d'êtres chers. Larmes qui tombaient comme rosée sur mon âme d'enfant heureuse et gaie. Je pense qu'elles ont bien aidé à faire mûrir la petite plante sauvage que j'étais alors...

Dans une petite maison étroite en brique donnant sur le Champ-de-Mars d'Eu, habitait Mme Corbeille, notre couturière. Lorsque j'allais essayer une robe, elle me disait : « Tournez, petite princesse ! » Comme elle avait des épingles plein la bouche, cela donnait : « Chournez, chetite chrincheche » et j'avais envie de rire. Elle était toujours vêtue de noir et elle pleurait souvent quand elle parlait avec Maman. Elle avait perdu un fils à la guerre et quand nous nous présentions chez elle, on nous disait souvent : « Mme Corbeille est partie à Péronne, ou à Montdidier, chercher son fils. » Quand je m'étonnais, Maman m'expliquait que son fils avait disparu à la guerre et que Mme Corbeille le cherchait, avec l'espoir de le retrouver, sur les champs de bataille.

Un jour, avec Aï notre bonne, je suis allée essayer une robe que Maman m'avait commandée. Elle me plaisait beaucoup cette robe, toute claire avec un joli petit bouquet de roses minuscules à la taille.

Arrivées au Champ-de-Mars, nous voyons Mme Corbeille qui ferme la grille de son jardinet. Oh ! quel curieux chapeau, grand comme un faitout, tout en crêpe avec des voiles noirs immenses qui faisaient comme une tente autour d'elle !

Je lui dis bonjour, et puis : « Ma robe, s'il vous plaît, est-elle finie ? » « Non, petite princesse, non... je pars chercher mon fils. »

Tout cela m'attristait ! Je n'aurais pas ma jolie robe neuve pour aller aux courses du Tréport et de plus, Mme Corbeille partait chercher son fils et elle n'avait même pas de bêche. Jamais elle ne retrouverait son fils sur tous ces champs de bataille. Pauvre Mme Corbeille, me disais-je, sans pelle ni pioche, avec tous ses voiles noirs !...

Comme l'on peut être snob et vaniteuse aussi lorsque l'on est enfant !

Sur la route d'Eu au Tréport, il y avait un immense pâturage qui appartenait à mon grand-père, le comte d'Eu ; une fois par an s'y déroulaient des courses. C'était le grand événement de la région... Sur cette pâture s'élevaient deux tribunes de bois peintes en gris ; une grande, pour le public, et une plus petite pour mes grands-parents et leurs invités. Tout le pays venait à ces courses ; Maman bavardait avec ses amis et Papa discutait chevaux sur la prairie avec M. de Chezelles ; mon frère Pedro, nos trois cousins germains, Pierre-Henri, Louis Gaston et Pia d'Orléans-Bragance, enfants de mon oncle paternel Louis, mon cousin Jenda Dobrzensky et moi-même étions figés dans nos plus beaux atours sur les gradins supérieurs de la tribune du château, sous l'œil sévère de Mme Pelletier. Les grands-parents prenaient place au premier rang...

L'impression singulière que j'éprouvais alors m'étonne à présent ; j'étais tellement fière et imbue de ma petite personne, exposée ainsi à tous les regards ! Cela flattait sans doute ma vanité, mais j'étais ravie surtout d'appartenir à mes grands-parents et à mes parents...

Mon frère et mes cousins jouaient les acrobates sur les balustrades et cela me choquait. J'aurais voulu leur expliquer l'importance et la dignité du lieu car j'avais le sentiment qu'ils étaient en train de défaire le superbe tableau dont mes grands-parents étaient le centre.

Je n'avais encore aucun sens de l'importance exacte des choses et cette tribune efflanquée et vaguement disproportionnée m'était montée à la tête.

Je n'ai d'ailleurs jamais pu arborer ma jolie robe avec les petites roses aux courses du Tréport car l'année suivante... elle était devenue trop courte !...

Nous allions aussi à la journée des drags à Dieppe, occasion là encore d'être très fière de mes parents. Ils allaient d'abord aux courses avec leurs amis et après, toutes les dames avec leurs beaux chapeaux et les messieurs bien habillés, montaient dans les drags.

Tout au long de cette fameuse journée des drags, nous autres enfants attendions dans la grande maison des Ladoucette sur la route de Rouen. Nous jouions dans le jardin avec une foule de petits amis et on avait bien soin de ne pas nous faire entrer dans les salons où d'immenses tables toutes blanches, avec des chandeliers d'argent et des quantités de plats garnis de merveilleux gâteaux, attendaient les invités des Ladoucette.

Soudain on criait : « Voilà les drags ! Voilà les drags ! » Nous courions sur le perron pour voir l'arrivée de ces immenses voitures, compromis de breaks et de chars à bancs, tirées par quatre ou six chevaux magnifiques qui prenaient au grand trot le tournant de la pelouse. Mes parents prenaient place dans le drag du vicomte et de la vicomtesse de Chazelles, mais toute cette belle mise en scène ne me faisait nullement oublier les gâteaux, car j'ai toujours été très gourmande.

C'est aussi chez les Ladoucette que j'ai goûté pour la première fois ce qui est devenu mon gâteau préféré, grâce à Mlle Marie de Waziers qui était un peu plus âgée que moi, et dévolue à notre surveillance... « C'est ce petit gâteau carré, là, qu'il faut goûter ! » me glissa-t-elle en me désignant une pâtisserie qui ne m'inspirait pas du tout. « C'est ce qu'il y a de meilleur, c'est un moka ! »

Dans notre famille, nous avons toujours vécu au milieu des chevaux. Un jour, cela pouvait être en 1915, nous avons été atterrés d'apprendre qu'on allait réquisitionner tous les chevaux. Avec notre père, nous sommes allés au Champ-de-Mars d'Eu pour voir comment cela allait se passer.

Mon frère Pedro pleurait à chaudes larmes, ce qui faisait dire aux bonnes gens : « Oh ! comme le petit prince est ému de voir les soldats partir pour le front ! » « Mais non ! disait-il à notre père, si je suis triste, c'est parce que nos pauvres chevaux vont partir sur les champs de bataille ! »

Finalement, on nous a tout de même laissé « Marron », un cheval trop vieux pour tirer les canons, et deux poneys de Shetland parce qu'ils étaient trop petits...

Ces petits poneys étaient vifs et même assez vicieux. Nous les montions souvent seuls, heureusement sans étriers, car combien de fois ne m'ont-ils pas jetée à terre !... J'avais alors juste le temps de filer à quatre pattes pour éviter d'être piétinée. Ces petits chevaux de pure race servaient surtout à traîner un break.

Tous les après-midi de mon enfance, nous partions en promenade dans cet attelage. A l'arrière, sur la banquette, il y avait mon frère, ma sœur Françoise et moi ; sur la banquette avant, prenaient place la nurse, Miss Scott, et Aï notre bonne, qui tenait les rênes. Plus tard, notre petit frère Joao se joignit à nous.

Nous étions emmitouflés dans des fourrures et des couvertures et lorsqu'il pleuvait, on levait la capote. Nous étions alors bien couverts et j'avais l'impression d'être dans une petite cabane, bien à l'abri des intempéries. Nous regardions par la petite fenêtre de mica le paysage détrempé ou enneigé qui défilait au petit trot de nos chevaux, tout fumants. Je pense que ce sont ces promenades qui m'ont appris le mieux à observer la nature et à aimer tout particulièrement les collines, les bois et les champs de chez nous, de ma petite patrie de « Seine-Inférieure », comme on disait alors.

De mai à septembre, nous allions à la plage du Tréport.

Aï et Miss Scott attachaient les poneys à la grille d'une villa de nos amis et nous passions l'après-midi entière à jouer sur la plage, avec nos cousins et des petits amis qui venaient nous rejoindre.

Pêcher des crevettes, ramasser des bigorneaux dans les rochers, et surtout bâtir de hautes forteresses de sable où nous nous réfugiions lorsque la marée montait, occupait tout notre temps.

Les parents venaient souvent nous retrouver. Papa nous apprenait à nager, à plonger dans les vagues et, à l'heure du goûter, nous allions rejoindre les nurses bien installées sur des plaids, car nos galets sont plutôt malcommodes. On nous servait alors des tartines beurrées avec du miel ou accompagnées de tablettes de chocolat Meunier que nous préférions à celles de Félix Potin, nettement plus minces. Mais à ces délices, s'ajoutait toujours le supplice des timbales d'argent : du thermos, on nous versait un lait bouillant et la timbale devenait rapidement si chaude, que je ne savais plus comment la tenir sans me brûler...

Plus tard, nous avons émigré de la plage du Tréport à celle de Mers, moins populeuse. Mais nous avions toujours la même cabine de bains, une cabine sur roues qui passait tout l'hiver dans les écuries du château. Dès le printemps, on la réinstallait sur le haut des galets près de la promenade de la plage. Cette cabine, qui nous a abrités durant toute notre enfance, avait servi un jour à abriter la reine Victoria. Lors d'une des premières visites de la reine au roi Louis-Philippe, à Eu, les marins anglais manquèrent la marée haute et on dut faire débarquer la reine Victoria dans une chaloupe, qui l'amena sur la plage.

Pendant que des rameurs et des pêcheurs gardent l'embarcation en équilibre, des chevaux traînent la cabine montée sur roues dans les dernières vagues. On hisse ensuite Sa Majesté britannique et ses énormes jupes dans l'étroit réduit qui reprend la route jusqu'au sommet de la montagne de galets, vers l'esplanade, où l'attend Louis-Philippe...

Je conserve une belle esquisse d'Isabey, qui représente cette scène. C'est tout ce qui nous reste de la « cabine de la reine Victoria », comme nous l'appelions, car, durant la guerre de 1940, elle a disparu...

Une après-midi, pendant la guerre de 1914, nous revenions du Tréport avec notre petit attelage. En arrivant à Eu par la route qui longe le parc et qui descend sur la place Carnot, Pedro et moi-même avons eu la stupide idée de chanter à tue-tête pour entendre nos voix chevroter aux trépidations de la voiture. Nous devions hurler vraiment fort, car les poneys se sont emballés dans la descente et en arrivant sur la grand-place devant l'église, Aï a manqué son virage. Nous avons versé, et pêle-mêle, nous nous sommes tous retrouvés par terre, au pied de l'estrade dressée au milieu de la place noire de monde. Un orchestre militaire y donnait justement un concert.

Tous les soldats qui étaient là en spectateurs, les Belges, les Anglais et tous les autres, se sont précipités pour nous ramasser et maintenir les poneys au bout du timon cassé.

Ebahis par cette pelletée d'enfants projetés à leurs pieds, les gens restèrent d'abord tout saisis. Puis ils se montrèrent compatissants et nous cajolèrent longuement en nous bourrant de friandises. Nous avions eu heureusement plus de peur que de mal, sauf notre bonne Aï, dont la jambe était profondément entaillée.

Ma sœur Françoise, qui était encore très petite, continuait à pleurer à chaudes larmes.

Un gentil Anglais l'a prise dans ses bras pour la ramener au château avec nous tous. Pour la consoler, il lui donna un sou. Accepter de l'argent d'un étranger et sans la moindre hésitation !... Pedro et moi-même en avons été profondément scandalisés...

La guerre de 1914 m'a appris beaucoup de choses. Tout d'abord j'ai appris à lire avec une institutrice que nous appelions la « Demoiselle sans âge ». C'était une réfugiée belge comme il y en avait beaucoup dans notre petite ville et elle s'appelait en fait Mlle Richard ; elle portait tout le temps un châle vieillot sur les épaules et j'ignore si elle avait des jambes car je n'ai jamais vu que son buste. Soit à la fenêtre lorsqu'elle m'attendait, ou alors posé sur la table dont il semblait faire partie avec la nappe de feutre violine, le gros encrier rond, l'essuie-plume, et un cochon en métal nanti d'une crête de poils sur le dos.

Mlle Richard a disparu de ma vie un peu comme une vieille fée ; sans doute a-t-elle dû s'envoler un beau jour par la fenêtre...

A la même époque, j'ai appris aussi à aimer la beauté.

Mlle Crabe était une jeune fille belge réfugiée à Eu avec ses parents. Elle pouvait avoir dix-sept ans, mais je n'en suis pas sûre car je n'ai jamais pu donner un âge à qui que ce soit. C'était une bien gracieuse personne aux magnifiques cheveux blonds, liés dans la nuque par un gros nœud noir à coque, presque aussi grand que celui d'une Alsacienne. Sa taille était fort mince et ses jupes demi-longues laissaient voir des petits pieds pris dans des bottines noires à mille boutons.

A quoi donc rapporter son charme inexplicable ?... Je l'ignore mais je pense que ses traits, sa voix, sa silhouette même, dont je n'ai plus un souvenir très précis, me fascinaient tant parce que, au-delà de son apparence physique, il émanait d'elle une sagesse douce et discrète. Elle y joignait aussi la gentillesse : pour ma première communion, elle m'a fait cadeau d'un bénitier en bois peint décoré d'un ange de Murillo...

Ces réfugiés belges m'ont été décidément d'une grande aide pour mon éducation. Parmi eux, il y avait aussi la famille Tilleule, forte de... sept garçons, dont trois avaient à peu près mon âge. L'aîné m'a appris à monter à bicyclette et un autre à danser la valse.

Un été, les régiments cantonnés dans la région organisent dans les champs, au-dessus des falaises de Mers, une kermesse de charité.

C'est une belle et chaude journée tempérée par la brise de mer. Entre les tentes, les baraques et les comptoirs, les grandes personnes s'affairent. Il y a là les officiers, les infirmiers et toutes les personnalités civiles de la ville. Au centre de cette fête, on a monté une estrade en bois, sur laquelle un orchestre militaire joue sans jamais s'interrompre.

Livrés à eux-mêmes les enfants batifolent au milieu de cette grande foule, où il y a des Anglais, des Canadiens et même des Australiens, avec leur grand chapeau kaki plié du côté droit. Entièrement accaparées par leurs occupations, les grandes personnes n'ont pas eu l'idée de danser.

Est-ce l'herbe verte ou une entraînante musique à trois temps ?... C'est en tout cas là que j'ai appris à valser. Me saisissant soudain par la main, un des petits Tilleule m'entraîne. D'abord très intimidée, je suis vite prise par le rythme et je valse, valse avec ravissement sur le gazon odorant...

Ce n'est qu'au bout d'un bon moment que je vois Maman et ses amies cachées parmi la foule qui nous regardent en souriant... C'était dans l'été de 1917.

En regardant une tasse sordide dans des lieux perdus qui ne sont certes ni l'hôtel Ritz ni le palais de mes parents au Brésil, il arrive parfois que cette tasse exhale pour moi une odeur de café si subtile qu'elle me fait ressouvenir de mes sept ans.

C'est un bon parfum, c'est un bon café, mais c'est le type de bon café que l'on ne fait qu'en France : il est peut-être considéré par les experts et les étrangers comme exécrable, mais je l'aime ainsi.

Pourtant je suis aussi amateur de grand café et j'en apprécie souvent d'excellent, au parfum évocateur et si consolant.

Ce café-là, toutefois, à l'arôme très spécial qui soudain me transporte si loin dans mes souvenirs, ne m'est servi chez les uns ou chez les autres, ou encore à l'auberge, que très, très rarement...

Tout au long de notre enfance, nous avons eu une kyrielle d'institutrices. Entre autres, une certaine Mlle Dubois, petite, mince, trottinante, bien prise dans sa jupe grise avec ses corsages à manchettes empesées. Elle me faisait penser à Miss Alice dans le livre où j'apprenais l'anglais. Mlle Dubois était très pâle, sa coiffure était haute, blondasse et poussiéreuse, elle n'avait pas de voix et la parole plutôt rare. Elle m'aimait beaucoup, mais je la considérais dans ma sagesse d'enfant comme une personne bizarre, et je n'étais absolument pas impressionnée lorsqu'elle me disait notamment que... j'allais mourir à quinze ans ! Elle m'assurait en effet que j'avais tous les symptômes de la phtisie galopante... Je trouvais cette maladie tout à fait ravissante, et je me voyais finir mes jours galopant à vive allure sur un poney blanc.

Parfois Mlle Dubois changeait le nom de ma maladie, et la baptisait « poitrinaire ». Là, je m'imaginais que je deviendrais un peu... comme une chambre à air de pneumatique, comme le bonhomme Michelin qui figurait déjà dans les guides automobiles.

Je pense que Mlle Dubois était vraiment folle, mais cela ne me gênait pas, car considérant mes jours comptés, elle me gâtait beaucoup. Seule chose désagréable, elle me couvrait comme un oignon avec deux ou trois paires de culottes superposées. J'avais toujours trop chaud et j'allais les enlever subrepticement pour les cacher dans les bahuts à bois. Nous étions en effet de robustes enfants campagnards, et nous nous étonnions d'être traités comme des petits citadins douillets. Elle prétendait aussi que nous devions nous promener avec un parapluie les jours de trombes d'eau... Pour son anniversaire, le 19 février, Pedro en reçut un grand. Beaucoup moins joli que le mien, mais, détail essentiel, il avait un manche recourbé.

Ces promenades dans le parc avec un parapluie nous assommaient tellement qu'il a bien fallu inventer un jeu pour nous distraire. Nous fixions donc nos parapluies ouverts bien calés à même nos têtes, avec le manche enfilé dans le décolleté du manteau, le tout ligoté par nos ceintures. Ainsi nous avions nos mains libres et pendant toute la promenade nous pouvions laver nos mouchoirs aux gouttes de pluie qui dégoulinaient de nos pépins.

Pedro avait l'avantage de pouvoir accrocher au manche de son parapluie une casserole de poupée qui lui servait à recueillir l'eau, tandis que le mien, qui était terminé par une ravissante petite tête de perruche en argent, ne pouvait servir à rien...

A cette époque, mes grands-parents étaient encore en vie, et habitaient le château. Nous logions donc en face, dans le

« Pavillon des ministres », qui donnait sur la cour d'honneur du château et comprenait les appartements de mes parents, les chambres des bébés, les salons et le bureau de mon père, enfin les services.

Château, écuries et Pavillon dominent la ville basse et les collines lointaines.

En contrebas, et en surplomb de la Bresle, il y avait un très grand bâtiment qui communiquait par un escalier avec le Pavillon. Tout cet ensemble servait jadis de logement aux ministres du roi Louis-Philippe, lorsque celui-ci passait l'été à Eu. D'où son nom de « Pavillon des ministres ».

Les logements en contrebas se composaient de vingt-deux chambres, onze de part et d'autre d'un long corridor. Chaque ministre avait sa chambre avec la vue noble sur la rivière, son domestique logeant en face.

En dessous de ces vingt-deux chambres, se trouvait la grande salle du Conseil des ministres que mon père a louée à la ville pour y installer le cinéma, qui y est toujours. C'est du reste le seul de la ville...

Après la mort de nos grands-parents, nous avons déménagé au grand château. Le samedi soir, nous allions au cinéma avec nos parents, et c'était une véritable expédition ; nous nous y rendions en passant d'abord par les souterrains du château... Du temps de Louis-Philippe, ils servaient à transporter les repas qui étaient préparés dans d'immenses cuisines sous la salle du Conseil des ministres ; celle-ci était de plain-pied avec une petite ferme et la ville basse. C'est par là que le public accède encore au cinéma.

On parvenait dans ces souterrains aux murs de brique et pavés de pierre par les caves du château. Ils longeaient d'abord sur une centaine de mètres le parapet extérieur délimitant la cour d'honneur ; — le jour pénétrait dans cette partie par des œils-de-bœuf. Ensuite, on risquait fort de se perdre car c'était un enchevêtrement d'escaliers et un dédale de couloirs dans toutes les directions... De telle sorte que la colline était creusée comme un gruyère.

Papa, portant une lanterne, précédait notre cortège, et c'est finalement un très bel escalier de marbre qui nous conduisait devant une porte dont il avait la clé.

Cette porte donnait sur un large corridor qui desservait la salle du Conseil des ministres transformée en cinéma.

Nous y avions notre loge. La vendeuse de sucettes et de caramels, toujours si aimable, était particulièrement ravie les jours de notre venue : elle repartait alors avec son panier presque vide...

Avant de vivre au grand château, mon frère et moi étions installés avec l'institutrice et la gouvernante dans le grand corridor aux vingt-deux chambres. Nous avions celles des ministres avec la belle vue sur la rivière. Ces chambres, en enfilade, communiquaient entre elles. La première était la salle d'études donnant sur la tourelle où Jeanne d'Arc, prisonnière des Anglais, passa une nuit. Ensuite, venaient la chambre de l'institutrice, puis ma chambre et celle de mon frère, enfin celle de la gouvernante.

Toutes semblables, ces chambres étaient ravissantes avec leur papier peint orné de petits oiseaux et de bambous... Les rideaux, les dessus-de-lit, la toile recouvrant les chaises longues et les fauteuils étaient décorés des mêmes dessins que le papier du mur. Il y avait la chambre bleue, la chambre rouge, la chambre lilas et la chambre jaune, et cela recommençait ainsi jusqu'au bout du corridor. Ces chambres à alcôve, au charme désuet, étaient assez éloignées du pavillon principal où logeaient nos parents. Elles me donnaient pourtant un agréable sentiment de sécurité. De part et d'autre de leurs fenêtres, les murs étaient doublés de placards dont l'intérieur était tapissé de papier.

Longtemps, je me suis demandé qui chantait dans mes placards. J'ai compris à la fin que c'était le vent du nord qui se faufilait entre les pierres disjointes, et faisait vibrer le papier.

Mon père avait son atelier dans la chambre numéro 12, tout au bout de l'enfilade. Depuis son enfance, c'était un ébéniste très habile car son grand-père, l'empereur Pedro II, tenait à ce que ses petits-fils connaissent un métier manuel. De temps en temps, le père Asselin, un menuisier que Papa appelait « maître Asselin », qui avait son atelier en ville, venait travailler avec lui. Nous avions quantité de meubles, de poupées et de petites boîtes en bois du Brésil, que Papa nous fabriquait. Il a même fait une bicyclette en bois pour mon frère Jean et qui roulait parfaitement.

Les soirs d'hiver, après le goûter, lorsque nous étions au Pavillon à jouer à des jeux sages dans le bureau de Papa, il m'envoyait parfois chercher des choses dans son atelier. C'était une grande épreuve, car cet immense corridor sombre me faisait très peur.

De ma vie, je n'ai jamais dit à personne que j'avais peur ; quand j'étais petite fille, cela m'arrivait souvent. Peut-être Papa l'avait-il deviné et était-ce pour m'aguerrir qu'il m'envoyait faire des commissions au loin dans le noir.

Je me revois encore toute petite dans cette longue enfilade faiblement éclairée. Tout au bout, il y avait une porte. La plaque de cuivre de la serrure émettait une lueur, qui me faisait croire à une tête de monstre...

Ce grand couloir était garni de coffres à bois. Je courais de l'un à l'autre, je soulevais le couvercle pour voir s'il n'y avait pas de voleur caché dedans, et je poursuivais, un peu rassurée de savoir qu'au moins aucun danger ne pouvait plus survenir par-derrière.

Le retour vers la maison haute, pleine de lumière, où je retrouvais mes parents, me semblait être l'entrée du paradis.

De notre petit royaume des « vingt-deux chambres » comme nous disions, nous entendions jour et nuit le chant de la chute d'eau. Sur la colline, au loin, on apercevait la petite chapelle votive dédiée à saint Laurent O'Toole, archevêque de Dublin, mort à Eu en 1181 et patron de notre bonne ville. « Ici sera le lieu de mon repos jusqu'à la fin des temps », a dit le saint en arrivant en Normandie pour plaider la cause de son peuple auprès du roi d'Angleterre.

Dans ma famille, on me taquine depuis toujours à propos de mes dévotions à quantité de saints. Mais il faut savoir que depuis ma plus tendre enfance, j'ai si souvent vécu en leur compagnie ! Mes premières années ont été jalonnées de pèlerinages, de processions, de dévotions spéciales à plusieurs saints. Saint Laurent et sainte Jeanne à Eu tout d'abord, à Paris ensuite — sainte Geneviève, sa patronne. Le jour de sa fête, le 3 janvier, nous allions à Saint-Etienne-du-Mont prier sur sa tombe. J'avais atrocement froid aux pieds mais pour rien au monde je n'aurais voulu rentrer sans un tour aux baraques foraines, installées sur l'esplanade du Panthéon...

Au Brésil, nous vénérons saint Jean Bosco ; il paraît que ce saint, lors d'une visite à mes grands-parents, avait tenu mon père sur ses genoux... Grand voyageur, il s'était même rendu dans la région de l'actuelle Brasilia, qui n'était alors qu'une vaste savane. Il y prophétisa la fondation d'une très grande cité...

Je ne suis pas bigote, loin de là, mais je crois à la protection de ceux que j'aime, et qui sont déjà arrivés au bout de leur voyage. Je suis persuadée que certains personnages du passé, saints ou pas, et aussi mes aïeux, m'accordent leur protection quand je le leur demande gentiment.

C'est à cause de cette croyance que, toute petite déjà, je me sentais prise en faute, lorsqu'en l'absence de témoin je faisais une bêtise... sous le regard d'un de mes aïeux accroché au mur.

Mais revenons enfin à la tasse de café. Lorsque le soir, vers 8 heures, j'étais bien installée dans mon lit, au fond de l'alcôve, que le poêle dit « canadien » ronflait dans la cheminée, commençait le « rite du café ». Mlle Dubois avait en effet décidé en grand secret que le café m'était nécessaire avant de dormir !...

Alors, avec des gestes mystérieux, elle sortait du placard dissimulé dans le mur près de la cheminée tout un arsenal de cuisine et se mettait à faire le café sur le poêle chauffé à blanc ; lorsque le breuvage était prêt, je sortais en grande pompe de mon lit et, emmitouflée dans un châle, me dirigeais solennellement vers ma petite vitrine aux trésors.

J'allais choisir dans ma petite vaisselle de poupée une tasse différente tous les soirs et je m'installais dans un fauteuil près du poêle et Mlle Dubois me servait du café très sucré dont le bon parfum s'élevait dans la chambre froide, en volutes, comme les images de contes de fées illustrés par Dulac. Toute cette petite scène avait une allure tellement silencieuse, mimée et précieuse !

J'allais ensuite laver ma tasse dans le broc d'eau froide préparé pour mon tub du lendemain matin... Je rangeais ma petite tasse, je refermais ma vitrine tout doucement et je retournais me faufiler dans mon joli lit au fond de l'alcôve pour sombrer enfin dans un sommeil sans histoire.

Pauvre Mlle Dubois ! Elle disparut de mon horizon d'enfant aussi silencieusement que les volutes de son singulier café nocturne...

J'ai su bien plus tard qu'elle était partie sur un coup de tête. Un matin, elle vient trouver mon père, tout excitée, en assurant que des grossiers personnages en avaient à sa vertu ; devant l'air étonné de mon père, elle précise que sous ses fenêtres, dans le boulevard Hélène, qui passe très en contrebas, elle entend chanter tous les soirs une abominable chanson. « Mais enfin quelle sorte de chanson ? » lui demande mon père... Offusquée, elle se met à déclamer : « Viens Poupoule, viens Poupoule, viens !... » Papa éclate de rire, et la pauvre demoiselle, horrifiée, tourne les talons pour ne plus revenir...

Peut-être ignora-t-elle toujours que cette chanson populaire, chantée par les joyeux lurons de la ville, ne lui était nullement destinée...

La vie à sept ans ! Que d'illusions et de rêves !... C'est dimanche... Mais non... quelle chance... c'est bien mieux que dimanche : c'est la Fête-Dieu ! Bientôt les cloches de la collégiale vont sonner à toute volée et je ne suis pas du tout prête. Très tôt ce matin, je suis allée cueillir des fleurs dans le jardin et le parc. C'est si merveilleux de se lever de bonne heure et de courir dans les herbes saupoudrées de rosée, de sentir toute cette fraîcheur sur ses jambes nues... Mes jambes, elles sont toutes sales. Il faut aller me laver les genoux. Vite un coin de serviette ! J'aurais mieux fait de grimper dans la baignoire et de mettre mes jambes sous le robinet : voilà la serviette pleine de terre et jusqu'à dimanche prochain, comme mes jupes, elles ne sont changées qu'une fois par semaine.

Ce n'est pas dimanche, c'est la Fête-Dieu. Il y aura la procession à travers la ville, fanfare municipale en tête jouant des airs différents selon les rues et toujours les mêmes, aussi loin que porte la mémoire des Eudois.

A chaque procession, Maman est un peu crispée : elle tente de faire l'impossible pour que nous restions au premier rang. Les bonnes gens d'Eu sont fort peu disciplinés et si nous n'y prenions pas garde, nous nous trouverions vite perdus au milieu d'un tas de personnes inconnues.

Papa, lui, tient un cordon du dais avec d'autres messieurs. Lui, on ne le bouscule pas. J'aime bien être dans la foule des inconnus qui ont tous l'air de me connaître, car ils me sourient. Oui, cela m'amuse. J'ai un peu peur, car si vraiment ils ne me connaissaient pas, je serais sûrement perdue. Comme cela va être amusant la procession ! « Oui, oui, voilà... je suis prête. »

J'entends toute la famille dégringoler l'escalier. A présent, Papa nous rassemble avec son sifflet... Moyen commode car le château est immense. « Où est mon livre de messe ?... et mon chapelet pour la procession ? » Avec tout cela, j'ai oublié de me laver les mains... tant pis, avec mes gants, personne n'y verra rien !...

Le plus beau reposoir est toujours celui de Monsieur le Doyen dans le jardin du presbytère. C'est un grand jardin avec un escalier monumental qui le relie à la partie haute de la propriété. De chaque côté de l'autel, sur chaque marche, il y a des petits anges. Ce sont des petites filles que les sœurs connaissent bien... Alors elles sont toujours des anges à la procession ! Moi je ne connais bien que sœur Fidéline. Je lui demande à chaque fois de me prendre comme ange à la procession et chaque fois, elle me répond : « L'année prochaine, quand vous serez plus grande. »

Une fois de plus, cette année-là, la procession débouche dans le jardin de Monsieur le Doyen. Je vois toutes les petites filles, une rose, une bleue, une rose, une bleue, sur chaque marche avec leurs boucles et leurs ailes toutes mousseuses. C'est si joli d'avoir les mains jointes comme la Sainte Vierge de Lourdes... A la maison, pendant notre prière du soir, je croise les mains comme tout le monde. Une fois, j'ai voulu les joindre comme la Vierge de Lourdes, et mes frères se sont moqués de moi.

Quand je serai un ange à la procession, je pourrai joindre mes mains les doigts en l'air et mes frères ne pourront rien y faire. Je suis sûre que l'année prochaine, on voudra bien de moi comme ange à la procession : j'ai déjà sept ans. Sœur Fidéline ne pourra plus dire que je suis trop petite.

Quand donc pourrai-je bien le lui demander ?

La musique joue si fort que cela donne envie de pleurer et lorsque l'on passe près de l'hospice, les cloches sonnent à toute volée et le clocher est si vieux qu'il tremble et oscille à chaque procession. A chaque fois, nous croyons qu'il va tomber. C'est distrayant de le regarder, cela fait passer le temps car c'est quand même bien long cette procession.

Je regarde aussi Papa qui tient toujours le cordon du dais à côté du maire ; ce baldaquin ambulant est garni de grands plumeaux tout neufs qui ont été confectionnés avec les plumes du paon blanc de notre parc...

Il faudrait quand même que je dise aussi un peu mon chapelet !... Quand je l'aurai fini, nous serons à l'église et, en sortant de la messe, j'irai enfin demander à sœur Fidéline quand je pourrai être un ange à la procession... Je ne serai jamais un petit ange à la procession : sœur Fidéline vient de me dire que maintenant, j'étais... trop grande !

Désormais, je serai toujours trop grande pour être un petit ange. Mais comment les autres petites filles ont-elles pu faire pour être une année ni trop petites ni trop grandes ?

Notre cercle d'amis comprenait plusieurs vieilles dames brésiliennes qui avaient suivi la famille impériale en exil. Parmi elles, trois sœurs qu'on appelait à Eu « les demoiselles Da-Penha », y compris celle qui était mariée et veuve de M. Calogeras. Elles venaient passer l'été à Eu dans une charmante maison au milieu d'un grand parc.

Ces dames pieuses avaient organisé sous le patronage de ma grand-mère la comtesse d'Eu, un ouvroir pour confectionner des ornements d'église. Il fonctionnait le jeudi et je devais m'y rendre avec mes amies. C'était là une de ces corvées qui à force d'être ennuyeuses finissent par avoir un certain charme. Chaque semaine, j'espérais qu'il nous arriverait quelque chose d'inattendu ou de drôle : j'y suis allée pendant des années sans que jamais ne survienne seulement un prétexte à sourire.

Pour nous y rendre, mes amies Lucette, Adeline, Marguerite Calogeras et moi-même, devions traverser toute la ville. Personne ne nous accompagnait, car nous étions déjà assez grandes. Est-ce pour cela que nous nous sentions très importantes et profitions de notre liberté pour arriver le plus tard possible ? Nous nous arrêtions à toutes les devantures de la grande rue et le nez collé aux vitres, nous nous donnions comme consigne de compter et d'énumérer à haute voix tout ce que ces étalages de province pouvaient contenir !

Ensuite quand les magasins de la grande rue étaient passés, nous papotions et jacassions chemin faisant, tant et si bien que nous arrivions toujours en retard. Enfin l'imposant portail gris perle, gardé par un chien stupide, se présentait devant nous.

En franchissant la grille, nous étions à nouveau très tentées par l'ombre des marronniers et la fraîcheur des prairies couvertes de fleurs. Si au moins cette réunion de dames tristes avait pu se tenir dans le salon, dont le perron descendait jusqu'au jardin et la belle allée de hêtres !... Mais non ! il fallait monter par un minuscule escalier, qui sentait le linoléum, vers un étage dont les chambres étaient mansardées. Les planches larges et luisantes d'un parquet bien astiqué nous conduisaient à une porte couleur de brouillard. Derrière cette porte, nous entendions comme un murmure, comme un froufrou de chauve-souris dans un grenier : c'étaient les dames tristes qui susurraient tout en travaillant.

La plus courageuse de nous prend alors la petite poignée de cuivre qui grince quand on pousse la porte. Alors, les dames tristes et sérieuses se taisent et nous regardent. Comme autant de points avant d'aller à la ligne, une quantité de paires d'yeux me dévisagent avec une douceur sereine. Puis soudain, je vois des sourires si bons sur toutes ces faces sans âge que je me sens toute heureuse.

La pièce est petite, une seule fenêtre très haute laisse entrer la brise, un peu de soleil et de ciel bleu d'été. Il y a deux tables, l'une épaisse, très grande, couverte de galon doré, de damas de couleur posés en désordre avec, dessus, d'énormes ciseaux. C'est « la table des dames ». C'est en moi-même que j'appelle cette table, celle des dames. Mais je crois bien qu'il n'y a là que des vieilles demoiselles...

L'autre table est le long du mur. C'est une planche sur des tréteaux autour de laquelle sont assises plusieurs petites filles sur des bancs. En silence, nous allons nous asseoir auprès d'elles. Ce sont les petites orphelines de l'hospice...

On nous les donnait en exemple, car c'était leur plus grande récompense que de passer leur jeudi à l'ouvroir... On nous faisait faire sans fin des ourlets à une quantité de petits linges blancs. Au bout de notre table, il y avait une minuscule demoiselle brune, Emilie Bardeau, qui nous distribuait du fil, des aiguilles, des dés et les petits linges à ourler. Elle était douce et gentille, mais quand notre ouvrage était trop mal fait, elle nous faisait tout défaire et recommencer.

Je n'avais qu'un seul désir : m'asseoir à la grande table des dames pour manipuler tous ces beaux brocarts. J'avais par contre horreur des jeudis où l'on faisait des ornements noirs avec des galons d'argent tout livides...

Je me souviendrai toujours de l'odeur extraordinaire de cette petite chambre où les mouches d'été venaient bourdonner. Les robes noires des dames et les galons métalliques des ornements avaient leur part dans la composition de ces effluves.

Il m'est aussi arrivé de me comporter fort mal durant ces séances... Du moins en pensée.

J'étais très aimée de la demoiselle qui dirigeait l'ouvroir et comme preuve de confiance, elle me chargeait de tenir et de dire le chapelet pendant que les autres répondaient tout en continuant à coudre. Ce chapelet m'est encore aujourd'hui un motif de remords. J'en détestais la récitation encore plus que la confection des ourlets, mais n'en laissais rien paraître. Mon hypocrisie atteignait à son comble, quand, pour hâter cette récitation, je me mettais à sauter froidement un *ave* au début et à la fin de chaque dizaine. Etant la seule à avoir un chapelet, j'étais assurée de ne pas être découverte... Parfois, j'ai eu pourtant des doutes ; à la fin de certaines dizaines, il arrivait que la bonne demoiselle me regardât d'un air des plus étonnés... Peut-être bien vérifiait-elle sur ses doigts ?... Pauvre chère vieille amie ! Elle ne m'a jamais fait de reproches et c'est bien cela qui me cause les plus vifs remords...

Ensuite, arrivait le goûter. On débarrassait la grande table, et sur une longue toile cirée on disposait des verres et des assiettes. Tous ces préparatifs me mettaient l'eau à la bouche et j'espérais toujours un goûter magnifique. Mais à chaque fois, j'étais bien mortifiée car on ne nous servait que du pain sec, un petit morceau de chocolat et de l'eau claire... Finalement cette collation austère me faisait bien plaisir quand même... Puissent ces bonnes dames, du haut du Paradis, me pardonner ces petites tricheries, si étrangères à leur cœur, confit en dévotion. Qu'elles me pardonnent en se rappelant que j'avais dix ans et qu'il faisait si beau dehors !...

2

BON PAPA

Gaston d'Orléans, comte d'Eu, premier prince d'Orléans Bragance, était le petit-fils de Louis-Philippe et le fils du duc de Nemours et de la princesse Victoire de Saxe Cobourg Gotha. Il est né au château de Neuilly en 1842 et mort en mer à bord du « Massilia » en 1922.

A dix-huit ans, ne pouvant faire son service militaire en France, parce que la famille royale était exilée, il est hussard de la princesse en Espagne et gagne la bataille de Tétouan. Après cet exploit, il demande à redevenir simple cadet pour se former à toutes les disciplines militaires. Bien plus tard, au Brésil, il prend part avec son beau-père Pedro II à la guerre contre le Paraguay comme maréchal des armées.

Ce personnage historique était aussi mon Bon Papa que j'aimais tendrement et qui me le rendait bien ; c'est lui qui le jour de mon baptême déclara que l'on m'appellerait Bébelle, parce qu'il y avait déjà trop d'Isabelle dans la famille ! Il paraît aussi que ce jour-là il s'était fâché tout rouge... Comme dans tous les châteaux, en ces circonstances, les invités signaient un livre d'or. Princes, ducs, pairs, fonctionnaires de la préfecture et de la mairie inscrivaient leurs noms avec leurs titres, le plus ronflant possible.

Un vieux monsieur qui s'appelait M. de Chauvenet, parent des Fautereau, voyant cette débauche de prétention, signa un des derniers, tout en bas de la page, « Chauvenet » et ajouta « pas même marguillier », ce qui déplut fort à Bon Papa.

Je me souviens très bien de ce vieil original ami de la famille et qui était plein d'esprit. Quelques années plus tard, je le voyais tous les lundis qui étaient le jour de Maman ; c'était une coutume chez nous. Tous les lundis, le château était ouvert à qui voulait faire une visite à ma grand-mère, ou à Maman. M. de Chauvenet qui arrivait toujours en redingote et chapeau Kronstadt, dit un jour à Maman qu'il savait deviner les pensées de ses interlocuteurs. « Mais comme cela doit être amusant », lui dit Maman. Et lui de répondre : « Oh ! non, madame, c'est souvent bien triste... »

Bon Papa était très grand, il avait de longs bras, un grand nez bien bourbon, une barbiche blanche et des yeux bleu clair comme un ciel de chez nous, après la pluie. Il était très sourd, ce qui me le rendait encore plus cher car nous pouvions faire autant de bruit que nous voulions. Je pense qu'il nous entendait alors tout de même un peu.

Il avait un tas de petites singularités comme de se mettre par exemple un gant de crin fixé dans le dos, sous sa chemise. « Cela entretient une douce chaleur », disait-il. Il était en effet très frileux... En vieillissant, pour redresser son dos voûté, il se promenait dans le château avec une planche en bois montée sur un bâton ; il passait les extrémités du bâton dans le creux de ses bras qu'il tenait repliés, appliquant ainsi la planche sur ses omoplates.

Dans son bureau, il faisait une chaleur torride : vingt-cinq degrés !... Comme dans tout le château, la température ne dépassait pas quinze degrés au grand maximum, nous étions persuadés que cette chaleur finirait par le tuer.

Lorsque nous allions lui dire bonjour, j'organisais à chaque fois un jeu passionnant. Avec mes frères et mes cousins, nous pénétrions en grand silence et à quatre pattes par la porte qui s'ouvrait derrière lui ; je le vois encore assis et écrivant, sa belle tête blanche penchée, surmontant son grand dos voûté recouvert d'un plaid écossais vert-bleu foncé... Etouffant nos rires, nous nous approchions de lui le plus près possible et à mon signal, nous nous levions tous comme un ressort, en poussant des hurlements de Sioux et en courant autour du bureau.

Bon Papa sursautait, faisait l'effrayé, levait les bras au

ciel, tout en souriant de ses bons yeux clairs et ensuite nous nous jetions à l'assaut de ses genoux pour l'embrasser. Ce jeu frénétique se renouvelait souvent et Bon Papa ne s'est jamais fâché.

Il nous permettait ensuite de faire des forteresses avec ses piles de journaux ; je n'ai jamais vu nulle part tant de journaux et de brochures. Empilés sur le sol et le long des murs, ils étaient disposés en blocs de plusieurs mètres de long sur près d'un mètre de haut. C'était pour nous le plus captivant des jeux de construction.

Nous jouions à la guerre en nous lançant des projectiles qui effondraient les murets ; pendant ce temps, Bon Papa écrivait, isolé dans sa surdité. Sa patience envers nous était sans limites et jamais il n'élevait la voix, nous contemplant un peu comme Gulliver les Lilliputiens.

Pourtant il lui arrivait, pour d'autres raisons, de se mettre dans des colères terribles... Il criait alors, tapait du pied et donnait de grands coups de canne dans le vide. Une fois, je l'ai vu épouvanter le facteur qui n'en pouvait mais : il s'était emporté à propos d'une procession dont on avait omis de lui préciser l'horaire et qu'il avait ratée.

Ses états de fureur me fascinaient et je les contemplais comme les orages que je regardais de ma fenêtre.

D'une demeure à l'autre, il me semblait aussi se changer en deux personnages bien différents ; j'avais de la tendresse pour mon Bon Papa d'Eu et davantage de respect pour celui de Boulogne-sur-Seine...

Je vais essayer d'abord de dépeindre le bon grand-père d'Eu... Je crois qu'il m'était là plus proche parce que comme moi, il aimait Eu d'un amour inexplicable et qui le rendait tout à fait heureux sur cette terre.

C'est du roi Louis-Philippe qu'il avait reçu, à sa naissance, le titre de comte d'Eu. Enfant, il vécut très peu dans ce château, ayant suivi, en 1848, Louis-Philippe et toute la famille en exil.

Il se souvenait cependant très bien de la réception de la reine Victoria et du prince Albert par le roi à Eu, le prince Albert de Saxe-Cobourg étant l'oncle du comte d'Eu.

Bon Papa parlait souvent de la reine Victoria qu'il aimait beaucoup ; belle-sœur de la duchesse de Nemours, celle-ci semble l'avoir comblé de présents et d'attentions comme elle aurait fait pour son neveu préféré.

Lorsque nous étions jeunes, il restait de nombreux petits bijoux et divers objets à la maison, entre autres un nécessaire de toilette en ivoire ; il contenait une brosse à dents qui faisait l'objet de disputes entre Pedro et moi-même, car bien sûr c'était à celui qui se servirait de la brosse à dents de la reine Victoria...

Cette dévotion pour la reine d'Angleterre n'empêchait pas Bon Papa de pester tout le temps contre les Anglais. A tel point qu'il nous défendait d'employer des mots anglais dans la conversation, même celui de « hall » pour désigner la grande salle du château que tout le monde appelait ainsi ; nous devions dire la « salle » ou la « halle », et lorsque par ailleurs les jardiniers tondaient les gazons, il lançait : « Encore cette manie anglaise de couper toutes ces ravissantes pâquerettes ! Je déteste cela !... » Il aimait beaucoup les fleurs.

A Eu, le domaine de ma grand-mère, la comtesse d'Eu, était le grand jardin à la française, dessiné par Le Nôtre. Il était planté de plusieurs centaines de rosiers de toutes espèces, et en été, tout le château embaumait le parfum de cent mille roses...

Mais Bon Papa aimait surtout les fleurs rustiques. Tous les ans, au printemps, il m'emmenait en me tenant par la main et nous allions découvrir les premières violettes ; il admirait longuement les massifs de rhododendrons et, dans un coin du parc, les jonquilles doubles qu'il nous était interdit de cueillir. La seule personne qui pouvait jouir de ces fleurs si lumineuses était sa cousine, la duchesse de Chartres. Tous les ans arrivait le rite du ramassage et de l'envoi par cageots entiers de ces jonquilles doubles que l'on appelle chez nous des ayots ; les caisses pleines partaient ponctuellement pour Saint-Firmin chez tante Chartres...

A Eu, Bon Papa se montrait de tempérament bucolique et plutôt solitaire. De ce fait, nous autres enfants, pouvions l'approcher très souvent ; ensemble, nous regardions sans nous lasser des couvées de jeunes paons et j'allais visiter en sa compagnie des braves gens un peu partout dans les alentours du château.

Comme je l'ai déjà dit, nous logions au Pavillon des ministres, où je suis née, et qui est de l'autre côté de la cour d'honneur du château.

Les dimanches, nous allions en grande pompe chez nos grands-parents dîner au château. Entre les plats principaux et le dessert, étaient servis les sempiternels épinards aux croûtons, et les jours d'anniversaire les enfants avaient droit au champagne coupé d'eau.

Nos cousins, les frères de Papa, Oncle Antoine et Oncle Louis et l'épouse de celui-ci, Tante Pia, logeaient au château.

Après le dîner, nous aidions Maman et Tante Pia à servir le café, et ma grand-mère nous donnait un canard trempé dans sa tasse. Ensuite, avant d'aller nous coucher, nous sortions du salon avec nos cousins pour aller jouer pendant un quart d'heure, dans l'escalier d'honneur ; c'étaient alors des parties délirantes de glissades sur la rampe qui était large et creuse en son milieu comme une piste de bobsleigh. Papa et Maman venaient souvent jeter un coup d'œil par la porte entrouverte ; je me souviens encore de leur sourire dans ces moments-là, si bon, si radieux... En les voyant ainsi, j'avais envie de crier de joie...

Lorsque des parents s'aiment comme mes parents, les enfants ressentent toujours un bonheur exceptionnel et c'est de ce bonheur-là surtout que je suis reconnaissante pour toujours à mes parents.

Pour en venir maintenant à l'amour qui liait mes grands-parents, je me suis toujours demandé de quelle sorte il pouvait être. Surtout lorsque l'on pense à l'expédition que le comte d'Eu et son cousin germain, le prince de Saxe-Cobourg-Gotha, entreprirent pour aller se marier...

A l'instigation du prince de Joinville qui avait épousé Françoise de Bragance, sœur de l'empereur Pedro II, le roi Louis-Philippe décida d'envoyer son petit-fils et son cousin au Brésil, pour que ces princes convolent chacun avec une des jeunes princesses, filles de l'Empereur et nièces de la princesse de Joinville.

Le prince de Saxe-Cobourg devait épouser l'aînée, la princesse Isabelle et le comte d'Eu prenait la cadette, Léopoldine : c'est tout à fait le contraire qui arriva !...

Bon Papa me disait souvent : « J'ai toujours tout fait par devoir dans ma vie. Même ma partie de billard de tous les soirs après le dîner, puisque... c'est bon pour ma digestion ! » Mais dans l'affaire de son mariage, il fit passer heureusement ses sentiments avant les injonctions familiales.

Lorsqu'il épousa ma grand-mère Isabelle de Bragance, princesse héritière du Brésil, Bon Papa ne voulut pas renoncer au nom des Orléans. De là, notre nom d'Orléans-Bragance. Ma grand-mère était une « femme de caractère » comme on dit de personnages difficiles à définir. Au physique, elle était petite, blonde, les yeux bleus, coiffée à la Titus, tout en boucles, souvenir d'une fièvre typhoïde qui avait nécessité une coupe particulièrement rase. Elle n'était pas très jolie, mais elle était charmante, intelligente et autoritaire. Sa voix était douce et elle parlait non pas avec l'accent brésilien, mais avec les intonations très particulières des Bourbons des Deux-Siciles qui subsistent en dépit de leur dispersion dans différents pays du monde. Du reste, l'impératrice Teresa Cristina, sa mère, était une Bourbon des Deux-Siciles. Je trouvais la voix de ma grand-mère très mélodieuse et j'aimais l'intonation avec laquelle elle disait « Bébelle ». C'était, de plus, une femme aux idées généreuses encore que catégoriques.

Pour moi, sa générosité ne pouvait faire aucun doute ! N'avait-elle pas pas d'un seul coup de plume aboli l'esclavage au Brésil en 1888 ?

Elle accomplit ce geste magnifique pendant un voyage de l'Empereur qui lui avait confié la régence, le temps de son absence. Cette action la rendit très populaire au Brésil où on l'adore toujours et où on l'appelle depuis « Isabel a Redentora ». Mais cette abolition si subite entraîna la chute de l'empire à cause des troubles économiques et sociaux qui s'ensuivirent.

Le pape distingua ma grand-mère en lui envoyant la « Rose d'Or » — sorte de prix Nobel de la paix, à cette époque — et en signe de gratitude, la famille impériale fut contrainte de prendre la route de l'exil.

L'impératrice n'y arriva jamais. Elle mourut à la premiere

escale à Porto en 1889, l'empereur ne lui survécut pas longtemps ; il s'éteignit deux ans plus tard, à Paris...

Ma grand-mère, la comtesse d'Eu, savait manifester son autorité d'une façon très concrète. Lorsque nous avions l'audace de cueillir des roses dans le Jardin français qui se trouvait sous les fenêtres de son appartement, nous l'entendions élever la voix et nous crier par la fenêtre : « Petits malheureux, voulez-vous ne pas abîmer mes roses ! »

A la manière brésilienne, nous appelions ma grand-mère « Avo » ou « vovo », ce qui étonnait beaucoup nos petits amis...

J'ai toujours vu mes grands-parents ensemble, mais je ne les ai jamais entendus parler ou discuter entre eux ; ils habitaient le même appartement, avaient l'air de deux bons amis mais ils ne riaient vraiment pas souvent.

Ma grand-mère avait une adoration pour moi, et j'étais très fière de cet amour ; je me demande maintenant si je le lui ai assez rendu... Elle me gâtait tant ! Poupées, vaisselle de poupées, chapelets de toutes les couleurs en vraies pierres, corail, malachite, lapis-lazuli, des tas de petits bijoux... Elle m'a même emmenée une fois en auto pour m'acheter une merveilleuse poupée que j'admirais dans la vitrine d'une boutique du Tréport chaque fois que nous allions aux bains de mer.

Oui, vraiment, j'étais très gâtée et pourtant je crois que j'étais insupportable. Bruyante, toujours à inventer mille histoires farfelues, et entraînant mes frères, sœurs et cousins dans toutes sortes d'aventures déraisonnables ; mais j'aimais tant tous ceux qui m'entouraient ! C'est pour cela peut-être qu'on me pardonnait mes manières de petite sauvageonne.

Bon Papa, lui, ne m'a donné que son livre de messe d'enfant que la reine Marie-Amélie lui avait offert avec une longue dédicace. J'ai toujours ce livre qui comporte une autre page, écrite par Bon Papa pour moi, et qui commence ainsi : « Bébelle chérie, en ce jour où le Bon Dieu veut bien se donner à toi pour la première fois... »

La duchesse de Nemours, sa mère, est morte très jeune pendant l'exil de la famille en Angleterre. Bon Papa, son frère le duc d'Alençon et ses deux sœurs, Marguerite, future princesse Czartoryska, ct Blanche furent élevées par la reine Marie-

Amélie ; Bon Papa vénérait sa grand-mère et il ne parlait jamais d'elle sans dire : « Ma sainte et vénérée grand-mère. »

Est-ce pour cela que cette précieuse relique, ce livre de messe, me touche tant ?

Quoi qu'il en soit, j'étais la petite-fille chérie de mes grands-parents... J'avais un amour vorace de petit chat envers ma grand-mère et une immense tendresse pour mon grand-père...

Parmi nos coutumes familiales, il y en avait une que j'aimais par-dessus tout. Après le dîner, par les belles soirées d'été, tous les habitants du château et du Pavillon des ministres allaient prendre le « café noir » comme nous disions, au pavillon Montpensier. En été, les jours sont très longs à Eu et Maman savait bien que l'on ne pouvait pas demander aux enfants de se coucher à 8 heures du soir alors qu'il fait encore clair comme en plein jour. Nous avions donc la permission d'accompagner les grandes personnes.

Nous gambadions devant, autour de nos parents qui marchaient bras dessus, bras dessous. Les grands-parents étaient en tête du cortège, le brave Latapie, notre maître d'hôtel, et un jeune valet de pied suivaient, portant le grand panier avec les tasses, le café et les liqueurs.

Il y a à peu près un kilomètre du château au pavillon Montpensier. Dans la grande allée bordée de hêtres immenses et droits, bien feuillus avec leur tronc comme des colonnes de cathédrale, le soleil couchant donnait aux arbres des couleurs de marbre rose ; nous formions une procession un peu solennelle avant de grimper le raidillon final en poussant ma grand-mère, pour déboucher sur l'esplanade du pavillon.

Latapie sortait les fauteuils de paille et les disposait sur la terrasse. Discrètement, il nous disait de faire moins de tapage et alors là, en grand silence, nous contemplions tous le soleil qui disparaissait lentement dans la mer.

Tout le monde parlait bas, on n'entendait que le bruit des cuillères dans les tasses et, dans le ciel, l'immense rumeur des choucas qui rentraient des champs pour se nicher.

La voix de Maman était claire comme le ciel opale. Bon Papa l'interpellait en disant : « Ellsi... Voilà ce que tu devrais peindre. » « Cela ferait trop carte postale », répondait Maman.

Moi je ne comprenais pas bien ce que la carte postale

venait faire ici... Bon Papa reparlait de l'Angleterre, disant que là-bas, de l'autre côté de la Manche, il n'avait jamais vu le soleil disparaître dans la mer d'une façon si poétique. Fascinée, je le regardais, appuyé des deux mains sur le mur de la terrasse, si grand avec sa barbe blanche teintée de rose au soleil couchant.

Au retour, dans l'obscurité, Papa disait à mon frère et à moi-même de courir devant pour montrer que nous n'avions pas peur dans le noir...

Oui, Bon Papa aimait Eu. Il était parti pour le Brésil, et y avait vécu de longues années comme prince consort ; il a dû ensuite renoncer à tous ses droits de prince français et prendre la nationalité brésilienne. Mais il a toujours eu le mal du pays.

A la naissance de la république, quand toute la famille impériale revint en France, il retrouvait en fait sa patrie et il était tout heureux, au fond, de revenir chez lui ; Papa, par contre, qui avait quitté le Brésil à quinze ans, en gardait ainsi que sa mère, la comtesse d'Eu, une grande nostalgie.

Le comte d'Eu espérait bien fixer son fils Pedro à Eu pour en faire un prince français. Pour y parvenir, il tyrannisait un peu mon père, qui par amour filial, se laissait faire. Même le testament du comte d'Eu était fait dans l'esprit de ligoter Dom Pedro à Eu. Celui-ci ne détestait pas Eu, et la vie en Europe. Mais s'il est allé à l'encontre des aspirations de Bon Papa, s'il a tout fait pour retourner au Brésil, c'est qu'il était taraudé par le mal du pays.

Il y est parvenu non sans peine et tout comme Bon Papa se trouvait bien à Eu, son bonheur a été de passer avec Maman et ses enfants de très longues et belles années dans sa patrie d'Amérique du Sud où il a fini ses jours, dans sa ville tant aimée de Petropolis, entouré de nous tous...

Pendant nos années d'exil, j'ai connu moi aussi la nostalgie de mon pays natal, mais depuis 1950, Dieu merci, je puis me laisser aller tout entière à ses charmes !...

Le duc de Chartres taquinait souvent son cousin le comte d'Eu, et Philippe, duc d'Orléans, son neveu, ne l'aimait pas tellement. Tous ses cousins disaient qu'il était procédurier et chicaneur, qu'il était sans cesse à revendiquer ses droits de prince français ; sans doute avait-il tort puisqu'en fondant un rameau étranger, il ne pouvait plus prétendre à ces droits-là... Ils se moquaient aussi volontiers de sa curiosité.

Un jour que le duc de Chartres écrivait à son bureau et que le comte d'Eu regardait par-dessus son épaule, celui-ci, agacé, griffonna sur sa lettre : « Je ne puis continuer à écrire parce qu'il y a Gaston qui lit tout par-dessus mon épaule... » Bon Papa aurait alors crié très fort, en tapant du pied : « Ce n'est pas vrai, ce n'est pas vrai !... »

Il serait cependant faux de dire que ces taquineries nuisaient gravement à la bonne entente de la famille ; Tante Chartres aimait beaucoup Bon Papa et le prince de Joinville également...

Presque tous ces vieux princes étaient par ailleurs sourds comme des trappes, et souvent ils conversaient entre eux en s'écrivant sur des petits bouts de papier. Mon frère Pedro a conservé précieusement dans ses archives des bribes de conversations entre Bon Papa et sa tante, la princesse Clémentine de Saxe-Cobourg, mère du tsar Ferdinand de Bulgarie et dernière fille de Louis-Philippe. Celle-ci venait à Paris tous les ans pour la saison de l'Opéra où elle avait sa loge et elle n'est morte qu'en 1904, âgée de quatre-vingt-douze ans.

Mon cher Bon Papa a hérité de sa mère Victoire, duchesse de Nemours, la grande timidité de certains Cobourg. Jointe à sa surdité, cette timidité l'isolait beaucoup et témoigne de son caractère anxieux.

C'est sans doute parce qu'il se croyait mis à l'écart qu'il avait ainsi des revendications permanentes et intempestives...

Ma grand-mère, la comtesse d'Eu, paraissait se tenir au-dessus de toutes ces petites querelles de princes français. Deux choses seulement la passionnaient : le Brésil et la conversion des athées. Pendant de nombreuses années, elle fit de vains efforts pour tenter de sauver, entre autres, l'âme du maréchal Joffre qui allait souvent la voir à Boulogne.

La vie au 7, boulevard de Boulogne, à Boulogne-sur-Seine, était d'une toute autre nature. Le comte et la comtesse d'Eu y passaient l'hiver et nous y allâmes également jusqu'à l'époque de leur mort.

C'était une grande maison, genre « maison de ville à la campagne », située entre le Parc des Princes et la propriété de Maurice de Rothschild que nous voyions de temps à autre sortir de son parc dans une auto électrique. Je dis bien « électrique », c'était là une machine incroyable qui tenait bien plus d'un break que d'une auto...

La demeure de mes grands-parents était une grande bâtisse carrée 1880 avec un perron et une marquise soutenue par des torsades de fer. De-ci, de-là, sur les façades, quelques vitraux aux couleurs fades de glace à la pistache ou à la framboise écrasée... Imaginez en somme un bel hôtel Napoléon III avec son grand jardin, des pelouses, une écurie, un potager et des serres pour cultiver des fleurs en toute saison. Au premier étage, il y avait une petite chapelle tendue de tissu rouge sur lequel étaient accrochés des reliquaires, et sur une colonne, dans un des coins, la fameuse Rose d'Or. Une des pièces où nous nous amusions le mieux était une immense salle de bains avec tous ses accessoires en zinc chromé, un bain de siège même, et un tub de un mètre vingt de diamètre où nous faisions flotter des petits bateaux...

Je n'aimais pas cette maison, avec son odeur de poussière et de zinc des grands offices et pleine de domestiques inconnus, ceux des grands-parents et des oncles Louis et Antoine, Oncle Antoine que nous appelions Oncle Toto.

Il y avait aussi nos propres domestiques que j'aimais bien mais qui avaient l'air de parents pauvres auprès de M. Imhof, le chef de cuisine, et de Mlle Clara, la femme de chambre de ma grand-mère.

Notre préféré à tous était Albert Latapie, le Béarnais, qui a passé soixante années de sa vie auprès de nous et Hippolyte, le chauffeur, qui était plus souvent ivre qu'à son tour. Lorsque Imhof torréfiait le café dans un rouleau de métal chauffé au charbon de bois, il me confectionnait des petits cornets en papier avec quelques grains bien chauds que je croquais avec délice...

Il y avait à Boulogne bien d'autres lieux de plaisir : en plus de la salle de bains dont j'ai parlé, le grenier et les sous-sol, mais surtout comme à Eu, le bureau de Bon Papa avec ses milliers de journaux de tous les pays, empilés sur le sol, dont j'ai encore l'odeur dans le nez.

Dans ce bureau s'offrait en plus une attraction très appréciée... Lorsque nous étions sages, nous avions le droit de faire se dandiner les bouddhas chinois en porcelaine, dont la tête et les mains étaient articulées. C'était aussi le signal du terme de la récréation, et nous devions sortir du bureau en file indienne après le baiser rituel à Bon Papa.

Dès le matin de bonne heure, Bon Papa déambulait dans toute la maison en pyjama beige avec toujours un plaid sur les épaules. Quand il était dans cet appareil, lui si poli, ne saluait personne et interdisait qu'on lui dise bonjour. « Je suis invisible », disait-il... Je regardais, impressionnée, ce long fantôme traînant la savate et laissant derrière lui une odeur fade de lavande mêlée à de la pâte à dents.

La comtesse d'Eu passait ses matinées dans sa chambre à écrire, assise devant son petit bureau, sa secrétaire installée à ses pieds, sur une chaise basse. Lorsque j'y allais, je l'embrassais tout d'abord, et elle me disait : « Ce matin, j'ai écrit quatorze lettres, ou dix-sept lettres... » Je trouvais cela invraisemblable... Je demeurais ensuite un bon moment à jouer avec toutes les médailles qu'elle avait accrochées ensemble à sa ceinture par un gros anneau.

Ma grand-mère, la comtesse d'Eu, recevait beaucoup et parmi ses visites de nombreux grands personnages, entre autres Santos-Dumont qui était brésilien. Dans ces occasions, on nous faisait comparaître au salon où je me comportais souvent très mal, inventant toutes sortes de mises en scène, que je faisais exécuter par mes frères, sœurs et cousins au moment d'entrer ; la chère Tante Henriette Vendôme en a été une fois la victime. J'avais donné la consigne, unanimement suivie, de saluer en prenant son accent et en zozotant par-dessus le marché ! Ce fut un scandale retentissant...

Tante Henriette ne nous en a pas tenu rigueur et a continué à nous raconter de belles histoires ; celle, notamment, de ce célèbre pétomane qui se produisait dans un cirque à Bruxelles : « Il jouait la Brabançonne, disait-elle, en pétant dans sa baignoire... »

Mais de tous les personnages insolites qui rendaient visite à ma grand-mère, celui que je préférais était M. White. Ce nègre aux cheveux touffus et blancs, coiffé comme le général Dourakine, avec de grosses touffes au-dessus des oreilles, était violoniste et accompagnait la comtesse d'Eu au piano ou plutôt, c'était la comtesse d'Eu qui accompagnait au piano M. White... Je crois bien que c'était un bon virtuose. Il venait en tout cas plusieurs fois par mois et durant des heures on entendait de la musique en provenance du salon où personne n'avait le droit d'entrer. Seuls, les enfants avaient de temps en temps la permission de pénétrer dans ce sanctuaire ; dans ce salon rempli de bibelots, de photos, de statues de marbre et où il n'y avait jamais la moindre fleur. Ils composaient un bien curieux duo... Le cher M. White trapu, tout noir dans un costume un peu fripé de même couleur, avec sa cravate Lavallière, à côté de ma grand-mère toute petite devant ce grand piano, qui souriait agréablement tandis que M. White interrompait sa sonate ou son lied pour nous raconter de longues histoires qu'il tirait de son violon. En jouant de son archet, il imitait le petit garçon qui courait, le chien qui aboyait, le chat qui miaulait, le galop du cheval et beaucoup d'autres bruits. Ces séances étaient tout à fait à part de la vie. Elles se déroulaient dans un monde singulier où l'on parlait brésilien, où l'on respirait des parfums de sel contenus dans de petits flacons bleus, où les plaintes du violon étaient curieusement assourdies par l'accumulation de paravents, de tapis, de colonnes, de poufs et de gros rideaux à franges qui occultaient à moitié les fenêtres.

Vovo, ma grand-mère, me faisait répéter des phrases en brésilien et me récitait des poèmes composés par l'empereur Pedro II, son père.

Ces sensations venaient ensuite nourrir tous mes rêves...

A Boulogne, nous menions une vie de bibliothèque rose. Dès le printemps venu on y prenait encore le thé sous les marronniers et tout en jouant sur l'herbe, j'aimais voir toute la famille des grandes personnes paisiblement réunies, s'enfoncer dans leurs fauteuils de paille et se mettre à parler et à rire. Ces rires clairs dans l'ombre chaude, c'étaient comme des éclairs de chaleur qui amplifiaient notre sentiment de sécurité.

La bague de Maman envoyait des feux en captant les rayons du soleil qui filtraient entre les feuilles des vieux marronniers.

En plus de mes parents et grands-parents, il y avait les deux frères de mon père, Oncle Louis, qui était marié avec Tante Pia, princesse de Bourbon des Deux-Siciles, dont les trois enfants faisaient bande avec nous, et Oncle Antoine que nous appelions Oncle Toto. J'admirais beaucoup cet oncle-là, mais il m'inquiétait un peu ; il nous taquinait tous d'une façon bizarre et mon frère Pedro était même franchement terrorisé. Oncle Antoine lui avait fait croire que son postérieur était en verre et que s'il s'asseyait trop violemment, il se casserait. Mon pauvre frère était épouvanté et j'avais grande pitié de lui. Je ne comprends pas ma façon de raisonner d'alors, car je savais bien que mon oncle plaisantait et pourtant je trouvais très normales les terreurs de mon frère. Elles me navraient beaucoup, cependant l'idée ne m'est jamais venue de lui dévoiler que tout cela n'était qu'une farce.

Oncle Antoine était pour nous une source perpétuelle d'étonnement. Blond, pas très grand, le menton en galoche, je le trouvais très beau et il avait en effet un charme indéniable.

A Eu, il se promenait pieds nus dans des sandales, chose qui passait pour tout à fait extraordinaire en 1917-1918.

Ses costumes étaient faits de tissus insolites, et en guise de cravate, il portait de beaux foulards sur sa chemise ouverte. Les braves Eudois en restaient tout ébahis.

Lorsqu'il venait faire une visite à Maman, il disait : « J'adore lorsque les enfants crient, parce que, ainsi, on les fait sortir du salon. » C'était vraiment un original aimé de tous et adoré des dames.

La loi d'exil de 1886 visait le prétendant au trône de France et son héritier direct. Elle interdisait en outre à tous les princes d'Orléans et même d'Orléans-Bragance, de servir dans l'armée française. Oncle Louis et Oncle Antoine ont donc fait la guerre de 1914 sous l'uniforme anglais et cela a permis à Oncle Toto de passer ses permissions à Eu.

Sur la falaise du Tréport était en effet installé un énorme camp anglais.

On donnait beaucoup de réceptions pour les officiers qui s'y rendaient en camions militaires, vêtus de leurs smokings.

Ils étaient conduits par de charmantes jeunes femmes en uniforme et Oncle Toto, fort galant, était exaspéré quand les pneus crevaient, ce qui arrivait souvent : il était alors obligé d'ôter son smoking et de se mettre en nage pour changer les pneus !...

Une après-midi, à l'heure du thé sous les marronniers, j'étais à jouer par terre, et sans en avoir l'air, j'écoutais les conversations des grandes personnes.

« Cette nuit, raconte Oncle Louis, en rentrant d'une visite à la " Sainte Croix ", Toto s'est aperçu qu'il avait oublié sa clé. Il a réussi à se faufiler entre les barreaux de la cuisine et il est tombé... dans la bassine où Imhof faisait décanter son bouillon pour faire de la gelée de viande. » Eclat de rire de toutes les personnes présentes... « Au matin, Imhof était furieux », poursuit mon oncle... Tout le monde rit de plus belle. Ma grand-mère dit alors : « Je suis d'avis que Toto ne devrait pas scandaliser ainsi le personnel avec ses rentrées tardives !... »

Pendant de longues années, je me suis demandé pourquoi une expédition nocturne sanctifiée par une visite à la « Sainte-Croix » pouvait être si choquante pour les gens de la maison. Je trouvais la perte du bouillon bien plus grave !... Bien longtemps après, j'ai appris qu'en fait la « Sainte-Croix » était une fort charmante dame...

C'est également Oncle Toto qui est à l'origine de mes premières réflexions abstraites. Trois jours après l'armistice, nous étions à Eu. La maison était pleine de chuchotements et par la fenêtre, je distinguais au château une grande agitation et Latapie qui préparait des bagages.

Mon frère et moi apprenons bientôt que Oncle Toto avait eu un accident d'avion et que nous devions beaucoup prier car Papa et les grands-parents étaient très tristes. Ils étaient d'ailleurs partis pour Londres.

Quatre jours après, j'étais au lit avec un gros rhume et voilà Maman qui entre dans ma chambre avec une figure que je ne lui avais jamais vue. Elle m'annonce la mort de notre oncle... Je me suis alors rendu parfaitement compte du drame que représentait cette mort... Mon déjeuner était sur une petite table de lit, j'ai pris ma timbale pour dissimuler ma figure.

Moi qui avais la larme facile, je ne pouvais pas pleurer. J'étais triste pour mes parents de ne pas pouvoir pleurer avec eux... Pourquoi donc ? Je savais bien que c'était le frère de Papa qui était mort. J'ai même fait un sermon de morale attristé à mes frères et cousins pour expliquer la peine de mes parents et de mes grands-parents. Mais je ne m'expliquais absolument pas pourquoi, malgré mon chagrin, je ne pouvais pleurer. Comment se fait-il donc que la peine puisse exister sans les larmes ?

Cette mort, survenue quelques jours après l'armistice, m'impressionnait d'autant plus que j'avais vu toute la ville délirer et pleurer. Les gens ordinairement les plus indifférents s'embrassaient dans la rue et malgré les larmes, tout le monde paraissait heureux... Puis, soudain, ma famille accablée presque à l'instant d'avoir été si heureuse.

Tout cela me donnait à réfléchir sur le sens du rire et des larmes qui souvent ne reflètent pas les réalités profondes du cœur.

Dans la famille, nous avons tous l'obsession des incendies. Il faut dire qu'il y en a eu partout où nous avons été : je ne connais aucune de nos maisons qui n'ait été épargnée... Aussi, au cours de tous nos séjours, nous mettions en place des systèmes variés pour lutter contre le fléau. Même du temps de notre ancêtre Louis-Philippe, Viollet-le-Duc a fait construire à Eu, pour des raisons de sécurité, d'affreux escaliers de fer qui sont la conséquence fâcheuse de cette crainte. A Boulogne, il n'y avait pas d'escaliers de secours. Alors Bon Papa et Papa organisaient des manœuvres de sauvetage pour que nous autres, les enfants, ne soyons pas pris de panique en cas de malheur. Il y avait au dernier étage de la maison de Boulogne tout un dépôt de cordes avec de curieuses ceintures de sauvetage. On nous ficelait avec et l'on nous faisait descendre par les fenêtres du deuxième étage.

C'était le grand jeu. Papa et Latapie tenaient les cordes avec des poulies et en bas, sur la pelouse, je revois encore, entre mes jambes qui gigotaient dans le vide, les spectateurs, tête levée.

Ma grand-mère et Maman n'avaient pas l'air rassuré du tout et Bon Papa criait des ordres un peu à tort et à travers. Il paraît qu'en son temps, le duc de Nemours se livrait déjà aux mêmes manœuvres avec mon grand-père et le duc d'Alençon son frère...

A Boulogne, j'avais l'impression de mener la grande vie de la ville. Je devais avoir sept ans et je prenais des leçons dans la salle à manger avec une demoiselle assommante qui venait de Paris. Ses leçons ont été suffisamment floues pour ne me laisser aucun souvenir... Presque toujours, Bon Papa arrivait en tapinois, son plaid verdâtre sur le dos. Il fouillait dans le buffet en disant : « Mademoiselle, ne vous occupez pas de moi, je vais juste prendre quelques délicatesses... » Il se versait un verre de porto et trempait dedans des petits biscuits longs qu'il suçotait. La demoiselle et moi-même nous n'existions absolument pas pour lui...

La présence de mes grands-parents était une perpétuelle distraction dans notre vie quotidienne. Ces deux vieillards m'apparaissaient en effet comme des êtres fabuleux et j'avais toujours l'impression d'être au spectacle.

Mon grand-père notamment avait le don de se déplacer partout très silencieusement, ce qui lui permettait d'apparaître soudain en des endroits où on ne l'attendait absolument pas.

Ce si cher grand-père avait aussi un sens pédagogique certain et il essayait par tous les moyens de nous instruire. J'ai gardé un vif regret de l'avoir perdu, âgée seulement de douze ans. Combien de connaissances ne m'aurait-il pas transmises au hasard des nombreuses expéditions qu'il montait pour nous ! J'admire encore le courage qu'il fallait à ce vieux monsieur de soixante-dix-sept ans pour accepter de guider notre bande d'insupportables garnements...

Au printemps 1919, on organisa un train spécial pour visiter les champs de bataille de Péronne et Montdidier. Bon Papa nous a emmenés, Pedro, mes deux cousins germains, Pedro-Henri et Louis-Gaston ainsi que Mlle Vedral, notre gouvernante de l'époque qui était au demeurant dépourvue de tout sens pédagogique.

Compte tenu du grand nombre d'invités attirés par ce voyage spécial, le départ de Paris a été un peu confus. Il faisait beau, déjà très chaud et dans Péronne tout en ruine, Bon Papa, qui marchait cahin-caha dans les pierrailles et les décombres, nous a fait un cours magistral sur les luttes du Téméraire et de Louis XI. Il nous a même fait voir ce qui restait du château où ce monarque avait été retenu prisonnier. Tout en haut d'une tour à moitié démolie subsistait, comme suspendue en plein ciel, la chambre du roi...

Entre les villes que nous visitions, le train allait lentement à travers une campagne dévastée, recouverte d'herbes folles, de coquelicots, de bleuets et de marguerites.

Au retour, la locomotive a déraillé en pleins champs ; nous n'avons fait ni une ni deux pour nous précipiter hors du wagon malgré les objurgations de Bon Papa et de Mlle Védral.

Les garçons se sont mis à ramasser des douilles d'obus en cuivre, au grand désespoir de ma mère, car ils en rempliront toute la maison, où ils serviront de vases et de cendriers. Quant à moi, romanesque et patriote, j'ai cueilli un grand bouquet tricolore de fleurs des champs...

Sur des lieues et des lieues, la terre était recouverte, jusqu'au bord des énormes trous d'obus, de fleurs rutilantes. Soudain un de mes cousins m'appelle et me dit : « Regarde ! Là, au fond du trou... ». Je vois une chose rouge et violacée, grandeur d'un cuissot de chevreuil. « C'est un soldat mort ! » s'exclame mon cousin... Je suis restée pétrifiée d'épouvante. Par la suite, j'ai eu des cauchemars pendant des nuits et des nuits, et avant de m'endormir, je priais mon ange gardien pour qu'il m'aide à ne pas penser à ce pauvre soldat enfoncé dans son trou.

Plus tard, en repensant à cet épisode, je me suis rendu compte que cette chose devait être plutôt une bête crevée... Au printemps 1919, si ç'avait été un soldat, il ne serait resté que des ossements et non pas de la chair sanguinolente...

Aussitôt, après cette macabre découverte, nous avons rejoint bien sagement Bon Papa qui faisait les cent pas près du train en panne. Nous mourions de faim, ce qui est au reste un trait de famille très ancré. (Où que nous nous trouvions, retentit ce cri de guerre : « Dieu que j'ai faim ! ») Le repas pris à Montdidier était déjà bien loin et nous sommes rentrés très tard à Paris. Pour tromper notre affreuse fringale, nous avons fait plus de vingt fois l'inventaire de notre butin de guerre...

Cette visite des champs de bataille m'a aussi laissé le souvenir d'une belle allégorie : un vieillard voûté, à barbe blanche, guidant une troupe d'enfants. Avides de vivre, ils sont perdus parmi les décombres et le chaos de champs encore frappés à mort mais portant déjà des myriades de fleurs...

Cher Bon Papa qui aimait tant nous instruire ! La diversité de la vie m'étourdissait plutôt. Mais les histoires de Bon Papa savaient fixer mon attention par la force des images qu'elles faisaient surgir.

Un jour, il nous a fait visiter Versailles. Nous gambadions comme toujours autour de lui et il bousculait quelque peu les gardiens comme s'il était chez lui, en leur disant qu'il connaissait tout cela fort bien. J'étais très fière d'avoir un grand-père qui avait ses petites entrées à Versailles...

Devant le grand tableau de Horace Vernet représentant Louis-Philippe et ses cinq fils à cheval devant la grille du palais de Versailles, Bon Papa se met à bonne distance du tableau, puis s'immobilise au milieu du salon ; d'une voix très forte, il scande ces mots : « Regardez bien, mes enfants, voilà le Bon Papa de Bon Papa lorsqu'il était roi, oui, le Bon Papa de Bon Papa lorsqu'il était roi. »

Nous restons bouche bée à le regarder. Je suis un peu gênée, car un groupe de visiteurs regarde avec étonnement ce vieillard, qui rythme son commentaire de grands coups de canne sur le parquet, entouré de cinq marmots ahuris. Grâce à cette scène, sans doute un peu comique, cette leçon d'histoire a été bien retenue...

Une autre fois, j'ai mal interprété les paroles de mon cher grand-père. C'est aux Tuileries où il nous a emmenés pour nous parler, je suppose, de la révolution de 1848 ; en passant devant le pavillon de Flore, il nous explique qu'il a vécu là enfant avec le duc et la duchesse de Nemours... « Au matin du jour de la révolution, dit-il, Mme Doyen, notre gouvernante, nous a fait fuir en nous cachant, mon frère Alençon et moi-même, sous ses jupes et en nous faisant grimper dans un sapin. »

Cette fuite de deux petits garçons sous les jupes d'une vieille dame, cela pouvait encore s'expliquer. Mais grimper dans un sapin !... Cela m'a laissée longtemps songeuse et pleine d'admiration pour cette gouvernante ; je savais bien grimper moi aussi aux arbres, mais avec quelqu'un caché sous mes jupes, je trouvais cela extraordinaire !...

Quelques années plus tard, j'ai appris qu'un « sapin », ce n'était qu'un vulgaire fiacre fermé, construit tout en bois de sapin. La pauvre Mme Doyen perdit alors à mes yeux une bonne partie de son lustre légendaire...

Le 14 juillet 1919, à Boulogne, le branle-bas de combat a commencé dès 5 heures du matin. Vers 6 heures, nous sommes tous partis, parents, grands-parents, oncles et tantes, enfants et gouvernantes pour assister au grand défilé de la Victoire sur les Champs-Elysées.

Pour ma part, j'étais tassée entre mes grands-parents, dans la Panhard et Levassor au toit carré et si haute que les messieurs pouvaient être assis de toute leur taille, coiffés d'un chapeau haut de forme. Ce véhicule préhistorique était capitonné de beige avec des boutons partout ; un tuyau acoustique servait à parler au chauffeur assis de l'autre côté de la vitre qui séparait le coupé en deux. Le capot de ce char antique était tout en cuivre et ressemblait à une lessiveuse couchée.

Hippolyte Piccolo, le chauffeur, maniait un volant énorme et presque horizontal, ainsi qu'un klaxon qui avait l'air d'un moulin à café. Sur ce que l'on appelle maintenant « le tableau de bord », il y avait quantité de petites bouteilles pleines de liquides divers et pendant longtemps, j'ai cru que c'était la pharmacopée du chauffeur. Assis à côté d'Hippolyte, il y avait notre cher Latapie qui avait la charge d'ouvrir et de fermer les portières et de déplier le marchepied.

Bon Papa avait toujours peur d'être en retard et comme toujours il tempêtait dans le hall de la maison jusqu'à ce qu'il ait pu réunir enfin tout son monde... Nous voilà partis pour les Champs-Elysées, munis de coupe-file permettant à notre convoi d'arriver jusqu'à l'endroit où s'élève à présent le nouvel immeuble Publicis. A cette époque, c'était un hôtel particulier appartenant à des amis de la famille. Nous étions installés aux fenêtres du dernier étage qui dominait toute l'avenue, par-dessus les arbres, qui servaient de tribune à tous ceux qui avaient pu y grimper ; il y avait un buffet avec mille choses exquises, et j'étais très surprise que l'on serve un goûter le matin. D'autres jeunes enfants avaient été invités et j'espérais pouvoir jouer avec eux en attendant le défilé. Mais voilà que l'on expédie les garçons sur une terrasse à l'étage au-dessus et moi on me coince dans une fenêtre avec des petites filles bien ennuyeuses !...

Mais voici le défilé ! Fascinée et tremblante, je pensais que tous ces soldats, de toutes nationalités, venaient directement... du champ de bataille !

Qu'ils étaient beaux tous ces grands généraux à cheval, suivis de leurs poilus... Et les Japonais, qu'ils étaient drôles dans leurs tanks minuscules ! Bon Papa venait de temps à autre à notre fenêtre pour nous donner des explications ; mais quel agacement que toutes ces dames qui ne faisaient que papoter et boire des orangeades...

Chez mes grands-parents, je n'ai connu que cette auto antédiluvienne. Mais dès le début de l'ère de ces machines, mon père a eu la passion de la mécanique et il est un des premiers qui ait fait Paris-Prague en auto vers 1900.

Les modes de locomotion de ma grand-mère étaient quant à eux plus variés. Sur la fin de ses jours, elle marchait très peu et pour se propulser dans les immenses corridors, et les salons du château d'Eu — enfilade longue de cent mètres — on la poussait dans un fauteuil à grandes roues...

Dans le parc, Hippolyte la promenait dans un petit-duc en osier verni noir tiré par un cheval andalou nommé Caramel qui est mort à... trente et un ans. Elle avait ainsi l'air d'être dans une grande corbeille qui ondulait sur ses quatre roues.

Notre joie était de courir derrière et de nous asseoir en catimini sur l'essieu arrière, les jambes pendantes, et le dos appuyé sur le grand panier ; Hippolyte ne manquait jamais d'être étonné du ralentissement ainsi causé à son attelage.

Véritable institution, le brave Hippolyte Piccolo était tantôt cocher, tantôt chauffeur de l'immense Panhard et Levassor, et sur ses vieux jours, il a eu la responsabilité de la pompe, qui par la force de la chute d'eau de la Bresle, donnait l'électricité au château. C'est le comte de Paris, grand-père de mon mari, qui avait fait installer cette petite centrale électrique pour les besoins de la propriété, bien avant la fin du siècle, à une époque où la ville n'était pas encore électrifiée. Hippolyte était porté sur la bouteille et lorsqu'il avait bien bu, il s'endormait sur ses batteries, auprès des pompes ; le château tout entier sombrait alors dans l'obscurité...

A Boulogne-sur-Seine, époque placide et si reculée, on avait aussi le temps de prendre le thé sous les marronniers ou de faire faire son buste en marbre.

C'était également le temps où Maman montait à cheval au bois de Boulogne avec mon frère Pedro ; j'étais si fière d'eux !... Maman était ravissante dans son amazone bleue et mon frère tellement charmant sur son petit poney, caracolant à ses côtés en culotte courte, son béret crânement posé sur la tête. A cette époque, je ne montais pas encore assez bien pour les accompagner sur l'autre poney, dans les promenades élégantes au bois.

A Eu, dans le parc, par contre, je montais souvent avec mon frère et nous faisions de grandes promenades avec mes parents. Ils partaient en avant et je suivais comme je pouvais, morte de honte car j'avais très peur ; j'en pleurais mais pour rien au monde, je ne l'aurais montré ou avoué.

Bien m'en a pris car bientôt le cheval est devenu un de mes plus grands plaisirs et je dirai même une sorte de nécessité : un bon galop vous remet à coup sûr de tous vos ennuis physiques ou moraux !

Mes parents, je crois l'avoir déjà dit, nous élevaient sans nous gâter mais aussi sans dureté. Ils ne toléraient toutefois ni douilletterie ni caprice. Papa était un grand voyageur et nous avions pour ambition de pouvoir l'accompagner partout ; pour cela il ne fallait jamais avoir ni trop chaud, ni froid, ni faim et nous devions aussi pouvoir manger n'importe quoi, n'importe où. Pour nous aguerrir et ne pas être dégoûtés, Papa nous emmenait vers sept, huit ans avec nos cousins du même âge, manger de la tête de veau dans un restaurant de Paris.

Avant d'être découpé, ce plat était présenté tout entier avec les oreilles et les yeux ; c'était la grande épreuve pour voir si nous étions capables de manger n'importe quoi. Nous ingurgitions tout stoïquement... De retour à la maison nous faisions des descriptions effroyables aux plus jeunes pour essayer de les dégoûter, en prévision de l'année suivante, lorsque leur tour viendrait. Aux grandes personnes, par contre, nous faisions des récits enthousiastes lorsque nous revenions avec un satisfecit de notre père.

Comme nous vivions presque toujours à la campagne, nous étions entourés de toute espèce d'animaux et d'oiseaux plus ou moins apprivoisés, en plus de nos chiens et de nos chevaux.

Avant la guerre de 1914, Papa avait un ours apprivoisé avec lequel il voyageait en auto... Autrefois, avant d'entrer à Paris, il fallait payer un octroi pour diverses denrées, entre autres pour les jambons d'ours, qui étaient considérés comme un mets très recherché. C'est ainsi que la première fois où Papa arriva à l'octroi avec son ours assis à côté de lui sur la banquette, les agents des douanes lui firent payer une taxe pour les deux jambons de son ours !... Après cette expérience, l'ours dut rester à Eu...

Le pauvre mourut d'ailleurs d'une façon tragique et inopinée. Après son service militaire en Autriche, mon père avait gardé son ordonnance, un Lituanien nommé Loukavé. En vieillissant, l'ours était devenu un peu brusque et un jour, en lui portant sa nourriture, Loukavé prit peur et l'assomma d'un coup de poing entre les deux yeux !

Ce personnage, hors du commun, a fait partie de notre maison jusqu'à mes fiançailles. Il était en fait notre cocher et avait un pouce tellement large et plat qu'il s'en servait merveilleusement pour astiquer les harnais. Il savait aussi prédire le temps. Jamais nous n'organisions de pique-nique ou de promenade à bicyclette sans lui demander, avant, quel temps il ferait le lendemain. Jamais il ne s'est trompé...

Loukavé s'occupait également des chiens de chasse de mon père et de mon frère...

Il est mort de vieillesse à l'hospice d'Eu où nous l'avions installé. J'allais souvent jouer aux dominos avec lui ; ne sachant ni lire ni écrire, c'était là, avec le jeu de dames, sa seule distraction.

Eu compta également un cerf apprivoisé qui mourut lui aussi tragiquement : voulant suivre mon père en ville, il s'élança d'un bond fantastique par-dessus les grilles et retomba sur les pointes acérées...

Le gros de notre ménagerie, qui occupa pendant longtemps mon frère Pedro, se mit en place après un de nos retours du Brésil, en 1926. Sur le navire l' « Eube », mes deux frères étaient chargés de nettoyer les cages en cuivre et les boîtes contenant toutes sortes d'oiseaux, de singes et d'animaux rares ; il y avait notamment une quantité de perroquets que Papa avait promis à des amis en France. Un jour, on se rendit compte avec horreur que mes frères nettoyaient ces cages avec... les brosses à dents de mon père !...

Au Havre, notre débarquement fut tellement spectaculaire qu'à la douane, un monsieur demanda à Latapie qui nous attendait, si c'était un cirque qui arrivait. « Non, répondit Latapie, c'est seulement les princes d'Orléans-Bragance qui arrivent du Brésil. »

Mon frère Pedro a un talent tout spécial pour apprivoiser les animaux. A Eu, il laissait voler en liberté de grands aras multicolores. Quel beau coup d'œil c'était de voir ces oiseaux aux mille couleurs évoluer au-dessus des hêtres du parc !

Mais qu'il est donc difficile d'ordonner la symphonie familiale !... Je voulais parler de mes grands-parents et j'ai enchaîné sur notre amour des animaux et les dons de dressage de Dom Pedro, mon frère... C'est sans doute que cela fait partie de notre saga, comme la passion de l'histoire naturelle et de l'ornithologie, l'amour des arbres et des forêts, mais aussi notre curiosité pour tout ce qui est artistique, sans exclure ce qui relève des techniques de l'industrie.

En ce qui me concerne, une belle usine m'a toujours fascinée autant que le plus beau des musées. Il m'est d'ailleurs impossible d'énumérer tous les musées, usines et fabriques que j'ai visités depuis mon enfance. Sur tous les continents j'ai couru les aciéries, verreries, tissages, peignages, filatures, tannages, papeteries et imprimeries diverses, y compris celles des timbres-poste, sans oublier les mines de sel, de charbon, d'or, de fer, les industries automobiles, les lamineries, les centrales électriques et j'en passe car cette nomenclature serait vite fastidieuse...

J'ai heureusement une bonne mémoire et je pourrais décrire en détail tout ce que j'ai vu et appris pendant ces visites si instructives, faites d'abord sous la conduite de nos parents et plus tard aux côtés du comte de Paris.

Je suis toujours émerveillée par les inventions humaines et je mets sur un même plan les recherches de l'artiste et les réalisations de l'ingénieur ; les actions qui s'appliquent au soulagement des hommes et à leur formation me passionnent tout autant. C'est par centaines aussi que j'ai visité couvents, monastères, écoles, universités et hôpitaux.

Cela provient sans doute de la forme particulière de notre éducation. Nous suivions, certes, des études scolaires classiques mais cela nous était assez pénible ; nous avions surtout la grande chance de pouvoir puiser nos connaissances à même le spectacle de l'intelligence, dans ses réalisations les plus parfaites.

J'ai eu aussi le bonheur de connaître encore la génération de mes grands-parents paternels autant que maternels et tous étaient très cultivés.

Mon grand-père maternel, le comte Dobrzensky, est mort, lui, pendant la guerre de 1914 et je l'ai moins bien connu que les autres ; mais ma grand-mère, la comtesse Dobrzensky, venait constamment nous visiter en France et nous allions souvent chez elle à Chotebor, en Bohême.

C'était une dame de grand caractère, très autoritaire mais qui savait aussi être douce. Gaie, elle était souvent distraite et en certains domaines plus que rigoriste.

Maman me racontait que lors d'un bal à Prague, elle était arrivée en portant à la main son peigne, croyant que c'était son éventail. Une autre fois, en pleine rue, elle menait une discussion très animée avec Maman ; toutes deux marchaient devant nous et le volumineux renard qu'elle portait autour de son cou glissa de ses épaules. Elle ne s'en aperçut qu'un bon moment plus tard lorsque mon père et moi le lui avons rapporté...

De taille menue, elle avait des mains et des pieds fins et

très petits, la démarche gracieuse et une physionomie fraîche encadrée d'une masse de cheveux très blancs : on aurait dit un pastel de La Tour.

Elle s'en allait souvent seule dans la campagne pour peindre, même en hiver ; on la voyait alors tirer une petite luge avec tout son barda de peintre et, quand se présentait une pente, elle s'installait sur la luge et encore à quatre-vingts ans, se laissait glisser allégrement. Elle avait, elle aussi, de grandes qualités pédagogiques et organisait des jeux éducatifs qui nous passionnaient. Elle nous faisait des dessins, par exemple, que nous devions colorier en découpant les papiers de couleur qui servaient de doublure aux enveloppes usagées. Chose extraordinaire pour une personne de cette génération, elle nous dessinait des usines et nous disait qu'une usine pouvait être belle, que ce n'était qu'une question de couleurs et de proportions.

C'est à elle que je dois le plaisir d'écrire... Chère grand-mère à qui je devais envoyer des lettres pendant tous nos voyages et qui, lorsque nous nous retrouvions, relisait avec moi toutes ces longues missives en corrigeant patiemment les tournures de mes phrases. Son français était parfait et j'aimais l'entendre parler en allemand aussi et en tchèque, langue que je ne comprenais pas, mais que j'aimais pour la suavité de sa voix et le rythme de ses phrases, à la fois vif et ondulant.

Lorsque nous allions en Bohême, nous habitions le grand château de Chotebor chez Oncle Hans, le frère aîné de ma mère.

Depuis la mort de mon grand-père, ma grand-mère logeait dans un charmant petit château à quelque distance du grand. Cette petite demeure était meublée en « Biedermeier » — boiseries claires aux tons contrastés, tendues d'étoffes à fleurs ; une odeur exquise flottait dans toutes les pièces et la table à thé était garnie de porcelaine de Saxe dont les pots étaient décorés du fruit rappelant la confiture qu'il y avait dedans.

La cuisine était aussi très accueillante avec son parquet à larges planches de bois clair, lavé tous les jours à grande eau ; le bois de chauffage était empilé dans une niche où des hérissons apprivoisés avaient élu domicile... La cuisinière soutenait qu'ils s'y trouvaient pour chasser toutes les bestioles qui peuvent se glisser dans une cuisine ; cela n'était pas le point de vue de ma grand-mère, qui disait que ces prétendues qualités étaient une pure invention de la cuisinière qui ne voulait pas se séparer de ses petits compagnons.

Ma chère grand-mère est morte en 1929, pendant l'hiver, un des plus rigoureux qu'il m'ait été donné de vivre.

Tout le village en cortège a accompagné la famille vers le petit cimetière des Dobrzensky, situé sur une colline au milieu des champs et planté de quelques sapins qui y maintiennent une verdeur perpétuelle.

Sur les deux kilomètres qui séparent la chapelle du château de ce cimetière, le cercueil a été porté sur les épaules des paysans, dans la neige fraîchement tombée ; la terre était si dure que l'on n'a pas pu creuser la tombe et ma pauvre grand-mère est restée là, posée parmi les tombes des siens, en attendant le dégel.

Dans ce petit cimetière, qui est, paraît-il, encore entretenu actuellement par les gens du village, reposaient déjà mes arrière-grands-parents et des cousins, un de mes oncles, Jaroslav, mort sur le front russe à la guerre de 1914. Lors d'une permission, il a raconté à ma grand-mère que pendant la trêve de Noël, il s'échangeait entre les tranchées russes et autrichiennes de la vodka et des oies et que du côté autrichien on avait entendu pendant plusieurs nuits un soldat russe chanter merveilleusement ; après la trêve on l'avait encore entendu pendant plusieurs soirs et puis, au lendemain d'une attaque, la voix s'était tue...

L'oncle Jaroslav était chevalier du Tiers-Ordre de l'ordre de Malte, et tout en étant très gai, avait mené dans le siècle une existence de haute spiritualité.

Après la guerre, mes grands-parents ont réussi à retrouver sa tombe qui était surmontée d'une croix immense, faite de deux bouleaux assemblés et ils ont fait mettre cette croix dans la chapelle du château de Chotebor. Le château en lui-même était une grande bâtisse du XVIIe siècle, avec des murs beiges et une cour intérieure entourée d'une colonnade où donnaient tous les services. Au premier étage s'alignaient une douzaine de chambres à coucher, des salons et une très belle bibliothèque. Ces pièces, chauffées au bois par de magnifiques poêles de faïence, s'ouvraient sur une galerie circulaire intérieure et le tout était surmonté d'un toit aux proportions admirables qui abritait un très vaste grenier, repaire préféré des enfants.

Maman m'a raconté qu'à un certain Noël elle avait trouvé sous l'arbre dans le grand salon, un poney qu'on avait fait monter là par le grand escalier aux belles marches larges et plates.

Les Dobrzensky étaient très hospitaliers et le château ne désemplissait pas. Un jour, bien avant notre petite enfance, M. Tchervinka était venu au château en visite. Gentilhomme solitaire et sans famille, il n'en était jamais reparti, heureux de trouver là une maison hospitalière.

Ce vieux monsieur nous enchantait avec ses histoires de revenants et il nous racontait pendant nos promenades que les arbres avaient une âme. Il était un peu spirite aussi et juste retour des choses, nous essayions de lui faire peur la nuit en envahissant sa chambre, déguisés en fantômes.

Après l'enterrement de ma grand-mère Dobrzensky, nous sommes encore restés quelque temps chez mon oncle Hans et ma tante Rosa, née Trautmansdorf.

L'hiver était de plus en plus rigoureux mais avec ma cousine Anne, nous faisions quand même du ski sur les collines. Il n'y avait pas le moindre souffle de vent, le soleil brillait fort et il faisait trente-cinq degrés en dessous de zéro ; j'avais l'impression de respirer du champagne.

Toujours avec Anne, nous faisions du « skieering » en tenant des cordes accrochées à un traîneau que mon oncle menait au grand trot de son cheval. Ces glissades à travers la campagne étaient tout à fait féeriques ! Mon oncle se retournait souvent pour voir si nous suivions bien ; un jour il s'est soudain arrêté et s'est précipité sur ma cousine pour lui frotter la figure avec de la neige...

J'ai bien cru qu'il était devenu fou. En fait, il s'était tout simplement aperçu que le nez de ma cousine, devenu tout blanc, était en train de geler. Cette friction énergique a permis d'éviter la catastrophe...

BON PAPA

Depuis l'invasion soviétique, les milliers d'hectares de ce merveilleux château sont propriétés de l'Etat...

On peut dire que le jour de ma première communion a été un jour bien rempli ; trop bien rempli sans doute ; et c'est pour cela qu'il a fini dans les larmes.

Le père Constantin, un carme, ami de la famille, qui m'avait déjà baptisée, m'a préparée pendant plusieurs jours à cette heure solennelle. Ce bon père était un Normand grand comme une armoire à glace, à la tête ronde, aux yeux bleus de mer, avec des pâleurs de nacre et des reflets d'algues marines.

Originaire du village de Dragey, près du Mont-Saint-Michel, il était merveilleusement spirituel, dans tous les sens du mot et je l'aimais beaucoup. Le jour où maman m'a laissée auprès de lui pour ma première confession, j'ai pourtant été prise de panique : je me suis accrochée à la jupe de maman qui s'est aussitôt échappée par la porte-fenêtre de la chambre que le bon père habitait au château ! Cette chambre, dite « chambre de l'évêque », au parquet de marqueterie et aux murs recouverts de toiles peintes par Viollet-le-Duc, sphinges aux cheveux blonds portés par des arabesques aux couleurs vives, donnait sur le jardin français, rempli de roses. Face au père Constantin j'ai donc été prise d'une folle envie de m'échapper et de courir parmi les rosiers... Sans doute parce que, pour la première fois de ma vie, j'étais absolument responsable de moi-même, de mes pensées surtout... Je me revois à cet instant, l'air buté, la tête basse, me déplaçant dans la pièce en jouant à poser les pieds sur les motifs clairs seulement du parquet en marqueterie... J'étais tout à fait décidée à ne pas desserrer les dents ; le bon père Constantin était assis, les mains posées à plat sur sa robe brune et ses yeux clairs me regardaient à la fois avec douceur et malice. Pendant un long temps, je n'ai pas bougé ; mais il a su m'attendre avec une patience si débonnaire, que je me suis enfin laissé attendrir et suis allée m'agenouiller en posant mes mains jointes sur sa bure. J'ai appris là à confesser mes fautes avec regret et, ce qui est plus dur, avec le ferme propos de ne plus recommencer...

J'ai fait ma première communion avec mes deux cousins germains Pierre-Henri et Louis-Gaston d'Orléans-Bragance, dans la chapelle du château d'Eu, œuvre également de Viollet-le-Duc, ce lieu tout en boiseries et lambris en panneaux à serviette, comporte — chose rare — des vitraux faits à Sèvres...

Dans son sermon, le père Constantin désigna ces vitraux plusieurs fois : ils représentent des saints de notre famille qu'il nous a donnés en exemple. Que cette cérémonie dans cette chapelle recueillie et sombre m'est donc restée présente !...

Ce jour-là, ma grand-mère, la comtesse d'Eu, m'a donné trois chapelets dans leurs étuis en cuir assorti, l'un en corail, l'autre en lapis-lazuli, le troisième en malachite ; j'en garde encore aujourd'hui une impression de raffinement et de finesse, source de multiples joies.

La journée se passa paisiblement en famille au grand château, car nous habitions encore au Pavillon des ministres. Je suis restée tout le temps avec ma couronne de roses blanches sur la tête et ma robe de gros piqué blanc ; je n'avais enlevé que mon voile, pour jouer, comme toujours, en vrai garçon manqué avec mes cousins et mon frère.

Vers la fin de la journée, on s'est souvenu qu'il fallait faire une photo. Au milieu de nos jeux, on nous a donc appelés et maman, de haute lutte, m'a remis mon voile ; je me suis alors fâchée et la photo historique représente une petite fille toute bougonnante, la couronne de travers, entre deux petits garçons au brassard blanc, leur raie impeccablement faite... Malgré ces débuts fâcheux, je devins une petite fille pieuse, pleine d'idées un peu superstitieuses, s'infligeant des contraintes réelles et toujours en attente de miracles.

Je faisais mes études à la maison avec une institutrice, Mme Pelletier, qui aurait pu passer pour la dernière des jansénistes : elle était très sévère avec nous, les cinq frères et sœurs, et ce n'était pas mauvais pour moi ; j'étais même très heureuse de travailler sous sa férule.

Mon grand supplice, toutefois, était les dictées. Malgré les efforts de Mme Pelletier et des cours Blanche-de-Castille que je suivais par correspondance, mon orthographe est toujours restée catastrophique et les séances de dictées d'alors finissaient souvent en cascades de larmes...

De bonne heure, tous les premiers vendredis du mois, nous allions à la messe et ensuite retournions en classe ; comme je croyais aux miracles, je me suis persuadée pendant des années qu'après avoir communié, j'aurais la science infuse et que je ferais alors des dictées sans fautes. Je n'étais pas autrement déçue cependant en constatant le contraire, et le premier vendredi du mois suivant, je communiais à nouveau, pleine d'espérance et d'ardeur.

Le soir, au moment de nous coucher, Mme Pelletier circulait entre les trois chambres d'enfants en récitant à haute voix le chapelet ; nous devions lui répondre tout en nous déshabillant.

Les jours où nous allions à la messe, nous n'avions pas le droit de parler, depuis notre réveil jusqu'à la sortie de l'église, dans un but de recueillement, bien sûr. Un dimanche, elle nous a fait retourner à la grand-messe parce que nous avions ri avec les enfants de chœur à la messe de 8 heures...

Petite, j'étais très dissipée ; cette sévérité et ces règles qui peuvent paraître austères, m'ont finalement été bénéfiques en m'aidant à discipliner ma vie et à ordonner ma conscience.

Nos salles d'études ont toujours été des endroits de nos maisons que j'aimais beaucoup. J'étais pourtant une élève très distraite et je dois avouer que je ne me rappelle pratiquement rien de ce que j'ai pu apprendre jusqu'à mes treize ans. Curieusement, je me souviens à peu près de tous les événements de ma vie et dans le détail, mais j'ai presque complètement oublié les sujets et les matières de nos études !... J'aimais nos salles de classe pour leur odeur d'abord, mélange de craie, d'encre et de papier ; elles étaient si jolies avec leurs vues qui me faisaient rêver, soit au ciel et aux toits de Paris, soit aux collines qui entourent la ville d'Eu... Lorsque nous vivions encore au Pavillon des ministres, notre salle de classe se trouvait au-dessus de la chapelle Jeanne-d'Arc. Il arrivait qu'un peu de silence s'installât et nous entendions alors le bruit de la chute d'eau de la Bresle ; cette rumeur de cascade emplissait mes oreilles et j'imaginais mon père pêchant dans la rivière, ses grandes bottes lui montant jusqu'à la taille. Je le voyais lançant sa canne, le long fil jaillissant en éclair au-dessus de l'eau et j'aurais tant voulu le regarder du haut de la berge, pour l'aider à attraper presque au vol, avec son épuisette, les truites frétillantes.

Mais l'heure d'étude continuait, rythmée par le grincement de nos plumes, celles de mon frère, de ma sœur Françoise qui faisait des bâtons, de notre cousin Edouard Desrousseaux de Vandières aussi, qui était en classe avec nous je ne sais par quel hasard. Posé devant nous sur la grande table, nous avions chacun notre encrier, une grosse boule de cristal remplie d'encre violette, aux reflets d'arc-en-ciel.

Je m'amusais à jeter dans l'encrier de notre cousin des petits bouts de buvard ; lorsque Edouard, que nous appelions Bob, trempait sa plume dans l'encrier, il retirait un paquet tout dégoulinant qui retombait en pâté sur son cahier. Il était consterné et nous trouvions cela très drôle...

En été, nous portions des sandales à petits trous ; nous y enfilions nos porte-plume et ainsi armés de nos plumes Sergent-Major, nous nous envoyions de grands coups de pied sous la table.

Tout ce manège se déroulait bien sûr le plus discrètement possible pour ne pas alerter l'institutrice !...

Tout au long de mon enfance, nous avons passé d'innombrables heures dans le train et bien souvent en troisième classe, surtout lorsqu'après la guerre de 1914, nous allions en Europe centrale. Maman nous disait alors qu'on ne rencontrait en troisième que des gens convenables et souvent même connus, tandis qu'en première, il n'y avait que des nouveaux riches...

Lorsque nous allions de Paris à Eu pour les petites vacances, les trains étaient bondés et on nous envoyait en avance avec Mme Pelletier et Mlle de Maya Monteiro pour retenir les places. A ces occasions, nous confectionnions avec nos manteaux et nos chapeaux un mannequin qui paraissait somnoler dans un coin du compartiment. Nous avions ainsi une place de plus...

Ces expéditions ne me plaisaient pas beaucoup car j'avais

souvent mal au cœur en arrivant ; anciennement, les wagons n'avaient pas de corridor et on restait enfermé dans son compartiment entre portières et fenêtres. D'un de ces voyages j'ai gardé un sentiment de catastrophe irrémédiable qui me fait encore mal aujourd'hui.

Parmi toutes nos gouvernantes et institutrices, il y en avait une, Mlle Vedral, qui détestait mon frère Pedro, et celui-ci le lui rendait bien. Il devait avoir quatre ou cinq ans et ne partait jamais sans une poupée qu'il aimait beaucoup, un petit Hollandais avec ses sabots de bois et sa toque de fourrure.

Au cours d'un de ces voyages, mon frère a dû asticoter un peu trop Mlle Vedral. Tant et si bien que celle-ci lui a arraché des mains le petit Hollandais et... l'a jeté par la fenêtre ! J'en ai ressenti un choc terrible et je crois que j'ai souffert de ce geste encore plus que mon cher petit frère ; il m'a laissé pour toujours une impression d'injustice et de cruauté inexplicables...

Lors d'un autre voyage, nous étions tous tassés dans un de ces anciens compartiments. Il y avait là Bon Papa, Latapie, des gouvernantes, quelques cousins, mon frère et moi-même. Soudain, je note une certaine agitation chez les grandes personnes et un conciliabule entre Bon Papa et Latapie. « Retournez-vous et regardez par la fenêtre ! » nous disent nos gouvernantes. J'étais tellement curieuse de savoir ce qui pouvait bien se passer dans mon dos que sans tenir compte de ces ordres péremptoires, j'ai jeté un coup d'œil en arrière... J'ai alors vu mon grand-père, debout près de la portière, qui p... royalement et de toute sa hauteur, par la fenêtre !...

A Eu comme à Boulogne, mes frères, mes cousins et moi-même nous nous battions comme des chiffonniers tout en nous aimant beaucoup. Alors que j'étais âgée de près de treize ans déjà, il arrivait encore qu'ils me saisissent par mes nattes, que j'avais longues, pour me traîner sur les parquets bien cirés. Non seulement ils me tiraient, ces affreux garçons, mais encore me faisaient tourner comme un cheval à la longe ou glisser sur le dos, telle une toupie...

Pedro réussit une fois à prendre mes nattes dans une porte, à la fermer, et à partir avec la clé dans sa poche. Cela se passait dans un grand salon à plusieurs portes et j'ai supplié le brave Latapie qui passait par là, de me délivrer en me coupant les nattes !... Heureusement, il n'en fit rien et alla récupérer la clé.

Nous étions comme on voit, assez sauvages dans nos jeux mais les gros mots, par exemple, nous étaient totalement inconnus, y compris le mot de Cambronne. A tel point que revenant un jour de promenade avec ma gouvernante, j'ai raconté à table que j'avais traversé la rue sans faire attention, juste devant un cycliste qui m'avait appelée « merle » ; j'ai ajouté que je trouvais cela très gentil et à mon grand étonnement, papa et mes oncles ont alors éclaté de rire.

Quelques mois après la Grande guerre, Bon Papa nous a tous emmenés à Nancy où l'on jouait, dans les jardins de la ville, la Passion du Christ. Traité à la manière d'un mystère, ce spectacle durait toute la journée ; les acteurs étaient des braves gens de Nancy et des environs et le rôle du Christ, notamment, avait été confié à un boulanger. Pendu à sa croix, il était couvert de sang, et lorsqu'on lui a percé le côté droit, sa plaie s'est mise à saigner très fort... C'était très beau, très impressionnant et très long, surtout. Pour la première fois, avec mes cousins et mon frère, nous logions dans un palace, le Grand Hôtel Stanislas ; je m'y suis sentie tout de suite comme chez moi au château d'Eu.

Depuis ma toute petite enfance, j'ai toujours été très sûre de moi. Il m'arrive souvent d'être émue ou émerveillée mais très rarement intimidée. Cela ne m'empêche pas d'avoir parfois le trac, avant certaines cérémonies officielles ou des grands dîners. C'est plutôt bon signe car cela me permet d'être meilleure dans l'action.

Pendant que nos parents prenaient donc le thé avec les personnalités de la ville, j'ai emmené toute notre bande inspecter l'hôtel et pour finir, nous sommes arrivés dans la chambre de Bon Papa.

Sur sa table de toilette était disposée toute une série de poires en caoutchouc qui lui servaient à se déboucher les oreilles, remède énergique qui le rendait sans doute encore plus sourd. D'un seul élan, nous avons pris ces poires pour asperger, du premier étage, les promeneurs qui déambulaient sur la place Stanislas. Je vois encore cet immense chapeau, couvert de bouquets de violettes qui nous a servi un moment de cible privilégiée ; la décoration de ce couvre-chef était si importante que la dame qui se trouvait en dessous ne s'est jamais rendu compte de cet effronté arrosage...

Les fêtes de Nancy ont pris fin et nos parents nous ont quittés pour un long voyage en Europe centrale. Nous autres enfants prîmes le train pour Paris et, lorsque nous fûmes assis bien sagement dans le compartiment en face de mon austère institutrice, toujours en deuil de son défunt mari, j'ai été soudain saisie d'un sentiment que je n'avais jamais éprouvé jusqu'alors.

Cette cadence inexorable qui martelait mon cœur, cette fuite du train qui m'enlevait loin de mes parents, me donnaient une angoisse dont j'étais tout étonnée. Je fermais les yeux pour essayer d'en découvrir la cause et je ne trouvais rien ; c'était l'absence...

Depuis lors, allant crescendo avec l'âge, j'ai bien souvent ressenti ce mal de l'âme infligé par l'absence des êtres aimés. Et Dieu seul sait combien j'aime !

Depuis le matin le glas sonnait à la collégiale de la ville d'Eu.

Quand il y avait un mourant, c'était alors la coutume de s'associer à la peine des familles et de prier pour l'âme du moribond. Cette union dans la prière était très réconfortante. Elle intéressait le clergé et aussi l'ensemble des fidèles, à cette époque où la foi n'était pas encore mitigée de respect humain.

En ce mois de novembre 1921, le glas sonnait pour ma grand-mère, la comtesse d'Eu, qui était à l'agonie.

Plusieurs jours avant sa mort, nous étions tous rassemblés autour d'elle, dans la grande chambre du château, dans cette très belle pièce aux boiseries peintes et aux rideaux bleu de nuit que nous appelons la chambre de la Grande Mademoiselle, cousine germaine de Louis XIV. Tous agenouillés pêle-mêle, enfants, parents, domestiques, à prier, pendant que

M. le Doyen donnait les derniers sacrements à notre grand-mère.

Bon Papa allait et venait, tout désemparé, essayant d'aider M. le Doyen ; un moment il lui a même fait remarquer qu'il avait oublié d'oindre de saint crême les mains de Vovo.

Après un certain temps les enfants se sont d'abord retirés sur la pointe des pieds et ensuite chacun chez soi, tout Eu s'est mis à attendre.

Une certaine après-midi, le glas s'est soudain tu. Vovo, notre chère grand-mère, était morte...

Nous sommes tous retournés dans sa chambre pour l'embrasser et lui dire un dernier adieu en aspergeant sa dépouille d'eau bénite avec un petit rameau de buis.

C'était la première fois que j'assistais à la mort de quelqu'un et cette expérience m'a très vivement impressionnée...

Précédant l'enterrement à Dreux, une cérémonie s'est d'abord déroulée à la collégiale d'Eu et la période de deuil et de recueillement s'est prolongée.

Notre tempérament d'enfant a bientôt repris le dessus... Très choqué, notre cousin Pierre-Henri, qui était plus âgé que nous, nous a sévèrement morigénés : « Si vous avez envie de rire et de faire du tapage, allez donc dans le parc. Il n'est pas convenable de vous amuser dans le château où Vovo vient de mourir... il faut être triste ! » « Je ne comprends pas ces simagrées ! ai-je rétorqué. Tout le monde dit que Vovo était une sainte et de plus sœur Fidéline a rêvé qu'elle était déjà tout heureuse au paradis... »

Sœur Fidéline n'était sans doute pas un oracle, mais c'était une bonne sœur et à mes yeux d'enfant, elle ne pouvait donc qu'émettre des vérités certaines. La figure fraîche et souriante encadrée d'une cornette tuyautée, la tournure replette et bien engoncée dans son costume des sœurs du Bon Secours, soignant, consolant, secourant et toujours trottinant, sœur Fidéline faisait vraiment partie du paysage familier de notre ville.

Les jours d'hiver, elle s'occupait avec quelques dames charitables, du « fourneau économique », une institution que mes grands-parents avaient mis en place dans une des dépendances du château ; elle servait à distribuer des repas chauds aux personnes âgées. C'était notre grande joie d'aller aider sœur Fidéline à tourner dans d'énormes fait-tout de bons potages parfumés que nous dégustions avec les petits vieux, assis autour de grandes tables de chêne.

Jeunes ou vieux, riches ou pauvres, les habitants de ma petite ville s'entremêlent, avec leur physionomie typique, comme les figures qui émergent d'une tapisserie « aux mille fleurs », du temps jadis.

Dans ma jeunesse vivaient encore à Eu des personnes ayant servi le comte de Paris avant son départ en exil. Notre blanchisseuse, mémère Dominique, régnait dans une immense buanderie au pied du château. Quand nous allions la voir, elle ressemblait, au milieu de ses buées, à une drôle de fée biscornue ; elle nous racontait de belles histoires et nous faisait priser son tabac pour... « chasser le rhume de cerveau » !

Après mon mariage, lors d'un de mes séjours à Eu, je lui ai parlé de nos enfants. « Ah ! ces comtes de Paris, s'exclama-t-elle, quand ils se mettent à avoir des enfants, ils en ont tout de suite une meute ! »

Dans la « petite ferme », comme nous disions, près de la grille des Fontaines, logeait la famille Halbourg, d'anciens fermiers des comtes de Paris.

Lorsque, en 1914, tout le personnel étranger a dû quitter du jour au lendemain la France, Maman s'est trouvée assez désemparée car elle attendait son troisième enfant. Berthe, la fille des Halbourg, est alors entrée au service de mes parents.

Berthe Halbourg, devenue « Aï » par le jeu inexplicable des onomatopées enfantines, était, hormis nos frères, sœurs et cousins, la seule personne que nous ayons jamais tutoyée. Elle avait de grands yeux gris-vert qui illuminaient sa figure spirituelle et une énorme natte châtaine la couronnait. Aï était notre bon génie, notre dieu lare pourrait-on presque dire ; elle était vive, intelligente et parfois très impertinente, même avec mon père.

« Monseigneur, il n'est pas possible de tenir la maison et d'habiller les enfants en donnant si peu d'argent à la princesse. », grondait-elle. « C'est scandaleux ! C'est inimaginable !... » Elle tempêtait si fort que Papa finissait par ajouter quelques billets en riant.

Les jours de grand branle-bas, dîners et réceptions que

nous donnions, ou mariages où nous devions nous rendre, toute la maison retentissait de son nom. « Aï ! viens fermer ma robe », « Aï ! viens me coiffer », « Aï ! mon jupon dépasse », criaient les dames... « Aï ! où sont mes chaussettes », « Aï ! viens faire ma cravate », criaient les messieurs. Papa l'appelait pour porter des ordres, Maman faisait de même et Aï était partout à la fois.

Lorsque nous la taquinions de trop, elle se fâchait tout rouge... « Je vais rendre mon tablier », disait-elle. Elle défaisait alors effectivement son long et joli tablier blanc à bavette qu'elle abandonnait comme un morceau de sa personne sur une chaise. Quand nous étions petits, nous pleurions en la suppliant de ne pas partir. Plus tard, son manège nous faisait rire et elle se fâchait d'autant plus : « Cette fois-ci, vraiment, je pars », disait-elle. On la retrouvait ensuite à une extrémité du château où, sans en avoir l'air, elle reprenait une autre besogne utile...

Elle nous a suivis dans tous nos voyages et jusqu'au Brésil où elle est morte en 1936, dans les bras de ma sœur Thérèse qu'elle adorait.

Un jour — nous étions encore très jeunes — des petits amis du voisinage sont venus jouer au château. L'un d'eux nous dit : « Mais elle est bossue, votre bonne ! » Cette remarque nous stupéfia car nous ne l'avions jamais remarqué. Elle était pourtant vraiment très bossue, notre chère Aï, mais elle dissimulait admirablement ce malheur en portant presque toujours des capes et des pèlerines.

Pendant les mois d'hiver, à Eu au Pavillon des ministres et plus tard au château, un de mes plaisirs familiers était de nettoyer les pipes de mon père. Il en avait une collection immense, de tous les pays. Les grosses autrichiennes en porcelaine, celles avec des motifs variés en écume, les légères pour la chasse et de lourdes et très imposantes, dont le tuyau était si long qu'il pouvait les fumer en les posant sur la table.

Ces séances de nettoyage se déroulaient dans une ambiance bien particulière. Je me tenais accroupie dans le bureau de mon père auprès de la cheminée qui brasillait doucement, mon attirail disposé autour de moi : plumes de perdrix, alcool à brûler, chiffons et toutes les pipes dévissées.

Mes frères et sœurs lisaient, enfoncés dans de grands fauteuils de cuir ; Papa tapait à la machine ou faisait des comptes et Maman, assise sur un grand canapé, bavardait avec les dames qui étaient de passage au château.

A la proclamation de la république au Portugal, la princesse Amélie de France, reine du Portugal, s'installa au Chesnay où elle habitait une villa très laide mais dont les salons étaient remplis d'objets de grande valeur.

C'était une personne spontanée et courageuse dont la vie, qui aurait dû être triste et solitaire, a été tout le contraire. Elle allait souvent voir ses sœurs qui l'aimaient tendrement tout en la taquinant beaucoup ; et ses nombreux séjours l'amenaient au manoir d'Anjou, à Larache, à Capodimonte ou à Séville.

Au Chesnay, près de Versailles, elle était quand même bien seule et souvent le souvenir de son mari et de son fils assassinés sous ses yeux venait la hanter.

Cette tragédie s'était jouée à Lisbonne sur la grande place du Terrero do Passo, actuellement place du Commerce.

Pour se rendre au Palais royal, le roi Dom Carlos avait donné l'ordre, contre l'avis de ses conseillers, qu'on emprunte le parcours qu'il prenait d'habitude. Arrivé sur cette place, le carrosse, où avaient pris place le couple royal et le prince héritier, fut attaqué ; pendant que l'assassin déchargeait son pistolet sur les deux princes, la reine Amélie essayait de les défendre en tapant à grands coups de... bouquet sur l'agresseur.

Pendant toute sa vie, la pauvre a voyagé avec une grande malle qui contenait le manteau de fourrure couvert du sang de son mari et de son fils, dans le cas où elle mourrait en voyage, car elle avait demandé qu'on l'enterre avec cette relique. Elle mourut au Chesnay et on accéda à son vœu.

Mais parlons de choses plus gaies !... En revenant du Brésil, nos parents nous emmenèrent à Versailles pour faire une visite à Tante Amélie. Comme à son habitude, elle nous reçut très gracieusement ; elle était toujours très aimable, mais il lui arrivait parfois de se fâcher tout sec, lorsque l'on n'était pas de son avis. Ce jour-là, après un somptueux goûter à la portugaise, elle s'adressa à mon frère Jean en portugais ; elle lui posa plusieurs fois une question et mon petit frère la regardait avec des yeux ronds. A la fin, Tante Amélie lui dit : « Mais enfin tu ne comprends donc pas le portugais ? » Et ce benêt de frère de lui répondre : « Pardon ma tante, je croyais que vous parliez anglais ! » Les parents étaient consternés.

En 1952, Tante Amélie était à la mort. Elle agonisait depuis plusieurs jours et son fidèle et loyal médecin, qui la soignait depuis des années, n'avait pas quitté son chevet, la veillant et la soignant si bien qu'elle refit surface et reprit tous ses esprits.

Voyant le docteur près d'elle, elle lui dit, toute reconnaissante : « Cher docteur, merci, venez que je vous embrasse... » Et puis : « Comment ! vous ne vous êtes pas rasé ? Allez vous raser d'abord ! » Le pauvre cher homme, après trois jours et trois nuits sans sommeil !... Il nous a raconté lui-même l'anecdote et il en était assez fier...

Rien n'est plus agréable que d'avoir des amis d'enfance. C'est un si grand plaisir que d'évoquer les bons moments passés ensemble, après tant d'années ! Ces joies je les dois à mes parents qui, partout où ils allaient, se faisaient des amis, dont les enfants me sont restés fidèles.

A Ansenne, vivait dans son château une vieille dame, Mme Cotigny, qui était une amie de la comtesse de Paris, grand-mère de mon mari.

Pendant la guerre de 1914, la forêt d'Eu avait été envahie par des sangliers qui avaient fui le front des Ardennes. Lors des grandes battues, Mme Cotigny circulait dans un petit tonneau tiré par une jolie haquenée. Les rabatteurs étaient des Indiens en turban, qui cantonnaient dans le pays avec l'armée anglaise ; leurs visages paraissaient encore plus sombres dans la forêt enneigée, et leur aspect insolite m'effrayait un peu. Rien de comparable pourtant avec la peur que j'ai eue le jour où un énorme solitaire nous a chargés...

Maman a juste eu le temps de nous cacher, mon frère Pedro et moi, derrière un gros hêtre et mon père a tué le sanglier... Après cela, Papa a dit que cette aventure était la faute de Maman qui nous avait tricoté des bonnets de laine orange qui affolaient le gibier !... Nous avons tout de même continué à suivre les chasses avec nos bonnets oranges et nous étions affublés en plus de manteaux que nos parents avaient rapportés de Laponie ; c'était des sortes de chasubles en fourrure de renne que l'on enfilait par la tête et qui étaient garnis d'une ceinture, de poignets et d'un col en drap de couleur vive.

Ces chasses au sanglier étaient la grande attraction de tous les officiers des armées alliées qui avaient leurs camps à Eu et aux environs. Le résultat de leurs exploits cynégétiques se soldait par une quantité de peaux et de hures de sanglier répandues sur les parquets et les murs de tous les châteaux des environs.

Pendant toute la durée de la guerre, les officiers belges, canadiens, anglais qui venaient visiter mes parents nous gâtaient énormément. Les Canadiens nous donnaient du pain blanc et tendre comme de la brioche, les Belges nous offraient des aubades de musique militaire, et tous les dimanches, pendant l'élévation à la grand-messe, un solo de clairon me mettait les larmes aux yeux.

Un jour, d'un talus qui surplombe une rue de la ville, je saluais avec allégresse les soldats qui passaient : « Bonjour, petits soldats belges ! » Je me suis fait vertement gronder par notre nurse, Miss Scott, mais je n'ai jamais compris les raisons de son ire — « It's shocking, you must not do that ! » — Je trouvais cela, quant à moi, tout à fait aimable et même irréprochable...

Quoique très jeunes, nous avons vécu cette guerre intensément. Les bombardements du front, près d'Arras et d'Amiens, s'entendaient de la ville et les habitants venaient se cacher dans les caves du château. Pendant les alertes, Maman nous envoyait dans le parc profond et touffu jouer avec mes cousins ; d'entendre dans le lointain le bruit sourd de la canonnade nous donnait tout naturellement l'idée de jouer à la guerre. Des bancs de la grande allée du parc, nous faisions des sous-marins ; quand l'un d'eux coulait, nous nous jetions tous par terre...

Ces alertes me plaisaient encore bien davantage à Boulogne chez nos grands-parents, surtout quand cela se passait la nuit. Nos parents nous faisaient descendre dans leur chambre et je trouvais cela merveilleux.

Nous étions persuadés que la « grosse Bertha », dont nos bonnes nous avaient parlé, était... une ogresse ! Pour lui échapper, nous dormions tous entassés dans le grand lit des parents et tout contre eux. C'étaient des nuits tout à fait uniques, pleines d'un souffle mystérieux...

En repensant aujourd'hui à cette époque, je m'imagine mieux les angoisses de ma mère qui avait ses parents en Bohême et dont les quatre frères servaient en même temps dans l'armée autrichienne.

Ce n'est qu'après la guerre que nous avons connu nos premiers vrais arbres de Noël et c'est Maman, élevée en Europe centrale, qui introduisit l'arbre à la maison. En bon latin, Papa n'aimait guère ce rite, qu'il disait païen, et encore moins les agitations qu'il entraînait. Pour lui, Noël c'était surtout la messe de minuit, la crèche et le réveillon en famille ; le nôtre était très simple : après la messe de minuit, nous nous précipitions avec des cris de joie dans la salle à manger pour nous régaler de brioches et de chocolat chaud...

Les cadeaux, disait encore Papa, devaient être destinés à étrenner l'année... Mais la coutume du bel arbre vert s'imposa bientôt définitivement chez nous, comme partout ailleurs du reste.

Dans les jours qui suivaient nos Noëls en famille, nous rééditions cette fête chez des amis. Je me souviendrai toujours du tout premier arbre de Noël de l'après-guerre qui nous avait été offert chez les Rouget à Ansenne. Il était dressé, immense, au premier étage de la galerie du château où il faisait un froid pénétrant.

Après la distribution des jouets, nous allions nous amuser dans un grand salon près de celui où les parents causaient ou jouaient au bridge.

Les jeunes filles de la maison, Germaine et Francine Rouget, et leur cousine Simone Van de Walle, savaient mieux que quiconque recevoir et distraire leurs invités ; les plus petits notamment, parmi lesquels Roger et Nicole de Chezelles et les quatre petits Desjonquères, vêtus de costumes marins impeccables, un petit sifflet pendu à une fourragère blanche.

Leur arrière-grand-père, le lieutenant de vaisseau Fauvel, était gouverneur et professeur du duc de Penthièvre, Pierre, fils du prince de Joinville ; l'infortuné précepteur mourut de la fièvre jaune alors qu'il accompagnait le jeune duc de Penthièvre qui servait sur un bateau de guerre.

Ce triste épisode ne nous empêchait nullement de bien jouer avec ces quatre petits garçons ; c'étaient des journées de grand bonheur, mais Dieu ! qu'il faisait froid dans ces châteaux mal chauffés... Dans notre pays, personne n'est frileux, moi non plus du reste, mais par ces temps de brume et de gel on me mettait des habits de fête moins chauds que ceux de tous les jours et je devais grelotter stoïquement, devant le bel arbre illuminé...

Pour les fêtes de fin d'année, nous étions également reçus chez le comte et la comtesse de Waziers, à Lignières-en-Wimeu, où nous étions très gâtés.

Leurs deux filles aînées, Marie que nous appelons encore maintenant Mino, et Anne qui épousa le marquis de Boissart, confectionnaient pour nous de ravissants petits mobiliers de poupée et de jolies petites boîtes en vernis Martin qu'on nous remettait sous l'arbre de Noël.

A Lignières, avec les quatre fils Waziers et leurs sœurs, nous faisions également de grandes parties de patinage, sur les mares gelées au milieu des prés. Je n'ai jamais eu si froid qu'au cours de ces après-midi et nous n'avons jamais tant ri, surtout quand notre bande, se tournant vers le plus petit des Waziers, lui lançait : « Hombert, votre sourire vient de geler ! »

Le pauvre cher Hombert, au sourire si séduisant, a été tué à la Libération de Paris...

Nos autres voisins proches étaient le vicomte et la vicomtesse de Chezelles. Mme de Chezelles nous rendait visite à Eu, en voiture à cheval, accompagnée de ses enfants Roger et Nicole et Mlle Antoine, qui était un vrai dragon. Nicole, ravissante petite fille aux longues boucles anglaises, toujours vêtue de jolies robes blanches, a été bien souvent en butte à nos taquineries ; nous nous empressions d'organiser des parties de cache-cache dans les caves du château et la gentille Nicole en sortait toujours couverte de toiles d'araignées, ses robes blanches pleines de taches de charbon, à la grande fureur de Mlle Antoine, son institutrice.

Madame de Chezelles, qui était une cavalière passionnée, avait toujours des chevaux ou fougueux ou mal dressés et le résultat en était que son départ du château était vraiment épique. Avant d'atteler le cheval à la charrette anglaise, on installait Mlle Antoine et les enfants dans la voiture ; puis Mme de Chezelles montait et restait debout pendant que l'on poussait le cheval dans les brancards. La porte de la cour de l'écurie et la grille de la cour d'honneur étaient maintenues grandes ouvertes et aussitôt le cheval attelé, Mme de Chezelles s'asseyait en saisissant les guides ; le cheval partait alors au triple trot et tout l'équipage sortait à une allure effrayante. Tout le château était aux fenêtres et sur le perron et on suivait ce départ en catastrophe en se demandant si les roues n'allaient pas accrocher les grilles après le virage. Notre sujet de perplexité principal était ensuite de nous demander comment cet attelage pouvait traverser la ville sans encombre... Il devait cependant être conduit de main de maître puisque ses occupants sont toujours arrivés chez eux sains et saufs... à vingt-huit kilomètres de là !

Nous leur rendions souvent leurs visites, à la Baronnie où nous faisions mille bêtises. Un jour, nous avons mis Roger à flotter sur la rivière dans une grande poubelle en fer ; guère rassuré, car ne sachant pas encore nager, il est parti à la dérive. Nous courions, tout de même un peu inquiets, le long de la berge dans les herbes hautes de la prairie. Heureusement, le pauvre Roger a pu s'accrocher en aval aux branches d'un arbre et nous l'avons aidé à se tirer de ce mauvais pas. Pendant ce temps, Papa et M. de Chezelles pêchaient paisiblement la truite...

Les goûters à la Baronnie étaient mon régal et je m'en réjouissais déjà pendant nos jeux. La salle à manger, avec sa grande cheminée et ses poutres apparentes, incitait par avance au recueillement de la table ; celle-ci était couverte de grands plats garnis d'immenses tartines, de tartes aux fraises, de pots de crème et de pichets de cidre...

A Paris, nos visites nous conduisaient tous les ans au 9, avenue Kléber, chez Tante Blanche, la sœur de Bon Papa.

C'était toute une affaire. Nous arrivions tous bichonnés et gantés et on nous faisait attendre dans un grand salon du rez-de-chaussée dont les persiennes étaient fermées. Les fauteuils recouverts de housses blanches avaient l'air de fantômes... Les parents montaient au premier en nous laissant seuls dans ce salon où j'espérais découvrir chaque année quelque chose de passionnant ; mais où, à chaque fois, je retrouvais les mêmes tableaux, les mêmes girandoles et les meubles Boulle que je connaissais par cœur. Enfin, on venait nous chercher et nous montions au petit salon, où attendait Tante Blanche, maigre, immense, tout de noir vêtue, avec une coiffure genre Toulouse-Lautrec, mais avec des cheveux tout blancs et non pas roux, recouverts d'une mantille blanche, la pointe sur le front. Elle nous recevait debout et nous passait d'abord en revue avec ses petits yeux bleus, clairs et froids ; avec un index pointu et démesuré au bout d'une longue main ivoirine, elle nous désignait ensuite les uns après les autres, en nous demandant nos noms et nos âges.

Puis, elle s'asseyait dans un fauteuil Voltaire près de la fenêtre et l'interrogatoire continuait sur toutes sortes de sujets. Nous étions figés de timidité... La séance terminée, nous nous retirions après révérences et baisemains.

Tante Blanche était pleine de caprices... Depuis sa jeunesse elle vivait seule et avait toujours eu l'humeur chagrine, j'ai entendu dire qu'elle avait été amoureuse d'un lord anglais et que le duc de Nemours, son père, n'avait jamais rien voulu savoir de ce mariage. Depuis lors, elle détestait plus ou moins la famille. Elle avait même stipulé dans son testament qu'elle voulait être enterrée à Lourdes et non pas à Dreux « avec ces gens-là ». A son filleul, mon frère Dom Joao, elle a légué en héritage... son bouledogue !...

Nous allions également visiter de vieux amis brésiliens qui avaient suivi mes grands-parents en exil. Entre autres, un très vieux ménage que j'aimais beaucoup, le baron et la baronne de Muritiba qui avaient une villa à Boulogne, avec une grande volière pleine de petits oiseaux pépiants et chatoyants.

Une autre de ces vieilles dames, la baronne de Sao Joaquim, me paraissait fort originale. Son bel appartement de l'avenue Henri-Martin était immense, mais elle nous recevait le plus souvent au lit. Cela m'amusait d'autant plus qu'elle avait un bonnet de nuit plein de dentelles et de faveurs bleues et des déshabillés très froufroutants. Son serviteur, le fidèle José, était très noir et bien malheureux aux jours froids de Paris. Il n'avait presque plus de cheveux et la baronne de Sao Joaquim a eu un mal fou à lui faire confectionner une perruque avec des cheveux... crépus. Ce brave José est devenu plus tard le serviteur de mon frère Joao au Brésil ; il est mort très vieux, mais jusqu'au bout si dévoué, si plein d'attentions. Il ne laissait ainsi jamais mon frère sortir sans son chapelet dans la poche et un pistolet dans la boîte à gants de son auto...

En hiver, nous avions des goûters sages qui auraient pu être bien tristes. Mes parents nous emmenaient à ces réunions aussi régulièrement qu'à la messe, les jours de fête. Elles avaient lieu chez les demoiselles Da-Penha, amies de la comtesse d'Eu.

Mesdemoiselles Da-Penha vivaient rue Greuze, dans un vieil immeuble à l'ascenseur poussif ; une bonne bien replette, à tablier blanc à bavette, nous ouvrait d'abord la porte, avec force révérences. Tous les invités s'installaient ensuite autour d'une immense table à tapis vert mousse. Chacune de ces vieilles dames s'ingéniait à nous distraire en nous apprenant des jeux de société désuets et charmants. On nous asseyait, jambes pendantes, sur de hautes chaises en cuir de Cordoue, et aussitôt nous nous mettions à tricher le plus effrontément possible en gloussant tout bas entre nous. Pendant ce temps, les parents et plusieurs de leurs amis, entre autres le ménage Calogeras, faisaient la conversation à l'autre bout de la grande table.

Puis venait le goûter et toute la société changeait de pièce. Nous prenions le thé assis autour d'une autre grande table, celle-ci en bois clair et qui sentait la cire. Maman, toujours souriante, était parfois un peu gênée car nous dévorions toujours les tartines de pain grillé en boudant tous les bons gâteaux que l'on nous offrait. Le thé, nous le prenions avec beaucoup de lait, dans des tasses en porcelaine de Chine si fines que j'avais l'impression qu'elles allaient fondre dans ma bouche ; je me souvins que les petites cuillères étaient ornées sur le haut du manche d'un petit grain de café en bois.

Malgré mes enchantements de petite fille gourmande, le décor de ces lieux me navrait à chaque fois... Un buffet à colonnes m'horripilait particulièrement et une grande verrière qui s'ouvrait sur la cour de l'immeuble me donnait toujours la même impression de tromperie. Elle représentait de grands hérons raides au milieu de roseaux blafards et le tout avait l'air horriblement faux !... J'aimais par contre passionnément l'odeur des petites serviettes à frange qui avaient un parfum très différent de celui de notre propre linge de maison.

C'était une époque où tout était tranquille, les rues silencieuses et les conversations paisibles. Il ne venait à l'idée de personne de regarder sa montre à tout instant. Et personne ne songeait à écourter un rendez-vous pour courir à un autre...

L'hôtel Lambert... Que de jours, que d'années merveilleuses n'avons-nous pas passés dans ce vieux palais à la proue de l'île Saint-Louis !

Il était la propriété des princes polonais Czartoryski qui l'avaient acheté avec tout un tiers de l'île Saint-Louis, à l'époque de Chopin, quand la Russie accaparait la Pologne.

Marguerite, sœur de mon grand-père le comte d'Eu, avait épousé le prince Czartoryski et mon père était donc cousin germain de l'oncle Adam Czartoryski. Ces deux cousins s'aimaient comme des frères...

Lorsque nous avons eu l'âge de faire nos études à Paris — car à Eu cela devenait très compliqué —, Oncle Adam a tout naturellement prêté la moitié de l'hôtel Lambert à mes parents. Jusqu'à mon mariage, en 1931, nous y avons fait les quatre cents coups...

Les cinq enfants, la gouvernante, l'institutrice et la bonne logeaient tout en haut dans des chambres mansardées, qui avaient de charmants plafonds en nids d'abeilles. Cette situation nous permettait de nous promener sur tous les toits environnants entre le quai d'Anjou, la rue Poulletier et la rue Saint-Louis-en-l'Isle et pendant des années, grâce aux chéneaux larges et aux toits plats de ces vieilles demeures, nous avons pu découvrir toute une vie digne des meilleures descriptions de Victor Hugo.

Les habitants du voisinage avaient planté là-haut de minuscules jardins et ils y élevaient des poules et des coqs attachés par une patte à une longue ficelle... Sur ces toits, nous n'avions que de bonnes et sympathiques connaissances qui nous voyaient apparaître sans nulle surprise dans leur petite vie.

Jusqu'en 1932, l'hôtel Lambert n'avait ni électricité ni salle de bains. Pardon ! il y avait celle des Czartoryski mais je n'ai jamais bien su où elle se trouvait... Jusqu'à mon mariage en tout cas, on nous montait des brocs d'eau bouillante dans une baignoire en zinc placée dans un corridor obscur, et pendant des années, nous nous sommes baignés tous les cinq à tour de rôle. Le premier avait un bain bouillant mais propre et le dernier un bain tiède et plutôt sale. Nous alternions...

Les lampes à huile « Tito Landi », les lampes Pigeon et les bougies étaient entretenues par Baptiste, un brave homme un peu ivrogne, qui n'occasionna pourtant jamais d'incendie.

En hiver, nous étions chauffés par des poêles à bois, le chauffage central n'était installé qu'au rez-de-chaussée. Par les grands froids, nous devions mettre des manteaux pour rejoindre à travers corridors et galeries, la partie noble de l'hôtel.

Dans le jardin paisible et si désuet, un immense mûrier donnait, juste avant les vacances, des fruits savoureux. Nous y grimpions et ne redescendions que gavés ; tout barbouillés de jus, nous devions nous laver les pieds dehors dans une cuvette pour ne pas tacher les tapis avant de rentrer dans les salons.

Lorsque nous étions malades, on nous descendait dans la chambre des parents au rez-de-chaussée. Elle était toute capitonnée de damas bleu tendu entre des lambris de bois dorés et leur lit tout bleu aussi me paraissait avoir l'immensité d'un océan...

Un certain après-midi d'hiver, j'étais un peu patraque, à moitié assoupie et bien enfoncée dans les grands oreillers si doux. C'est là que je suis tombée amoureuse d'un beau jeune homme aux longs cheveux blonds, portant une cuirasse en acier qui paraissait être de l'argent. Il était suspendu sur la paroi, en face de mon lit, entre les deux fenêtres qui donnaient sur le jardin et il souriait. Etait-ce un rêve ? Etait-ce la fièvre ? Depuis ce moment-là il me semblait le rencontrer tout le temps dans les galeries de ce vieux palais.

C'était don Juan d'Autriche, mais malheureusement il était emprisonné dans un cadre fixé au mur...

Longtemps après, à la saison la plus éclatante de l'année, au beau mois d'août, je montais un jour le grand escalier aux marches larges et plates... Il me suivait !... Lorsque je suis arrivée sur le palier près de la grande verrière scintillant des mille feux de l'été, il m'a pris les deux mains et m'a souri...

Notre salle d'étude du dernier étage était une grande pièce hexagonale au plafond cloisonné. En hiver, y ronflait un poêle encastré dans la cheminée. En été, par la fenêtre ouverte, nous pouvions voir, par-dessus les toits, les martinets strier le ciel bleu de leur zigzag gracieux. Leurs cris aigus me faisaient rêver aux vacances... Il faisait chaud et calme.

Lorsque les parents avaient du monde à déjeuner, la cuisinière faisait venir de chez Boissier une bombe glacée au café. Les invités partis, Baptiste, le maître d'hôtel, nous montait à la salle d'étude le reste, un peu fondu, de ce dessert. Cette parenthèse rafraîchissante venait rompre agréablement la torpeur de ces après-midi d'été.

Notre salle d'étude avait des proportions idéales et dégageait une atmosphère de sérénité qui facilitait beaucoup notre travail. Elle servait également de chambre à coucher à mon frère Pedro et pendant les nuits froides, quand le poêle s'éteignait, il arrivait que mon frère dut rajouter sa descente de lit sur ses couvertures et pour faire poids, son prie-Dieu par-dessus le tout...

Cette extrémité des bâtiments de l'hôtel Lambert donnait sur une petite cour d'où l'on voyait les maisons voisines ; souvent des violonistes et des chanteurs des rues venaient chanter des airs tristes où il était toujours question de fleurs, d'amours et de poètes.

J'ignore pour quelle raison nous changions si souvent de chambre à cette époque ; un moment ma chambre à coucher a été installée dans un des grands salons du rez-de-chaussée donnant sur le jardin.

Ce salon immense faisait aussi office de passage. Ma chambre se trouvait dans un de ses coins, à l'abri d'un monumental paravent de Coromandel à douze feuilles. C'était une bien agréable installation avec de grands miroirs qui reflétaient les arbres du jardin.

Le matin en m'éveillant, j'avais la vision du char d'Apollon tiré par les chevaux de l'Aurore, et porté sur les nuages peints par Lebrun au plafond.

Le temps que nous avons passé à l'hôtel Lambert forme une masse de souvenirs bien particuliers qui ont pour moi l'allure du rêve... Grâce surtout à notre oncle Adam Czartoryski et à tous nos cousins aussi.

Oncle Adam n'était pas très grand mais avec ses pommettes de Tartare et ses yeux bleu foncé et bridés, je le trouvais très beau. Particulièrement quand je le voyais sortir de son pas vif, drapé dans une cape du soir.

Disert et très cultivé, il nous racontait toujours des choses extraordinaires et ses propos imagés fusaient avec l'éclat des comètes. Rien en tout cas de ce qu'il disait ne me semblait pouvoir se rattacher au réel...

Tante Louise, son épouse, était petite, douce et perpétuellement inquiète. Ils ont eu sept enfants avec lesquels nous cousinions donc beaucoup.

La belle-mère d'oncle Adam s'était mariée deux fois. Une première fois avec un homme de vingt ans plus vieux qu'elle, la seconde fois, de vingt ans plus jeune, mais qu'elle a toutefois enterré. Elle fumait une centaine de cigarettes par jour, ce qui ne l'a pas empêchée de vivre jusqu'à près de cent ans. Un jour nous sommes tous allés l'attendre à la gare. A peine arrivée, elle est entrée dans une fureur noire parce que son porteur avait disparu ; lorsqu'il réapparut, elle lui dit tout de go qu'il avait bien de la chance d'être français sans quoi... elle l'aurait fait knouter. Le pauvre homme en est resté tout pantois.

A l'époque dont je parle on ne ressentait pas encore le besoin de s'échapper des villes chaque week-end. Les dimanches comme les jeudis, nous les passions paisiblement à la maison après avoir visité avec mes parents un monument ou un musée, et nous y allions presque toujours à pied.

Les jours de classe, nous ne circulions qu'en autobus ou en métro. Les taxis étaient un luxe que je n'ai découvert qu'après mon mariage...

Nous lisions beaucoup, mais j'avais aussi mille ouvrages que j'entreprenais dès le 1er janvier — boîtes à recouvrir, mouchoirs brodés, cravates tricotées —, que j'offrais à Noël à tous les habitants de la maison, y compris les domestiques.

Mes parents étaient alors les correspondants de ce cousin éloigné, Edouard Desrousseaux de Vandières, dont j'ai déjà parlé et dont la grand-mère était une Dobrzensky. « Bob » était alors saint-cyrien et passait ses dimanches à l'hôtel Lambert.

Ma cousine germaine, Anne Dobrzensky, séjournait également souvent chez nous. Pendant les soirées, nous chantions toutes deux des airs viennois et des chansons à la mode, accompagnées au piano par ce charmant saint-cyrien. C'était l'époque où nous prenions des leçons de chant salle Pleyel. J'avais une voix de mezzo-soprano... Nous nagions en plein romantisme...

Malgré les agréments de ce vieux palais où l'espace ne nous manquait vraiment pas, malgré le charme provincial de la vie dans l'île Saint-Louis où tout le monde se saluait à la sortie de la messe dominicale, nous avions quand même la nostalgie de la campagne et de notre beau parc eudois.

Dès le printemps, pour nous consoler, nous allions avant les classes flâner de très bonne heure le matin au marché aux fleurs de l'île de la Cité. Nous y achetions, sur nos économies d'enfants, des crocus, des jacinthes et des jonquilles à cinquante centimes le pot, que nous allions ensuite replanter dans le jardin de l'hôtel Lambert.

Sur le quai, s'élevait une maison qui portait une plaque ainsi rédigée : « Ici vécurent Héloïse et Abélard... » J'ai demandé à mon institutrice, Mme Pelletier, qui étaient cette Héloïse et cet Abélard... L'austère vieille dame me donna des explications si vagues et si ambiguës que ma curiosité en fut doublement piquée. Je n'eus de cesse dès lors de me renseigner, compulsant tous les dictionnaires historiques et littéraires que mon père possédait en grande quantité... C'est à cette époque aussi que Héloïse est devenue une de mes héroïnes préférées.

Parmi les pôles d'attraction de toute ma vie — la France, l'Autriche, le Brésil —, il y a aussi la Bohême. Chère Bohême où j'ai laissé toute une partie de ma vie heureuse !...

Ma mère, Elisabeth Dobrzensky, est issue d'une famille de Bohême qui trouve ses origines slaves, dans l'acception la plus rigoureuse de ce mot, dès le IXe siècle.

Que l'on me permette cette parenthèse : en France, lorsqu'on parle de la Bohême, on pense souvent aux Gitans, aux « Bohémiens » qui ne sont absolument pas d'origine slave. Cela vient du fait que les premiers Gitans ou Tziganes que l'on ait vus en France sont arrivés chez nous, en 1340..., avec un laissez-passer du roi Jean de Bohême.

La « bohème » par contre, au sens où l'entendait Puccini, vient sans doute de la tournure d'esprit des habitants de ce pays qui sont presque tous des artistes avec tout ce que cela comporte d'idéalisme et d'inconséquence.

Après la guerre de 14, nous sommes allés souvent à Chotebor, le château de famille de mes grands-parents et des frères de Maman, situé au sud-est de Prague.

Ce serait le sujet de tout un livre que de décrire ce beau pays, cette société alors si cultivée, si pleine de gaieté et de bonnes manières anciennes, ces paysans à la familiarité de bon aloi si dévoués et si déférents. Cette vie aussi que l'on menait de château en château, toujours en excellents termes de voisinage. Les seigneurs s'occupaient activement de leurs terres, de leurs brasseries, de leurs chevaux et de leurs chasses auxquelles ils pouvaient se livrer sur leurs propres terres, et qui n'avaient rien de commun avec les battues mondaines et bien artificielles de notre époque. Chez mon oncle Hans, en automne, à Chotebor, c'étaient de longues marches à une dizaine de fusils en ligne, entre une centaine de rabatteurs. Pour lever les centaines de lièvres et les milliers de perdreaux, on allait de longues heures à travers d'immenses champs de betteraves ou de pommes de terre. Il y avait également de petites battues de faisans dans les bois ; après quoi on déjeunait en pleine campagne autour d'un grand feu. Les dames qui n'avaient pas suivi la chasse arrivaient dans de grands breaks avec le pique-nique et toute la chasse assise dans l'herbe devisait, riait et flirtait un peu... Plus loin, les rabatteurs tout aussi enjoués, commentaient le tir des maîtres en mangeant force saucisses et en buvant de la bière. A la fin de sa vie, mon oncle, étant devenu un peu lourd, suivait la chasse à cheval et parcourait la ligne des chasseurs et des rabatteurs en criant toujours ses ordres à tue-tête...

Au château, les soirées se passaient joyeusement et en bonne compagnie... On jouait aux cartes, mais surtout on faisait de la musique.

Pendant des heures, Maman et son frère Ottokar faisaient danser jeunes et vieux en jouant sur deux pianos qui se faisaient face, des valses modernes, des polkas et des mazurkas.

... C'était un temps en dehors du Temps,
C'était un temps entre deux temps,
Un temps avant l'écroulement du Temps...

Le temps, sous la forme d'une durée qui s'enfuit, a toujours été pour moi un des sujets de réflexion perplexe. Je ne crois en effet ni aux heures ni aux jours, pas plus qu'aux années. La vie mesurée au mètre me déplaît et toutes les expressions qui parlent d'un temps trop long ou alors trop court, ne signifient rien pour moi. Depuis mon enfance, je me suis toujours efforcée en tout cas de tirer le plus fort possible sur le ruban du temps.

Mes vacances et mes récréations étaient toutes bien remplies. Pourtant, lorsqu'on m'appelait pour les classes, il m'arrivait de soupirer avec un air navré : « Déjà !... La récréation a été si courte ! »

Lorsqu'un jour Mme Pelletier m'a dit : « Petite princesse, sachez que les bons moments sont toujours courts et les mauvais très longs », j'ai trouvé cela stupide et je me suis bien promis de me prouver le contraire. Depuis lors, chaque fois que je vis un moment heureux — et j'en ai eu beaucoup ! — je l'amplifie en me répétant sans cesse : « Tout ça est loin d'être fini, il me reste encore tant et tant d'heures et de minutes ! » C'est ainsi que je me suis démontré à moi-même que le temps était avant tout question d'imagination.

Les récréations en tout cas étaient le summum du bonheur. Avec mes frères et cousins, je jouais avec frénésie au football, au croquet, à cache-cache sur les toits ou dans les souterrains et au « polo-bicyclette » : avec nos maillets de croquet, nous faisions de grands moulinets et les boules de bois nous filaient souvent dans les tibias que nous avions couverts de bleus...

J'avais par ailleurs un petit potager que je cultivais avec amour mais aussi beaucoup de peine. Il se trouvait au pied du château non loin de la Bresle, sur un mauvais terrain caillouteux qui était, je crois, un ancien chemin. Pour les adultes, il avait toutefois l'avantage d'être exposé à la vue des habitants du Pavillon des ministres et du château et ainsi, on pouvait de temps en temps voir ce que je fabriquais.

Mon frère avait trouvé plus commode de se bricoler un petit banc et il s'installait dessus pour me surveiller...

J'avais également des petites poules de Cayenne qui m'occupaient beaucoup. Leur nourriture ne me coûtait guère car j'allais chiper de l'avoine dans l'écurie de mon père.

Je vendais mes œufs à la cuisine et Céline, la cuisinière, notait scrupuleusement cette dépense dans le livre de comptes, mais on ne me payait mes œufs que moitié prix : mes poules étant naines, leurs œufs étaient plus petits...

Les nuits d'hiver, quand la tempête se levait, je m'échappais du château pour m'assurer que toutes mes petites volailles étaient bien à l'abri. Je les enfermais soigneusement par crainte aussi des renards qui rôdaient... Bien au chaud dans mon lit, j'étais toute heureuse de les savoir en sécurité.

Quand mon poulailler s'était suffisamment reproduit, je chargeais Mme Rémy, notre fermière, d'aller vendre les poules au marché de la place Saint-Jacques.

Pendant la récréation, je vérifiais que cette vente se passait bien ; les petits bénéfices que j'en retirais servaient ensuite à l'achat de tous les matériaux dont j'avais besoin pour confectionner mes cadeaux de Noël.

Mon frère Pedro ne s'intéressait à mon élevage qu'au travers de mon petit coq qu'il avait baptisé « Ben Kaddour ». Fort de son don quasi hypnotique sur tous les animaux, il l'avait si bien apprivoisé qu'il avait réussi à l'atteler et à lui faire tirer une petite carriole...

3

DÉPAYSEMENTS

Après la guerre de 14, Papa et Maman ont eu très envie de revoir toute leur famille d'Europe centrale.

L'été 1920, nous l'avons passé en Autriche mais de là on ne pouvait pas encore aller en Bohême. Alors un beau jour, mes parents ont décidé de partir pour la Pologne revoir les Czartoryski. Nous avons pris le train, mais à la frontière nos papiers n'étaient pas en règle, paraît-il. Papa a dû retourner à Vienne et Maman, Pedro et moi-même, sommes restés en rade dans une petite gare frontière, perdue dans la nuit. Le chef de gare a eu pitié de nous et il nous a installés sur des bat-flanc en bois. Dans la nuit, quelqu'un faisait les cent pas sur le quai en sifflant. Jamais je n'ai entendu quelqu'un siffler aussi bien. C'était merveilleux et Maman et moi avons écouté longtemps avec ravissement...

Au petit matin, Papa est enfin revenu et nous avons pu repartir pour la Pologne mais nos aventures n'étaient pas terminées. Un peu plus loin, la ligne de chemin de fer s'arrêtait et il fallait emprunter des voitures de location qui étaient véritablement prises d'assaut. Mes parents avaient enfin réussi à retenir un fiacre et nous y avons laissé Pedro pour aller rechercher nos bagages. Lorsque nous sommes revenus, la carriole était occupée par une bonne femme énorme et terriblement vulgaire, engoncée dans ses fourrures et portant chapeau. Elle avait éjecté mon pauvre frère qui se tenait tout penaud au bas du fiacre tandis qu'elle trônait à l'intérieur.

Malgré les invectives de Maman proférées en tchèque et en polonais, elle n'a pas bougé et le cocher a fini par nous dire froidement... qu'elle avait payé bien plus cher que nous. Nous sommes donc restés sur la route poussiéreuse, d'abord assez désemparés, mais bientôt un brave paysan nous a pris dans sa carriole à foin attelée sur le côté gauche du timon à un cheval étique. Fouette cocher ! La nuit venant, nous nous sommes arrêtés dans une auberge perdue où il n'y avait rien à manger si ce n'est une espèce de pâté de pommes de terre mélangées à je ne sais quoi.

Le sol de notre chambre était en terre battue et nous nous sommes roulés dans des couvertures militaires assez douteuses. Maman avait si peur des punaises et autres bestioles, qu'elle a allumé aux quatre pieds de notre lit, de petits feux confectionnés avec du papier. Je trouvais cela enchanteur...

Le lendemain, nous avons pu prendre un train en perdition dans la plaine, et à une station, oncle Adam Czartoryski nous a fait prendre par une voiture à cheval. Nous devions nous rendre à Goluchow en Poznanie et pendant le trajet, mon frère Pedro, penché sur la roue du break, s'est mis à baver d'une façon inquiétante ; Maman, prise de panique, croyait qu'il avait attrapé la rage car il avait été mordu par un chien quelques jours avant notre départ d'Autriche. Après bien des conjectures, nous nous sommes rendu compte que cette bave était due à des bonbons infects que, faute de mieux, Papa nous avait achetés à la gare car nous mourions de faim !...

Cet épisode marque mon premier souvenir de la Pologne.

Par la suite, nous sommes allés souvent chez les Czartoryski ; mon père et oncle Adam, son cousin germain, étaient très liés, et au fil des ans Maman et Tante Louise sont devenues de vraies amies.

A Goluchow, Oncle Adam avait deux châteaux ; celui que nous habitions était d'une architecture compliquée mais bourré de belles choses, et l'autre, à quelque deux cents mètres de là, était la reproduction d'un château Renaissance, construit par la comtesse Dziahynska, avec cours intérieures, colonnades, escaliers en colimaçon, pièces tapissées de cuir de Cordoue bleu pâle (fabriqué en Flandre) et grands salons à cheminée.

Ce château servait exclusivement pour les grandes réceptions et les mariages.

A Goluchow, les vacances étaient de vraies vacances d'avant-guerre. Quelques-uns de nos cousins — ils étaient sept en tout — avaient nos âges et toute la journée nous battions la campagne sur de petits chevaux blancs de Silésie. Qu'elles étaient excitantes ces galopades à travers les champs et les forêts profondes !... Nous filions comme le vent et certaines fois, nous nous barbouillions la figure de mûres en hurlant : « Voilà les bolcheviks ! Voilà les bolcheviks ! »

Quelques années avant mes fiançailles, je suis retournée à Goluchow pour le mariage de notre cousine Isa avec le comte Etienne Zamoyski. Je devais être la demoiselle d'honneur d'Etienne et, en Pologne, la coutume veut que le fiancé soit mené à l'autel par deux jeunes filles, chacune lui donnant le bras ; deux jeunes gens conduisent la fiancée de la même manière.

Quelques jours avant le mariage, Auguste Czartoryski m'emmena faire une promenade à cheval dans une belle prairie parsemée de bouquets d'arbres. Mon cheval, un animal que je dominais mal, s'est soudain emballé.

Comme tout cheval intelligent, sentant sa cavalière peu sûre, il ne trouva rien de mieux que de passer au triple galop sous un bouquet d'arbres dont les branches basses m'ont littéralement raclé de dessus ma selle. Je me suis retrouvée dans l'herbe, mon chignon tout défait. Auguste m'a rejoint un peu inquiet et cherchant partout mes épingles à cheveux dispersées dans l'herbe haute ; j'avais une joue et le front complètement écorchés. Pendant que je me remettais de mes émotions, il est parti rattraper le cheval. Nous sommes rentrés au petit pas et quand Oncle Adam a vu dans quel piteux état je me trouvais, il s'est mis dans une colère terrible contre Auguste : « Tu as défiguré Bébelle! Elle va être affreuse en demoiselle d'honneur ! » Le pauvre n'y était pour rien, tant il est vrai qu'il aurait pu peut-être me donner un cheval moins fougueux.

Tante Louise m'a mis de si miraculeuses compresses que ma figure était redevenue décente au moment d'accompagner Etienne à son mariage...

Au soir de la cérémonie, c'est l'autre château si extravagant qui accueillit toute la compagnie. La jeunesse s'est aussitôt égaillée dans les multiples escaliers, corridors et salons de cette demeure de conte de fées. On a eu d'abord un mal fou à nous rameuter pour la traditionnelle photo de mariage et par les fenêtres, nous observions en riant toutes ces grandes personnes si sérieuses, déjà groupées et nous appelant à grands cris...

Dans le crépuscule rose, nous voilà enfin tous frappés de catalepsie, la mariée bien raide au milieu... Soudain la musique du bal a éclaté et nous avons tous repris vie...

Jusqu'au petit matin, les grands salons ont retenti de nos rires. Entre les danses classiques on jouait des mazurkas. André Zamoyski et Arthur Tarnowski, mes deux merveilleux cavaliers, m'ont fait alors découvrir cette danse violente dont une des figures consiste pour les deux cavaliers à passer leurs bras sur les épaules de leurs deux danseuses, tous les quatre se lançant ensuite dans une ronde si rapide que les pieds des danseuses s'envolent...

Mon Dieu ! Quand je songe à ces jours heureux et à l'affreux destin qui a frappé ces parents et tous ces amis, les uns morts, les autres exilés... Je leur garde à tous une place dans mon cœur et le souvenir bien vivant des belles heures passées dans leur chère Pologne.

En 1920, la loi d'exil qui frappait la famille impériale du Brésil est abrogée. Papa et Bon Papa se sont rendus au Portugal pour s'embarquer sur le cuirassé « Sao-Paulo » que le gouvernement brésilien avait dépêché à Lisbonne pour ramener en grande pompe les corps de l'empereur Pedro II et de l'impératrice Dona Teresa Cristina de Bourbon-Siciles. Ils sont tous deux morts en exil, elle en 1889 à Porto, et l'Empereur à Paris en 1891.

En 1922, ensuite, pour les fêtes du centenaire de l'indépendance du Brésil, nous nous sommes embarqués sur le « Curvello », mes parents, mon frère Pedro, moi-même et la baronne Elisabeth Reisky que nous appelions Zelle. Quant à Bon Papa, Tante Pia d'Orléans-Bragance, veuve du frère de

Papa et mes deux cousins Pierre-Henri et Louis-Gaston, c'est sur le « Massilia » qu'ils ont rejoint le Brésil, accompagnés du ménage Latapie et de sœur Fidéline qui soignait Bon Papa.

A notre première escale à Bahia, nous avons été accueillis par une foule immense et enthousiaste. Toute cette journée l'auto du gouverneur nous a conduits de réception en réception ; au cours de l'après-midi, en passant devant les locaux du journal « A Tarde », Papa est tombé sur l'annonce de la mort du comte d'Eu à bord du « Massilia », placardée sur la façade de ce journal.

Pour tous les Brésiliens comme pour nous tous c'était une affreuse nouvelle... Des milliers de personnes en pleurs nous ont accompagnés à notre bateau où le commandant nous attendait avec un télégramme nous confirmant cette mort...

Se placent là deux événements inexplicables mais dont la nature rappelle certains autres dont ma famille a pu être témoin.

Depuis sa plus tendre enfance, ma mère rêvait régulièrement, et avec une précision extrême, d'une belle ville rose, tout en étages, située au bord de la mer...

Au petit matin, selon un usage consacré, le capitaine convia toute notre famille sur la passerelle. De là nous pouvions beaucoup mieux découvrir le coup d'œil qu'offre à l'arrivée la baie de Todos os Santos ; la ville de Bahia surgissait progressivement de la brume matinale... Soudain, Maman s'est exclamée : « Mon Dieu ! voilà la ville... la ville que j'ai vue si souvent en rêve depuis mon enfance !... »

La jeune comtesse Dobrzensky avait d'abord vécu au fin fond de la Bohême. Comment pouvait-elle imaginer tout d'abord qu'elle épouserait un prince d'Orléans-Bragance ? Elle ignorait par ailleurs l'existence de Bahia, et enfin, tout au long de sa vie à Eu, elle ne soupçonnait pas qu'un jour elle irait vivre au Brésil.

Et voici qu'au premier coup d'œil qu'elle porte sur cette terre nouvelle, elle la retrouve telle que son rêve la lui avait révélée longtemps auparavant...

Par la suite, elle n'eut plus jamais ce rêve ; elle croyait aux présages et pour elle ce rêve signifiait qu'en s'établissant au Brésil, elle avait accompli sa véritable destinée.

C'est le commandant lui-même qui fut le héros du second événement.

Papa avait pris l'habitude de passer toutes ses soirées à bavarder avec lui dans son bureau. Sauf la veille de notre arrivée où, pour pouvoir se lever tôt le lendemain, mes parents se sont couchés de bonne heure.

Le lendemain, le commandant raconta à Papa que la veille, vers 10 heures du soir, il avait vu entrer dans sa cabine un homme de grande taille qui paraissait chercher quelqu'un. Comme le commandant lui demandait ce qu'il voulait, ce personnage ressortit de la cabine. Très surpris par ce comportement insolite, le commandant pensa que c'était un passager clandestin ; il ordonna même que l'on fît des recherches à bord.

En arrivant à Bahia, le commandant, comme nous tous, apprend la mort de mon grand-père. Dans les heures qui suivent, il découvre en première page des journaux qui inondèrent ce jour-là la ville, la photo de mon grand-père. Il reconnaît alors aussitôt son visiteur de la nuit...

De ce récit, nous avons bien sûr déduit que Bon Papa avait cherché à retrouver son fils pour lui dire un dernier adieu...

Au terme de cette triste escale à Bahia, nous avons repris le bateau pour Rio ; nous y avons retrouvé nos cousins et toute la suite de Bon Papa. Pendant plusieurs jours, nous avons dû assister à des cérémonies religieuses dans toutes les églises de la ville célébrées pour le repos de l'âme de Bon Papa. C'était très émouvant pour nos parents mais plutôt éprouvant pour nous autres enfants car après la messe, s'organisait un défilé ininterrompu d'amis, de tous âges, de mon père, suivis de tous les braves nègres du quartier. Tout ce monde nous embrassait à qui mieux mieux et en pleurant abondamment. La mort de mon grand-père et le retour d'exil de la famille impériale avaient causé à travers tout le pays un profond bouleversement...

Entre toutes ces manifestations, mes cousins, mon frère et moi allions nous promener dans les jardins de Rio qui abritaient encore une multitude d'oiseaux-mouches et de papillons merveilleux.

L'hôtel Gloria, où nous logions, était alors le plus moderne de Rio et la complexité de ses corridors se prêtait bien à d'extraordinaires parties de cache-cache. Le ménage Latapie et sœur Fidéline étaient eux-mêmes les protagonistes bien involontaires de ces jeux. Ils nous cherchaient partout !... Sœur Fidéline, ses voiles au vent, toute petite et rondouillarde et les Latapie mi-sérieux essayant de nous discipliner...

Plusieurs vieilles dames se sont tout de suite mises à la disposition de nos parents pour nous servir de guide dans nos promenades, mais aussi pour nous perfectionner dans l'usage du portugais. Tout en sachant excellemment le français, elles s'efforçaient, pour hâter nos progrès, de ne nous parler que dans la langue de *Camões*...

L'une d'elles, la baronne de Loretto, était une amie d'enfance de ma grand-mère, la comtesse d'Eu. Elle ne voyait plus d'un œil à cause d'un accident survenu lorsqu'elle était petite : elle jouait avec ma grand-mère dans les jardins du palais où celle-ci avait un petit potager ; en donnant un coup de pioche, elle ne vit pas que son amie était penchée derrière elle...

Sinhazinha Cavalcanti de Albuquerque, l'autre vieille amie de ma grand-mère, se montrait assez sévère avec nous.

Elle persuada bientôt mes parents de faire exécuter mon portrait par le peintre Kowalsky. C'était une belle corvée que ces poses interminables dans l'appartement de Sinhazinha qui logeait de plus dans un hôtel sombre et tarabiscoté composé de plusieurs bâtiments reliés entre eux par des balcons suspendus !

Dans une chambre remplie de souvenirs de la famille impériale, on m'avait fait asseoir, tenant drapé sur mes épaules nues un châle de gaz bleu pâle, un bouquet de fleurs sur le décolleté. Je trouvais cela assez ridicule mais ce fut une réussite : sur la toile on découvre une petite fille de douze ans, les cheveux coupés à la Jeanne d'Arc et de grands yeux bleus regardant dans le vide...

A peu de temps de là, à Sao Paulo, un vieux nègre a demandé à venir saluer mes parents. Il avait cent dix-huit ans et nous a raconté que dans sa jeunesse, il avait baisé la main du roi Dom Joao VI. Ce roi du Portugal vivait alors au Brésil après avoir fui les armées de Junot qui avaient envahi son pays.

Ce vieux nègre, aux cheveux tout blancs, m'a également baisé la main. Etre touchée par la main qui avait été en contact avec un contemporain de Napoléon 1er, il y avait bien là de quoi faire tourner une tête de douze ans !

Je voyais distinctement, à travers cet homme, les maillons d'une chaîne infinie où je participais et qui me prolongerait. Pour la première fois aussi m'est venue l'idée de la relativité du temps dès l'instant où il s'incarne en des vies successives et solidaires...

Entre autres excursions, on nous fit bien sûr découvrir le Pain de Sucre. On y parvient par un téléphérique qui passe pour le plus ancien du monde ; d'un premier bond on atteint l'Urca qui permet de reprendre son élan vers le sommet de cette curiosité géologique. Cette deuxième partie du trajet s'effectue au-dessus d'un vide effrayant tapissé dans le fond par la forêt vierge ; en chahutant, je me suis penchée et mon couvre-chef s'envola de la nacelle... Pendant de longues minutes nous l'avons vu planer à la manière d'un cerf-volant avant de disparaître dans la forêt luxuriante.

Mon frère et mes cousins étaient ravis de cette aventure. Mais les dames et Zelle, qui nous accompagnaient, beaucoup moins.

J'étais une petite fille assez insupportable et les gouvernantes devaient me dire tout le temps : « Une petite princesse ne doit pas faire ceci, une petite princesse ne doit pas faire cela... Elle ne doit pas courir pieds nus, elle ne doit pas se promener sur les toits... » Enfin, tout ce que l'on peut dire à un petit diable comme moi pour tenter d'en faire une jeune fille accomplie ; cela m'ennuyait beaucoup et j'ai souvent regretté de ne pas être un garçon.

Notre bonne Aï m'avait dit que si j'arrivais à passer sous un arc-en-ciel, je deviendrais un garçon. Il fallait voir comme je prenais mes jambes à mon cou lorsqu'un bel arc se déployait à l'horizon !... Heureusement, ce désir n'a pas duré et depuis longtemps je trouve passionnant et merveilleux d'être une femme.

Mesdemoiselles de Maya Monteiro et la baronne Reisky nous ont emmenés un jour en excursion, mon frère et moi-même, dans les environs de Petropolis.

La famille du baron de Maya Monteiro était du nombre des amis très proches et très dévoués de mes parents.

Même en été le baron était toujours vêtu d'une redingote noire et il portait un canotier de la même couleur ; je me souviens que la baronne était très maigre et que sa conversation était fort convenue. Une de leurs filles, Marie-Louise, était la dame d'honneur de Maman ; elle vit toujours chez mon frère Pedro, à Petropolis...

Ce jour-là, nous étions donc tous entassés dans une énorme auto décapotable à strapontins et en cours de route, nous avons aperçu un grand mûrier couvert de fruits. Nous avons demandé qu'on nous arrête pour en cueillir ; toutes ces dames refusèrent en déclarant que le temps manquait ; on nous attendait en effet au-delà de Cascatinha pour visiter une fabrique de tissages.

Au retour, cette halte se révéla également impossible car il fallait arriver à temps pour le dîner. Nous étions bien penauds !... J'ai alors combiné avec mon frère qu'au moment de croiser ce mûrier, je laisserais mon chapeau s'envoler sur la route ; il faudrait bien s'arrêter pour le rechercher et pendant ce temps, nous irions cueillir les fruits, objet de notre tentation. Ainsi fut fait. Lorsque la gouvernante et les amies nous ont vus grimper dans le mûrier, elles restèrent bien entendu suffoquées par l'audace de cette supercherie... Nous avons été grondés, mais Dieu ! que ces fruits défendus étaient exquis !...

C'est moi qui inventais généralement ces coups pendables et que ce soit à Eu ou au Brésil, je n'ai jamais voulu céder à qui que ce soit ma souveraineté sur notre bande.

Durant ce premier séjour à Petropolis, nous logions à l'hôtel d'Europe avec son merveilleux jardin qui finissait au sommet de la montagne. Dans ce paradis, nous nous sommes gavés de toutes sortes de fruits exotiques délicieux ; entre autres, mes préférés, des pitangas, très acides et qui ressemblent à des tomates miniatures...

Le « Curvello » nous ramena en France la même année, en 1922, avec dans sa soute la dépouille de Bon Papa. Sur son testament, il avait précisé sa volonté d'être enterré à Dreux avec son épouse et ses deux fils Louis et Antoine, morts en 1918 et 1919.

En arrivant au Havre, les autorités françaises ont fait ouvrir le cercueil sur le quai pour faire constater que mon grand-père s'y trouvait bien et nous avons tous dû le regarder. J'ai fermé les yeux, mais ma petite sœur Thérèse, qui était venue à notre rencontre avec notre grand-mère Dobrzensky et bien d'autres personnes, a tenu absolument à contempler son grand-père. Par la suite elle a déclaré qu'elle l'avait fort bien vu et qu'il était « très bien ».

Pauvre Bon Papa qui est resté français toute sa vie et chauvin par surcroît ! Vivant au Brésil en tant que prince consort, il n'a pas cessé d'avoir le mal du pays et le voilà qui meurt en route pour le Brésil !... Il rendit cependant de grands services à sa patrie d'adoption surtout lors de la guerre contre le Paraguay ; réorganisateur de l'intendance, il contribua grandement à la victoire de l'armée brésilienne. Il remporta également, en 1869, les célèbres batailles de Campo Grande et Peripebui où il resta trente-huit heures sans descendre de son cheval !

Très méticuleux aussi, il avait un esprit qui le portait volontiers à mettre l'œil un peu partout.

A cette époque, au Brésil, la vogue était à la porcelaine de Limoges style 1830, avec décor de grandes fleurs d'iris ou de pensées. Alors qu'il inspectait le palais de Sao Cristovao, que l'on appelait également Boa Vista, Bon Papa s'aperçut que tout le personnel de la cuisine prenait ses repas dans une magnifique porcelaine de la Compagnie des Indes aux armes de Bragance. Il a sauvé ce qu'il a pu...

Il faut savoir toutefois que les beaux services de la Compagnie des Indes ont toujours été très répandus au Brésil. On pouvait en voir dans des maisons très modestes et loin à l'intérieur du pays.

L'explication en est que les navires portugais revenant des

Indes par la route du Cap, faisaient escale au Brésil ; pour lester les voiliers, ils chargeaient de la porcelaine en Chine ou aux Indes qu'ils laissaient au Brésil pour embarquer d'autres produits.

Notre premier séjour au Brésil a donc été très court, mais nous y retournerons en 1925 pour plus longtemps, avant qu'en 1935, mes parents ne s'y installent définitivement, pour leur plus grand bonheur.

De retour en Europe, Papa et Maman décidèrent de m'emmener faire le premier grand voyage qui n'était pas un de ces voyages de vacances que nous faisions périodiquement en Europe centrale.

C'est pour gagner notre jubilé de cette année 1925, qu'au mois de juillet, à la fin de mon année scolaire à Notre-Dame-de-Sion, nous sommes tous partis pour Rome. En préliminaire à cette expédition, nous avons acheté deux robes aux « Trois Quartiers », un lieu de grand luxe, du moins je trouvais. L'une était en taffetas bleu Nattier avec des ruches et des volants, l'autre était... la fameuse robe du pape.

Dans notre garde-robe, nous avons toutes une robe noire, longue et austère, qui ne sert que pour les audiences du Saint-Père ; elle reste pendue dans nos armoires d'audience en audience, et lorsque nous allons à Rome, il y a toujours dans nos bagages cette lugubre robe noire et une mantille en vraie dentelle de même couleur. Pour cette première visite au pape, j'étais très fière de cet attirail... Ces audiences étaient toujours cause par ailleurs d'une certaine nervosité. Tout d'abord il fallait écrire une lettre à notre ambassadeur du Brésil au Vatican, qui était chargé d'organiser l'audience. Et puis, il y avait l'attente à Rome, la curie romaine n'étant jamais pressée puisqu'elle a l'éternité pour elle. Enfin, le jour et l'heure nous étaient toujours indiqués au dernier moment... C'était alors la bousculade familiale à l'hôtel, les robes, les mantilles qu'il fallait se poser sur la tête avec élégance, ce qui n'est pas si simple, les décorations de Papa que le valet de chambre ne mettait jamais comme il faut, le Grand Cordon qui était toujours trop court ou trop long ; sans compter la vision de la dame d'honneur de Maman et du gentilhomme de Papa qui avaient vraiment l'air empaillés dans tout ce noir...

Une fois, Papa et mon frère Pedro sont allés à Rome, accompagnés d'un vieil ami brésilien, M. de Souza ; celui-ci trimbalait depuis Rio son écrin à décorations et durant la quinzaine de jours que durait le voyage, ce brave Monsieur avait vécu dans la hantise de perdre ses précieuses décorations...

Enfin, arrive le jour de l'audience ! Le voilà qui entre en trombe et en larmes dans la chambre de Papa... Catastrophe !... Il s'est trompé d'écrin et celui qu'il transporte depuis des semaines avec tant de vigilance contient en fait... son râtelier de rechange !...

De salon en salon, de camerieri secrets en monsignori, nous avons fini cette première fois-là par arriver devant Pie XI dont le regard pénétrant, derrière ses petites lunettes de fer, m'a beaucoup intimidée...

C'est au cours de ce premier voyage à Rome aussi que les splendeurs de la Ville Eternelle se sont gravées pour jamais dans ma mémoire...

A Naples, Maman nous a quittés pour retourner auprès des frères et sœurs qui étaient en vacances en Autriche et nous avons rejoint un groupe nombreux de Brésiliens qui faisaient le pèlerinage en Terre Sainte.

Parmi ces pèlerins, venus de tous les coins du Brésil, se trouvait le fils du comte de Paranagua, Pedro, et sa femme Lina. Les Paranagua ont été de tout temps fort dévoués à la famille impériale et tous deux se sont beaucoup occupés de moi ; ils étaient vraiment trop bons : ils m'aidaient même à faire mes nattes et à laver mes chaussettes...

Papa, qui avait pourtant voyagé toute sa vie, était quand même un peu inquiet d'avoir pour la première fois comme compagne de route, une fillette de quatorze ans. A Naples, il m'a acheté deux pyjamas de garçon, en disant que c'était mieux pour les pays chauds... où l'on dort sans draps, ainsi qu'un cache-poussière gris comme en avaient les automobilistes en 1900 ; je devais paraître vraiment hideuse avec mes deux nattes sous un chapeau cloche et couverte de ce cache-poussière qui me battait les mollets...

Ce voyage, plein d'anecdotes vivantes, a été passionnant ; à quatorze ans, la mémoire est très disponible et j'ai gardé le souvenir des moindres détails...

A Constantinople, beaucoup de femmes étaient encore voilées et les hommes portaient le fez. Pour passer le grand pont, il fallait payer, sauf si on prenait le tram ; avec tous ces hommes accrochés les uns aux autres, juste le temps de passer le pont, ce véhicule avait l'air d'une énorme grappe de raisin...

Au cimetière décrit par Pierre Loti, Papa et moi avons failli nous faire lapider. Pour sortir sains et saufs de ce lieu de paix, nous avons dû véritablement prendre nos jambes à notre cou... En quoi avions-nous pu heurter l'intransigeance religieuse de ces populations ? Mystère...

Dans le grand bazar souterrain aux immenses voûtes peintes en bleu et constellées d'étoiles, nous avons fait de merveilleux achats de broderie et Papa a pu laisser libre cours à sa passion des antiquités dont il a acheté un assez grand nombre.

Le 6 juillet 1925, nous avons découvert Rhodes.

Je m'arrête un instant pour rêver à cette ville inspirée qui est une de mes préférées.

Je ne suis pourtant guère portée sur les îles où je me sens toujours à l'étroit ; mais celle-ci propose ensemble tous les enchantements de la nature, de l'art et de l'Histoire.

Ni mon père ni moi ne craignions la chaleur et nous nous promenions aux heures les plus torrides de la journée. L'allure médiévale de cette ville entourée de murailles, aux ruelles si calmes, me captivait énormément ; on n'entendait là que le chant des cigales et des voix d'enfants résonnant sous les grands porches des palais décorés aux armes des chevaliers du temps jadis.

Comme partout où nous allions, mon père avait là un ami, un Anglais cette fois, Sir Gabriel. Nous avons pris le thé dans son petit jardin suspendu, si rempli de fleurs que l'on ne savait plus où mettre les pieds ; de là-haut la vue était féerique... On voyait toute la ville de Rhodes et son port aux eaux transparentes, couleur turquoise ; j'essayais de voir en imagination le fameux colosse qui était une des Sept Merveilles du monde...

Quelques jours plus tard, notre bateau a fait escale à Smyrne. Cette ville venait d'être incendiée de fond en comble et pourtant un grand bazar s'était organisé au milieu des ruines. En grimpant dans l'échoppe d'un marchand de tapis,

Papa a déchiré son pantalon de haut en bas ; un tailleur est vite venu réparer ce malheur et pendant qu'il intervenait, Papa s'est mis, sans autre forme de procès, en caleçon dans la ruelle !...

Au Liban, notre pèlerinage de Brésiliens a été reçu magnifiquement. Il faut savoir que nombreux sont les Libanais qui ont fait fortune au Brésil ; dans la jolie ville d'eaux de Zachlès, dans la montagne si fraîche et si verte, au milieu des cèdres, s'est déroulé un grand déjeuner présidé par Papa et le général Sarrail. J'étais assise à la droite du général mais son extrême politesse ne m'a guère impressionnée car, en me causant, il avait vraiment l'air de penser à autre chose...

Nous étions en juillet 1925 et la tension politique était déjà grande. Quelques mois après notre passage, la guerre a éclaté et Damas a été bombardée. Lors de ce même déjeuner, nous avons été gratifiés d'une bonne dizaine de discours, qui tous se sont terminés de la même façon : « Vive la France, vive le Brésil et vive le Liban !... »

Les horaires des cérémonies étaient extravagants... Le grand bal donné en notre honneur, tout là-haut au frais sur la montagne, a commencé bien avant le grand dîner et s'est poursuivi longtemps après ; je m'y suis bien amusée mais on m'a volé un ravissant châle du soir que m'avait offert ma grand-mère, la comtesse d'Eu, et grâce auquel je pouvais mieux parader entre chaque danse.

Puis, nous avons été reçus par tous les évêques maronites, arméniens et catholiques du lieu ; ils avaient tous de jolies maisons dans la montagne et à chaque visite, nous étions abreuvés d'eaux parfumées et colorées qui ne ressemblaient ni à des orangeades, ni à des jus de groseilles, ni à rien de tout ce que je pouvais connaître...

Nous avons ensuite traversé en auto tout le Liban et la Palestine, puis la Syrie.

Au grand bazar de Damas, le bonheur de Papa a été à son comble : pendant des heures il a pu admirer, comparer et discuter le prix des tapis anciens, notamment des Bouchara ; il en a acheté plusieurs ainsi que de nombreuses bassines anciennes en bronze repoussé et gravé. A Damas toujours, nous avons été parmi les derniers sans doute à retrouver le chemin de saint Paul... Une petite fenêtre percée dans la haute muraille rappelait le lieu de son évasion dans une corbeille attachée à une corde. Quelques semaines plus tard, tout a été détruit par les bombes...

Puis ce fut Nazareth, si modeste et si pure, Jérusalem et son foisonnement de races, aux souvenirs si forts qu'ils oppressent. Tant de lieux inspirés, où une présence persiste, si tangible à mes quatorze ans...

Aux étapes nous logions chez les Franciscains, dans des hôtelleries appelées « casae novae ». Elles avaient peut-être été neuves, mais les draps de lit ne l'étaient certainement pas : plusieurs générations de pèlerins avaient dû y coucher avant moi...

Pour se laver, il fallait payer une piastre le litre d'eau et Papa faisait mettre dans celle que nous buvions, de l' « Inos fruit salt » pour tuer, soi-disant, tout ce qui y nageait. N'étant nullement dégoûtée de nature, ces petits détails m'indifféraient, de même que l'odeur de mouton, de suint et d'huile dans les restaurants.

A Jérusalem, l'immense bâtisse qui recouvre la colline du Golgotha, la grotte où fut retrouvée la Sainte Croix et enfin le Saint-Sépulcre lui-même, n'avait qu'une seule entrée dont la clé était gardée par les musulmans. Ceux-ci n'ouvraient le grand portail que vers 8 heures du matin... La nuit, les portes étant fermées, seuls les Franciscains pouvaient circuler à l'intérieur du monument ; leur couvent se trouve en effet imbriqué dans tout cet amas de constructions...

Les amitiés universelles de mon père favorisaient des rencontres extraordinaires. Ainsi, le supérieur des Franciscains du couvent du Saint-Sépulcre qui connaissait Papa depuis le collège Stanislas à Paris. Très grand, la barbe noire, ce personnage invraisemblable parcourait les lieux saints à grandes enjambées, un pistolet passé dans sa ceinture de cuir. « C'est à cause des Arméniens qui veulent me voler la grotte où sainte Hélène a trouvé la Sainte Croix... disait-il, le regard noir. Pour la défendre, je suis prêt à pourfendre n'importe qui !... »

J'avais une foi bien chevillée à l'âme et, grâce à Dieu, je l'ai gardée. Cette atmosphère de banditisme me plaisait et me semblait tout à fait digne des croisades... Pour pouvoir assister à la sainte messe dite par les Franciscains, vers 6 heures du matin, il fallait dormir dans le couvent des moines qui donnait directement sur l'immense rond-point au centre duquel se trouve le Saint-Sépulcre.

Cette nuit au couvent a commencé par un dîner frugal pris en présence de tous les moines ; puis après le repas, le père supérieur et Papa m'ont conduite dans une minuscule cellule où il n'y avait qu'une paillasse. Je me suis couchée sans me déshabiller, ce qui ne m'a pas empêchée de faire des rêves merveilleux...

Le lendemain, aux aurores, nous avons eu notre messe pour nous tout seuls, célébrée sur la tombe du Christ, par ce bon moine qui, même en cette circonstance, avait gardé son pistolet sous sa chasuble.

Je garde profondément gravée dans mon cœur l'image de ce haut lieu si petit, où tout a commencé...

Agenouillé, mon père pouvait à peine placer ses jambes et moi-même je devais me faire toute petite pour que le prêtre puisse officier. Papa était très bouleversé et moi, je pleurais à chaudes larmes...

Le lendemain, dans la basilique de Bethléem, construite par sainte Hélène, nous avons dû attendre assez longtemps avant de pouvoir pénétrer dans la grotte de la Nativité. Ce lieu saint était envahi par un groupe de pèlerins d'un rite non catholique et notre accès s'est encore trouvé compliqué par l'interdiction qui nous a été faite de fouler un certain tapis rouge qui relevait de ce rite. Ce n'est que lorsqu'il fut bien enroulé à nouveau qu'on nous autorisa à faire nos dévotions...

Nous avons poursuivi vers le Jourdain et la mer Morte où j'ai pataugé un instant. Au mont Carmel les moines nous ont offert un petit déjeuner composé d'un breuvage étrange ; baptisé « café », il était fait avec des pépins d'orange torréfiés... A cette époque, le confort n'était pas encore devenu une idée fixe. Tous ces petits inconvénients passaient inaperçus tant la part du spirituel compénétrait encore toute la vie quotidienne. Ces paysages aux angles si rudes et aux couleurs si douces, où l'on trébuche à chaque pas sur la légende et sur l'Histoire et où les évangiles se rejouent à chaque instant de la manière la plus concrète, ont profondément marqué ma vie.

Nous avons quitté la Terre Sainte par le train, et à Ismaïlia, c'est un autre ami de mon père, M. d'Etchegoyen, administrateur du canal de Suez, qui nous a logés.

Durant ce séjour, un canot à moteur ultra-moderne nous a conduits à grande vitesse aux abords de la mer Rouge. Jamais jusqu'alors je n'étais allée aussi vite sur l'eau...

Le Caire, ensuite, s'est révélé à nous sous une nuée de cerfs-volants que les Cairotes manœuvraient de leurs terrasses à l'occasion de leur fête nationale. Nous avons vu vraiment tout ce qu'il fallait voir, mais par quarante-deux degrés à l'ombre !

Mon père, qu'on ne saurait pourtant soupçonner de superstition, avait parfois des craintes obscures et imprévisibles. Ainsi jamais il n'a voulu me laisser grimper sur les Pyramides ; il disait qu'elles portaient malheur...

Il est vrai qu'à cette époque plusieurs savants étaient morts d'une façon mystérieuse après avoir extrait les momies de leurs tombeaux.

Enfin, nous avons repris le chemin du retour... A notre arrivée, toute la famille s'est immédiatement jetée sur nos malles, bourrées de tapis et d'objets innombrables ; ce sont les déguisements qui ont eu le plus beau succès : dans la famille nous n'arrivons pas à nous passer de vêtements étranges que nous revêtons en diverses occasions et notamment pour dîner.

Lorsque nous revînmes à Petropolis, en 1925, mes parents reprirent une grande maison, le palais de Grao Para, qui est une dépendance du palais impérial.

Ils l'ont alors entièrement restauré et décoré avec des meubles brésiliens du XVIIe et du XVIIIe siècle, en bois sombre et si dur qu'il résiste aux termites. Ce mobilier austère contrastait agréablement avec la couleur des murs blanchis à la chaux, et cet aspect a été préservé et embelli par mon frère Pedro qui y vit encore avec toute sa famille. Côté jardin, les salons s'ouvrent sur une galerie surmontée d'une vaste terrasse dans laquelle nous passions le plus clair de notre temps, sauf pendant les quelques mois d'hiver.

Des hamacs y étaient accrochés entre les colonnes et, suspendues à des barres de fer, toutes les variétés d'orchidées que mon père et mes frères ramenaient de leurs promenades à cheval dans la forêt.

A Petropolis, où la société de Rio passe l'été, la vie était rythmée par les saisons...

Levée dès 5 heures et demie, je faisais mes devoirs et j'apprenais mes cours dans le calme de la maison endormie ; quand le ciel rosissait, le chant du « sabia-laranjeiro », sorte de merle brésilien, venait me distraire et vers 6 heures, j'entendais mon père partir pour la messe quotidienne. Ensuite toute la famille se retrouvait à 7 heures pour le petit déjeuner. A 8 heures, je devais être au pensionnat de Notre-Dame-de-Sion, où j'ai poursuivi mes études en 1926 et 1927.

Bâtisse somptueuse et pourtant accueillante et gaie, Notre-Dame-de-Sion se composait de deux grands patios à galerie qui entouraient l'église du pensionnat.

Les sœurs étaient presque toutes françaises et elles portaient des noms charmants : sœur Felicia, sœur Anastase, sœur Placidine, sœur Angeline, et leur gentillesse à mon égard m'émeut encore...

Mon orthographe donnait beaucoup de mal à mère Félicia, qui aimait pourtant mon style ; un jour, elle m'a fait faire une composition sur Notre Dame de Paris, que nous avons corrigée ensemble. J'étais debout au pied de son pupitre qui dominait toute la classe et je vois encore ses mains blanches et potelées donnant de grands coups de crayon rouge. Ce devoir a dû lui plaire puisqu'elle n'a jamais voulu me le rendre...

Etant demi-pensionnaire, je prenais tous mes déjeuners à Sion. Le menu était invariable et pourtant je le trouvais toujours aussi exquis ; c'était la feijoada, un des plats nationaux brésiliens les plus répandus, fait avec des haricots noirs, de la farine de manioc, de la viande boucanée, du riz et des tranches d'orange.

Toutes les récréations donnaient lieu à de folles parties de basket-ball et presque tous les jours mes genoux passaient à travers mes gros bas de coton noir !

J'aimais beaucoup la plupart de mes nombreuses compagnes. Que sont-elles devenues ?... Parfois, en retournant au

Brésil, l'une d'elles réapparaît. En général elle est mariée et son nouveau nom se superpose d'abord à l'ancien dérobant un instant à ma mémoire les scènes d'alors, qui resurgissent petit à petit en charriant une foule d'images et de souvenirs...

L'après-midi, nous avions cours également ; des heures de musique, de chant, de gymnastique, et comme j'étais tout à fait nulle en dessin, on me mettait à des travaux dits de dame : des objets à prétentions artistiques que je décorais à la pyrogravure.

Ce pensionnat toujours si gai, si ouvert, avec son beau jardin, ses magnifiques massifs de bambou impérial vert et jaune ne m'a décidément laissé que de bons souvenirs...

Je rentrais à pied à la maison vers les 5 heures et à la belle saison, j'allais rejoindre mes frères et sœurs à la piscine dans le jardin du palais Grão-Para.

Je faisais là des baignades ultra-rapides car le dîner était servi à 7 heures et demie, ce qui pour le Brésil est assez tôt ; si nous dînions de si bonne heure, c'était pour nous garder de longues soirées en famille...

En sortant de table, quand il faisait bon, nous allions nous asseoir sous la terrasse qui donnait sur le jardin. Le maté était disposé sur un grand plateau d'argent et chacun allait se servir. Du jardin montaient alors des parfums suaves qui ne s'exhalaient qu'à la nuit...

Après le déjeuner, Papa somnolait dans le hamac tout en écoutant d'une oreille nos conversations auxquelles il lui arrivait de se mêler inopinément...

Nous montions presque tous les jours à cheval et à cette époque nous étions déjà assez bons cavaliers ; mais nos parents tenaient à ce que nous soyons accompagnés et ils avaient décidé que ce serait par M. Raeders.

Le pauvre homme ne s'était jamais assis sur un cheval et un jour, tout au début de ses expériences équestres, nous nous sommes arrêtés en ville pour faire un achat. Pendant que M. Raeders était dans la boutique, mon frère a croisé les rênes du cheval sous le chanfrein. Lorsque le malheureux précepteur s'est péniblement remis en selle et qu'il a voulu nous suivre, le cheval, toutes les fois qu'il voulait le faire tourner à gauche, allait à droite et vice versa. Finalement, M. Raeders s'est complètement affolé et sa monture, tout énervée, s'est mise à tourner en rond au beau milieu de la rue. Mes frères étouffaient de rire et M. Raeders était de plus en plus désemparé. Heureusement, il y avait peu de circulation à cette époque... A la fin j'ai eu pitié du pauvre précepteur et je lui ai remis ses rênes en ordre.

La vitalité de mes frères Pedro et Joao était terrible. Entre les cours et les études, M. Raeders était chargé de les fatiguer, à pied, à cheval, à bicyclette, au tennis. Le résultat en a été que ce pauvre mentor s'est trouvé rapidement à bout de forces et que mes frères puisaient à chaque fois dans ces exercices un peu plus d'entrain.

Durant ce séjour, mon père nous a fait visiter tout ce qui pouvait l'être, du nord au sud du pays. Eglises, musées, palais, fabriques, usines, exploitations agricoles et bien sûr tous ses vieux amis. Cela donnait lieu à des excursions de plusieurs jours à cheval et des pique-nique souvent mouvementés sur les plus hautes montagnes.

Lorsque mon père nous faisait visiter les palais où il avait vécu enfant, il nous disait en parcourant les lieux : « Ici, c'était ma chambre, là, celle de mes frères ; là, nous avions notre salle d'études et là, ma mère donnait ses audiences. » J'étais tout émue et quand je lui demandais : « Papa, n'êtes-vous pas triste que tout cela ne soit plus à vous ? » Il me répondait : « Mais non ! Puisque c'est au Brésil, c'est comme si c'était à moi !... » Je suis persuadée qu'il le pensait sincèrement car il ne faisait qu'un avec son pays et c'est pour cela aussi que la famille impériale continue d'être aimée et respectée par tous les Brésiliens.

Partout où il allait alors, il était reçu avec une véritable dévotion et il a parcouru son cher Brésil jusque dans ses régions les plus reculées, là même où aucun missionnaire n'avait jamais mis les pieds.

Comme tous les gamins du monde, mes frères avaient fabriqué une planche à roulettes. Nous nous amusions à dévaler la route très en pente qui longeait le palais Grao-Para. Assise sur cet engin primitif, je me cramponnais solidement, les deux mains passées sous la planche. Un jour, en pleine vitesse, les roues de devant se sont soudain détachées... J'ai continué à glisser, les mains coincées entre le bois et le macadam, et j'ai eu les doigts en bouillie.

Nous avons quand même entrepris les jours suivants un magnifique voyage qui nous a conduits de Rio à Manaos par bateau. Le caboteur de la compagnie Lage nous a d'abord arrêtés dans tous les ports de la côte puis nous sommes revenus par l'intérieur, de Saint-Louis du Maranhao à Fortaleza.

A notre première escale à Victoria, j'ai encore pu voir le pilote du port précéder notre bateau dans une petite barque, pour le guider à travers la passe qui conduit dans la jolie baie de cette ville. Il signalait la profondeur des fonds, en chantant une mélopée que le commandant écoutait attentivement du haut de la dunette.

Sur une colline dominant la ville se trouve une chapelle votive qui est aussi un lieu de pèlerinage. On y accède par une petite route raide et en zigzag, dallée de pierres moussues et bordée de murets où de petits fleurs poussent entre les joints.

De temps à autre, nous nous asseyions sur ces murets pour contempler la baie et la ville que l'on apercevait très en contrebas, entre les arbres de la forêt vierge.

D'autres pèlerins montaient et descendaient ce chemin et s'arrêtaient devant notre petit groupe en fixant avec des airs de compassion mes mains encore bandées. Cette commisération nous touchait beaucoup mais elle nous semblait tout de même un peu excessive.

A un moment donné, nous avons entendu un de ces passants glisser à ses compagnons : « Oh ! la malheureuse jeune fille, si jeune et déjà lépreuse !... » En poursuivant, nous avons appris que cette chapelle accueillait des lépreux qui venaient y implorer leur guérison...

A Natal, les paquebots ne pouvaient pas accoster et une vedette est venue nous chercher ; la mer était mauvaise, pleine de requins, et nous devions débarquer en sautant sur un escalier de bois dont les planches étaient très glissantes.

Lorsque le tour de Papa est venu, une vague plus forte que les autres l'a fait glisser et tomber à l'eau. Il n'a pas été facile de le repêcher. Maman et moi étions affolées, mais Papa a trouvé ça très drôle. Heureusement il faisait très chaud...

Après les congratulations nous sommes montés dans l'auto du gouverneur ; Papa, tout trempé, saluait les personnes qui s'étaient attroupées sur notre passage. Pour comble de malheur, la belle auto décapotable était capitonnée de rouge et en arrivant au palais, le costume de Papa était déjà sec et bien blanc par-devant mais tout rouge par-derrière ; Maman et moi, n'en pouvions plus de rire...

A Belem du Para, c'est la famille Mac Dowel da Costa qui nous a reçus ; malgré leur patronyme, les Mac Dowel étaient brésiliens depuis plusieurs générations. Ils ont mis leur jolie maison à notre disposition et leurs quatre enfants, deux garçons et deux jeunes filles nous accompagnaient dans toutes nos excursions.

La ville était superbe avec ses avenues bordées de grands manguiers, ses nombreux jardins publics et le musée ornithologique Goeldi, alors le plus beau du monde avec ses milliers d'espèces d'oiseaux brésiliens.

La région de Belem présente aussi une particularité climatique curieuse. Il y pleut tous les jours à la même heure et ainsi les habitants, sans même préciser davantage, se fixent rendez-vous en disant : « Je vous attendrai avant (ou après) la pluie... »

Les Mac Dowel nous ont emmenés dans leur propriété d'élevage au milieu de l'île de Marajo située dans l'embouchure de l'Amazone. Cette île, presque aussi vaste que la Suisse, est en grande partie recouverte d'une couche d'eau peu épaisse et l'on n'y circule qu'à cheval.

Avec les jeunes Mac Dowel, c'était une longue suite de merveilleuses galopades et le grand jeu consistait à nous éclabousser en fonçant dans ces prairies à moitié recouvertes d'eau.

Les bagages suivaient dans des barques plates tirées par des bœufs et ces barques étaient accrochées à... la queue des bœufs ! Les bouviers montent ces bœufs, pieds nus avec des étriers tout petits où ils passent juste le gros orteil...

La ferme de nos amis, située sur un promontoire, était une grande et belle maison avec de nombreuses petites chambres où l'on accrochait des hamacs pour la nuit. Grands, confortables, avec une couverture dans le fond pour préserver du froid nocturne, ces hamacs comportaient aussi des moustiquaires très bien agencées. Ainsi notre maison était comme une arche de Noé, isolée sur cette grande île imprégnée d'eau et assiégée par les bruits nocturnes innombrables qui montaient du marais.

Doucement bercée dans mon hamac, j'essayais d'identifier ces chants étranges et je rêvais de rester longtemps sur cette terre de sortilèges, surtout pour entreprendre des fouilles avec mes amis, car l'endroit, disait-on, recelait des tombes préhistoriques.

Retour à Belem. Nous avions pris un bateau à roues pour aller jusqu'à Manaos ; Papa a choisi ce mode de locomotion original parce qu'il permettait de visiter toutes les petites villes où ce bateau faisait escale.

A cette époque, des vapeurs anglais assuraient la liaison entre Manaos, Belem et l'Europe. Les jeunes gens de ces villes préféraient faire leurs études à l'université de Bordeaux car ils mettaient moins de temps à s'y rendre que pour aller... à Rio !

Ce petit vapeur poussif transportait aussi des vaches et nous nous sommes arrêtés plusieurs fois près des berges verdoyantes pour couper le fourrage de ces braves bêtes.

A bord, la nourriture n'était pas fameuse et les petits déjeuners étaient agrémentés, comme dans toutes les villes de l'intérieur, d'un beurre rance qui arrivait du Danemark en énormes containers de fer.

Les escales n'étaient pas très longues et comme tout le monde voulait nous recevoir, nous avons souvent pris deux déjeuners et deux dîners dans la même journée.

Dans ces anciennes villes de l'intérieur, les vieilles familles ne suivaient pas les nouveaux horaires ; on se levait très tôt, et l'on déjeunait vers 11 heures ; le dîner se prenait dès 6 heures du soir. Les plus jeunes gens avaient leur repas servi à nos heures, ce qui nous permettait de cumuler... pour ne faire de peine à personne ! Le pire sans doute, c'était les desserts confectionnés par la tante, la grand-mère ou la petite cousine, dont c'était la spécialité, et qu'il ne fallait absolument pas décevoir... A Santarem, qui était une bien jolie ville avec des maisons du XVIIIe siècle, les desserts ont été si délirants que sous le nombre j'ai été vite incapable d'en apprécier les charmes.

A Manaos nous avons été reçus somptueusement par toute la municipalité ; nous logions chez les Mello-Rezende qui offrirent un très beau bal en notre honneur. Là aussi se produisit un phénomène climatique tout à fait extraordinaire. Il faisait dans les quarante-neuf degrés, et de la chaleur humide par-dessus le marché, quand d'un coup est arrivé du Pérou par le fleuve un courant froid, qui a fait tomber la température de quelques degrés. Cette différence, pourtant minime, a entraîné la mort de certaines espèces de poissons dans la rivière et tous les habitants qui le pouvaient sont restés « au chaud » dans leur lit.

Manaos du bon vieux temps, rose et paisible, élégamment prise entre le fleuve et la forêt vierge... On y circulait en pirogue et ce moyen de locomotion permettait d'aller admirer les victoria regia, ces nénuphars géants qui poussaient sur d'immenses et inquiétantes nappes liquides, à l'ombre d'arbres démesurés.

Manaos que j'ai quittée le cœur gros, présageant que je ne retrouverais jamais plus le charme de cette ville qui tenait surtout à la douceur et à la qualité de ses mœurs...

Sur le chemin du retour, vers Rio, nous avons débarqué à Saint-Louis du Maranhao, ravissante ville fondée par des Français du temps de Louis XIII. Nous logions au palais du gouverneur, dans une exquise bâtisse à toit plat, entouré d'une balustrade comme celle du château de Versailles. Avec le fils du gouverneur, je suis montée sur ce toit pour voir de là-haut la ville et ses quais superbes qui protègent le port des marées. Elles ont dix-neuf mètres d'amplitude, ce qui est un record pour l'Amérique du Sud.

En face de Saint-Louis de Maranhao, il y a ce très vieux fort d'Alcantara, bâti en 1500. En nous y promenant, j'ai trouvé par terre une vieille et très belle monnaie portugaise... J'ai toujours soupçonné le gouverneur de l'avoir mise là exprès, pour me faire plaisir !...

A Sao-Luis, nous avons pris le train vers Teresina, Paranaiba, Sobral, Fortaleza... Quelle expédition ! C'était la première fois qu'un membre de la famille impériale, ou même du gouvernement, venait visiter Teresina, nom déformé de Teresa-Cristina, épouse de l'empereur Pedro II.

L'enthousiasme avec lequel mes parents furent reçus est indescriptible : musique municipale, déclamation de poèmes en français, bouquets de fleurs, le tout dans d'effarants nuages de poussière ocre.

Nous sommes repartis vers Sobral en auto et Maman n'était pas très rassurée car dans cette région, on ne parlait que de Lampiao et de sa bande. Lampiao était un fameux bandit d'alors protégé par les pauvres gens et redoutable à tous ceux qui avaient un peu de bien ; il tenait le milieu entre Mandrin et Robin des Bois et toutes sortes de légendes circulaient sur son compte. Le harnachement de son cheval était, paraît-il, recouvert de monnaie d'or et il était tout de cuir vêtu comme les vachers du Ceara. Une troupe de femmes et d'hommes tout à sa dévotion le suivait partout. Parfois il enlevait des femmes ou des jeunes filles, pour lesquelles il exigeait une rançon.

Juste avant notre passage à Teresina, il venait de faire un coup pendable dans une petite ville proche. Lors d'une soirée théâtrale, il s'était installé dans la loge voisine de celle du gouverneur tandis que ses hommes gardaient toutes les issues du théâtre. A l'entracte, il avait fait très paisiblement la quête et après avoir salué la compagnie, il était reparti comme il était venu, à cheval et avec toute sa bande. Maman était donc très inquiète.

A Sobral, l'évêque a insisté pour nous prêter son auto et son chauffeur en assurant que celui-ci connaissait parfaitement bien les pistes qui conduisaient jusqu'à Fortaleza. Pour commencer, la rivière que nous devions traverser était en crue... Qu'à cela ne tienne ! Les bonnes gens du pays ont accroché aux roues de l'auto d'énormes ballots de coton et on nous a mis dans une première barque, une autre tirant l'auto, ficelée sur ses ballots et bientôt nous sommes arrivés sans encombre sur l'autre berge.

Le chauffeur de l'évêque était si fier de conduire Papa, qu'il s'est pris pour Nuvolari à Monza. Il a fait tant de prouesses sur ces pistes, qu'à la fin il a accroché le carter de l'auto sur une racine... Nous voilà en panne en pleine brousse ! La nuit venait et nous savions que la bande de Lampiao était dans les environs. Maman récitait son chapelet, Papa était assis sur le marchepied de l'auto et réfléchissait. Quant à moi, j'étais tout à fait ravie de l'aventure ! Tous les trois, nous attendions le chauffeur qui était parti au hasard pour chercher du secours. La nuit était tombée, avec son concert d'oiseaux nocturnes et dans le ciel de velours bleu scintillait la Croix du Sud...

Enfin notre homme est revenu avec une escorte à pied ; nous avions vraiment de la chance car à moins de quatre kilomètres de là, il était tombé sur un petit village où aboutissait la ligne de chemin de fer de Fortaleza. Les braves gens ont pris en charge tous nos bagages, l'auto de l'évêque a été laissée à sa solitude et nous avons formé une longue procession à la lueur des lanternes.

En arrivant sur la place du petit village, un spectacle merveilleux s'est offert à notre vue. C'était la nuit de la Saint-Jean et l'endroit était tout illuminé par des grands feux qui finissaient de se consumer... Toutes les petites maisons étaient assoupies, leurs habitants dormaient dans des hamacs accrochés aux colonnes des terrasses. On n'entendait que le grincement des anneaux des hamacs qui se balançaient doucement dans la brise tiède... Il m'a rarement été donné de voir ainsi tout un village dormant en plein air dans une paix biblique. Les habitants avaient dû vraiment bien fêter la Saint-Jean car personne ne bougeait, pas même les chiens !...

La gare de ce petit bourg se réduisait à un banc et une guérite. Il n'y avait pas âme qui vive et même le train semblait dormir. Nous nous sommes étalés dans les compartiments et avons sombré enfin dans le sommeil en nous disant que ce train finirait bien par partir un jour...

La descente du rio Sao Francisco en barque a été ensuite particulièrement pittoresque et poétique. Pour y arriver, nous avons d'abord pris à Fortaleza un trolley sur rails, sorte de wagonnet avec deux banquettes et un coffre pour les bagages. Je ne sais vraiment pas comment cet engin pouvait fonctionner mais je me souviens que de temps en temps, les hommes qui nous accompagnaient le propulsaient avec des perches.

Nous nous sommes arrêtés à la cascade du rio Sao Francisco et là, comme à chaque fois, on ne nous a fait grâce de rien : la petite centrale électrique accrochée comme une tique sur une énorme falaise d'où tombait l'eau, une fabrique de fils à coudre qui marchait grâce à la force motrice ainsi produite et même une petite école où on nous a démontré le bon fonctionnement des... cabinets.

Nous avons bien sûr admiré longuement ces chutes d'eau qui sont comparables à celles du Zambèze.

Après cette vision d'une nature effrayante et grandiose, l'ingénieur de la centrale nous a conduits un peu en aval des chutes, sur une berge de sable doré où l'eau clapotait doucement. Une barcasse de huit à dix mètres de long et de deux mètres de large nous attendait. Elle comportait une grande voile et ses deux propriétaires se trouvaient déjà à bord.

Alors a commencé le plus beau voyage de ma vie...

Pendant deux jours entiers, nous avons glissé sur ce grand fleuve en longeant la forêt vierge. Pour les repas et la nuit, nous accostions sur des plages de sable et Maman et moi dormions sous le toit de paille installé à l'avant de la barque. Papa et les hommes dormaient, eux, dans des hamacs accrochés à des arbres du rivage. La voile ne servait pas à grand-chose car les hommes godillaient presque tout le temps.

Les nuits étaient féeriques; l'eau du fleuve était si calme qu'on pouvait lire très distinctement toutes les constellations qui s'y réfléchissaient... La forêt proche semblait respirer comme un être vivant et démesuré et soudain des cris d'oiseaux et d'insectes retentissaient comme des coups de cymbale. Sur la berge, les hommes n'arrêtaient pas de raconter des histoires mystérieuses. A force de regarder l'eau couler, il vient en effet aux habitants des fleuves, des récits où les légendes se mêlent à la réalité. Des histoires de fées, de la mae d'agua, la mère des eaux, du lutin sassi perere, et de la mule sans tête... Leurs voix ronronnaient dans la nuit et ils ne s'arrêtaient que pour tirer une bouffée de leurs petites pipes creusées dans un épis de maïs ; Papa, lui aussi, fumait sa pipe et répondait par de rares monosyllabes à ce verbiage ininterrompu.

Maman et moi restions très silencieuses pour bien entendre la symphonie des chants nocturnes ; je faisais de gros efforts pour ne pas m'endormir, mais soudain, c'est une odeur de feu et de café qui est venue me surprendre. Nous étions déjà au petit matin... Nous nous sommes extraites de dessous notre toit pour aller un peu en amont nous laver dans l'eau du fleuve.

Une nouvelle journée de dérive paisible commençait, rythmée par le clapotis de l'eau et les chants étranges de l'arapunga résonnant comme le marteau sur l'enclume, de la loca da silva qui imite le rire sarcastique de la sorcière et par les ramages étourdissants de mille autres volatiles... Nous voguions comme envoûtés, quand soudain notre barcasse est allée s'échouer en plein sur un banc de sable qui émergeait à peine de l'eau. Papa et les deux hommes durent travailler longtemps avec leurs perches pour nous sortir de là... Notre traversée se termina près d'un petit port sur le fleuve, à un endroit où la berge était très haute.

Sur les pentes de glaise rouge, tout un tas de gens nous attendaient vêtus d'habits multicolores, agitant des mouchoirs et poussant des vivas ; cette scène si haute en couleur avait le charme d'une gravure ancienne... Tout ce monde nous escorta ensuite jusqu'au train qui devait nous conduire à Maceio.

Au bout de quelques kilomètres, le gentil tortillard s'est mis à déraper sur une longue théorie de fourmis géantes qui avaient trouvé pratique d'emprunter les rails pour se déplacer. Le mécanicien dut descendre les balayer... Ensuite, le train a fait halte près d'une forêt pour que quelques voyageurs de troisième classe puissent couper du bois pour la machine et payer ainsi leur voyage.

Mis à part ces quelques incidents pittoresques, nous sommes arrivés sans encombre à Aracaju et de là nous avons pris le bateau pour Bahia. La ville compte trois cent soixante-cinq églises aussi belles les unes que les autres. Rien ne m'inspire davantage que l'art baroque brésilien qui déploie ses extravagances avec un faste et une allégresse sans égale. Ces églises sont souvent entourées de grands palmiers impériaux droits et très solennels qui encadrent avec une belle rigueur ces débordements architecturaux.

Après les églises, nous avons découvert le monde si typique des manufactures de cigares, dont un des directeurs, M. Renaud, était français. Le travail était encore fait presque entièrement à la main par de belles Bahianas, je dis belles, alors que les Bahianas sont presque toujours splendides !... Ces jeunes femmes avaient le coup d'œil tellement précis qu'elles savaient choisir, parmi une vingtaine de feuilles, celles de même coloris pour que chaque boîte de cigares soit du même ton. Pour enrober les cigares dans ces feuilles, elles les roulaient ensuite avec un geste fort gracieux sur leur cuisse droite.

Enfin de retour à Petropolis, nous avons retrouvé avec joie toute la maisonnée qui était en bonne santé hormis mon frère Jean qui avait attrapé une drôle de maladie de peau. Notre dévouée Aï conseilla de lui donner des bains de son, mais pour ne pas boucher la baignoire, on installa sur la terrasse un tonneau rempli d'eau chaude et de son dans lequel on trempa mon frère. Il se mit aussitôt à pousser des hurlements affreux ; on le retira rapidement du tonneau, saignant et tout écorché : tous les clous de ce tonneau avaient leurs pointes qui dépassaient à l'intérieur !...

Lorsque nous voyagions dans les provinces lointaines que l'on appelait jadis l'intérieur, Brasilia étant à présent au centre du Brésil et ces zones inconnues ne l'étant plus, cet intérieur était synonyme de ce qu'il pouvait y avoir de plus éloigné par rapport aux côtes...

A cette époque de ma jeunesse, il nous arrivait de passer la nuit dans de petites villes provinciales dont toute la population venait assiéger la maison où nous logions. Papa parlait avec les messieurs et Maman et moi, installées dans la chambre d'honneur, nous recevions toutes les dames qui venaient à tour de rôle faire la conversation. Elles nous demandaient entre autres quelle était la dernière mode à Rio et quels livres nouveaux on y lisait ; toutes étaient très étonnées de nous voir avec des chignons et des cheveux longs car elles savaient déjà qu'à Rio les dames avaient adopté la nouvelle mode des cheveux courts, à la garçonne.

De tasse de café en doce de ovo, ces petits fours faits avec des jaunes d'œufs, l'heure venait de se changer pour le dîner ou de se dévêtir pour nous coucher. La chambre d'apparat était également notre chambre à coucher et toutes ces dames se retiraient alors discrètement sous la véranda qui faisait le tour de la maison ; comme cette pièce d'apparat était au centre de la maison, elle avait en général deux fenêtres d'un côté et de l'autre, ce qui permettait à toutes les dames, ainsi qu'aux femmes très simples du village, de venir s'accouder en silence à nos fenêtres... Nous étions bien obligées de nous dévêtir et de procéder à nos ablutions devant tous ces aimables regards de tous âges.

Il n'y avait pas de salle de bains, mais de magnifiques lavabos avec d'immenses services de toilette en porcelaine de Limoges et, quand même, de grands paravents brodés pour nous dissimuler. Nous avions fini par n'être plus du tout gênées par cette curiosité à la fois discrète et sympathique et nous avions pris l'habitude de circuler dans notre chambre-salon comme si nous étions seules...

Je pouvais avoir seize ans quand l'escadre française relâcha à Rio. Elle était commandée par l'amiral de Ponteves et comprenait le « La Motte-Picquet », le « Jaguar » et un troisième bateau dont le nom m'échappe. L'amiral était un ami de Papa et son ancien condisciple à Stanislas ou chez les Eudistes de Versailles.

En l'honneur de l'escadre, Rio était en fête et une grande réception dansante à bord du « Jaguar » clôtura son séjour ; l'amiral insista pour que j'accompagne mes parents. Pour la première fois, on m'a nippée en jeune fille : robe blanche et vert jade, feutre assorti, sac à main vert jade avec — grande nouveauté — une fermeture Eclair. J'étais ravie et je me prenais très au sérieux...

A bord, toutes les jeunes filles avaient leur midship qui était chargé de leur faire les honneurs du navire, de s'occuper d'elles et de les faire danser. Le mien était un jeune aspirant landais tout à fait charmant mais qui dansait aussi mal que moi. Les nuits tombent vite au Brésil ; accoudé au bastingage, il s'est mis à me parler des étoiles et des sciences occultes. Je n'avais aucune idée de ce que cela pouvait être mais je bluffais pour avoir l'air savant. Il m'a dit également qu'il avait la nostalgie de sa province et de ses forêts de pins. J'étais sous son charme. Il s'appelait Yvon Jamet, je ne l'ai plus jamais revu.

Au printemps 1929, mes parents m'ont emmenée à Madrid au mariage de l'infante Isabelle avec le comte Jan Zamoyski. J'étais à cette époque une toute jeune fille que le roi Alphonse XIII et la reine Victoria Eugenia intimidaient beaucoup...

C'était une des premières fois que j'assistais à un mariage princier et toute cette mise en scène, au protocole complexe, jouée par surcroît dans le somptueux palais royal de Madrid, m'a vivement impressionnée.

La reine-mère Cristina venait de mourir et à la cour, tous les princes étrangers invités étaient en deuil. Pour le mariage toutefois, et la soirée qui a précédé, le deuil fut levé...

Lors de ce séjour, mes parents et moi-même habitions dans un hôtel de Madrid ; le palais avait dépêché un gentilhomme pour accompagner mes parents et deux dames pour se promener avec moi. Il était alors en effet impensable qu'une jeune fille se promenât seule dans les rues de Madrid...

En dépit de leurs tenues noires, ces dames étaient très gaies mais elles avaient vraiment un peu le genre « duègne » comme on dit chez nous. J'étais pourtant très contente de les avoir auprès de moi car, malgré leur présence, j'étais continuellement l'objet de réflexions de la part d'hommes et de garçons que nous croisions dans la rue. En espagnol on appelle ces compliments des « piropos » ; ils sont plus ou moins spirituels, mais il faut surtout se garder d'y répondre. Je dois dire pourtant qu'ils ne sont pas du tout désagréables à entendre...

A part quelques courses et des visites de musées, nous passions tout notre temps au palais où il y avait une bande de cousins et cousines avec lesquels je m'amusais beaucoup. Il y avait là les fils et les filles du roi, le frère de la fiancée, Alfonso, fils de l'infant don Carlos et Ataulfo d'Orléans.

Comme nous étions en deuil, il n'était pas possible de danser, mais nous jouions à toutes sortes de jeux de société et chantions les chansons à la mode depuis « Ramona » jusqu'à « Constantinople », accompagnés au piano par des cousins mélomanes. Nous nous tenions souvent dans le petit salon particulier de la reine, décoré de vitrines qui contenaient de très belles collections de jades. Je ne me rendais pas compte que plusieurs de ces cousins me faisaient la cour ; j'étais surtout très émue par le prince des Asturies qui était très beau, mais que l'hémophilie avait rendu infirme des jambes ; il circulait dans le palais en chaise roulante...

Le mariage a eu lieu dans la chapelle du palais. Toutes les dames espagnoles étaient en robe de cour blanche et or et les princesses étrangères portaient également en majorité des robes blanches, or et argent, avec des mantilles blanches en belle dentelle soutenues par des diadèmes. C'était du plus bel effet.

Quelques jours après le mariage, mes parents et moi-même sommes allés faire une visite au prince des Asturies au Pardo. Il nous reçut dans un ravissant salon décoré de tapisseries faites d'après des cartons de Goya. J'étais si troublée que j'ai oublié mes gants lorsque nous nous sommes retirés et un gentilhomme me les porta au moment où nous montions en auto. J'en étais bien confuse et j'ai eu très peur que l'on puisse penser que je l'avais fait exprès pour pouvoir aller les rechercher...

De Madrid, nous sommes partis pour Séville où nous avons été reçus par l'infant don Carlos et sa seconde épouse, l'infante Louise, princesse de France, sœur de la duchesse de Guise. Il y avait là mes quatre cousins : Maria, la future comtesse de Barcelone, Dolorès, la future princesse Czartoryska, Esperanza, ma future belle-sœur, épouse de mon frère Pedro et Carlos, leur frère, qui ressemblait beaucoup à son cousin germain, mon futur mari.

Cette énumération accomplie j'en viens enfin à parler de ce pays enchanteur qu'est l'Andalousie et Séville...

L'infant don Carlos habitait un palais au centre de la ville dont il était gouverneur général, mais nous ne nous y sommes guère attardés et avons gagné presque aussitôt Villamanrique qui est une merveilleuse propriété à quarante kilomètres de Séville.

Villamanrique avait appartenu au duc de Montpensier, fils de Louis-Philippe qui la laissa ensuite à sa fille Isabelle. Celle-ci épousa son cousin germain, le comte de Paris, et depuis, cette propriété échoit toujours aux plus jeunes filles de la famille ; elle appartient actuellement à ma belle-sœur Esperanza, épouse de mon frère Pedro. Malgré son aspect exotique, cette grande maison andalouse au patio de marbre blanc me rappelle par mille détails le château d'Eu.

Le comte et la comtesse de Paris ont en effet pris le parti d'y rassembler les mêmes éléments de décoration : grandes armoires normandes, mobilier anglais d'acajou, gravures de famille et des petits raffinements pour les secrétaires de chaque chambre, tels qu'encriers en boules de cristal, petits classeurs pour papier à lettres, coupe-papier en ivoire, porte-plume faits de longs piquants de porc-épic de la grosseur d'une baguette chinoise sur lesquels étaient montées les plumes Sergent-Major. Tous ces objets étaient estampillés aux noms des deux demeures. Cet usage touchait aussi tous les autres objets courants, du bougeoir au... pot de chambre.

Le jardin qui entoure le palais est encore célèbre aujourd'hui pour ses centaines de palmiers de toutes espèces.

Mon mari, le comte de Paris, m'a raconté que lorsqu'il était enfant, sa grand-mère, la comtesse de Paris, interdisait que l'on foule les allées de sable bien ratissées avant qu'elle n'y ait fait sa promenade matinale...

Dans le fond de cette oasis, le comte de Paris, grand-père de mon mari, a fait construire, comme à Eu, une petite centrale électrique, la première de toute l'Andalousie. Cette province est aussi par excellence le royaume du cheval ; ma belle-sœur y possède d'ailleurs un bel élevage qui existait déjà du temps de ses parents.

Ma tante, qui avait une connaissance profonde des chevaux, était aussi une merveilleuse amazone. En janvier 1929, elle organisa une petite chasse en l'honneur de mes parents. A nous, les jeunes, on avait confié le rôle de rabatteurs. Comme les gardes-chasses, dont certains avaient connu le comte et la comtesse de Paris, nous étions montés sur ces petits chevaux andalous, vifs et infatigables. Du maquis surgissaient sangliers et renards, et mon père eut même la chance de voir déboucher un lynx, qu'il tira.

A la fin de la chasse, ma cousine Dolorès, qui monte encore très bien à près de soixante-dix ans, voulut nous démontrer son adresse. Elle s'élança pour sauter une clôture... Malheureusement son cheval n'était pas aussi vaillant qu'elle et défonça complètement la barrière de bois.

La comtesse de Paris, dont la mère était une infante d'Espagne, aimait passionnément Villamanrique où elle est morte. Sa fille Louise, princesse de France, était également très attachée à cette maison comme d'ailleurs tous ses enfants.

Carlos, fils unique du second lit de l'oncle Charles de Bourbon-Sicile, infant d'Espagne, avait à cette époque une vingtaine d'années. J'avais dix-sept ans et il me faisait un peu la cour... Chaque fois que nous parcourions la maison, il me faisait cadeau de petits objets charmants ; un petit tableau représentant une scène de tauromachie entre autres et aussi une tête de hibou en métal peint qui faisait office de sonnette quand on en pressait le bec.

Très doué pour les arts, c'était un être exquis, d'une grande bonté. Il fut tué à la guerre d'Espagne dans les montagnes, près d'Eibar... Au cours d'une attaque, il remarqua qu'un de ses hommes avait perdu son casque ; il lui donna le sien et quelques instants plus tard une balle le frappa en plein front.

Sur la route du retour vers la France le train s'est arrêté en gare de Madrid. J'aperçus sur le quai l'infant Alfonso, un joli bouquet de fleurs à la main, entouré d'officiers. Je pensais que le bouquet était destiné à Maman... Pas du tout ! C'était là le premier bouquet que m'offrait un jeune homme...

J'étais ravie, mais non pas émue comme mes parents l'auraient souhaité. Quelque temps après, à Eu, alors que nous nous trouvions dans le jardin, mes parents me convoquèrent. Papa tenait une lettre à la main et tous deux paraissaient fort gênés. « Voilà... me disent-ils, Alfonso aimerait faire un séjour ici. » « Ah ! bon... » fut ma réponse... « Oui... en fait... je pense que c'est pour venir te demander en mariage !... »

Je suis tombée des nues et me suis exclamée : « Mais... ce n'est pas possible ! » « Tu l'as pourtant trouvé sympathique... tu as accepté son bouquet et au palais tu n'as fait que rire avec lui... » ont protesté mes parents. « Mais enfin... les cousins sont bien faits pour rire et s'amuser !... » ai-je répliqué.

Mes parents furent outrés de ma légèreté mais cette réplique resta célèbre dans la famille.

Juste retour des choses, cher Alfonso, ce projet à peine ébauché alors connut tout de même une sorte de réalisation : par le mariage si heureux de nos enfants, Anne, ma fille, et Carlos...

4

FIANÇAILLES

La première fois que je rencontrai mon futur mari, c'était à Saint-Firmin chez sa grand-mère la duchesse de Chartres. Il devait avoir une douzaine d'années...

Ce jour-là, il était assis dans un fauteuil, une jambe allongée sur un tabouret et quand il a fallu aller à la salle à manger, ses sœurs ont dû le porter. J'étais surprise mais encore plus impressionnée par Tante Chartres. (Dans la famille, nous avons toujours appelé la vieille génération par ses titres et ses représentants faisaient de même entre eux. Ainsi, en parlant de son frère, Bon Papa disait « Alençon », d'où aussi ce nom de « Tante Chartres ».)

A tous points de vue, c'était une très grande dame. Très mince et grande, les cheveux très blancs, le visage aussi, elle avait un petit nez crochu et de gros sourcils noirs qu'elle passait au charbon, ce qui accentuait encore son regard noir et perçant. Sa voix était également perçante et très haut perchée.

Tous les ans, nous faisions une visite protocolaire à Saint-Firmin et après nos révérences, Tante Chartres nous disait : « Mes enfants, allez jouer dans le parc, mais je vous interdis d'aller au potager. » Comme nos parents restaient au salon avec la princesse, notre premier soin était de nous précipiter tous au potager où nous nous délections d'exquises groseilles.

Au déjeuner comme au goûter, nous étions pétrifiés par l'ambiance solennelle qui régnait dans la salle à manger dont tous les murs étaient, de plus, couverts d'une collection de pichets en faïence, représentant les personnages les plus bizarres et les plus effrayants.

Pour aller au salon, après le déjeuner, nous passions tous en procession par une grande porte dont les vantaux étaient retenus par deux statues de nègres en bois sculpté, portant des plateaux.

Tante Chartres passait la première et déposait sur ces plateaux des biscuits pour ses cockers. Nous autres enfants, passions les derniers, parfois avant les chiens et nous escamotions alors leurs friandises. Ils venaient renifler les plateaux, très déconcertés...

A cette époque, Henri d'Orléans était très blond, assez gros et joufflu. C'était alors pour moi un cousin comme les autres...

Quelques années plus tard à Eu, l'été de mes douze ans, mes parents nous annoncent l'arrivée de Henri d'Orléans, pour quelques jours de vacances. Nous sommes allés à la gare le chercher et nous avons vu débarquer un grand garçon tout en jambes, assez à l'étroit dans ses culottes courtes, portant un feutre délavé sur sa tête ronde et blonde.

Ce cousin de quinze ans, qui voyageait seul comme un homme, nous inspira beaucoup de respect. Tout au long de son séjour, notre admiration est allée croissant car il nous faisait des récits extraordinaires et terrifiants sur sa vie au Maroc, au milieu des Arabes. Mes frères et sœurs et moi-même, vivant paisiblement en Normandie, avions l'impression d'entendre les récits d'un aventurier.

Sa désinvolture nous subjuguait. Il voyageait avec un très beau nécessaire de voyage qui ne contenait qu'une énorme éponge, une de ces éponges naturelles que l'on voit dans les devantures des pharmacies. Du haut de sa fenêtre au second étage du château, il nous douchait en pressant son éponge gigantesque sur nos têtes.

Dans ce temps-là, j'avais un chapeau de paille que j'adorais. Il était grand, tressé de toutes les couleurs, si vieux qu'il avait des trous à tous ses plis et j'en étais couverte presque toute la journée. Maman, le trouvant hideux, me l'a supprimé. J'en ai été si consternée que je sanglotais en me promenant, comme une âme en peine, dans les corridors du château. Je suis tombée sur Henri et lui ai raconté ma peine. En grand seigneur, il va aussitôt trouver Maman. Je ne sais ce qu'il lui a dit mais mon vilain chapeau de paille me fut rendu. De ce jour, mon admiration pour notre cousin du Maroc se transforma en tendresse et je décidai, dans le fond de mon cœur, de l'épouser quand je serais plus grande...

Ces beaux sentiments cachés furent aussitôt ulcérés car Henri se ligua avec mes frères, Auguste Czartoryski et quelques autres garçons, contre moi et mes amies. Ils déclarèrent que nous étions des filles odieuses et sottes et pour commencer nous enfermèrent pendant plusieurs heures dans un cagibi en nous baptisant de noms ignominieux qui nous restèrent pendant toutes ces vacances. J'étais, moi, traitée de « carlin », mes deux amies de « boule de graisse » et de « boule de suif »... Les deux demoiselles brésiliennes, Mlles Fleury et Cavalcanti, si charmantes et très bien élevées, ont été horrifiées par ce comportement plutôt cavalier.

Mon frère Jean était un petit garçon adorable mais exaspérant comme une punaise et qui passait son temps à agacer tout le monde. Un jour, Henri, mon frère Pedro et Auguste décident de le « décapiter ».

Ils l'enferment d'abord dans un des box de l'écurie où ils le laissèrent sangloter longtemps avec pour seule compagnie un billot qui servait à couper du bois. Puis Henri, en grande pompe, tenant une énorme hache, s'est mis à faire des moulinets au-dessus de la tête, posée sur le billot, de mon petit frère. J'étais assez effrayée et pleine de commisération pour mon pauvre frérot terrorisé. Bien sûr toute cette mise en scène était destinée à lui faire peur, mais cela ne l'a pas corrigé et celui que nous appelions « Brise-tout » ou « Brise-fer » a continué à être insupportable...

Le même été, la duchesse de Guise et ses trois filles, les sœurs de Henri, Isabelle, Françoise et Anne, sont venues faire une visite à mes parents. L'élégance et la beauté de ces grandes dames m'émerveilla. La duchesse de Guise avait de magnifiques cheveux blond cuivré et nous avons su par Aï que sa femme de chambre les brossait matin et soir pendant de longues minutes... Cela nous a d'autant plus étonnés que Maman se coiffait toute seule et généralement assez vite.

Depuis ce bel été, je n'ai plus cessé de rêver et au centre de mes rêves, il y avait Henri.

Mais tout ne va pas toujours à l'instant, selon ses désirs... Quelques années plus tard, nous partions en Bohême pour les grandes vacances. Peu de jours avant le départ, les parents sont allés voir la duchesse de Guise, avenue Marceau. En rentrant, ils nous ont dit que Henri viendrait nous dire au revoir, tel jour, dans l'après-midi précédant notre voyage. Je ne l'avais plus revu depuis son séjour à Eu et j'étais ravie. Je me suis bichonnée et installée dans le jardin de l'hôtel Lambert, en jouant des airs romantiques sur mon accordéon. Je l'ai attendu en vain, il n'est jamais venu, il ne s'est pas même excusé et j'avais le cœur gros. Puis nous sommes partis au loin...

J'ai souvent eu le cœur gros à cause de lui. Mais je préfère les grandes peines compensées par de grands bonheurs... Les années passèrent...

En 1926, Philippe, duc d'Orléans, étant mort à Palerme sans postérité, Jean d'Orléans, duc de Guise, son cousin germain et son fils Henri furent instantanément exilés par la loi de 1886. De ce jour, Henri d'Orléans s'est appelé Henri, prince de France, nom que je trouvais très beau.

A notre retour du Brésil, je terminais mes études à Notre-Dame-de-Sion, rue Notre-Dame-des-Champs, à Paris. J'étais très heureuse dans cette institution et j'y avais beaucoup d'amies. La plupart étaient royalistes ou, comme on disait alors, « d'Action française ». Elles avaient toutes dans leur pupitre une très jolie photo du prince Henri. Moi, je n'en avais pas et je n'osais pas leur en demander une...

En octobre 1927, mes parents et moi-même avons été invités ainsi que ma cousine issue de germain, Isa Czartoryska, au mariage d'Anne de France, fille du duc et de la duchesse de Guise avec son cousin Amédée de Savoie-Aoste, duc des Pouilles.

C'était à Naples et nous avons eu des cérémonies splendides, dans un cadre exceptionnel, avec tous les rois, reines, princes et princesses d'Europe. A cette époque, il y en avait encore beaucoup... Les fêtes ont commencé par un grand dîner au palais de Capodimonte, suivi d'une réception et d'un bal où toute la noblesse italienne avait été conviée.

Le palais de Capodimonte a des proportions gigantesques et heureusement pour l'harmonie, les principaux acteurs de ces cérémonies étaient en proportion du décor. Le duc de Guise, ses filles, le duc et la duchesse d'Aoste, leurs fils, les ducs des Pouilles et de Spolète, tout comme la reine Amélie et le prince de Piémont, avaient en effet tous... entre un mètre quatre-vingt-cinq et deux mètres !...

Des embrasures des fenêtres, où la jeunesse et les personnes de moindre rang se cantonnaient, on pouvait les voir arriver et franchir, en superbes cortèges, les portes hautes de cinq mètres. S'aligner ensuite le long des murs en marbre et miroirs pour la présentation des invités.

Pendant ces journées, j'ai revu Henri mais il ne s'est guère occupé de moi... il y avait là tant de jolies princesses et de nobles Italiennes ravissantes, tellement plus délurées que moi !... J'en ai donc profité pour observer bien des manèges dénués d'ambiguïté et qui m'ont alors beaucoup étonnée.

Hormis Mafalda, la princesse de Hesse, Anne de France était la première de notre génération à se marier. Tous les autres, Umberto, prince de Piémont, ses sœurs, les princes bulgares, les princes de Savoie-Gênes, le duc de Spolète, la princesse Marie-José de Belgique et j'en passe, étaient encore célibataires.

En petite cousine à qui l'on ne prête guère attention, j'ai donc pu surprendre aussi bien des regards et deviner bien des pensées secrètes...

J'ai tout de même eu une satisfaction d'amour-propre. Dans le cortège du mariage, le prince Philippe de Hesse était mon bras, Henri était juste derrière moi et avait comme bras... une très vieille princesse de Ratibor qui ressemblait à la dame de pique alors que sa sœur, la duchesse de Sartirana, avait l'allure de la dame de carreau. La princesse qui était au bras de Henri lui a dit assez haut, pour que j'entende : « Quel dommage, monseigneur, que le protocole m'ait donné le plaisir de vous avoir comme cavalier... Vous auriez été beaucoup mieux avec la jolie princesse qui est devant nous !... »

FIANÇAILLES

Le lendemain du mariage, la « jolie princesse » a été bien déçue... Son prince charmant, Henri, avait organisé avec plusieurs jeunes gens et jeunes filles, une expédition sur le Vésuve et elle n'avait pas été invitée.

A l'hôtel, dans la chambre que je partageais avec ma cousine Isa Czartoryska, je pleurnichais un peu. Ma cousine s'est moquée de moi car elle se doutait bien que j'étais amoureuse de quelqu'un ; elle ne savait toutefois pas de qui et m'assurait que j'étais une sotte, qu'aucun garçon ne méritait que l'on pleurât pour lui, que la vie était longue et belle et que tout finissait toujours par arriver. Je me suis alors demandée ce que voulait dire « tout »... « Tout » c'est beaucoup !... Et pourtant oui, j'ai tout eu dans la vie : tant de bonheurs, de malheurs, de tristesses et de peines, tant de joies et tant d'amour...

Pendant de longues années, les prétendants au trône de France ont été exilés et la coutume était que l'on allât rendre hommage au prince en son lieu d'exil.

Lorsque j'ai eu douze ans et mon frère Pedro onze, nos parents nous ont emmenés en Belgique, près de Bruxelles, pour nous présenter à Philippe, duc d'Orléans, fils du comte de Paris, mort lui en exil, en Angleterre, le 8 septembre 1894.

Le duc d'Orléans avait acheté une maison en un lieu dit Pluck Dael. Cette propriété fut rebaptisée « manoir d'Anjou », nom tout de même plus solennel que Pluck Dael, qui veut dire en flamand « mare aux grenouilles ».

Cette demeure, qui avait l'aspect d'un petit château en pierre claire, était surmontée d'une grande coupole où flottait le drapeau français, uniquement lorsque le prince était chez lui.

Le duc d'Orléans, que nous appelions Oncle Philippe, était le cousin issu de germain de mon père. C'était un homme extraordinairement charmant et attirant et la petite fille que j'étais se serait fait tuer pour lui. De plus, pour moi qui me suis sentie foncièrement française, à tel point que mes frères et sœurs m'appelaient « la Française », car eux se sentaient assez cosmopolites et plutôt brésiliens, Oncle Philippe représentait la France...

Pour en revenir à notre présentation au duc d'Orléans, je dois dire que cette visite m'a beaucoup impressionnée. Ce grand seigneur savait se mettre à la portée des enfants avec tant de bonté et de gaieté !... Il nous a fait visiter en détail tout son immense musée de la chasse, y compris le premier oiseau naturalisé qu'il avait tiré, enfant, dans le parc du château d'Eu. Plus tard il a fait don de cette collection tout à fait unique, qui comportait de nombreuses mises en scène d'une vérité absolue — chasses aux Indes, avec éléphants et tigres, au pôle Nord avec icebergs et ours blancs — au muséum d'Histoire naturelle du Jardin des Plantes.

Quelque temps après notre visite au manoir d'Anjou, j'ai été invitée pour quêter au mariage de Marie de Mac-Mahon avec le comte Henri de Sieyès. Cela a été un grand événement dans ma vie de petite fille.

Avant la cérémonie, très tôt le matin, j'ai reçu en cadeau ma première fleur. Mon cavalier, Augustin de Villeneuve, qui devait quêter avec moi, m'avait fait parvenir à l'hôtel Lambert une orchidée dans une petite boîte rose. J'étais grisée. Augustin était charmant mais très sage et trop raisonnable dans son costume au col Eton, si guindé. Il parut un peu étonné lorsque, à la réception, je lui proposai de jouer à cache-cache au milieu des invités.

A l'église, parmi les invités, avait pris place dans le chœur, parmi les personnalités, la reine Amélie de Portugal. A la sortie, elle était la première du cortège et saluait la foule d'un geste très gracieux de la main qu'elle portait en gestes arrondis vers son visage. En passant devant le général Gouraud, j'ai ainsi cru qu'elle lui envoyait un baiser. Etant une petite fille pleine d'imagination, mais sans beaucoup de monde, ce geste m'a sidérée.

La mère de la mariée, la duchesse de Magenta, sœur du duc de Guise, était splendide dans sa robe moyenâgeuse en velours bleu saphir. J'avais remarqué également, à l'église, M. Emery, gentilhomme d'honneur du duc d'Orléans, que j'avais vu au manoir d'Anjou quelques mois auparavant.

Pendant la réception, je me suis échappée de la compagnie d'Augustin de Villeneuve qui s'occupait de moi avec beaucoup de gentillesse et, le cœur battant, me suis mis à la recherche du vieux M. Emery pour lui demander, par un message que je lui fis, d'être mon intermédiaire auprès du duc d'Orléans.

C'était un message bien bête d'une petite fille romanesque pour son roi en exil. Je me demande encore aujourd'hui si le vieil Emery a bien fait la commission.

La deuxième fois où mes parents m'emmenèrent en Belgique, j'avais dix-sept ans, et cette fois c'était pour aller saluer le duc et la duchesse de Guise au manoir d'Anjou.

Nous sommes partis par une belle matinée de vacances de Pâques, laissant les frères et sœurs au château d'Eu, mon père conduisant comme toujours une énorme voiture « Avion-Voisin ». Je venais d'avoir la rubéole et j'avais les yeux rouges et sensibles, ce qui m'inquiétait beaucoup car j'étais à la fois émue et gênée à l'idée de revoir Henri en un état que je m'imaginais bien piteux.

En arrivant en Belgique, Maman s'est extasiée devant les paysages. Je disais, moi, que je les trouvais horribles et que pour rien au monde je ne voudrais vivre en Belgique. Je disais cela bien sûr pour marquer à mes parents que l'idée de vivre plus tard au manoir d'Anjou ne m'effleurait même pas !...

Mes parents et le duc et la duchesse de Guise s'aimaient beaucoup et ils se connaissaient depuis toujours. Ils avaient une grande confiance réciproque et mes sentiments pour Henri entraient certainement dans un plan matrimonial, mais je ne voulais surtout pas avoir l'air de marcher dans ce sens.

L'ambiance, au manoir d'Anjou, était très agréable quoique très pompeuse et cérémonieuse, avec des dames d'honneur, des gentilshommes de service, pourtant tous très aimables et très affectueux avec moi.

Pendant le voyage, je ne tenais plus en place d'impatience. En arrivant au manoir, Tante Isabelle, la duchesse de Guise, m'a dit : « Henri n'est pas là, ses cours à Louvain finissent tard. » D'un coup, toute ma joie s'est effondrée...

Je n'avais pas pensé une seconde que Henri faisait ses études à Louvain et ensuite j'ai appris qu'il y vivait de plus, dans une villa, avec un abbé et sa vieille sœur, l'abbé de Dartein et Mlle de Dartein, deux charmantes personnes qui ont été par la suite si aimables et si bonnes pour moi. D'apprendre que Henri ne serait pas au manoir pendant notre séjour chez ses parents me désolait. Grâce à Dieu, il n'en fut rien.

Dans l'après-midi, pendant que je contemplais en rêvassant le joli parc par la fenêtre de ma chambre, je vis débouler, sur les chapeaux de roues, une minable petite Citroën grise qui s'arrêta brutalement devant le perron. Le prince charmant en jaillit et sauta les marches d'un bond. Oui, c'était bien le prince charmant et ces dix jours ont été merveilleux. J'avais l'impression d'être entre ciel et terre.

Avec mes parents, la duchesse de Guise et Henri, nous avons visité toute la Belgique. Henri s'était aperçu que mes yeux étaient encore sensibles à la lumière et il m'a acheté des lunettes de soleil. Ensuite, sur le marché de la grand-place de Bruxelles, un couple de petites perruches bleues. J'aime beaucoup découvrir les villes du haut de ses tours et de ses clochers. A Gand, pendant que les parents prenaient le thé, nous avons escaladé le clocher de la cathédrale...

Il était en réfection et soudain, alors que nous faisions le tour de la corniche, nous sommes tombés sur une partie effondrée et dépourvue de balustrade. Sans l'ombre d'une hésitation, Henri a sauté par-dessus le vide... Glacée d'épouvante, je suis restée de l'autre côté en suppliant Henri de me rejoindre en faisant le tour. Peine perdue, il a de nouveau enjambé le gouffre.

Nous sommes aussi allés prendre le thé chez l'abbé de Dartein. Le duc de Guise l'avait fait venir d'Alsace pour servir de mentor à Henri. Ils habitaient une horrible petite maison, étroite et coincée entre d'autres, toutes semblables, sur la route de Namur. L'abbé portait barbe blanche et sa sœur s'activait en me faisant des sourires de connivence.

Certains après-midi, nous n'allions pas visiter les musées. Henri et moi-même restions alors dans son bureau à écouter des disques : Liszt, Paganini et des negro-spirituals.

Ces quelques jours filèrent comme le vent et mes parents reprirent la route d'Eu avec une fille tout à fait flottante.

Nous sommes retournés au manoir d'Anjou, le 5 juillet 1929, pour fêter la majorité de Henri.

Un grand déjeuner de famille nous a réunis, avec vaisselle

plate, la cristallerie du duc d'Aumale, aux armes en bleu taillées dans le verre de Bohême aux mille volutes. Alfred, le maître d'hôtel, versait un vin merveilleux qui embaumait la violette, en nous susurrant à l'oreille : « Pomerol 1875 ». Le duc de Guise porta alors un toast à Henri de France en lui conférant le titre de comte de Paris.

Debout et se regardant avec affection et tendresse, ces deux seigneurs offraient un tableau bien émouvant. Une nouvelle vie commençait pour mon futur mari.

Cette année-là, mon dernier trimestre à Notre-Dame-de-Sion ne fut pas particulièrement brillant.

A l'entrée de l'été, toute la tribu Orléans et Bragance est repartie pour la Bohême, toujours dans la grande auto découverte, avec force cannes à pêche et fusils. Le gros des bagages est parti avec les domestiques par le train.

Le passage du col du Brenner était toujours fertile en aventures. Une fois, la Picard-Pictet est devenue toute poussive. Tous ont dû descendre et pousser. Courir ensuite derrière assez longtemps car Papa hésitait à s'arrêter, craignant que la voiture ne rende l'âme définitivement.

Une autre fois, l'Avion-Voisin s'est mise à bringuebaler étrangement... Papa, voulant vérifier si un ressort n'avait pas flanché, nous a fait descendre et s'est glissé sous l'auto. Il nous a crié ensuite de remonter et de sauter pour éprouver la suspension. Nous avons tous si bien sauté que nous avons failli étouffer Papa. Pris sous le châssis, il a pu souffler péniblement en portugais : « Baixem ! Baixem ! » (Descendez ! Descendez !)

C'est Maman, assise sur le bord de la route, qui a enfin réalisé que la voix de Papa n'était plus du tout naturelle et qui nous a fait descendre en vitesse.

Après mille autres aventures, nous arrivons en Bohême, chez le frère aîné de Maman, le comte Dobrzensky de Dobrzenitz, en son château de Chotebor. Là, nous retrouvons Henri, accompagné du général de Gondrecourt et du marquis de Fraguier.

Tous les trois venaient de faire un long voyage d'études qui avait commencé par la Pologne, où l'équipe avait laissé le professeur Charles Benoit, membre de l'Institut, qui donnait à Henri des cours de sciences politiques. Ensemble, ils avaient visité et disséqué toutes les batailles napoléoniennes en terminant par Austerlitz. Pour occuper Henri pendant les trajets en chemin de fer, ces messieurs lui avaient donné à lire des ouvrages tout à fait dans le ton, tels « Les Croix de bois » et « A l'Ouest rien de nouveau ».

A Chotebor, l'ambiance changea radicalement. Mes cousins, frères et sœur et moi-même, nous nous sommes chargés de le distraire. Mon oncle aussi, qui l'envoyait avec un garde chasser le chevreuil dans ses belles forêts. Un matin, il revint avec un brocard dont le trophée était fort convenable. Mon oncle en a été ravi.

Un beau dimanche d'août, le 10 exactement, après une messe très matinale dans la chapelle du château, mon oncle déclara que le garde attendait Henri et qu'il était encore temps d'aller « pircher » un brocard « capital ».

« Bébelle va accompagner Henri », dit Maman à son frère. J'avais une jolie robe d'été en lin jaune. « Mais elle ne va tout de même pas aller chasser en canari », répond l'oncle, furibond. Qu'à cela ne tienne, Maman saisit un loden, me le jette sur les épaules et me pousse dans l'auto où se trouvent déjà Henri et le garde. L'oncle fulmine toujours mais moi je suis enchantée car j'adore la chasse. J'avais déjà souvent accompagné mon père et d'être en plus avec Henri en pleine forêt, cela m'a paru merveilleux.

Nous arrivons et débarquons en silence. Le garde me jette un œil torve et nous voilà partis, marchant très vite derrière le garde, en file indienne, moi la dernière. En plein mois d'août, je meurs de chaleur avec mon loden. Le garde va de plus en plus vite sur les chemins moussus, dans les bois sombres, où des rais de soleil filtrent comme des épis d'or. A un certain moment, Henri vient se mettre à ma hauteur et tout en courant, avec le garde qui se retourne à chaque instant, il me demande tout de go en mariage. Je suis suffoquée, je puis à peine dire *oui*. Je ris et je pleure, le garde est furibond et grommelle en tchèque, tout en continuant sa course forcenée.

Nous le suivons comme nous pouvons et il finit par ne plus se retourner.

Au bout d'un temps, il fait quand même preuve de bonne volonté et indique à Henri un chevreuil qu'il faudrait approcher avec d'immenses précautions. Nous sommes, bien sûr, rentrés bredouilles.

Oncle Hans triomphait, disant qu'il avait bien prédit que Henri ne tirerait rien. Maman, elle, riait... Nous avons gardé notre secret pendant plusieurs jours encore.

Alors commença pour moi une des plus belles périodes de ma vie.

Le 10 août a toujours été une date qui m'a porté chance. C'est pourtant le jour anniversaire de la chute de la monarchie.

Nous sommes restés à Chotebor durant une dizaine de jours. Je pense que tout le monde avait deviné que nous nous étions fiancés... Pour nous débarrasser des frères, sœurs et cousins, le soir après dîner, nous organisions de grandes parties de gendarmes et de voleurs et nous en profitions pour aller nous cacher très loin. Vers une grande allée qui se terminait sur une hauteur au-dessus des champs et des étangs, nous nous embusquions dans un fossé. Devant nous, une vue illimitée... Les champs ondulaient en vagues d'argent au clair de lune, au loin, jusque sur les collines frangées de forêts sombres.

Le général de Gondrecourt et le marquis de Fraguier faisaient les cent pas le long de l'allée que notre fossé bordait. Ils devisaient paisiblement dans la nuit tiède : « Croyez-vous qu'ils se soient fiancés ?... » « Les apparences portent à le croire ! »

Et le bel été continua.

Maman et ses frères créaient tout naturellement une atmosphère extraordinairement chaleureuse dans ce vieux château si plein de charme et maintenu dans une ordonnance parfaite par ma tante Rose qui, en dépit des difficultés de l'après 14, avait su lui redonner rapidement une élégance raffinée.

Le second frère de Maman, Ottokar, et sa femme, Tante Guisi, apparaissaient presque journellement. Ils venaient à pied ou en calèche, de leur petit château voisin, pour passer gaiement leur journée en famille. Les sentiments qui nous unissaient à nos trois cousins germains, Jenda, Annie et Elisabeth, étaient pour ainsi dire fraternels et ils persistent encore.

Précédant la Grande Dispersion, cette région de Bohême se caractérisait par un foisonnement sans égal de châteaux et de châtelains unis par des rapports fondés sur une grande tolérance et un esprit amical sans exemple.

Les voisins les plus proches de Chotebor, les Schwartzenberg, descendants du fameux général qui combattit Napoléon, les Tour et Taxis, les Widersberg, les Lobkowitz, les Kinsky et bien d'autres formaient un groupe d'habitués du château dont l'entrain perpétuel ne contrariait nullement la variété des passe-temps, soirées musicales, jeux de cartes, danses et conversations surtout, qui se poursuivaient parfois vingt heures d'affilée.

Il fallut quand même songer à reprendre la route de l'Autriche vers Attersee, où nos parents avaient une grande villa.

Venus des quatre coins de l'Europe, toute notre famille éparpillée et des amis se donnaient rendez-vous chaque année à l'été, sous ce toit hospitalier. Mes parents avaient d'autant plus hâte d'y parvenir, qu'ils craignaient que l'invasion se produise dès avant leur arrivée.

C'est sur le chemin du retour que nous avons annoncé nos fiançailles à nos parents. Je me rappellerai toujours leur regard à ce moment-là. Ils souriaient, tellement émus, et l'expression de leur bonheur était indescriptible.

Dès notre arrivée à Attersee, nous nous sommes plongés dans l'encrier pour annoncer cette nouvelle au duc et à la duchesse de Guise qui se trouvaient au Maroc. A mon oncle Hans Dobrzensky aussi, qui mourait d'impatience d'avoir confirmation d'un événement aussi heureux, qui s'était passé chez lui.

Et nous-mêmes alors ?

Comme toujours quand on est si jeune et à ce point enveloppé de bonheur, nous ne nous rendions pas compte de la merveille que nous possédions.

L'on jugera peut-être que je parle beaucoup de moi et des péripéties de cet été, et peu de mon fiancé. Mais que voulez-vous qu'une amoureuse de dix-huit ans dise de l'homme qu'elle aime, si ce n'est des banalités pour glorifier ses mérites !

Progressivement, je tenterai de mieux cerner sa personnalité et son caractère, mais je puis déjà dire qu'à cette époque il était plutôt gai, assurément rieur et très taquin et il l'est encore du reste... Il était déjà plein d'attentions pour tous et, bien sûr, pour moi d'abord.

Ce qui m'a surtout frappé, c'est qu'il s'est mis tout de suite à inonder de cadeaux toute la maisonnée. Il a longtemps gardé cette disposition et cela me frappait d'autant plus alors, qu'en dehors de certains jours de fête, nous n'échangions jamais de cadeaux. Il était aussi très jaloux et il l'est resté. Je m'en suis aperçue tout de suite. J'étais très entourée par mes cousins et Henri en souffrait... Comme c'est difficile de faire entendre raison à un homme jaloux que l'on aime !...

Pendant ces vacances à Attersee, nous avons été rejoints par le troisième frère de Maman, Oncle Kunata et son épouse, Tante Minky. Il portait le titre de comte Kottulinsky qu'il avait hérité de son oncle maternel, mort sans postérité. Il vivait au château de Neudau, en Styrie, avec ses enfants dont quatre étaient des garçons vraiment terribles, avec lesquels nous faisions les quatre cents coups. Sur le lac nous organisions, avec plusieurs barques, de grands combats navals au cours desquels il s'agissait de faire chavirer l'esquif adverse avec tous les occupants.

Lors d'une de ces joutes, Henri s'en est pris à Kunata, un des fils Kottulinsky, et leur bagarre a pris un tour tellement acharné qu'ils ont coulé à pic avant de reprendre de plus belle leur duel... sous l'eau.

Au cours de ces mêmes vacances, ma petite sœur Thérèse et ma petite cousine germaine Dorly Kottulinsky, deux petites filles insupportables, se sont mis en tête d'asticoter Henri pendant des journées entières. Thérèse, que nous appelons Tété, se cachait sous la table à écrire dans la chambre de mon fiancé lorsqu'elle savait que nous allions y venir pour papoter. Au bout d'un certain temps, elle sortait de sa cachette en disant : « Coucou... me voilà ! J'ai tout entendu !... » Nous la chassions en la traitant d'infâme curieuse...

Ma cousine Dorly, insinuait que Henri avait l'air d'un Chinois ! Quant à mon si cher frère Pedro, il était lui aussi jaloux de ce fiancé qui, pensait-il, allait lui enlever sa compagne de toujours. Cher Pedro, comme je le comprends bien ! Nous n'avions aucun secret l'un pour l'autre, nous ne nous étions jamais séparés et voilà qu'un cousin venait changer toute notre vie et paraissait vouloir prendre également toute l'amitié et la tendresse qui m'ont toujours unie à mes frères et sœurs. Il s'est vite rendu compte que rien ne changerait jamais entre nous cinq et Henri, grâce à Dieu, est devenu également leur ami...

A Attersee, où nous étions plus de vingt à table, il nous arrivait de vouloir échapper à la curiosité de tous ces chers cousins et cousines. Nous partions alors d'un air gaillard, avec des paniers, en déclarant à la cantonade, que nous allions dans la montagne chercher des champignons...

La cueillette des champignons a toujours été une des passions de la famille, tant du côté d'Orléans que Dobrzensky. En l'occurrence, on nous a crus sur parole, mais notre passion réciproque était encore plus grande que celle des champignons.

Lorsque, au retour, nous nous présentions avec des paniers vides, toute la famille était réellement déçue. Sauf le précepteur de mes frères, le père Lacouture. Quelle qu'elle fût, jamais aucune passion ne lui faisait perdre son bon jugement et lors de nos retours bredouilles, il soupirait d'un air condescendant : « Je l'avais bien prévu !... »

En Autriche toujours, nous sommes allés rendre visite à une très vieille, charmante et toute petite « grande dame », la grande-duchesse de Toscane. Au bout d'un moment, elle a demandé à mes parents de la laisser seule avec moi. Elle m'a posé un grand nombre de questions sur moi et mon fiancé, me répétant que je devais toujours rester amoureuse, et que si parfois la vie compliquait les choses, je ne devais pas changer et rester toujours aimante et gaie.

Ensuite, elle a fait venir Henri en lui disant : « Si tu ne rends pas Bébelle heureuse, gare à toi ! Je suis très vieille et je vais bientôt mourir. Mais de là où je serai, gare à toi si tu es méchant avec elle. »

De savoir que quelqu'un veillait ainsi sur moi, j'ai trouvé cela infiniment rassurant ; mais tout de même, chère vieille tante, de là où vous êtes, ne soyez pas trop sévère !

L'archiduc Franz-Salvator, gendre de l'empereur François-Joseph, était un autre personnage frappant de cette période de ma jeunesse. Tous les étés, lorsque nous séjournions à Attersee en Autriche, nous allions lui faire une visite à Ischgl.

Il habitait une grande villa qui me paraissait alors le comble du mauvais goût. Elle était pleine de fauteuils aux formes bizarres mais confortables, de paravents couverts de photos, de guéridons hideux, d'immenses armoires, le tout plongé dans un clair-obscur permanent et situé au milieu d'un immense jardin qui finissait dans la montagne.

Oncle Franz-Salvator était grand, très élégant, toujours vêtu de costumes autrichiens classiques, avec une culotte de cuir noir brodée de vert.

En hiver, il portait des caleçons longs de soie crème, qui couvraient ses genoux entre la culotte et les bas ; à cette époque, ses enfants, les archiduchesses et les archiducs, n'étaient pas encore mariés ; les trois cousines, Gertrude, Hedwige et Mechthilde étaient plus âgées que moi et si gentilles avec nous ! Elles nous emmenaient jouer très loin dans le jardin, jusqu'à un kiosque situé à mi-pente de la montagne et d'où on voyait la jolie petite ville d'eaux d'Ischl. Au retour on nous servait des goûters exquis.

Les belles vacances tiraient à leur fin. Henri est retourné à Louvain et les frères et sœurs à Paris avec Maman ; avec Papa et monsieur Bazin, nous avons fait une tournée en Pologne où nous étions invités à des chasses.

Au cours de cette tournée Papa nous a fait parcourir des distances énormes et du matin au soir, je n'avais que des pommes à grignoter. Nous avons fini en Galicie, à Zolkiew, où Papa avait été en garnison, comme jeune lieutenant de l'armée autrichienne, avant 1914, donc encore sous l'empire austro-hongrois.

Dans cette région très plate de Galicie, les petites maisons basses étaient badigeonnées de bleu, et on aurait juré du bleu de méthylène.

Tout là-bas, au bout du monde, un immense château, posé sur un glacis de brique, surgit un soir de la brume automnale. C'était la demeure du comte Zamoyski, grand seigneur à l'allure d'un Kalmouk et à l'hospitalité grandiose. De sa femme, je garde un souvenir curieux car elle voulait à toute force me passer les cheveux à l'huile de tournesol, comme elle faisait pour elle-même. Elle assurait que cela donnait de très beaux cheveux. Malheureusement, nous n'avons jamais pu voir les siens car pour dissimuler toute cette huile, elle gardait nuit et jour sur la tête des turbans extravagants.

C'est à Jedlec, ensuite chez Etienne et Isa Zamoyski que j'ai tiré mes premiers faisans. Pour cette chasse, mes cousins Zamoyski avaient invité, en plus du lot habituel, de vieux seigneurs empêtrés dans leurs gibecières, leurs chiens et leurs fusils, un bon nombre de jeunes gens gais et charmants qui, ne sachant pas que j'étais fiancée, me faisaient tous la cour...

De Jedlec, nous avons gagné Baszkow, le beau château du prince Olgierd Czartoryski et de son épouse, Mechthilde, archiduchesse d'Autriche.

Hors la saison des chasses, ces beaux châteaux de Pologne s'engourdissaient... Mais après moissons et récoltes, quel réveil ! Grands dîners de gala, soirées de danse et de musique ne nous ont pas empêchés, durant cette visite de trois jours, de partir tôt pour la chasse et de revenir agréablement fourbus pour enfiler à nouveau nos robes du soir.

Le château de ce prince, d'époque Louis XVI, très spacieux, était partagé au premier étage par un immense et très large corridor où donnaient toutes les chambres. Les meubles des salons étaient chargés d'innombrables bibelots dont un poignard au manche de jade, incrusté de pierres précieuses, qui m'a particulièrement frappée, car à cette époque je collectionnais cette sorte d'objets.

Tout le monde était très intrigué par un bracelet que je portais, un nœud gordien en or de différentes couleurs que Henri m'avait donné ; je mourais d'envie de révéler le nom de celui qui me l'avait offert. Mais nos fiançailles n'étant pas officielles, j'ai dû me taire, ce qui me coûtait beaucoup.

Ma chère cousine Isa Czartoryska, comtesse Zamoyska, et son mari, qui nous accompagnaient, ont été mis, je crois, dans la confidence par Papa. J'aurais bien voulu papoter avec ma cousine, mais la pauvre attendait un enfant ; elle était très souffrante et n'avait pas la tête à ce genre d'affaire...

Et à nouveau les routes se sont étirées pour nous...

A ceux qui me conseillent aujourd'hui de découvrir encore de nouveaux pays, je réponds volontiers que le temps me manque déjà pour revoir tous les endroits que j'aime et que maintenant, ce qui me plaît le plus, c'est de rester tranquillement chez moi. A condition tout de même d'avoir souvent la visite des mes enfants et petits-enfants !...

Nous étions accompagnés également de M. Bazin, fils d'un des secrétaires du comte de Chambord. Le brave Bazin, qui était pour ainsi dire l'esclave de Papa, n'en faisait pourtant qu'à sa tête pour ce qui est des bagages. Pour Papa, il y en avait toujours de trop et la seule qui, à cet égard ne le décevait jamais, était ma sœur Françoise. Sa garde-robe était toujours des plus réduites, mais il est vrai qu'en cette matière comme en beaucoup d'autres, elle ressemblait étonnamment à mon père...

Monsieur Bazin, lui, se piquait d'être un intellectuel ; il trouvait que nous ne nous cultivions pas assez l'esprit et pour nous donner l'exemple, il voyageait toujours avec une valise pleine de livres. Au grand désespoir, bien sûr, de Papa...

Début novembre, nous sommes revenus en Belgique, au manoir d'Anjou où étaient déjà arrivés Henri et le duc de Guise.

Mon futur beau-père et Papa ont alors décidé que nos fiançailles ne seraient rendues officielles que plus tard parce que Henri devait d'abord terminer ses études à Louvain et que moi, j'étais de toute façon trop jeune !

Je ne me sentais pas si jeune que cela mais j'étais pourtant enchantée de rester fiancée longtemps. Choyée par un adorable fiancé, je pensais surtout n'avoir plus à obéir, ce dont j'ai toujours eu horreur. N'avoir plus à obéir à mes parents et pas encore à un mari, je trouvais que c'était la situation idéale...

Après quelques jours passés au manoir d'Anjou, nous avons encore repris la route, mais pour la France cette fois. Je revois encore mon futur beau-père, le duc de Guise, et Henri debout sur le perron du manoir d'Anjou nous disant au revoir. A ce souvenir, j'ai encore le cœur gros car nous les laissions tout seuls à leur exil...

En passant par les Ardennes, nous avons rendu visite à notre vieille cuisinière, Céline Chassepierre, qui avait été chez nous durant vingt-cinq ans. Son frère cultivait du tabac et Papa a voulu fumer une pipe de tabac frais. Mal lui en a pris.

A Bouillon, nous nous sommes arrêtés à l'hôtel de la Poste et au milieu de la nuit, j'ai soudain été réveillée par les gémissements de Papa dans la chambre à côté. Je me suis précipitée... De ma vie, je ne l'ai vu aussi malade ; malgré ses livres, M. Bazin n'était d'aucun secours. C'était affreux et j'étais complètement affolée ; j'ai téléphoné à Henri pour lui dire mon angoisse. Il a accouru immédiatement ; mon Dieu, comme j'étais soulagée !

Jusque-là j'avais été une amoureuse quelque peu éperdue et irréfléchie ; mais en ce jour du 7 novembre 1929, j'ai eu la révélation d'aimer un être sur lequel je pourrais toujours m'appuyer. « Toujours » était peut-être une illusion, mais à l'époque, cela me donnait un merveilleux sentiment de sécurité.

Papa allant un peu mieux mais étant incapable de conduire, Henri a mis à notre disposition Gaston, le chauffeur du duc de Guise et avec son auto, il nous a accompagnés jusqu'à la frontière.

Alors, l'Exil avec un grand E s'est soudain dressé devant moi ! Pour Henri, cet instant fut tout aussi douloureux... Impression de couperet qui tombe rudement sur des épaules qui n'en peuvent mais, et qui va persister plus ou moins douloureusement jusqu'en 1950.

Papa a encore été malade plusieurs jours et Maman a fait venir un médecin, chose rarissime dans la famille ; on s'est alors rendu compte que Papa avait eu une grave intoxication, effectivement due au tabac frais des Chassepierre.

Pendant plusieurs mois, j'ai fait la navette entre Bruxelles et Paris. Ceux qui nous rencontraient au cinéma ou dans les musées bruxellois se chuchotaient leur étonnement de nous voir sans chaperon. Henri et moi avons vadrouillé ainsi dans toute la Belgique et à l'époque, c'était là une innovation assez révolutionnaire mais tellement agréable...

C'est dans le courant de 1930 que nos fiançailles ont été rendues officielles. Nous avons alors été invités à plusieurs bals et soirées, entre autres chez les Imperiali ; j'en garde un bien bon souvenir car c'était-là le premier grand bal auquel je prenais part.

Je dansais bien sûr depuis longtemps mais toujours à la maison avec des cousins ou à des soirées de mariage en famille. Mon premier grand bal a donc été celui des Imperiali, princes de Francavilla. Henri dansait alors très bien et il paraissait aimer cela. Maintenant il trouve, et depuis longtemps, que la danse est un passe-temps bien trop futile...

De retour à Paris, il me téléphonait tous les soirs. Cela nous paraissait à tous un luxe « nababesque », car à la maison, on ne téléphonait que pour des cas graves et urgents. On n'avait vraiment jamais vu cela pour se conter fleurette !... Lorsque le téléphone sonnait, mes frères et sœurs criaient dans toute l'immense maison : « Vite ! vite !... C'est le chou de Bruxelles. »

Au temps de mes fiançailles, j'étais en fait cruellement déchirée. Les Noël à Eu étaient si gais, mais de savoir Henri seul au manoir me fendait le cœur ! Finalement, nous sommes convenus que je passerais Noël à Eu et le jour de l'An au manoir d'Anjou avec toute ma future belle-famille...

Je suis retournée au manoir d'Anjou pendant toute l'année 1930. Venus de tous les coins de France, de nombreuses délégations s'y rendaient pour porter leurs félicitations au duc et à la duchesse de Guise ainsi qu'aux fiancés.

Cette première rencontre avec des amis de la monarchie, animés de tant de gentillesse et de dévouement à l'égard de nous tous, m'a profondément touchée.

L'ultime réception donnée à l'hôtel Lambert avant notre mariage a réuni, en l'absence des princes, soixante-mille personnes qui ont défilé pendant trois jours, de 2 heures à 7 heures du soir, devant mes parents, la duchesse de Guise et moi-même.

Le service d'honneur du duc et de la duchesse de Guise, le cher général de Gondrecourt, le comte et la comtesse de Baritault, la comtesse de Villeneuve-Bargemont et le marquis de Fraguier, nous annonçait chaque personne par son nom !... Des ducs et pairs de France jusqu'aux plus humbles petites gens de la ville et de la lointaine province, la foule formait une longue procession sur le quai d'Anjou. Ma chère belle-mère, avait la main droite en sang...

Le dernier mois que j'ai passé à Paris, avant le grand départ pour une nouvelle vie, a été une incessante bousculade entre les photographes, les essayages chez Worth, les visites d'adieu à tant de vieux amis et... même à Tante Blanche.

A cette époque, on faisait encore des expositions du trousseau de mariage. Toutes mes amies sont donc venues détailler mon linge personnel en soie, alors que jusqu'ici il était en coton, y compris les mouchoirs marqués d'une couronne de dauphine et surtout les draps, magnifiquement brodés par un ouvroir de bienfaisance ouvert, par les Wendel, à Tillanges.

La veille de mon départ, j'ai eu le temps de faire avec Maman un joli tour à pied d'une île à l'autre. Sur le pont Sully, où nous nous sommes accoudées, s'est offert un magnifique coucher de soleil qui embrasait Notre-Dame. Nous sommes restées là, très émues, laissant défiler en silence les innombrables souvenirs que cette vision de Paris faisait surgir en nous.

Adieu ma jeunesse heureuse ! Adieu Paris ! mes courses matinales vers Saint-Placide, la rue Notre-Dame-des-Champs et mon cher pensionnat, la traversée du Luxembourg au printemps où, dans la petite brume du matin, les étudiants marchaient lentement, un livre ouvert à la main...

Adieu les messes matinales à Saint-Louis dans ma chère île, ou à Saint-Paul, au-delà du quartier juif où les veilles de sabbat le poisson frétillait dans les bassines posées sur le trottoir.

Adieu le marché aux fleurs et les courses de Noël avec Maman sur l'asphalte nostalgique, luisant de pluie. Adieu...

5

POUR LA VIE...

26 mars 1931, gare de Lyon, c'est le grand départ...

Le train pour Rome, Naples et Palerme nous emporte, mes parents, mes frères et sœurs, M. Bazin, Mlle de Maja Monteiro, Aï et la femme de chambre tchèque, sans oublier la grande malle contenant ma robe de mariée...

Nous avons retrouvé Henri à Rome, à l'hôtel Minerve. Il n'aimait pas cet hôtel qu'il trouvait lugubre et par trop peuplé de curés...

Le duc de Guise lui avait fait cadeau d'une superbe Bugatti 8 cylindres, rouge rubis, dans laquelle il était parti de Bruxelles en compagnie de trois de ses amis de Louvain, Johny Mignot, Géradon et Robert Mourot.

Tellement pressé de nous rejoindre, Henri avait coulé toutes ses bielles dans les montagnes suisses. Pour le dépanner, M. Bugatti dépêcha d'Alsace quelques-uns de ses meilleurs ouvriers et ce malheur fut réparé en trois jours.

Mon cher fiancé et ses camarades mirent à profit cet incident pour enterrer le plus joyeusement possible la vie de garçon de mon prétendant et l'évocation de leurs souvenirs occupa les premiers repas de famille dans l'austère hôtel Minerve.

Très vite, Papa a voulu s'assurer absolument de la bénédiction du Saint-Père car il était très troublé par l'excommunication que le Saint-Siège avait lancée contre l'Action française et tous ses adhérents. Il a demandé audience au pape qui a reçu toute la famille.

Pie XI, très débonnaire, a demandé à ma sœur Thérèse si elle faisait du latin. « Oui, très Saint-Père, avait répondu ma sœur, et même je le parle très couramment ! » Toute la famille a été estomaquée par l'aplomb de cette petite fille de douze ans et il nous arrive encore de rire de cette vantardise.

Nous sommes arrivés à Palerme en pleine Semaine Sainte. Le palais d'Orléans et l'hôtel des Palmes étaient remplis par les membres des familles proches et les représentants de toutes les familles royales d'Europe. Un millier de Français déambulaient dans la ville et les Siciliens disaient que c'était pire que lors de l'invasion des Anjou.

Mais pourquoi avoir choisi Palerme pour célébrer notre mariage ? C'est que les rapports entre le gouvernement français et les princes en exil étaient alors loin d'être amicaux. Le pouvoir politique français exerça une forte pression sur le gouvernement belge et on nous pria d'aller nous marier le plus loin possible des frontières françaises...

Le palais d'Orléans de Palerme appartenait à la famille d'Orléans depuis le mariage de Louis-Philippe avec Marie-Amélie de Bourbon-Siciles. Le roi, qui était alors en exil, s'était marié à Palerme et avait reçu du roi de Naples, son beau-père, le palais d'Orléans en cadeau de noces. En 1931, ce palais était une très grande bâtisse pleine de beaux meubles et de tableaux de famille, et s'il manquait un peu de style, il était très confortable ; prolongé par un merveilleux jardin planté d'orangers, de roses en pergola, il se terminait par des terrasses ombragées de grands pins parasols d'où l'on pouvait voir dans le lointain la mer...

Quelques jours avant notre arrivée, Henri, qui se trouvait déjà avec ma belle-famille au palais d'Orléans, a eu une forte grippe et, pour le remettre sur pied, de bonnes âmes ont proposé de l'empaqueter dans de l'ouate thermogène imbibée d'alcool. Bien ficelé et maintenu avec des épingles de nourrice dans le dos, on a laissé ce pauvre garçon seul dans sa chambre située à une des extrémités du palais et, quelques heures après, on est revenu pour constater sa guérison... Le malheureux s'était évanoui sous l'effet du cataplasme infernal !...

Autre incident calamiteux, une tornade énorme s'est abattue sur Palerme au début de la Semaine Sainte.

La prestigieuse cave du palais fut noyée et cinq mille bouteilles de Zucco, vin qui n'existe plus aujourd'hui, y laissèrent leurs étiquettes. Tous les messieurs de la famille, Henri et ses beaux-frères en tête, passèrent un temps considérable dans cette cave pour identifier les vins afin de les faire servir au bon moment. Ils entreprirent de les goûter tous...

Lorsqu'on déballa ensuite, en présence de la duchesse de Guise, ma robe de mariée, pour la suspendre, on se rendit compte que les quatre mètres de la traîne, qui paraissaient suffisants dans les salons du couturier, auraient sans doute assez piètre allure dans le brillant cortège qui se formerait entre l'évêché et la cathédrale.

Après force télégrammes, Worth fit parvenir encore quatre mètres de ce brocart, spécialement tissé pour moi à Lyon, cadeau des Lyonnais pour ma robe de mariée. En vraies fées, Marie-Louise de Maja Monteiro, Aï et la femme de chambre tchèque réussirent à rabouter les deux morceaux sans que nul ne s'en aperçoive ; pas même M. Calogeras, gentilhomme d'honneur brésilien de mon père, qui portait à l'aller ma traîne longue à présent de huit mètres, avant de la céder au retour à M. de Thuy, gentilhomme d'honneur du duc de Guise.

La duchesse de Guise voulait absolument que nous fassions une photo posée, la veille du mariage. Papa, lui, s'opposait formellement à ce que Henri me voie en robe de mariée avant le grand jour. Après une discussion véhémente, on transigea et la photo fut bien faite le jour du mariage mais à... 8 heures du matin dans un salon de l'hôtel des Palmes où nous logions, et après une messe de communion.

J'oublie de dire que la veille du mariage, le bal s'était prolongé fort tard et le résultat de cette mise en scène, au point du jour, a été assez lamentable : sur la photo, j'ai vraiment l'air de la rosière du village, convolant avec le garçon épicier.

A la fin du repas de noce, le duc de Guise s'est levé pour boire à notre bonheur et ensuite nous avons fait avec Henri le tour de toutes les tables dressées au palais et dans trois magnifiques tentes montées dans le jardin, pour les mille cinq cents invités qui avaient tous une place assise. Au moment de me lever, moment d'angoisse, car mes souliers, que j'avais enlevés sous la table, ont disparu. Malgré mes coups de pied et mes tâtonnements désespérés, il m'est impossible de les retrouver. Je les vois enfin réapparaître à l'autre extrémité de la salle, brandis par le duc d'Aoste ! C'est un de mes frères qui les avaient subtilisés... J'ai pu aller boire alors à la santé de tous avec mon mari, mais depuis ce jour, je ne porte plus du tout ma coquetterie sur mes pieds et lors de toutes les cérémonies, je mets de bons souliers, grands et bien confortables.

Après les félicitations et les embrassades, au milieu des ovations sans fin, tout le monde a reflué vers un coin du parc pour planter un petit chêne que Charles Maurras et Léon Daudet avaient apporté de France.

8 avril 1931 !... Jour le plus important de ma vie après celui de ma naissance. Le prochain sera celui de ma mort...

Vint alors le moment où tous voulurent avoir un petit morceau de mon voile. Comment faire une distribution équitable entre les quelque deux mille personnes présentes ?

Henri suggéra que nous montions au balcon du palais qui dominait tout le jardin.

Avec son épée, le duc d'Aoste découpa au ras de la dentelle tout le tulle qui garnissait mon voile. J'en fis une grosse boule qui se déploya immédiatement au-dessus de la foule. La ruée fut générale et ma pauvre petite sœur Thérèse, qui faisait des efforts désespérés pour en avoir un petit bout, s'est effondrée en larmes dans la bousculade.

Dominant Palerme, le Monte Pellegrino abrite un petit sanctuaire où Henri et moi allions souvent. Nous aimions beaucoup ce lieu escarpé et sauvage...

Quand j'ai vu de là-haut le paquebot, où tous les miens étaient embarqués, s'éloigner lentement vers Naples, j'ai senti soudain ma vie basculer vers un autre monde... Est-ce mon sang slave qui mêle toujours des larmes à mes amours ?

Je ne me souviens plus très bien si nous sommes restés à Palerme huit jours ou quinze ou bien davantage... Ne dit-on pas qu'il est très difficile d'apprécier la durée véritable des rêves ?

Je me souviens seulement que c'est dès le soir du 8 avril que nous nous sommes enfermés dans notre appartement de

Ma première robe
décolletée :
j'en suis toute confuse.
*(Ph. Boissonnas et
Taponier-Paris.)*

S.A.R. le duc de
mours, grand-père
ternel de mon
(à gauche) et Sa
jesté l'empereur Pedr
grand-père materne
mon père (ci-con
*(Photos : E. App
Paris, J. Insley Pache
Rio de Janeiro.)*

Ma mère Elisabeth Dobrzensky de Dobrzenitz et Don Pedro d'Orléans-Bragance en uniforme de uhlan à l'époque de leurs fiançailles en 1900. *(Photos : N. Lissa-Lwow, J.F. Langhans-Prague.)*

Au château d'Eu, fac
Jardin français, la fa
d'Orléans-Bragance,
grand complet, ento
les grands-parents, le c
et la comtesse d'Eu.
bout, de gauche à dro
mon père, mon oncle
toine, Tante Pia. Au pre
rang : ma sœur Franç
Maman portant mon
João, moi-même, mon
Pedro, Bon Papa, Vovo
cousine Pia, mon
Louis, mes cousins L
Gaston et Pierre-Henri.

Ma grand-mère maternelle,
la comtesse Elisabeth
Dobrzensky de Dobrzenitz.

Mes grands-parents paternels, Isabelle de Bragance, princesse impériale du Brésil, et Gaston d'Orléans, comte d'Eu, à Pelotas au Brésil, en 1881. *(Photos A. Amoretty - Pelotas.)*

« Bon petit diable » dans les bras de mon père, alors que
mes cousins sont naturellement sages comme des images.

Nous sommes déjà quatre à chérir Maman.
De gauche à droite : mon frère João, ma sœur Françoise, moi-même
et mon frère Pedro. *(Photo Femina - Paris.)*

Béarn, en 1917 je garde les mou-
s avec Pedro, coiffée de mon
ulet rouge.

Sur les bords du lac d'Attersee, en 1928 : au second plan, mon père, Françoise et moi-même, au sortir du bain dans notre « Badehaus ».

Réunis au château d'Eu, juste avant mon mariage :
mon père, ma sœur Françoise, Pedro, Maman, ma petite sœur Thérèse, moi-même et mon frère João. *(Photo A. Carette - Eu.)*

Premières esquisses du roman de ma vie. Baignade au Crotoy, en 1923 : Henri (debout), Auguste Czartoryski, Pedro, moi-même, Maman, Françoise et ma chienne Didine. Et le mariage du duc et de la duchesse d'Aoste à Naples, en 1928 : je revois Henri pour la deuxième fois. De gauche à droite : la princesse de Ratibor au bras de Henri, la princesse Eric de Danemark et Paul de Grèce, moi-même et le prince Philippe de Hesse. *(Photo Landriscina et Tafuri-Naples.)*

1907 : Ma belle-mère la duchesse de Guise et sa sœur l'Infante Louise en Andalousie.

Sortant du manoir d'Anjou, mon beau-père le duc de Guise en 1935. *(Photo S.A.F.R.A.)*

la villa Igea. Quand, dans les jours suivants, toute la famille a déserté le palais d'Orléans pour s'égailler aux quatre coins du monde, nous avons songé à revenir dans notre paradis un instant perdu. Le palais d'Orléans au nom si lourd de réminiscences. Coin de terre française tout au bout de l'Europe, nous l'avions enfin pour nous seuls...

Non seulement le vaste appartement d'angle du premier étage qui surplombait le jardin, mais aussi le parc et ses escaliers de pierre antique, ses murets envahis de mousse et d'herbes folles, peuplés de tant de présences qui nous inspiraient et nous indiquaient l'avenir.

Mais n'est-il pas temps d'en dire un peu plus de nous et du caractère de mon mari ?

Depuis plus de quarante-cinq ans que nous vivons ensemble, je crois le connaître bien. Cependant il m'étonne toujours, ce qui est aussi un grand agrément. Il est généralement fermé comme une huître, mais qui, lorsqu'elle s'ouvre, révèle toujours une perle.

En prenant de l'âge, il manifeste de plus en plus de goût pour l'austérité et je pense que cela lui vient de son ascendance protestante. Son arrière-grand-mère, la duchesse d'Orléans, née princesse de Mecklembourg, n'avait en effet jamais voulu se convertir au catholicisme et elle éleva ses deux fils, le comte de Paris et le duc de Chartres, avec une grande rigueur.

Il est obsédé par la notion de secret et notre première discussion un peu vive de jeunes mariés, sur la route de Cefalu, près de Palerme, a tourné autour de la notion de silence. Henri prétendait que le silence était d'or, la parole d'argent, moi, j'affirmais le contraire...

Je ne me suis jamais repentie de ce que j'ai pu dire là ou ailleurs ; mais j'ai regretté souvent de n'avoir pas parlé. Cette première discussion a été véhémente et je ne me souviens plus lequel des deux a cédé ; je me souviens par contre très bien du paysage et de l'endroit précis où nous nous sommes arrêtés : un champ immense d'herbes et de marguerites qui glissait jusqu'à la mer avec les ombres portées des oliviers séculaires. Nous sommes tout de même rentrés à la villa Igea avec de pleines brassées de fleurs et l'image la plus approchante que je puis donner de notre voyage de noces, à travers la Sicile et toute l'Italie, est un peu celle de la Voie lactée en plein ciel d'été. Lors de notre séjour là-bas, quelques âmes chagrines craignaient que la mafia nous fasse un mauvais sort en Sicile. Non seulement il n'en a rien été mais de plus la mafia donna l'ordre — nous l'avons su plus tard — que l'on nous reçoive partout chaleureusement...

Dans les villages les plus reculés, des troupes d'enfants et de jeunes gens nous saluaient avec des vivats : « Auguri, Auguri ! »

A Rome, nous avons retrouvé beaucoup de Français car au Pincio se déroulait le concours hippique international auquel participaient des officiers de notre pays. Là encore, nous avons eu une discussion animée mais sur un sujet plus futile. Je portais un ensemble en toile de soie bleu pâle avec une ombrelle du même ton. Dans une boutique élégante, en face de l'hôtel Excelsior, où nous habitions, j'ai vu une paire de gants bleu pâle à manchettes évasées. J'ai tanné Henri pour qu'il m'achète ces gants. Il y a consenti à la fin, mais il était furieux en disant que cela faisait mauvais genre. Ce n'était pas tant la couleur qui le choquait mais la longueur des poignets... Or, à Bruxelles, moins d'un mois après, toutes les dames portaient des gants dits mousquetaires. La mode sera toujours un mystère pour les hommes et ils n'en sont que plus ravis ensuite de nous voir bien habillées.

A Rome, les jours ont coulé bien agréablement... Comme unique compagnie, nous avions le Père Bergougnoux, supérieur de l'église Saint-Louis-des-Français, qui a été le meilleur des guides pour nous faire découvrir et aimer une Rome bien inconnue des touristes...

Par petites étapes, nous avons fini par retrouver, début juin, le manoir d'Anjou et le duc et la duchesse de Guise que la famille, grands et petits, a toujours appelés Miou et Papa Jean.

Avec l'aide de Dom Martin, un moine bénédictin français de l'abbaye du mont César, Henri, avant son départ pour l'Italie, avait entièrement rénové cette grande maison poussiéreuse et il avait voulu m'en faire la surprise.

Ce cher Dom Martin était un orfèvre de grand talent et doué d'un esprit tout aussi remarquable ; nous lui commandions quantité de belles choses qu'il exécutait au mont César mais plus souvent chez les orfèvres Wolfers à Bruxelles. Il est resté toute sa vie un de nos meilleurs amis et, à l'époque, il a su redonner, avec Henri, un peu de vie au manoir d'Anjou.

Entre autres qualités, Henri a en effet énormément de goût et c'est un excellent décorateur. Mais par-dessus tout, il aime construire. Au cours de notre vie, nous avons déménagé maintes fois et avons installé quelque quinze maisons, sans parler de celles de nos enfants après leur mariage. Mais Henri ne peut pas s'installer quelque part sans tout démolir pour reconstruire, en beaucoup mieux, je dois dire.

J'étais enchantée du confortable petit appartement que nous habitions chez mes beaux-parents au manoir d'Anjou ; Miou et Papa Jean étaient de plus des beaux-parents en or, et j'ai passé chez eux cinq années avec le sentiment d'être chez moi. Nous prenions tous nos repas en famille et nos goûters dans le petit bureau de Henri et le duc de Guise me gâtait beaucoup ; la duchesse de Guise était gaie, spirituelle, indulgente et si compréhensive ; son époux était sans doute tout cela également mais il parlait si peu qu'il fallait deviner tous ses sentiments.

Mais revenons à mon cher mari... Aussitôt arrivé, il s'est remis à son bureau, à ses études, à sa politique ; il est très méticuleux et organisé et ma première fureur conjugale a pour origine son goût pour les emplois du temps précis.

Imaginez que nous n'étions pas rentrés de voyage de noces depuis plus de quarante-huit heures, que le soir au moment d'aller nous coucher, je tombe sur un papier épinglé sur le mur au-dessus de ma table de nuit. C'était mon horaire ! Lever à telle heure, sainte messe ; tel jour, telle heure, promenade à cheval ; tel jour, telle heure, visite de musée ; tel jour, leçon de français ; tel jour, mon orthographe (!) enfin tout à l'avenant et du matin au soir et pour toute la semaine !... J'ai tout déchiré !... Le pauvre Henri était consterné...

En fait, pour bien parler de son caractère, il faudrait tout un livre ; chez lui rien n'est simple, il a des facettes multiples et je le considère comme un digne descendant des Valois, avec leurs qualités, leurs défauts et les uns et les autres à double face : une grande simplicité et un grand amour du décorum, une réelle bonté et des actes d'une grande dureté.

Vivre en tout cas avec un personnage comme mon cher mari, c'est une aventure qui n'est pas tous les jours facile... Mais s'il en avait été autrement, je me serais sans doute ennuyée avec lui et je dois dire que, jusqu'ici, cela ne m'est jamais arrivé !

Malgré mon indiscipline et mon esprit primesautier, notre vie de jeunes mariés a pris son rythme de croisière.

Nous étions réellement très jeunes et ma culture assez réduite ; aussi prenions-nous de multiples cours... Tous les deux matins, un prêtre français, au nom prédestiné, l'abbé Bouquin, venait nous donner des leçons de syntaxe et tenter de me donner des notions d'orthographe plus précises. Le pauvre a dû juger rapidement mon cas désespéré... Quant à Henri, dont l'orthographe était également déficiente, il a pu, grâce à sa volonté, la redresser.

De France venaient des messieurs cultivés et compétents en toutes sortes de matières ; ils donnaient divers cours à Henri auxquels j'assistais en faisant de la broderie dans un coin de son bureau.

Le général de Gondrecourt enseignait l'histoire militaire, le colonel de Vaucelles, l'artillerie, Duras, l'aviation, et le distingué professeur Perrot, le droit romain. Charles Benoit enfin, lui faisait des exposés magistraux, encore qu'interminables, de sciences politiques. Ces cours me passionnaient et j'ai ainsi pu glaner de nombreuses connaissances.

Vint ensuite le temps des visites protocolaires... Nous avons demandé audience au roi Albert et à la reine Elisabeth, ensuite à l'impératrice Zita, et avons enfilé nos plus beaux atours. Henri était en redingote, j'avais un ensemble bleu lavande, robe-manteau au col de renard gris, toque bleue, enfin le parfait attirail de la jeune femme qui arbore, tout frais, les vêtements de son trousseau. Que nous avions fière allure dans la grande auto bleu sombre conduite par le chauffeur de mes beaux-parents !...

Pendant les quelques heures passées au château de Laeken, j'ai pas mal souffert et pourtant le roi et la reine nous ont reçus d'une manière très accueillante. La timidité du roi tout d'abord me glaçait et la reine ensuite parlait si bas que j'avais de la peine à comprendre ; nous n'étions que tous les quatre, autour d'une table ronde, Henri et moi face à face. La salle à manger était assez obscure et fort vaste ; maîtres d'hôtel et valets déambulaient comme des fantômes et le roi et la reine restaient silencieux...

Par-delà un énorme dessus-de-table garni d'hortensias, je jetais à mon mari des coups d'œil désespérés. De temps en temps le roi ou la reine posaient tout de même une question, tantôt à Henri, tantôt à moi. Je délayais ma réponse le plus possible pour que nous ne retombions pas trop vite dans ce silence. Je disais n'importe quoi et la reine me regardait avec ses yeux bleus perçants, essayant de me juger, et pensant, j'en suis certaine, que je devais être complètement idiote. Par la suite, je l'ai souvent revue ; elle m'intimidait toujours autant et pourtant je l'aimais beaucoup...

L'impératrice Zita habitait un château lugubre que des amis fidèles lui avaient prêté. Une dame d'honneur nous a reçus et introduits dans un grand salon où l'impératrice, entièrement vêtue de noir, nous attendait. Elle était à contre-jour, debout devant une fenêtre et ainsi nous n'apercevions qu'une grande et mince silhouette. Révérence, baise-main et puis elle se met sur un grand canapé. Nous nous installons en face. Deux dames d'honneur nous servent le thé et après quelques instants d'une conversation fluette, l'impératrice s'est levée et nous a dit au revoir. Nous nous sommes alors retirés à reculons vers la porte...

Un soir, nous étions retournés dîner à Laeken, mais cette fois il y avait quelques invités, notamment Léopold, Astrid et Marie-José, déjà princesse de Piémont. Après le dîner, nous nous sommes dispersés dans de petits salons communicants. Marie-José et Henri ont mis les disques qu'ils aimaient et au bout d'un moment chacun s'est mis à se vanter des tours qu'il savait faire ; Henri a déclaré qu'il était capable d'allumer une cigarette... avec ses pieds. Entendant cela, le roi Albert s'est précipité vers nous en rajustant ses bésicles.

Assis dans un fauteuil, Henri s'est mis à se déchausser et l'on a tout d'abord pu admirer ses doigts de pied qui sont presque aussi longs que les doigts de mes mains... D'un pied il a prestement saisi la boîte d'allumettes, en a extrait une avec ses doigts de pied, l'a allumée et ensuite il a tiré en un tournemain, si l'on peut dire, une cigarette de son paquet et s'est mis à fumer avec une grande aisance...

Les dimanches, nous allions souvent à la messe de midi à Sainte-Gudule pour retrouver à la sortie de nombreux amis parmi lesquels il y avait des Français.

Comme le duc de Guise et le comte de Paris étaient des exilés politiques, nous n'avions aucun rapport avec l'ambassade de France et les diplomates français n'avaient même pas le droit de nous saluer. Un jour, la femme de l'ambassadeur Peretti della Rocca nous a fait une grande révérence à la sortie de Sainte-Gudule. Il s'ensuivit un beau tapage...

Quelques diplomates de notre pays ne se sont pas laissé intimider par cet ostracisme ; parmi eux, le comte et la comtesse de la Chauvinière. Je leur en serai toujours reconnaissante.

A cette époque, le grand chic était d'aller le dimanche matin se promener avenue Louise et au bois de la Cambe où nous allions parfois ramer sur les étangs. Un jour, j'avais mis un grand et ravissant chapeau en paille et dentelle noires. Un coup de vent survient et mon couvre-chef file entre les autos, sur l'avenue Louise. Henri doit courir après et me le rapporte en fulminant car il trouve cette exhibition ridicule. Ce jour-là il a fait violence à son amour-propre parce que la perte éventuelle de ce chapeau lui faisait sans doute entrevoir l'achat d'un autre...

Mon pauvre mari se rendait compte aussi qu'être l'époux d'une femme telle que moi n'était pas de tout repos. Pourtant, nous étions très heureux et Henri était très gai ; il riait souvent et de bon cœur.

Au manoir d'Anjou, il n'y avait pas tous les jours foule bien que des Français vinssent souvent de Paris par le train de midi ; le gentilhomme d'honneur allait les chercher à la gare et ils arrivaient à l'heure du déjeuner. Nous les recevions d'abord dans le grand salon et ensuite, en procession, nous nous rendions tous dans la salle à manger. Après le repas, une conversation générale nous réunissait dans le grand salon ou dans le bureau du duc de Guise si c'étaient des amis très intimes. Vers 4 heures et demie, nos invités repartaient pour reprendre le train de Paris.

Les messieurs de l'Action française venaient tous les mois

passer quarante-huit heures au manoir d'Anjou. Maurras, l'amiral Schwerer, Maurice Pujo, étaient parmi les plus réguliers. C'étaient des journées d'intenses discussions et de laborieuses mises au point... A la fin de ces soirées, Henri accompagnait encore ses visiteurs dans leurs chambres et ils continuaient de converser là jusqu'à une heure très avancée de la nuit.

Maurras surtout m'impressionnait...

Sa surdité l'isolait presque complètement du monde et il fallait lui parler en mettant la bouche entre ses deux yeux. J'ai encore dans le nez son parfum de violette mêlée de menthe. Devant parler, en criant, à cet homme qui était l'un des plus intelligents de son temps, la jeune femme que j'étais avait d'autant plus l'impression désagréable de lui servir des niaiseries. Mais peut-être cela le changeait-il de toutes les questions graves dont on l'entretenait sans fin. Il était très dur avec Henri... Leurs idées se heurtaient constamment, ce qui n'empêchait pas Maurras de l'aimer beaucoup.

Léon Daudet, René Benjamin, Jacques Bainville et Henri Massis venaient saluer les princes aussi mais plus rarement.

Un soir, nous devions aller à la première d'une pièce de Massis, au Théâtre du Luxembourg, à Bruxelles. Henri était très inquiet des nouvelles de Paris et il s'est mis à en parler aux messieurs de l'Action française. On lui répondit qu'il n'y avait pas lieu de s'alarmer, mais en fin de compte, je suis allée voir la pièce de Massis seule, accompagnée de Pierre de la Rocque-Séverac. C'était le soir du 6 février 1934.

A mon retour à la maison, nous avons appris avec plus de détails les circonstances de la terrible échauffourée de la Concorde. Le duc de Guise et le comte de Paris ont passé toute la nuit près du téléphone et régulièrement leur parvenaient de la capitale des relations aussi inquiétantes que contradictoires.

Nul ne peut se rendre compte de ce que tout exil a d'atroce. En ces instants, ces deux hommes étaient aussi isolés et abandonnés que des naufragés sur une île déserte. Leur pays était à feu et à sang et ils étaient là, pieds et poings liés, à écouter des nouvelles plus ou moins précises sans pouvoir prendre la moindre part au drame qui se jouait dans leur patrie. Leur peine m'a fait trop mal et je me suis retirée pour pleurer.

Outre ces quelques hommes éminents, liés pour un temps au destin politique du prince, nous recevions les dimanches, entre Noël et Pâques, des délégations qui venaient en autobus ou en voiture des quatre coins de France et surtout du Nord. Ils arrivaient par groupes de vingt à trente et l'on disposait trois cercles de chaises dans le salon ; un de dix personnes avec le duc de Guise, un autre de dix aussi avec la duchesse de Guise et enfin un dernier présidé par Henri et moi-même.

Pendant une demi-heure nous faisions parler nos visiteurs, après quoi le gentilhomme d'honneur faisait semblant de chercher quelque chose dans un tiroir : c'était le signal. Le duc et la duchesse de Guise se levaient alors et nous changions de cercle. Ainsi, au bout d'une heure et demie environ, nous avions pu parler à tout le monde. Il nous arrivait d'accueillir trois délégations par dimanche.

Les sujets de ces conversations se ressemblaient fort et ce qui me frappe à présent le plus, c'est que leurs propos s'inspiraient exactement des préoccupations qui habitent les Français d'aujourd'hui, la religion mise à part car le Concile n'était pas encore passé par là...

Nos visiteurs se plaignaient de l'administration paperassière, de la dissolution de l'enseignement par les esprits de gauche, du chômage, de l'avenir des enfants et des difficultés pour trouver un lit à l'hôpital.

Lorsque, enfin, nous étions libres, Henri et moi allions dîner chez des amis ou alors nous emmenions la duchesse de Guise au cinéma. C'est seulement quand il y avait un film sur la Légion étrangère que le duc de Guise venait avec nous, mais c'était toujours très difficile de le décider à sortir de son bureau et du manoir d'Anjou !...

Dans cette Belgique si accueillante, nous menions une vie de bibliothèque rose et pendant les six années que nous avons passées en Belgique, nous nous sommes fait de nombreux amis que nous revoyons toujours. Henri et moi, nous nous échappions souvent pour nous promener à cheval dans la forêt de Soignes et c'est à cette époque que j'ai appris à bien monter en amazone.

Henri, qui y tenait beaucoup, m'a confiée au colonel Hagman, un écuyer de grand talent, mais tout aussi sévère. Il m'a fait monter un cheval très sensible qui se mettait à ruer dès que je ne gardais pas la bonne assiette mais, ce qu'il y avait de pire, c'était le trot sans étrier : en amazone c'est vraiment très difficile au début. Ces épreuves passées, je me suis sentie bien plus assurée en amazone qu'à califourchon et c'est pourquoi je puis monter les chevaux les plus difficiles avec plaisir.

Au cours des soirées et des week-ends à la campagne chez les Solvay et les Grunne, nous jouions à toutes sortes de jeux de société, les plus prisés étant les charades et le jeu des ambassadeurs. Des jeux de plein air aussi, tennis et basket-ball qui finissaient en véritables tueries car nous étions une vingtaine sur le terrain ; enfin, dans le grand château des Dieudonné que nous plongions dans l'obscurité, nous organisions d'homériques parties de sardines.

Six années de vie heureuse, cela compte dans une vie. Cela ne veut pas dire qu'elles ont été totalement exemptes de soucis, de crises et de remises en question. La plupart provenaient, comme c'est sans doute le cas pour beaucoup d'entre nous, des difficultés qu'éprouvent certains êtres à s'exprimer et à se confier, alors que d'autres pèchent par l'excès inverse et livrent trop brutalement ces vérités dont on dit qu'elles ne sont pas toutes bonnes à dire...

Dans l'ordre difficile du « connais-toi toi-même », je suis toujours étonnée de voir à quel point les jugements, que portent sur moi les personnes que j'aime, diffèrent de tout ce que je puis m'imaginer être. L'image de moi que me restituent ceux qui me sont proches ressemble fort à celle que l'on découvre dans un miroir et qui est toujours inversée.

Il en va de même avec Henri qui me donne sans cesse l'impression de très mal me connaître. Est-ce hasard ou intuition ?... Je crois, moi, à l'inverse, pouvoir lire en lui comme dans un livre ouvert... Il est vrai qu'en quarante-cinq années j'ai eu le temps et surtout la volonté de bien le connaître !...

Pour ce qui est de ses entreprises, c'était particulièrement difficile car il est secret et méfiant, sauf à l'égard des personnes qui savent abuser de sa crédulité. Il me trouve par ailleurs superficielle et indifférente à toutes ses ambitions. Mais n'est-ce pas justement parce qu'il a érigé en principe — un principe médiéval — que la femme n'a pas à connaître les ressorts qui guident l'action publique de son mari ?...

Dans son esprit, la seule femme au monde digne de recevoir ses confidences, et capable en retour de lui prodiguer des conseils, est sa mère. Nulle pourtant, plus que moi-même, n'a marqué un intérêt aussi constant pour son action. Toute ma vie j'y suis restée passionnément attachée avec la conviction de pouvoir lui être utile, de le seconder, de le garder des critiques, de le défendre envers et contre tous. Je pourrais faire bien davantage... mais Dieu ! que c'est difficile et parfois lassant.

C'est que pour déployer cette disponibilité il faut tout de même pouvoir détenir quelques éléments permettant de mieux comprendre une situation. Avec Henri, pour y parvenir, j'ai dû m'employer toute ma vie à questionner sans en avoir l'air, à glaner en vrac et de sources multiples des données qu'il fallait ensuite rabouter laborieusement.

Vaille que vaille je parvenais, au prix d'une vigilance de tous les instants, à le suivre dans le cheminement intellectuel et spirituel de sa vie et à comprendre les évolutions de ses convictions politiques.

En février 1932, j'avais vingt ans et j'attendais mon premier enfant. Depuis plusieurs semaines déjà, Henri traînait une grippe et, faute de se soigner, il tomba subitement très gravement malade.

Bientôt, le médecin diagnostiqua une pleurésie purulente. Je n'avais jusqu'ici aucune familiarié avec la maladie ; c'est que les Orléans-Bragance n'étaient jamais réellement malades ou du moins ils n'en donnaient pas l'apparence. Une fois, en décembre 1928, mon père a été frappé d'une congestion pulmonaire. Pour autant sa chambre n'avait rien de commun avec une chambre de grand malade ; lorsqu'il n'avait rien à faire, comme il avait horreur de la solitude, il demandait que nous restions tous autour de lui, à lui parler et à lui faire la lecture. De ce fait sa chambre était une véritable place publique où personne ne s'inquiétait outre mesure.

Lors de la maladie de Henri, les choses se sont passées

tout autrement. Tout d'abord mon mari voulait rester dans le noir et toute conversation l'importunait ; lorsque son état a empiré, j'ai voulu le veiller mais sous prétexte que j'attendais un enfant on lui a donné une garde. Mes trois belles-sœurs ont ensuite débarqué de France et d'Italie avec des airs d'enterrement. Bientôt la maison n'a plus été que chuchotements et conciliabules en aparté entre ma belle-mère et ses filles. On ne me demandait pas d'assister aux consultations des médecins et on ne me renseignait en rien sur la nature du mal de Henri ; on me traitait un peu comme une enfant inconsciente, ce qui me déconcertait mais n'altérait en rien mon optimisme : j'étais persuadée que Henri se remettrait rapidement.

Mon comportement a infligé à mon cher mari une première déception et il a déduit, de mon indifférence apparente à ses souffrances, que j'étais dure. En fait, lorsque je suis témoin d'un drame ou d'une catastrophe, ou confrontée à la douleur physique ou morale, je me sens comme traversée par une épée de glace. J'ai alors tendance à me figer et à me conduire un peu comme un automate. Une sorte de brouillard enveloppe mon cœur et mon esprit comme si c'était ma seule personne physique qui me dictait ma conduite.

C'est en somme la carcasse, comme on dit, qui chez moi tient tout ensemble et produit cette apparence de dureté ; quelque temps plus tard, elle me laisse toujours lasse à en mourir...

En mars 1936, c'est ensuite mon fils aîné Henri qui est tombé malade.

Après les sports d'hiver à Kitzbühel où j'avais emmené mes deux aînés, nous sommes revenus par la Bohême et avons rendu visite à toute la famille de ma mère à qui je voulais montrer mes enfants, dont j'étais si fière.

C'est à Chotebor que Isabelle conçut, à cinq ans, sa première grande passion amoureuse. L'objet de sa flamme était le prince François Schwartzenberg, de vingt ans son aîné. Elle a toujours le petit foulard de soie qu'il lui a offert...

Au retour j'étais accompagnée de ma cousine Annie Dobrzensky qui est restée longtemps avec nous au manoir d'Anjou. C'est au lendemain de notre retour que mon petit

Henri a été frappé d'une grippe infectieuse. Depuis longtemps le comte de Paris avait décidé d'aller en Italie pour rendre visite à sa tante, la duchesse d'Aoste. Il espérait bien que je resterais à la maison pour soigner le petit et qu'ainsi il pourrait partir seul avec ma jolie cousine. Sans en donner l'impression, je suis au fond assez jalouse et je les ai donc accompagnés. Le voyage a été très gai, encore que Henri ait été vaguement mécontent que je ne sois pas restée à soigner notre enfant...

A Naples, nous avons pris nos quartiers chez Hélène de France, duchesse d'Aoste, sœur de la duchesse de Guise, dans cet immense palais de Capodimonte où les couloirs, dallés de marbre, étaient si longs que nous allions d'un appartement à l'autre... à bicyclette.

Tante Hélène était un personnage tout à fait hors du commun. Une grande partie de sa vie, elle l'a passée en Afrique pour chasser ou en voyages d'études et comme elle était très sportive, elle préférait ne pas traîner derrière elle une pauvre femme de chambre affolée ; pour se coiffer plus commodément sous la tente, elle décida un jour, en pleine brousse, de couper ses magnifiques cheveux blonds et de porter une perruque. Mais, dans ces régions perdues, comment mettre la main sur un postiche ? C'est seulement au Caire, sur le chemin du retour, que l'on découvrit pour elle dans le quartier juif, une monstrueuse perruque noire dont les jeunes juives se parent après s'être coupé les cheveux, une fois mariées... C'est dans cet appareil qu'elle débarqua à Naples, indifférente à la stupeur générale.

Tante Hélène était en tout point un esprit remarquable, mais son orthographe, comme celle de beaucoup de membres de la famille, était plutôt déficiente ; elle avait ramené d'Afrique un petit négrillon qui avait grandi à Capodimonte et quand elle lui faisait porter un télégramme à expédier, il en corrigeait d'abord les fautes...

Entre autres originalités encore, notre tante dormait dans une alcôve sans lit, sur un drap et à même le sol et en hiver seulement elle se protégeait d'une couverture. En voyage, quand elle s'arrêtait dans un hôtel, elle faisait enlever le lit de la chambre à coucher de sa suite, au grand ébahissement du directeur.

Elle pratiquait aussi une religion très personnelle et ses aumôniers étaient choisis pour la rapidité avec laquelle ils expédiaient leurs messes et au premier croissant de lune, elle accomplissait de mystérieux salamalecs devant un superbe chat égyptien en agate noire... Cela ne l'a pas empêchée d'assumer avec beaucoup de rigueur et de dévouement ses missions d'infirmière tout au long des deux dernières guerres.

Quant à ses relations avec Henri, elles ont passé par des hauts et des bas. A cette époque, une grande confiance réciproque les unissait, cela se traduisait notamment par de longues conversations en aparté. Tout au long de notre séjour à Capodimonte, leurs relations ont donc été au beau fixe... Mais depuis son mariage avec un prince de Savoie, cette princesse de France était devenue très italienne et la Seconde Guerre mondiale a cristallisé les mobiles d'une durable exécration pour mon mari...

Les nouvelles de la santé de notre fils étaient bonnes et nous en avons profité pour faire de nombreuses excursions en Campanie, au grand ravissement de ma cousine Annie qui découvrait l'Italie pour la première fois.

Mais un matin, mon beau-père nous a fait téléphoner par l'intermédiaire du comte de Baritault pour nous prévenir d'une aggravation de l'état de santé de notre fils. Nous sommes rentrés en catastrophe et le voyage n'a pas été simple car d'une part on ne voyageait pour ainsi dire pas en avion à cette époque et d'autre part, à cause de l'exil de Henri, nous étions obligés d'éviter la France et de faire un détour par Cologne où il fallait passer la nuit.

On nous a vus arriver avec soulagement...

La maison s'était transformée en hôpital car au manoir sévissait une véritable épidémie de pneumonies infectieuses. Outre notre fils Henri, étaient frappés Isabelle, notre aînée, et le petit François, qui avait quelques mois, ainsi que plusieurs domestiques dont la nurse béarnaise, Marie Desjoux. Seule Hélène, notre numéro trois, n'était pas atteinte et je me suis empressée de l'isoler en la confiant à nos amis Schneider, qui habitaient Bruxelles, et où nous allions souvent pour y rencontrer des amis français ; Hélène a été tout à fait ravie de ce changement qui la singularisait...

A la maison, tout allait de plus en plus mal, et pendant que le comte de Paris se cantonnait avec ma cousine dans la chambre du petit Henri qui se mourait, je devais m'occuper à la fois d'Isabelle, de François et des autres malades.

Isabelle, pauvre petite bonne femme de quatre ans, était très malheureuse d'être séparée de son frère chéri et elle me demandait constamment s'il n'allait pas mourir. Elle était très précoce et tenait des raisonnements très au-dessus de son âge. Bien plus tard, elle m'a confié combien elle avait été triste en cette période ; comme on avait l'air effectivement de s'agiter surtout dans la chambre de Henri, elle croyait qu'on ne voulait sauver que son frère alors qu'elle se sentait également très atteinte.

Le Dr Cordier venait trois fois par jour et nous aidait avec un dévouement admirable à donner mille soins compliqués au petit Henri et notamment des bains de moutarde et des enveloppements pour faire tomber la fièvre.

Le comte de Paris prenait sa veille au début de la nuit, seul ou en compagnie de ma cousine, et j'allais, moi, les relayer au petit matin. De temps en temps mon petit garçon trouvait la force de me parler et plusieurs fois il m'a dit : « Maman, il ne faut pas être triste, Titou ne va pas mourir !... » Titou, c'est le diminutif de Henricou, nom familier dont l'avait baptisé sa nurse béarnaise, et j'étais bouleversée d'entendre mon petit Titou parler ainsi de sa mort...

Si le prince et moi-même avions pu alors mieux communiquer, il aurait pu se rendre compte combien j'étais dévorée d'une inquiétude que je cachais en me partageant entre mille petites corvées matérielles. Encore aurait-il fallu que je ne sois pas tant agacée par la connivence que je sentais entre Henri et ma cousine qui parvenait, beaucoup mieux que moi-même me semblait-il, à le soulager de son angoisse...

Par orgueil sans doute, je me suis entêtée dans une sorte d'attitude de retrait qui se traduisait précisément par de la froideur et des actes purement routiniers. Il en est malgré tout resté comme un limon au fond du cœur de mon mari que certains événements, d'une nature tout à fait différente, font parfois remonter à la surface.

Le 28 mars, le petit Henri, placé sous une tente à oxygène, était à toute extrémité.

Le Dr Cordier, qui était belge, trouvait ses responsabilités vis-à-vis des princes français trop exorbitantes. Il nous conseilla de faire venir en consultation des médecins de France et c'est ainsi que très rapidement arrivèrent d'abord le Dr Cohen et puis, de l'université de Strasbourg, les professeurs Le Reboulet et Röhmer.

Dans leurs valises, ils apportaient un médicament qui venait d'être découvert, le Rubiazole. Je ne sais si c'est le Rubiazole, les prières qui montaient partout de France ou les reliques qui affluaient — celles notamment d'une sainte religieuse de Tetschen que ma cousine Dobrzensky a fait venir tout exprès de Bohême — le 30 mars, en tout cas, notre petit Henri était sauvé. De vingt et un kilos, son poids était tombé à onze et sa convalescence dura très longtemps...

Les enfants guérirent tous, le printemps revint, balayant les derniers nuages de l'hiver dans le beau ciel de Flandre, et ceux qui avaient pesé sur mon cœur. Enfin, voici mes marmots assis avec mon mari parmi les marguerites et les boutons d'or !... Tous me sourient pendant que je les photographie...

Isabelle a été le cadeau de notre premier anniversaire de mariage puisqu'elle est née très ponctuellement le 8 avril 1932 à 8 heures du soir.

Pendant neuf mois, toute la famille et de très nombreux Français m'ont rebattu les oreilles avec leur souhait de voir naître un petit dauphin. Tant et si bien que lorsque ma petite fille naquit après toute une journée de dur labeur, je me suis vraiment imaginé que l'on allait me gronder et je me suis mise à pleurer... J'ai pourtant été bien vite consolée et j'ai toujours été parfaitement heureuse que l'aînée de mes enfants soit une fille.

Toutes les jeunes filles royalistes de France ont d'ailleurs confectionné, d'après les directives de Mlle de Kerret, une somptueuse layette que ma petite fille étrenna et qui servit ensuite à mes onze enfants et à certains de mes petits-enfants. Le comte de Paris réussit à la sauver pendant la « drôle de guerre » et à me l'envoyer au Brésil où j'attendais mon numéro six.

Mon premier fils, Henri, est né le 14 juin 1933, à 4 heures du matin, le jour même de la sortie du premier numéro de « Carrefour », autre enfant du comte de Paris qu'il a engendré, avec une immense passion. La naissance de Henri a causé à mon mari une telle joie qu'il a réveillé toute la maison, à commencer par son père, puis le général de Gondrecourt qui logeait sur notre étage à quelques chambres de la nôtre. Henri est entré chez lui en trombe et de ma chambre je l'ai entendu lancer : « C'est un garçon, mon général, il faut tout de suite téléphoner à Maurras. » Cette heure ne paraîtra insolite qu'à ceux qui ignorent que Maurras se trouvait toutes les nuits à l'imprimerie jusqu'à la sortie du journal.

Ce matin-là, les Parisiens ont été réveillés par le bourdon de Notre-Dame... Quelques jeunes royalistes avaient réussi à se glisser dans la grande tour et à huit, de chaque côté des palans, ils parvinrent à ébranler l'énorme cloche qui ne sonne qu'à de très rares occasions...

Hélène est née le 17 septembre 1934 à minuit et demi. Pour satisfaire notre manie d'excursions, mon frère Joao nous avait emmenées, Maman et moi, en auto sur une route exécrable, visiter Tremonde.

Comme on peut s'en rendre compte, le résultat ne s'est pas fait attendre et Hélène est née en l'absence de son père qui n'est revenu que le lendemain d'une croisière de monarchistes sur le « Campana ».

Juillet et août 1935 ont été des mois particulièrement gais car le manoir d'Anjou ne désemplissait pas de parents et d'amis qui venaient loger chez nous à l'occasion de l'exposition internationale de Bruxelles. En bandes joyeuses, nous y passions presque toutes nos journées et le soir, nous retournions dans les restaurants du « vieux Bruxelles », un endroit de l'exposition où avait été reconstituée toute une vieille ville flamande. Nous fréquentions aussi volontiers le coin des attractions foraines où se trouvait une très haute tour d'où l'on pouvait se jeter en parachute.

Ma sœur Thérèse, qui avait quinze ans, a voulu tenter l'expérience mais comme cela l'impressionnait tout de même, elle a demandé à Henri de l'accompagner. Là-haut, une fois harnachée, lorsque le préposé lui a dit de sauter, elle a été prise de panique ; elle s'est agrippée au comte de Paris en criant : « Henri, sauve-moi, sauve-moi ! » Celui-ci n'ayant aucune envie d'être entraîné dans le vide par ma sœur, la fit pirouetter et d'un coup de pied à son arrière-main, la propulsa dans les airs.

Le temps passait et mon bébé n'avait pas l'air de vouloir naître. Tant et si bien que mon père en a eu assez d'attendre et a décidé qu'après le 15 août il prendrait la route de l'Autriche avec mes frères et sœurs.

C'est précisément ce jour-là qu'en rentrant de la messe, la famille trouva dans son berceau François, un magnifique bébé de cinq kilos et demi. Mon beau-père, le duc de Guise, était ravi et disait à tout le monde : « Nous avons un petit dauphin de rechange ! »

Mon pauvre « petit dauphin de rechange » est parti le premier...

François a été baptisé au manoir d'Anjou par Mgr Van der Cruis. Une grande amitié liait le père abbé de l'abbaye d'Orval au comte de Paris et nous allions souvent visiter le magnifique monastère cistercien qu'il avait restauré ; Henri a même fait plusieurs séjours dans ce couvent en participant à la vie des moines.

Comme les baptêmes avaient souvent lieu longtemps après les naissances, on procédait très vite à l'ondoiement qui se passait en famille, d'habitude dans ma chambre. Henri et Dom Martin organisaient tout cela à merveille... Ensuite, venait la corvée des photos avec, à chaque fois, un peu plus d'enfants sur le lit, tout autour de moi. Je sortais hagarde et tout à fait épuisée de ces séances où il fallait d'abord regrouper tout ce petit monde turbulent...

La fin du mois d'août a été attristée par la mort de la reine Astrid. C'est le 29 août à midi, alors que je n'étais pas encore relevée de mes couches, que Henri est venu m'annoncer cet affreux malheur qui nous a tous bouleversés.

Cette disparition de la reine Astrid a laissé dans mon cœur un grand vide. Elle est de ces morts qui me sont toujours tellement présents, de ces morts à qui je pense souvent et que je prie de me venir en aide chaque fois que c'est nécessaire.

Durant toutes ces années, nous étions allés bien souvent au petit palais de Stuvenberg, près de Laeken, où le roi Léopold et la reine Astrid habitaient quand ils étaient encore ducs de Brabant.

C'était une petite maison charmante, claire et si accueillante... J'y passais des après-midi entières avec Astrid et nous regardions par la porte du salon, ouverte sur un jardin clos, nos enfants jouer autour du bassin. Henri et moi y allions aussi dîner et passer des soirées paisibles à discuter mais où, pour finir, j'étais souvent l'objet de taquineries. J'aime beaucoup être taquinée, que ce soit par mon père, mes frères, mes enfants et gendres et bien souvent je grimpe d'autant plus volontiers à l'échelle que je sais que cela leur fait plaisir... Le roi Léopold n'a pas manqué à cette habitude et il continue chaque fois que nous nous retrouvons.

C'est le jour de la Sainte-Barbe que nous est venue la petite Anne, le 4 décembre 1938 ; il faisait un froid noir de vingt degrés sous zéro... Tous les canons de Bruxelles ont fêté la patronne des artilleurs, ce qui a fait croire à beaucoup de nos amis, qui nous ont alors téléphoné, qu'il nous était encore né un autre petit prince.

Il faisait si froid que tous ceux qui venaient me visiter, dans ma grande chambre aux fenêtres mal jointes, devaient rester emmitouflés dans leurs manteaux, pendant que j'étais bien au chaud dans mon lit.

Les périodes qui suivaient les naissances étaient bien agréables car selon une habitude qui me paraît fort salutaire, je restais au lit pendant vingt et un jours. C'étaient là les seuls moments de ma vie où j'ai pu me reposer. Cela me permettait aussi, dès que levée, de remonter à cheval et de reprendre sans délai toutes mes activités.

Ma grande chambre se changeait en un véritable jardin car

tous les jours, nos amis m'inondaient de fleurs, ces fleurs qui, en Belgique, sont si merveilleusement saines, drues et odorantes.

Tous les après-midi aussi je recevais de nombreuses visites et ne manquait jamais d'apparaître en ces occasions, Charles, comte de Flandre. Avant notre mariage, il voyait Henri très souvent, mais par la suite il a complètement disparu de notre vie pour ne plus se manifester qu'en ces circonstances précises, toujours un bouquet de fleurs à la main.

Quand les visites étaient parties, vers 6 heures, mon cher beau-père grattait ponctuellement à la porte et engageait sa longue silhouette dans la chambre en se baissant un peu, de crainte de toucher le chambranle.

Il s'asseyait, ses deux mains posées sur les genoux, cherchant un peu gauchement comment placer ses longues jambes et demandait : « Alors ma chère sœur, comment va le nouveau-né ?... » Il s'adressait à la sœur de l'Assistance maternelle de la rue de Vaugirard qui, à chaque accouchement, assistait le docteur et restait quelque temps au manoir pour nous soigner le bébé et moi-même. Ce que ces soins, dispensés dans les familles aisées, rapportaient à la communauté, leur servait à entretenir une clinique d'accouchement destinée aux femmes qui n'étaient pas en mesure de payer les frais d'hôpital.

Dans ma chambre, tendue de toile de Jouy rose, les heures coulaient, sereines. Henri aidait la bonne sœur à faire des mots croisés, et quand il était absent, Maman me faisait la lecture...

Enfin arrivait le jour du baptême avec son afflux de parents et d'amis venus d'un peu partout. Tout le monde s'affairait ; les uns, sous la conduite de Henri et de Dom Martin, montaient et décoraient l'autel dans le grand salon, les autres m'aidaient à habiller les enfants et à revêtir le nouveau-né de sa robe en dentelle de Lyon, recouverte d'un surplis d'apparat en broché bleu pâle qui servait déjà pour les enfants de Louis XIV.

C'est Mgr Harscouët, spécialement venu de Chartres, qui a baptisé mes deux aînés, dont les parrains étaient leurs quatre grands-parents, tandis que Hélène a eu pour parrain et marraine le roi Léopold et la reine Astrid.

Sitôt baptisé, le duc de Guise et le comte de Paris faisaient boire quelques gouttes de jurançon au bébé, aux garçons seulement. Ce sont de fidèles royalistes qui nous faisaient parvenir ce vin du Béarn, même pendant la guerre lorsque nous avons baptisé les jumeaux à Rabat.

Puis la vie continuait, occupée par les activités politiques de Henri, les audiences et délégations de Français et le dépouillement des nouvelles de France.

Pendant que Henri était à son bureau de Bruxelles, je ne quittais guère les enfants et après la naissance du quatrième, la nurse n'y suffisant plus, Mlle de Montbron est venue de France, juste avant la naissance d'Anne, pour m'aider à les élever. Elle est restée parmi nous près de quarante ans et pendant tout ce temps, elle a fait preuve d'un dévouement et d'une abnégation sans limites. Grâce à Dieu, elle vit d'ailleurs toujours, dans sa famille, au château de Forsac, en Limousin.

Rodée, après quatre années, à ma nouvelle existence, j'avais fini par accepter les horaires bizarres de Henri, mes occupations étant par ailleurs bien moins astreignantes que les siennes. Nos activités réglées par avance, désormais sans l'aide d'un tableau d'affichage, comprenaient des promenades à cheval tous les mercredis et vendredis. Ces jours-là, avant d'aller retrouver le colonel Hagman à qui nous louions nos chevaux, nous assistions à la messe de 7 heures.

L'abbé Bouquin venait les mardis et jeudis à 11 heures ; les lundis, mardis et jeudis, Henri se rendait à ses cours de culture physique ou d'escrime.

La Belgique, pour finir, c'est six années pleinement heureuses et cela compte dans une vie... C'est pourquoi je retourne toujours dans ce pays avec un grand plaisir pour y retrouver à chaque fois cette ambiance d'amitié fidèle, de bon sens et de gaieté.

L'année 1934 a pourtant été assombrie par la mort du roi Albert. C'est à 7 heures du matin, ce 18 février, que nous avons appris la triste nouvelle. Dans la matinée, le duc de Guise, Henri et moi-même nous sommes rendus au palais royal pour saluer la dépouille du Roi-Soldat.

Le surlendemain, mon père, le prince d'Orléans-Bragance et mon frère Dom Pedro arrivaient pour les funérailles. Je suis allée les chercher à la gare où il y avait un monde fou, princes et personnalités venus de tous les pays d'Europe.

Dans l'après-midi, mon beau-père a eu la visite du prince de Piémont, et de mon cousin germain, le prince Pierre-Henri d'Orléans-Bragance, accompagné de son gentilhomme, Edgard de Silva Ramos.

Le soir des obsèques, le 22 février, la reine Astrid demanda au duc de Guise s'il lui était possible de recevoir à dîner une partie de sa famille et des princes présents. Le roi Léopold devait en effet préparer pour le lendemain son discours du trône et ce pauvre jeune monarque désirait être un peu seul.

Au pied levé, nous avons eu un dîner de vingt et un couverts. Notre chef, Vernis, s'est surpassé et Alfred, le maître d'hôtel, a servi ses meilleurs vins. Autour de la table avaient pris place le prince de Galles, le duc de Westrogothie, père de la reine Astrid, Gustave Adolphe de Suède, le prince et la princesse Axel de Danemark, cousin germain du comte de Paris et la princesse Margrete, sœur de la reine Astrid, le prince et la princesse Olaf de Norvège, Martha étant également une sœur de la reine Astrid, la princesse Olga et le prince Paul de Serbie, le prince Nicolas de Grèce, le prince René de Bourbon-Parme, mon père, le prince d'Orléans-Bragance et mon frère Dom Pedro.

La duchesse de Guise était malheureusement absente, car elle avait dû partir précipitamment pour Louqsor où sa fille Anne, duchesse d'Aoste, était en train de mourir. A la radio on avait même dit qu'elle était déjà morte. Grâce à Dieu, ma chère belle-sœur est revenue de cette brève incursion dans l'au-delà, mais elle a toujours gardé des séquelles de la maladie étrange qu'elle avait contractée au pays des Pharaons.

Pour la première fois, je présidais donc un dîner avec le duc de Guise, très jeune femme parmi toutes ces personnalités peu ordinaires... Je m'aperçois que je garde une certaine nostalgie de ces repas d'apparat donnés au manoir d'Anjou : c'était beau, c'était bon et tout fonctionnait comme la mécanique d'une belle horloge aux rouages fins et silencieux. Les convives, par contre, étaient loin d'être silencieux et les conversations allaient bon train dans toutes les langues.

Ces repas de funérailles réunissaient les membres de diverses familles qui, en temps normal, sont dispersées dans le monde, sont l'occasion de retrouvailles et celle aussi de nouer de nouvelles connaissances.

A ma gauche, j'avais le prince de Galles... Comme il était charmant, gai et imprévu... encore qu'il mangeât ses chips avec ses doigts ! Il choqua aussi le duc de Guise en demandant au café si nous n'avions pas du Brandy anglais plutôt que l'exquis cognac qui lui était offert.

Ce soir-là, j'ai rencontré pour la première fois la princesse Olga de Serbie, sœur de la duchesse de Kent, dont la beauté et l'élégance m'émerveillèrent. Le prince Paul, son mari, avait un charme, une culture et un esprit d'une finesse si exquise qu'il paraissait surgi du siècle de Voltaire ; à la suite de l'assassinat de son cousin, le roi Alexandre, il devint régent et prince de Yougoslavie...

La soirée s'est poursuivie jusque tard dans la nuit et puis soudain, comme une compagnie de grands oiseaux majestueux, ils se sont tous envolés dans les ténèbres de la forêt de Tervuren. Nous nous sommes retrouvés seuls au milieu du grand salon de notre bon vieux manoir d'Anjou dont les miroirs semblaient refléter encore ces présences aujourd'hui presque toutes disparues...

Si je parle avec émotion de tous ces grands personnages, c'est qu'ils ont su frapper mon esprit et mon cœur et que la place et le rôle qu'ils ont occupés dans l'Histoire nous fait obligation de les faire survivre par le souvenir...

Le 23 février, nous sommes partis pour Bruxelles avec mon père et mon frère pour assister à ce que l'on appelle en Belgique « la joyeuse entrée du roi Léopold », et qui prélude à l'intronisation du nouveau roi.

Après mille détours en auto, nous avons dû gagner à pied l'immeuble du Crédit Lyonnais pour assister, du balcon de la banque, au défilé. Nous avons failli périr étouffés par la foule... Dans les salons du Crédit Lyonnais, nous avons eu la joie de pouvoir parler à de nombreux Français. Il ne faut pas oublier que le duc de Guise et le comte de Paris étaient exilés ; hormis le concours hippique, nous n'assistions jamais, à cette époque, à des cérémonies officielles, aussi lorsque nous pouvions rencontrer des compatriotes, cela nous était un grand bonheur.

L'arrivée du roi était précédée par le défilé des régiments

et des musiques militaires de plusieurs pays européens. Je me souviens que nos chasseurs alpins ont enthousiasmé le public qui les a applaudis longuement. Enfin, le roi est arrivé, monté sur un très grand cheval, suivi de la reine Astrid et des petits princes qui avaient pris place dans une victoria.

Après le défilé, nous avons rendu visite à Tante Henriette, duchesse de Vendôme, sœur du roi Albert. Beaucoup de membres de la famille se pressaient chez elle, entre autres, Charles, le comte de Flandre et la marquise de Chaponay, fille de la duchesse de Vendôme.

Cette journée, aussi éprouvante qu'historique, s'est terminée par un dîner des plus détendus, au Plazza, où nous avons été invités par le prince et la princesse Paul de Serbie et le prince Nicolas de Grèce.

Toute cette époque m'apparaît d'un autre siècle ; j'en revois pourtant chaque détail et il m'arrive d'avoir un pincement au cœur en me remémorant l'atmosphère d'alors.

Il y avait bien aussi des deuils et des tristesses, mais sans cet arrière-goût de catastrophe et d'angoisse qui fait à présent la trame de nos jours...

Au manoir d'Anjou, ce que j'aimais par-dessus tout, c'étaient les petits déjeuners que nous prenions toujours, lorsqu'elle était présente, chez la duchesse de Guise. Quand elle n'était pas au manoir nous avions nos plateaux servis dans nos chambres.

Celle de ma belle-mère était très grande, lumineuse et pleine de fleurs, et devant les fenêtres donnant sur le parc, étaient disposées, sur de petites tables, des cages de canaris. Contre un des panneaux de la chambre, il y avait l'immense lit de ma belle-mère.

Ces réunions matinales se déroulaient suivant un rite précis : nous arrivions d'abord par toutes les portes, chacun avec son plateau et ensuite nous nous installions sur son lit ; lorsqu'il faisait froid, nous nous faufilions, mes belles-sœurs et moi-même, sous les couvertures, à côté de la duchesse de Guise. Le comte de Paris et mes beaux-frères s'installaient comme ils pouvaient.

Apparaissait alors le duc de Guise, déjà tout habillé car il était très matinal. Il disait bonjour à tout le monde et, planté au milieu de la pièce, s'enquérait des projets de chacun et notamment, qui déjeunait au manoir et qui n'y déjeunait pas et quels étaient les éventuels invités.

Après le dîner, autre rite... nous montions tous dans le bureau-bibliothèque du duc de Guise, grande pièce sombre où il conservait tous ses livres militaires, sa collection de splendides cannes de tambour-major, et ses fichiers qui comprenaient un bref curriculum vitae des sous-officiers et d'un certain nombre de soldats des guerres napoléoniennes, fruit de compilations qui l'avaient conduit dans toutes les bibliothèques d'Europe. Il a fait don de tous ces documents au musée des Invalides.

Tous les soirs que Dieu faisait, nous jouions au poker, la duchesse de Guise, le comte de Paris, moi-même et le service d'honneur composé de plusieurs personnes, qui venaient à tour de rôle de France, et dont les fonctions consistaient à accompagner le duc et la duchesse de Guise dans leurs déplacements et à assurer leur secrétariat. Quand il y avait de la famille en plus, le service d'honneur se retirait dans un coin pour papoter et je profitais de ces occasions pour lire car je ne suis pas une fanatique des jeux de cartes. Pendant ce temps, le duc de Guise tournait en rond autour de son grand bureau, en fumant son cigare, puis il s'installait pour écrire...

Le 16 août 1937, à Lausanne, eut lieu le mariage de mon cousin issu de germains, Auguste Czartoryski, avec la princesse Dolorès, sœur de la comtesse de Barcelone, et de ma future belle-sœur, Esperanza, toutes trois cousines germaines de mon mari.

Après la cérémonie religieuse, nous étions tous réunis dans les grands salons de l'hôtel Beau-Rivage. On nous avait groupés tout le long des salons, les princes d'un côté, les princesses de l'autre, les plus âgés vers l'entrée du salon, les plus jeunes, dont je faisais partie, vers le bout. Nous formions tout un essaim de jeunes femmes, mes cousines entre autres, la comtesse de Barcelone, l'infante Alice, Clémentine de Cobourg, la comtesse de Rambuteau et les princesses de Bourbon-Siciles et toutes les cousines Czartoryska.

Nous étions toutes à peu près du même âge et toutes

vêtues de la même manière, genre Winterhalter, avec de grandes capelines ; nous étions parées de tous nos bijoux et attendions en jacassant l'entrée des monarques, le tsar de Bulgarie, la reine Amélie du Portugal et le roi Alphonse XIII. Enfin la porte s'ouvrit et le cortège s'avança dans la galerie, les monarques saluant les uns après les autres toute la société présente.

Lorsque le tsar de Bulgarie approcha de notre groupe de jeunes femmes, il me désigna du doigt, un long doigt fuselé et impératif : « Toi, tu es la petite-fille de Gaston, me dit-il, car tu ressembles vraiment trop à ton arrière-grand-mère, la duchesse de Nemours, que j'ai connue lorsque j'étais enfant. » Il savait, certes, que le comte de Paris et moi-même étions parmi les invités mais de là à me reconnaître au milieu d'une troupe de jeunes femmes parce que je ressemblais à la belle-fille de Louis-Philippe, cela m'a sidérée...

Oncle Ferdinand de Bulgarie était lui-même fils de la princesse Clémentine, plus jeune fille du roi Louis-Philippe. C'était un personnage extraordinaire. Savant botaniste et ornithologue renommé, il parlait une dizaine de langues et pendant cette réception, il s'entretint longuement avec le comte de Paris, retirant en vrac de sa poche différentes pierreries dont une superbe paire de boutons de manchette en saphir avec les armes de France gravées dans la pierre. Au cours de la conversation, il dit à mon époux : « Henri, méfie-toi de X..., il est encore plus fourbe que moi ! » Il nous parla ensuite de la Bulgarie et nous dit : « Pour finir... oui... c'est un bien beau pays mais tellement envahi de mauvaises herbes orientales !... »

Après cette cérémonie toute la famille, c'est-à-dire plusieurs douzaines de personnes, s'est transportée en train ou en auto de Lausanne à Munich pour assister, à Nymphenburg, au mariage de mon cousin germain d'Orléans-Bragance avec la princesse Marie-Elisabeth de Bavière, fille du prince Franz de Bavière.

Dans le train, nous nous sommes rendu visite tout au long du voyage, de compartiment à compartiment ; mes pauvres cousines, la comtesse de Barcelone et l'infante Alice, étaient enceintes et fort mal en point, surtout l'infante, future belle-mère de ma fille Anne. Leurs maris respectifs avaient trouvé bien plus drôle de faire le voyage dans leurs autos ultra-rapides pour nous attendre à l'arrivée à Munich !...

Nous sommes restés plusieurs jours dans la capitale de la Bavière à nous rendre visite de palais en palais et d'hôtel en hôtel ; c'est aussi là que j'ai appris à mieux connaître le roi Alphonse XIII. C'était vraiment le plus grand prince charmant que l'on puisse imaginer... Je me souviens qu'un jour toute notre bande de cousins décida d'aller au cinéma : Alphonse XIII, qui avait voulu nous accompagner, était assis à côté de moi ; le film semblait l'ennuyer prodigieusement... il parlait tout le temps, demandant avec beaucoup d'esprit ce que ce film pouvait bien avoir de plaisant, qui au juste était le bon et qui était le méchant...

A Nymphenburg, réceptions, dîners, bals se succédèrent et nous dansions tous les soirs très tard. Le jour du mariage, après la cérémonie, on nous a tous réunis dans les jardins pour la photo de famille. Le roi Alphonse XIII me dit alors qu'il n'y avait qu'une Française pour porter si bien un chapeau aussi ridicule et charmant. Mon couvre-chef était en effet une manière de tambourin tout en fleurs printanières et dont j'étais très fière.

Au déjeuner de mariage, présidé par le prince Ruprecht de Bavière, un magnifique personnage tout couvert de décorations, nous étions bien trois cents assis autour d'une immense table en fer à cheval, somptueusement décorée de fleurs, d'argenteries et de porcelaines anciennes.

La jeunesse était fort gaie et elle s'est bientôt déchaînée, le comte de Paris en tête ; les petits pains étant enveloppés dans des sachets de papier aux armes de Bavière, Henri n'a rien trouvé de mieux que de gonfler l'un d'eux et de le faire éclater bruyamment, à la grande joie de certains qui suivirent ce mauvais exemple... Le prince Ruprecht en fut très courroucé.

Après le repas, nous avons déambulé dans le palais et rendu visite à de vieux oncles et tantes qui avaient déjà regagné leurs appartements. Un de ces vieux princes, je m'en souviens, était violoniste, un autre... oculiste !

Le comte de Paris est passionné d'aviation. Il a son brevet de pilote de l'aviation française qu'il a passé à Bruxelles avec des moniteurs français et belges.

Pendant des mois il s'était entraîné tous les jours, avec des amis venus de France, entre autres, M. Destailleurs-Chantereine et à cette époque, il étudiait et préparait un raid Bruxelles-Pékin qu'il voulait faire absolument dans un petit coucou ; les événements politiques en France et en Europe l'ont empêché de réaliser ce beau rêve.

Toujours en août 1937, nous nous sommes lancés dans une bien plaisante aventure. Nous étions un des soixante-quinze équipages engagés dans le rallye d'aviation de Alla-Littorio, que les Italiens avaient organisé à des fins de propagande touristique ; en tout, nous étions bien cent cinquante participants venus de tous les clubs d'aviation d'Europe...

Cela se passait juste après le mariage de mon cousin germain Pierre-Henri d'Orléans-Bragance avec la princesse Marie-Elisabeth de Bavière et plusieurs concurrents partaient de Munich où nous nous trouvions pour ce mariage.

Après les adieux à toute la famille, roi, reine, princes et amis, affolés d'apprendre que nous allions nous envoler dans ces minuscules nacelles, nous avons rejoint nos coéquipiers sur l'aérodrome de Munich.

Henri pilotait un petit avion ouvert avec le capitaine d'Hoore, et pour limiter les risques et m'assurer un peu plus de confort, il a décidé de me confier à deux de ses connaissances, le capitaine Rucroix, qui pilotait un Gaudron-Frégate à cabine fermée, et M. Bayermans, qui, lui, tenait les cartes.

A cette époque, il n'y avait bien sûr pas de radar et l'on volait à vue. Nous avons d'abord piétiné pendant vingt-quatre heures dans cet aéroport en attendant que le temps veuille bien se lever car tous les cols étaient bouchés par des orages ou du brouillard... Enfin, le ciel s'est dégagé et nous voilà bientôt survolant Innsbruck et le col du Brenner ; trois heures plus tard nous arrivons en vue de Venise où mes beaux-frères et belles-sœurs, le duc et la duchesse d'Aoste et le prince et la princesse Christophe de Grèce, nous attendent.

Henri et moi-même logions sur le yacht l'« Amrita » qui

appartenait au duc d'Aoste. Ce splendide voilier était à l'ancre, au beau milieu de l'entrée du Grand Canal. Nos coéquipiers et les autres concurrents, logeaient, eux, dans des hôtels de Venise et de Rimini.

Pendant les cinq jours qui ont suivi, nous avons dormi en tout et pour tout... seize heures ! Nous partions aux aurores pour rejoindre le gros des concurrents à Rimini et de là, les soixante-quinze avions partaient pour faire, selon le règlement du rallye, leur tournée dans différents aéroports du nord de l'Italie. Le soir, nous nous retrouvions tous à Venise pour assister à la Biennale du cinéma et à des bals somptueux d'une allure très XVIIIe siècle, dans les palais féeriques du Canal Grande ou alors plus décontractés sur les pistes en plein air du Lido. Tout cela en robe du soir et diadèmes que je trimbalais dans notre petit avion.

Un soir, après la présentation du film « Scipione l'Africano », toute la société dansait sur la piste que l'on avait montée au-dessus du bassin de la piscine du Grand Hôtel. Une des jeunes femmes les plus en vue était l'héroïne du film, une ravissante Italienne, vêtue à la romaine, ses longs cheveux flottant au vent, ce qui était tout à fait inhabituel pour l'époque. Elle dansait beaucoup avec Henri et au milieu d'une rumba frénétique, celui-ci l'entraîna tout en haut du toboggan de la piscine d'où ils se laissèrent glisser ensemble jusqu'au milieu de la piste, pour retomber sur leurs pieds et retrouver à l'instant le rythme de cette danse sud-américaine qui déferlait depuis quelques semaines sur l'Europe. Cette performance laissa tous les danseurs ébahis d'admiration sauf le prince de Piémont qui eut du mal à dissimuler la gêne que lui causa cette gaminerie de Henri.

Les jours où les concurrents avaient campos, nous visitions la ville et les musées mais nous finissions toujours sur la plage du Lido, où se retrouvait toute l'Europe mondaine de l'époque ; toute la société italienne, le prince de Piémont, le duc de Gênes, Hemingway et d'autres écrivains célèbres, Louise de Vilmorin si ravissante, des acteurs de cinéma, le comte Volpi et tous les siens, des dames qui passaient pour des beautés, comme Barbara Hutton avec ses émeraudes grosses comme des boîtes d'allumettes...

Tous ces gens s'amusaient, jouaient sur le sable aux cartes ou au backgammon, flirtaient sans vergogne et se donnaient des rendez-vous nocturnes sans nulle discrétion. Débarquant de ma sage Belgique, j'en étais plutôt baba.

On donnait de grands déjeuners sous des pergolas près de la plage, et Henri et moi nous nous levions de table pour nous jeter à l'eau, au grand effroi des personnes à la digestion plus lourde.

Le beau mari suédois de Barbara Hutton nous initiait au ski nautique, qui venait tout juste d'apparaître et le soir venu, nous recommencions à danser jusqu'à l'aube.

Comment sommes-nous tous parvenus à suivre malgré tout notre rallye ?

Un avion d'un club allemand est tout de même tombé dans le Grand Canal, mais avion et équipage ont été repêchés sans mal... Les petits incidents, carambolages sur les pistes et atterrissages sur le ventre, ne manquaient pas non plus, il est vrai, mais ils étaient pris avec beaucoup de bonne humeur.

Il y avait aussi là tout un éventail varié de rêveurs, d'originaux et d'amuseurs ; le comte Ulrich Kinsky, président du Club aéronautique tchécoslovaque voyageait avec une nièce ravissante dont plusieurs pilotes sont tombés éperdument amoureux ; elle était bien charmante et venait me retrouver dans ma chambre pour me demander, en larmes, s'il m'apparaissait souhaitable qu'elle épouse le coéquipier de Henri...

Après Venise, le rallye s'est poursuivi vers Viareggio, Sienne, Rome et Naples et là, nous avons bien sûr rendu visite à Tante Hélène, à Capodimonte. Elle nous a reçus très dignement mais non sans étonnement et en se montrant quelque peu choquée à propos de nos frais d'essence et d'hôtel qui étaient payés par le ministère de la Propagande touristique italienne. Le rallye se terminait à Rome et pour y arriver, il fallait encore rallier Foggia-Pescara en passant par-dessus des montagnes à plus de deux mille mètres d'altitude, ce qui était assez impressionnant. Tout le rallye s'est enfin retrouvé à l'hôtel Excelsior à Rome, pour un grand dîner d'adieux que nous présidions.

Lors de la distribution des prix, notre équipe se classa soixante-cinquième sur soixante-quinze ! Ce furent ensuite les adieux définitifs à toutes ces connaissances nouvelles avec lesquelles nous venions de passer quinze jours de si belle et franche camaraderie. Quinze jours sans grave accident, grâce à Dieu, malgré une existence harassante et pas mal d'incompétence et de confusion.

Après la dispersion générale, nous sommes encore restés quelques jours chez mon beau-frère Christophe de Grèce et ma belle-sœur Françoise, qui nous organisa une visite au Vatican et un déjeuner avec le général Klezenda, chef des Sokols tchèques, qui nous fit un exposé prophétique sur l'évolution de la situation en Europe centrale.

Le 31 août 1937, nous nous sommes envolés, Henri dans son avion, moi-même dans l'autre, toujours avec mes deux mêmes compères, accompagnés des souhaits de bon voyage de tous nos amis italiens venus assister à notre départ.

Après une courte escale à Milan, vers 4 heures, nous nous sommes dirigés sur Zurich. Mon avion, piloté par le capitaine Rucroix et dont l'extravagant Bayermans tenait toujours les cartes, était en tête ; aux premiers contreforts des Alpes, nous avons perdu de vue l'avion de Henri et nous nous sommes apprêtés à faire demi-tour pour tenter de le retrouver. Mais soudain, nous avons vu d'énormes nuages, chargés d'électricité, déferler du Saint-Gothard ; c'était à la fois très beau et très effrayant à voir... Nous étions pris comme fétus de paille entre les parois de ces montagnes et j'avais l'impression que les ailes de notre avion frôlaient les glaciers. La nuit venant, nous n'avions plus aucune chance de retrouver Henri, et le pilote a été contraint de se glisser par le premier col venu pour nous faire atterrir enfin sains et saufs à Lausanne.

Cette histoire ne s'arrête toutefois pas là.

Arrivés en ville, j'ai proposé à mes deux aviateurs d'aller dîner à l'hôtel Montana où logeaient mes cousins. Ces deux bons messieurs étaient enchantés et moi tout à fait ravie aussi de retrouver ma famille. En fait, ma famille, c'était toute la famille espagnole en exil, rassemblée dans cet hôtel... Je devais être un peu inconsciente car je n'ai pas pensé une minute à ma situation, seule avec deux inconnus à Lausanne, en pleine nuit et dans l'ignorance où nous étions du sort de Henri ; pour l'époque, c'était là une situation pour le moins insolite.

La bouche en cœur, j'arrive donc à l'hôtel Montana, flanquée de mes deux lascars, pour me présenter à toute la famille, l'infante Louise, l'infant Don Carlos, la princesse Josepha de Bourbon-Siciles, Tante Pia d'Orléans-Bragance, le père d'Armaillac, réunis dans un petit salon. Notre venue a fait l'effet d'une bombe. Toutes ces graves et grandes personnes, grandes à tous les points de vue, y compris le père d'Armaillac, un jésuite filiforme, aumônier de cette royale famille, toutes ces chères personnes en train de dire leur chapelet, restèrent pétrifiées à notre vue.

Il m'a fallu un long moment pour leur faire comprendre ce qui m'était arrivé et mes aviateurs étaient presque aussi surpris qu'eux, car lorsque j'avais parlé de cousins, ils avaient pensé qu'il s'agissait de jeunes gens de mon âge.

Très aimablement pourtant on nous invita à dîner. La conversation du capitaine Rucroix, qui était des plus imagées avec un accent flamand étonnant, était d'autant plus incompréhensible que toute sa joue avait enflé sous l'effet d'une terrible rage de dents : ainsi le tableau était complet !... Ma chère Tante Louise, qui veillait à l'honneur de la famille, m'a invitée à passer la nuit à l'hôtel Montana et quant à mes deux pilotes, ils paraissaient enchantés d'aller coucher ailleurs...

Le lendemain matin, à 8 heures, j'ai assisté à la messe du père d'Armaillac, mes deux amis sont venus me chercher et ils nous ont enfin rassurés sur le sort de Henri qui avait passé la nuit à Milan et nous attendait à... Bâle.

Toute la famille, le père d'Armaillac en tête, a voulu me conduire en cortège à l'aéroport et le duc Decazes, toujours si dévoué, a également tenu à se joindre à nous avec tous les siens. Nous nous sommes envolés à 11 heures et j'ai enfin retrouvé Henri à Bâle pour un déjeuner très gai, en dépit des maux de dents du pauvre Rucroix, qui empiraient d'heure en heure.

Le Prince m'envoyait souvent en France, avec ou sans mes enfants, pour que je préside des fêtes de charité, au bénéfice des colonies de vacances de la duchesse de Guise, destinées aux enfants déshérités ou pour visiter des ateliers ou des usines dont les ouvriers manifestaient généralement une grande sympathie pour la famille royale ; je faisais également des démarches de soutien aux comités royalistes et en fait, il s'agissait essentiellement de voyages de propagande à la cause de la monarchie.

J'aimais ces voyages en France, surtout lorsque mes enfants m'accompagnaient, et si je pense m'être acquittée de mon mieux de ces missions, je n'en reste pas moins obsédée encore maintenant, par l'impression que je ne pouvais que très peu donner — parfois seulement un simple sourire — en échange de tant de dévouement et de gentillesse...

En juillet 1938, il fut décidé que je me rendrais, avec les quatre aînés, au Congrès marial à Boulogne-sur-Mer.

Le prince m'avait chargée d'offrir à sa place, à la Vierge de Boulogne, un cœur en or qui contenait une prière pour la France et un vœu spécifique du prince à la Sainte Vierge.

Les fêtes de Boulogne durèrent plusieurs jours et furent très réussies, en dépit d'un gros accroc à mon programme : le cardinal Liénart, évêque de Lille, n'a jamais voulu accepter que j'offre ce cœur à la basilique de Boulogne. Il en a résulté une polémique de tous les diables et des palabres sans fin entre tous les dévoués serviteurs du prince qui m'accompagnaient et les envoyés du cardinal. J'avoue que toute cette malheureuse affaire, où la politique a pesé son poids, m'a été très désagréable...

J'habitais avec mes quatre enfants une ravissante propriété à Wimille, aux environs de Boulogne, que la famille Ledinghen avait mise à ma disposition et j'étais accompagnée de Mlle de Montbron, Mlle d'Arvieux, du comte Pierre de La Rocque-Séverac et de Dom Martin, l'orfèvre qui avait ciselé le cœur.

Le joli jardin de cette propriété convenait parfaitement à mes enfants, qui, entre les cérémonies où ils apparaissaient à mes côtés, pouvaient s'y ébattre avec leurs amis ; on a même organisé à leur intention une grande représentation de guignol en plein air...

Le soir venu, j'éprouvais un grand bien-être à me retrouver avec quelques amis dans cette vieille demeure basse, à un étage, si bien repliée sur elle-même. Dans le Nord, les soirées d'été sont si calmes, si douces et si odorantes — parfums de roses et de pois de senteur — et par les fenêtres ouvertes de cette maison assez isolée, on entendait circuler et deviser les jeunes camelots du roi qui campaient dans le parc et montaient la garde, à tour de rôle, autour de la maison...

Le jour, de biens charmantes jeunes filles des environs se dévouaient aux travaux de la maison...

J'étais assez fatiguée, car j'attendais mon cinquième enfant, et surtout très énervée par le comportement du cardinal Liénart, qui suscitait toutes sortes de complications. Lors des cérémonies et des réceptions, nos entourages respectifs faisaient mille manœuvres pour éviter que nous nous rencontrions. C'était au point que j'avais fini par en rêver, et une nuit je me suis mise à hurler, en proie à un affreux cauchemar... J'avais rêvé que l'intransigeant cardinal était entré, furibond, dans ma chambre !

C'était l'été, toutes les fenêtres étaient ouvertes, et aussitôt mes cris ont déclenché le branle-bas : tous les messieurs de garde, le comte de La Rocque en tête, se sont mis à battre la maison de haut en bas en s'interpellant : « On a crié chez Madame ! » « Non, c'est chez les petits princes ! »... et moi, au fond de mon lit, j'étais très gênée et je craignais surtout qu'un semblable cauchemar ne me reprenne.

Quant au fameux cœur d'or, j'ai fini par le déposer dans l'église de Wimille, et c'est la révérende mère de Wavrechin, mère abbesse des bénédictines du Bec-Hellouin, qui l'a sauvé de la destruction pendant la guerre...

6

LE BONHEUR EN GRANITE BLEU

Mon beau-père et mon père nous ont fait un cadeau de mariage magnifique.

Ils nous ont acheté, aux confins des Ardennes belges, au-dessus de Givet, dans le village d'Agimont, un petit château entouré de vingt hectares de terre.

Il était bâti tout en granite bleu, au sommet d'un piton rocheux, sur les ruines d'un ancien château fort et pour y accéder, il fallait prendre un chemin qui tirebouchonnait longuement ; de là-haut, la vue portait à trente kilomètres sur la terre de France.

C'était là notre première maison bien à nous.

Henri a fait venir de France un architecte, M. Bourin et un décorateur, M. Lacour, qui, grâce à des directives précises, nous ont bientôt rendu cette demeure confortable.

Notre chambre se trouvait dans une tour carrée qui formait le coin de la maison ; elle était tout en lambris de merisier aux reflets roses et son mobilier était aussi fait en grande partie de ce bois.

C'est à Agimont que j'ai commencé à prendre l'habitude de vivre sans Henri. Il passait alors toute la semaine, ou presque, à Bruxelles pour travailler avec ses collaborateurs aux revues et journaux — « Carrefour » et ensuite « Questions du Jour » puis « Le Courrier Royal », qui devait paraître jusqu'à la guerre —, dont il assurait la direction politique.

Ces occupations relèvent du travail personnel de mon mari

et je ne m'y étendrai pas car dans ce récit, j'ai pris le parti de m'abstenir délibérément de tout ce qui a un rapport avec la politique, et en particulier des activités du Prince à cet égard, et c'est pourquoi je tairai les noms de la plupart des conseillers et des collaborateurs qui, pendant plus de trente ans, l'ont servi fidèlement.

Je me suis rendu compte, là, que le voyage de noces ne durait pas toute la vie, mais que trois années sans nous quitter jamais comme nous venions de les vivre, ce n'était déjà pas si mal.

J'aimais ma vie relativement solitaire à Agimont ; la présence continuelle de mes enfants, ma maison si belle, les fleurs à profusion, et la vie à la campagne me donnaient une plénitude de joies et, partant, un grand équilibre.

Je lisais beaucoup et j'écrivais énormément, surtout à la famille dispersée.

Mes parents, frères et sœurs étant partis s'installer définitivement au Brésil après le baptême de François, Maman et moi avons échangé au moins une fois par semaine, et jusqu'à sa mort, de très longues lettres. Je devais également répondre à toutes celles que l'on m'envoyait de France.

A Agimont, je recevais enfin mes amis et ma famille à demeure, ce que je ne pouvais faire aussi aisément au manoir d'Anjou, chez mes beaux-parents.

A cette époque, j'avais auprès des enfants Marie Dejous, une Béarnaise, et une charmante gouvernante, Mlle de Rotalier ; Mlle de Montbron n'est arrivée que quelque temps avant la naissance d'Anne.

Je passais ma vie à attendre, et cela n'a guère changé. Attendre mes enfants, attendre mon mari, attendre tous ceux que j'aime et attendre, d'ailleurs, ne me lasse pas. Il y a tant à faire avant que celui que l'on attend, n'arrive. Il y a la maison à ranger, les bouquets à faire et refaire, le décor à préparer, à se bichonner. Je suis très coquette et j'aime m'apprêter à l'unisson d'un décor, où recevoir est à chaque fois une fête.

Les jours où Henri revenait de Bruxelles, c'était un branle-bas général.

Il arrivait dans sa Bugatti rouge, grimpant le raidillon à

un train d'enfer... Du manoir d'Anjou à Agimont, il y a cent dix kilomètres : il mettait une heure vingt !... A cette époque, les routes avaient certes un trafic plutôt réduit, mais tout de même, heureusement que les anges gardiens existent !

Enfin, le Prince était là. Tout prenait aussitôt un air plus posé. Les enfants ouvraient en silence de grands yeux pour admirer leur père ; ils le suivaient ensuite partout et l'aidaient à déballer ses affaires.

A table, il nous racontait mille choses intéressantes. Des histoires pour les enfants, les faits et gestes des personnes qu'il avait vues dans la semaine, aussi et pour moi et les demoiselles, les nouvelles politiques de la France.

A l'automne, nous allions tous ensemble ramasser des champignons et tout le reste de l'année, il nous entraînait le long de talus qu'il fallait piocher pour mettre au jour les anciennes murailles de la forteresse, où devaient s'accrocher de futurs espaliers ; les invités eux-mêmes étaient mis à contribution pour ces travaux de terrassement !...

Je ne crois pas que mon mari soit un vrai campagnard et un amoureux de la nature comme moi. Il n'aime la campagne que lorsqu'il peut y organiser quelque chose de concret...

A Agimont, nous avions des bois de chênes et à peu près cinq hectares de prairies plantées de pommiers. Lorsque nous nous sommes installés, ces pommiers donnaient quelques paniers de pommes piquées : Henri décida de faire un verger modèle. Après avoir lu toutes sortes de livres, demandé des conseils précis au « Bouren Bond », organisme agricole belge, nous nous sommes tous mis à tailler, à gratter, à pulvériser et au bout de deux ou trois ans, nos pommiers nous ont donné cinq tonnes de pommes excellentes que nous avons pu vendre. Nous avions pour nous aider un brave fermier du village, qui s'appelait Daff. Henri, qui n'est jamais à court d'inventions, s'est mis à fabriquer avec Daff une bien étrange machine ; il a monté sur des roues un grand tonneau rempli d'air comprimé qui devait servir à pulvériser plus facilement nos arbres, le tout tiré par le cheval de Daff.

Le grand jour de l'inauguration du pulvérisateur est arrivé. Henri nous a tous réunis, demoiselles, enfants et domestiques, pour assister à la mise en marche solennelle de l'engin ; le tonneau rempli de bouillie bordelaise a éclaté en projetant un énorme geyser qui a complètement rincé nos apprentis ingénieurs : l'air du tonneau était comprimé à une trop forte pression. Nous avons tous beaucoup ri et mon pauvre mari et son comparse, très déconfits, ont vite reconstruit une nouvelle machine, en demandant conseil cette fois à des techniciens qui ont trouvé l'idée excellente et mis l'engin au point.

Agimont, ma première maison !

Agimont, joli petit village, plein de braves gens, qui parlaient un français désuet ; mes enfants y étaient heureux, turbulents, libres et bruyants comme je l'avais été moi-même, enfant, à Eu. Les soirées dans le grand bureau de Henri étaient par contre paisibles et studieuses ; d'habitude mon mari travaillait à son bureau et moi je lisais ou brodais...

Tous les soirs, à des heures différentes, nous entendions un pas dans le corridor. Au début nous avons cru que c'était notre domestique qui faisait une ronde et un jour, je me suis levée pour aller voir : il n'y avait personne ! Nous avons observé que le bruit des pas s'arrêtait toujours derrière la porte du bureau et qu'à ce moment-là, notre chien, un berger de Tervuren, qui somnolait à nos côtés, se dressait et se dirigeait vers la porte ; arrivé là, il remuait la queue, l'air ravi, levait la tête comme s'il distinguait un visage, et le museau toujours dressé retraversait la pièce où nous nous tenions, jusqu'à l'autre extrémité. Là, il contemplait encore un instant une présence invisible puis se recouchait en poussant un profond soupir. A chaque fois nous entendions distinctement les pas et le chien voyait très certainement quelque chose que nous ne pouvions pas voir.

Ce phénomène s'est produit bien des fois pendant notre séjour au château et nous avons fini par trouver ce personnage invisible, sympathique et même rassurant. Nous n'avons pas été les seuls d'ailleurs à le percevoir... Un jour, j'étais penchée à une fenêtre du premier étage, avec à mes côtés mon beau-frère Christophe de Grèce ; nous regardions tous deux le jardin de rocaille derrière la maison... Soudain, mon beau-frère s'est tourné vers moi, l'air visiblement étonné... « Mais qu'est-ce qui t'arrive ? » lui ai-je demandé... « Quelqu'un vient de me passer le bras autour des épaules... comme s'il voulait prendre appui sur moi pour mieux voir le jardin... J'ai l'impression que c'était quelqu'un de très grand et de très fort. »

Aux aurores radieuses du printemps, nous étions réveillés par le chant d'oiseaux innombrables et surtout de très nombreux rossignols. Ils nichaient dans les buissons qui couvraient les rochers au pied du château et chantaient à toute heure du jour ou de la nuit. Quand résonnent dans les nuits chaudes de juin, les trilles du rossignol, il me semble toujours qu'elles dépaysent celui qui les écoute dans quelque galaxie lointaine...

A Agimont, Henri s'est mis en tête de me faire tenir des comptes de maison minutieux et très compliqués. Tous les samedis soir, c'étaient des séances pénibles à l'issue desquelles mes additions étaient toujours fausses. Depuis ce temps-là, il s'est convaincu que je suis une mauvaise maîtresse de maison ; je pense qu'il aurait bien aimé faire de moi une sorte de comptable, ce qui n'a pourtant rien à voir avec une bonne maîtresse de maison !... Enfin, depuis quarante-cinq ans, ces fameux comptes sont la pierre d'achoppement de notre ménage...

Quand Henri était avec nous, il nous emmenait en Bugatti et plus tard dans une Renault — une « Royale » rouge et bleue — en pique-nique, avec enfants et gouvernante.

Nous allions nager dans de petites rivières claires et sinueuses et même dans la Meuse, encore préservée de toute pollution.

Au cours d'une baignade estivale, alors que j'attendais Anne, nous étions tous à batifoler au bord de l'eau, dans une jolie prairie. Dans leurs bouées en caoutchouc, mes quatre aînés flottaient tout joyeux au milieu de la rivière. J'avais attaché les bouées avec des ficelles et du bord je pouvais ainsi tenir mes enfants en laisse pour éviter que le courant ne les emporte. Tout d'un coup, la bouée d'Hélène a éclaté dans un grand nuage blanc, répandant le talc que j'y avais mis pour l'hiver, et terrorisée, la pauvre petite s'est laissée couler à pic !... Je me suis jetée à l'eau, tout habillée, pour aller la repêcher, les trois autres toujours amarrés à mon poignet, au bout de leur ficelle. Tout cela a fini dans de grands rires, car le reste de la famille était ravi de me voir barboter dans ma ravissante robe rose...

Lorsque Henri était à Bruxelles, je ne savais pas encore conduire et je promenais les enfants dans une carriole à âne. L'âne était une adorable ânesse nommée Fifine, que mes parents m'avaient apportée d'Eu... dans leur auto ainsi que la carriole, une grande caisse montée sur quatre roues, dans laquelle les enfants s'entassaient ; la personne qui conduisait cet attelage marchait à côté et à cette époque, c'était Anne-Marie de Rotalier la gouvernante des enfants ; tous les jours elle parcourait la région avec son petit équipage et il m'arrivait de la remplacer. C'étaient là des promenades bien paisibles, dans une campagne sauvage aux merveilleux horizons, aux routes sans macadam où ne passait jamais d'auto. Les gros nuages, qui venaient de France par vent d'ouest, formaient de grandes ombres qui couraient sur les champs. Quand le vent soufflait très fort sur le haut du plateau dénudé, Hélène me disait : « Comment se fait-il, Maman, qu'il y ait tant de vent et pas d'arbres ? » Je n'ai compris le sens de sa question que lorsqu'elle m'a expliqué que pour elle c'étaient les arbres qui faisaient le vent... en bougeant. Hélène croyait aussi dur comme fer que c'étaient les locomotives qui formaient les nuages... Il arrivait aussi que les enfants soient vraiment terribles ; surtout les veilles de chutes de neige ou avant un orage. Alors que je me promenais une fois seule avec eux, ils se sont mis à faire tellement de stupidités et à pousser des cris si affreux, que j'ai cru qu'ils étaient devenus fous. L'ânesse allait toujours trottinant et moi j'essayais de les calmer ; mais ces petits forcenés criaient et sautaient toujours de plus belle ! Devant ces marionnettes hurlantes, j'ai été prise de panique et, les laissant en plan dans leur carriole, je me suis assise au bord de la route en pleurant. Les pauvres marmots ont été tellement stupéfaits qu'ils se sont arrêtés net. Je les vois encore, essayant de descendre de la voiture comme quatre chiots maladroits pour venir me consoler et me faire mille promesses de s'amender.

Avec Anne-Marie, les enfants longeaient souvent la frontière et ils étaient très amis avec les douaniers belges et français. Lorsqu'il a été décidé que nous partirions tous pour le Brésil, Isa, qui avait cinq ans, a promis à un des douaniers de lui rapporter un sac de café. Pauvre douanier ! La guerre est arrivée, nous ne sommes plus jamais retournés à Agimont et Isa n'a pu tenir sa promesse ; mais pendant des années elle en a reparlé...

Les enfants avaient une salle de jeux dans une des tours du château ; M. Colignon, notre artisan peintre de Herre-Agimont, petit village voisin, a voulu me faire une surprise... Il a décoré tout le plafond de cette salle avec des nuages et des hirondelles. C'était d'un goût qui ne ravissait que les enfants !...

Avant notre départ pour le Brésil, Isa avait écrit à la craie sur une petite armoire à glace d'un mobilier de poupée : « Nous reviendrons ! » Plusieurs années après, le mobilier d'Agimont, qui avait pu être sauvé par les braves gens du village, est arrivé au Portugal. Au milieu d'un fouillis sans nom est apparue la petite armoire : elle portait toujours l'inscription enfantine...

Hélène, cette drôle de petite bonne femme, avait toujours des idées poétiques et aussi une logique bien à elle ; elle était très coquette et surtout très fière de ses yeux. « Mais elle a de véritables phares, cette petite ! » lui a dit une fois un invité. « Regardez mes éphares ! » disait-elle encore longtemps après, chaque fois qu'il était question de ses mirettes.

Il m'arrivait de monter tout doucement l'escalier en colimaçon qui conduisait à la salle de jeux pour observer, sans qu'ils le remarquent, les jeux des enfants. Une fois, j'ai surpris Hélène, assise devant l'armoire à glace du salon de poupée, qui répétait en minaudant devant son miroir : « Hélène as-tu été sage ? » « Oui, Papa ! Oui, Papa ! » Elle prenait chaque fois une expression différente et faisait avec ses yeux toutes sortes de mimiques. Enfin, elle parut avoir trouvé l'expression adéquate qu'elle répéta encore plusieurs fois : « Oui, Papa ! Oui, Papa ! »

Henri, que nous attendions pour dîner, posait toujours à table mille questions aux enfants, entre autres le sempiternel : « As-tu été sage ? »

Je me suis éclipsée et je suis allée prévenir Henri ; quelques instants plus tard, celui-ci posait bien sûr la question rituelle. Hélène restitua à la perfection la mimique qu'elle avait mise au point là-haut, avec l'intonation juste de la réponse... Au grand étonnement de nos enfants, Henri et moi avons alors éclaté de rire, mais Hélène, sans broncher, s'est montrée très satisfaite de sa comédie.

A peu près à la même époque aussi, Henri se réveillait la nuit dans de grandes angoisses et me racontait des rêves terribles qui se sont réalisés plus tard. J'ai en effet un mari extraordinaire qui a souvent des rêves prémonitoires... Avant la guerre, il me les racontait, maintenant plus jamais ; il craint sans doute que je ne les raconte à tout le monde, ce en quoi il n'a pas tort ! A ce moment-là, je n'y prêtais pas grande attention et c'est seulement quand la guerre a éclaté, et que je me trouvais au Brésil, que tous les épisodes évoqués dans ces rêves me sont revenus en mémoire...

A Rio, j'allais souvent à des réunions à l'ambassade de France où l'ambassadeur Jules Henri commentait les événements qui secouaient l'Europe. Au début il se montrait assez optimiste et je n'osais pas faire figure de Cassandre, alors qu'en moi-même j'étais épouvantée au souvenir des terribles détails que Henri m'avait donnés : l'attaque éclair des blindés allemands en mai, mois qu'il avait précisé, l'affreuse déroute de Dunkerque et les files de l'exode mitraillées sur les routes par les Stukas, l'invasion et l'occupation enfin de la France par les Allemands, jusqu'à Lyon.

Je me suis toujours demandé si Henri, en m'expédiant, au lendemain de Munich, avec tous les enfants — Anne, la cinquième, venait tout juste de naître — chez mes parents au Brésil, avait agi par déduction logique ou si ce sont ses rêves qui l'ont déterminé.

Par la suite, je me suis même posé la question de savoir si toute sa manière d'agir, qui me paraissait parfois si inexplicable, n'était pas infléchie par des songes de cette nature.

J'aime encore mieux penser que ce sont ses rêves qui l'influencent plutôt que certains personnages néfastes...

Au château d'Agimont notre vie était, bien sûr, très différente de celle du manoir d'Anjou et cela n'était pas pour me déplaire.

Au manoir, nous étions presque tout le temps en représentation ; notre vie de famille, quoique très unie, était quand même un peu sophistiquée, car pleine de rites pompeux et ma personnalité était sans cesse bridée. Dès que je donnais libre cours à ma spontanéité, qui entraînait pas mal d'étourderies et de sincérité intempestives, je choquais la duchesse de Guise et mes belles-sœurs ; et puis, n'étant pas chez moi, je n'avais finalement pas grand-chose à faire dans cette maison au cérémonial et au train de vie de petit palais.

Chez nous, au contraire, je vivais tout le temps avec mes enfants ; cela me permettait de les comprendre mieux, et d'étudier en profondeur leur caractère ; en un mot, de les éduquer. Je les emmenais au village visiter toutes les bonnes gens et parfois même des malades à qui je donnais des soins. En retour, le 6 décembre, fête de la Saint-Nicolas, un bon patriarche barbu, escorté du diable, venait au château après avoir parcouru tout le village. Ces deux compères ont tellement terrorisé mon petit François qu'il a eu des cauchemars pendant des années.

Il m'arrivait aussi d'aller veiller des morts au village mais cela n'avait rien de lugubre. J'avoue même que j'aimais assez cela. J'avais l'impression d'être un des personnages d'une composition paysanne de Le Nain, et le décor lui-même incitait à l'apaisement ; les maisons étaient petites, la chambre du mort minuscule et proprette, éclairée seulement par quelques bougies. Les femmes, assises le long des murs, chuchotaient entre elles et de temps en temps on entendait un soupir. Une corbeille de biscuits circulait et on buvait toute la nuit du café ; de temps à autre, un homme entrait, l'air compassé, la tête penchée, en tenant gauchement sa casquette à deux mains. Je ne priais pas beaucoup, je regardais surtout... L'atmosphère était si paisible et les comportements si naturels ! La mort, dans ces conditions, ne semblait pas plus compliquée que la naissance.

Cela me donne à penser que je ne me suis toujours pas habituée à l'idée d'avoir eu tellement d'enfants et même j'en reste la première étonnée !... Sans doute y avait-il là une part d'inconscience car ce n'est que lorsqu'ils ont grandi que je me suis rendu compte à quel point le fait d'en avoir beaucoup amplifiait encore l'immense responsabilité de leur éducation.

Je crois que toute ma tribu a eu une enfance heureuse ;

malgré les pérégrinations, les sauts d'un continent à l'autre et les changements perpétuels de cadre de vie, notre cellule familiale a su rester unie et homogène, un peu dirais-je, à la manière d'un nœud de civelles...

Pour y parvenir, j'ai essayé de leur donner la force et l'indépendance de caractère, qui permettent de rester libre dans n'importe quelle circonstance de la vie. De leur apprendre la générosité aussi, qui consiste, non pas seulement à donner matériellement, mais surtout à donner de soi ; de leur expliquer aussi que le bonheur dépend surtout de soi et rarement des autres...

Les Orléans ont l'esprit tribal très développé. Nous aimons être ensemble et pour un oui ou pour un non, nous nous rassemblons ; il suffit que l'un de nous donne une fête quelconque, qu'il y ait un baptême ou un anniversaire, pour que, aussitôt, toute la famille accoure des quatre coins du monde.

En novembre 1936, le roi Georges des Hellènes fit revenir en grande pompe, dans son pays, les corps de tous les princes morts en exil et qui étaient enterrés en Italie. Henri et moi n'avions pas grand-chose à voir dans tout cela, si ce n'est que Françoise, la sœur du comte de Paris, qui avait épousé le prince Christophe de Grèce, voulait nous avoir près d'elle.

Les monarques grecs ont été plusieurs fois exilés et à l'époque, le roi Georges venait de remonter sur son trône ; ce transfert de cendres royales a été l'occasion de festivités inouïes. Ce n'est pas pendant ce séjour toutefois que j'ai découvert la Grèce ; c'est bien plus tard quand j'ai su enfin mieux la regarder...

De ce mois de novembre 1936, ce sont surtout les grands personnages que j'ai rencontrés, qui restent présents à mon souvenir et de tous c'est le roi Georges qui m'a le plus charmée ; mais il m'est très difficile d'en parler car les sentiments que j'en garde sont faits de nuances subtiles où l'imagination et l'intuition pures ont une grande part. Il était alors très occupé par la situation politique terriblement compliquée de son pays et par les problèmes de sa très nombreuse famille ; par la disparition de ses ministres aussi, qui mouraient alors les uns après les autres fort opportunément à son sens. J'exagère un peu, car à cette époque, deux seulement venaient de trépasser, mais coup sur coup !

J'étais parfois assise à côté de lui au grand repas du palais. Il me racontait des choses bien étranges, entre autres un séjour qu'il avait fait en Auvergne pour y visiter des volcans éteints et rencontrer des... sorcières dont les activités l'intéressaient beaucoup.

Nous avons tout de même pris le temps de faire une grande excursion de trois jours avec la princesse Marie Bonaparte, épouse du prince Georges de Grèce, oncle du roi, leurs enfants Pierre et Eugénie, ma belle-sœur et quelques amis grecs.

Nous étions répartis en trois voitures et chaque fois que nous nous arrêtions dans les villages, les popes nous recevaient chaleureusement en nous offrant des gâteaux de miel que je trouvais nettement plus ragoûtants que leurs baisers. Nous nous arrêtions aussi chez les bergers pour leur acheter les longs gilets en feutre blanc brodé, qu'ils portaient sur leurs chemises.

Je garde surtout l'extraordinaire vision de la princesse Marie, à Delphes, dressée sur les ruines, mince, grande, échevelée, ses grands voiles noirs flottant dans une tempête de neige et... déclamant du Renan.

Dernier souvenir de l'Europe heureuse et insouciante, Cortina d'Ampezzo, où nous sommes allés skier toute une bande après la naissance d'Anne. Nos cousins Dobrzensky étaient là, des amis autrichiens aussi et français, dont Mlle de Guyencourt, et la ravissante fée Windischgraetz, petite-fille de Stéphanie de Belgique et de l'archiduc Rodolphe. En tout, nous étions bien une vingtaine et nous avions loué toute une pension. Nous faisions du ski avec frénésie toute la journée et le soir nous dansions avec le même entrain jusqu'au petit matin, même... le jour de la mort de Pie XI !... Résultat, Henri s'est déchiré un tendon du genou en descendant comme un bolide la grande pente du « duc d'Aoste ». Je me suis également fêlé le pied, et c'est en clopinant que nous sommes rentrés tous deux au manoir d'Anjou où nous avons aussitôt jeté nos plâtres aux orties...

Mais avant ce retour triomphal à la maison, nous avons eu maille à partir avec le Kronprinz, fils du Kaiser Guillaume. Il logeait dans le grand hôtel où nous allions tous danser le soir et avait l'air de s'ennuyer avec ses compagnons, alors que notre groupe était très gai. Il a fait des pieds et des mains pour entrer en contact avec nous, et surtout pour danser avec ma jolie cousine germaine Annie Dobrzensky qui n'était pas encore mariée ni même fiancée avec le comte Stubenberg, qui était avec nous.

Henri et le comte Stubenberg ont fait un barrage sérieux et le Kronprinz en a été pour ses frais ! Il a bien essayé de joindre ma cousine sur les pistes de ski mais sans succès. Cela le rendait de plus en plus furieux, et en abordant une dernière fois ma cousine, celle-ci lui apprit que Henri venait de dégringoler de la grande piste et qu'il était dans le plâtre. « Das geschieht ihm recht, er soll jetzt nur auf seinem dreck Hügel bleiben * », lui lança le Kronprinz ; du coup ma chère cousine n'a plus eu de remords du tout de le planter là.

Voilà qu'approche le temps des voyages en de lointains pays et des transhumances aussi qui emportent à chaque fois dans nos bagages quelques enfants de plus.

Adieu les années heureuses, la vie aimable, les amis gais et fidèles !

Adieu les belles promenades à cheval avec Henri, dans ces immenses forêts de hêtres droits comme des fûts de cathédrales !

Adieu la Belgique, les Ardennes austères, les chasses si excitantes chez nos chers voisins !

Adieu donc à ces années de vie sans égale, avec un mari aimant et attentionné ; qui certes me traitait un peu comme une enfant irresponsable, et savait bien que je ne l'étais pas ; mais qui trouvait tellement agréable de se faire chérir et gâter sans fin !

* « C'est bien fait pour lui, ainsi il restera sur son tas de fumier » (sous-entendu : le coq gaulois).

7

BRÉSIL, MON CŒUR DE RÉSERVE

C'est une file de plusieurs autos qui a quitté un beau matin de mars 1939 notre cher manoir d'Anjou.

Je ne savais pas encore que ce départ pour le Brésil allait transformer radicalement ma vie et ma personnalité... En attendant, j'étais tout à la joie de revoir bientôt ma famille dont j'étais séparée depuis trois ans. Avant de partir, nous avons eu le temps de tout organiser comme pour une expédition de plusieurs années : j'ai même pu faire confectionner des déguisements pour les quatre aînés, en prévision du bal costumé qui se déroule à bord lors du passage de l'équateur ; je ne voulais surtout pas que mes quatre adorables marmots portent des déguisements minables raboutés avec les moyens du bord !

Les jonquilles venaient tout juste d'éclore... mes cinq enfants avaient pris place à nos côtés, avec leurs gouvernantes : Mlle de Montbron et Mlle de Vigouroux d'Arvieu.

Pedro nous a rejoints à Boulogne, accompagné d'une dame tout à fait extraordinaire, ma tante Elisabeth Desrousseau de Vandières, cousine de ma mère, née princesse d'Ysembourg. Un des faits marquants de la vie hors du commun de cette princesse allemande est son dévouement sans limites aux soldats français blessés des deux guerres.

Elle était infirmière diplômée et cela rassurait beaucoup Henri qui doutait fort des vertus pédiatriques de ces trois jeunes femmes en charge de cinq enfants, dont le plus jeune n'avait que trois mois.

A bord du « Blue Star Line », les premières vingt-quatre heures ont été très pénibles et de notre groupe de femmes, seule Tante Beth était valide ; le mal de mer clouait les trois autres sur leur couchette... Tante Beth s'occupait du nouveau-né et mon cher frère Pedro jouait les bonnes d'enfants auprès des quatre autres ; à Lisbonne, j'ai dû rester à bord à cause d'une forte sinusite et c'est encore Pedro qui a emmené les enfants et tout le harem visiter la ville.

Sur la grande place près du Tage, pendant qu'il donnait, en maître d'histoire consommé, une conférence à son petit groupe, un coup de vent a emporté le chapeau de Jeanne d'Arvieux. La pauvre s'est mise à pleurnicher et à tenter d'attendrir les marins qui ont consenti finalement à repêcher avec une gaffe le joli feutre qui dérivait au gré du fleuve. On le lui a rendu couvert d'herbes et de reliefs de salade... à la grande jubilation de Pedro qui en rit encore !

A Pernambuco ensuite, après une excursion à Olinda, nous sommes rentrés pile pour le départ du bateau. Arrivés sur le pont, nous devons nous rendre à l'évidence : Jeanne d'Arvieux et mon petit François manquent à l'appel. Affolés, nous nous penchons tous au bastingage et scrutons le quai... Alors que l'avant du bateau se détache déjà du quai, je supplie les marins anglais de ne pas encore remonter l'échelle.

Enfin, nous voyons poindre tout à l'extrémité Jeanne d'Arvieux galopant avec le petit François dans ses bras. A cause de mes supplications un marin a bien voulu rester au bas de l'échelle ; il parvient à happer Jeanne et l'enfant à l'instant même où l'on hisse la passerelle...

Rio, la belle ville, Rio, la rade superbe, Rio, les montagnes bleues aux formes si étranges... Me voici presque arrivée. Seule, avec mes cinq enfants et sans Henri, qui ne nous rejoindra que trois mois plus tard...

Le bateau du pilote, qui doit nous faire entrer dans la baie, s'approche de notre bateau qui attend au large ; nous pensions bien que nos chers parents étaient à son bord. Chaque fois, on nous autorisait à nous porter ainsi au-devant de nos familiers venant d'Europe ; à ma très grande joie, à la suite du pilote j'aperçois en effet toute ma chère famille, le sempiternel panama blanc de Papa tout devant !...

Quel bonheur de nous retrouver enfin tous !

Arrivés à quai, c'est le grand tohu-bohu ; les journalistes, les questions, les photos de groupe avec mes parents entourés de leurs cinq enfants et autant de petits-enfants... Lorsque je la regarde maintenant, cette photo, elle me fait rire : mon chapeau qui a l'allure d'une pleine lune toute rose est grotesque mais pour le reste je me trouve vraiment très élégante...

Après les longues congratulations de toutes les personnes venues nous attendre sur le quai, nous montons à Petropolis, au palais Grao Para, situé au milieu de la ville et qui est la demeure de mes parents.

De style colonial, la grande maison nous accueille, belle, fraîche, toute rose avec sa terrasse où pendent toujours des hamacs et des collections d'orchidées ; le jardin est charmant, il y a une piscine et bien sûr une écurie, car nous ne pouvons nous passer de chevaux...

Me voilà donc chez moi, chez mes parents, entourée de mes chers frères et sœurs. Rapidement notre vie s'organise et déjà Henri me manque terriblement...

Mes parents sont ravis de sortir en ville, flanqués de toute leur petite smala. Celle-ci étudie tous les jours avec Madeleine de Montbron avant de prendre des leçons d'équitation et de natation... D'immenses excursions à pied ou à cheval nous rassemblent ensuite ; les enfants suivent, perchés sur les chevaux qui portent le pique-nique.

Madeleine de Montbron est une excellente cavalière ; elle m'accompagne tous les jours dans des promenades tranquilles avec mes quatre aînés ; en serre-file j'ai mis mon gros petit François, juché sur un cheval que je tiens en longe. Souvent ces récréations nous conduisent dans les sitios de nos amis où nous dégustons toutes sortes de fruits merveilleux ; ou alors dans des petits couvents des environs où l'on nous offre de succulents goûters...

Voici venir déjà les fêtes de la Saint-Jean... Jour et nuit sifflent les fusées, et des montgolfières de papier multicolores, certaines plus grandes qu'un pommier, volent, flottent dans le ciel ; les premières batailles de pétards se déchaînent.

L'arrivée de Henri est à présent connue : c'est pour le 30 juin, et ce n'est plus très loin...

Le 28, nous sommes à la Fazenda de Santa Rita, chez les Sampaïo où il y a un monde fou qui continue à fêter la Saint-Jean.

Tout le monde danse et festoie et on a allumé un grand feu par-dessus lequel tout le monde s'amuse à sauter. Soudain, bondissant à travers les flammes, je vois apparaître Henri... Est-ce Dieu possible ? J'étais vraiment à cent lieues de l'attendre !

La bonne surprise a été montée par mon frère Jean ; il est aviateur dans l'armée brésilienne et a pu cueillir mon cher mari à l'escale de Pernambuco. Tout le monde était dans le secret, sauf moi...

Cette arrivée, qui me cause une immense joie, se transforme aussitôt en allégresse générale. Henri est saisi dans le tourbillon, tout le monde porte des toasts en son honneur et on continue par une bataille rangée où d'un camp à l'autre on s'envoie, à bout portant, des pétards et des fusées !...

Arrivant de sa placide Belgique, Henri n'est guère entraîné à ces jeux sauvages ; mais il s'y met très vite... non sans récolter une fusée entre sa chemise et son veston qui sont l'un et l'autre complètement brûlés...

Pour les grands bals et les spectacles à l'Opéra, la venue de la Comédie-Française, il fallait faire la navette entre Petropolis et Rio et nous avions trouvé commode de camper tous ces soirs-là dans la jolie petite maison XVIIIe siècle de la rue Sao Clemente qui appartient à mes parents et est entourée d'un jardin désuet mais charmant.

Mon frère Don Juan, qui était donc officier de l'aéronavale, logeait là toute l'année et supportait gaiement l'agitation assez burlesque de ces séances d'habillage ; elles nous permettaient d'abandonner commodément nos tenues rustiques pour nous métamorphoser en fastueuses créatures de galas.

Le personnel restant à Petropolis, les dames devaient s'aider entre elles, toutes portes ouvertes, pendant que mon mari et mes frères prodiguaient leurs conseils à propos des coiffures, des toilettes et même des bijoux.

Mon père était toujours prêt le premier et, par crainte d'arriver en retard, nous houspillait continuellement. Quand nous étions enfin tous sur notre trente et un, Papa, tout souriant, nous passait en revue, très fier de Maman et de nous tous, d'avance heureux de pouvoir présenter toute sa tribu à ses amis brésiliens.

Ces longues soirées ne nous empêchaient pas de partir en excursion le lendemain et dès les premiers jours de son arrivée, nous avons emmené Henri faire des escalades ; avec en tête l'ambassadeur d'Amérique Cafferey, un fanatique du rocher, nous avons ainsi vaincu la Gavea, une énorme montagne faite d'un seul bloc compact de rocher. Il nous a fallu huit heures d'efforts pour parvenir à son sommet...

Une autre fois, nous avons tiré dans des marais, près de Campos, des centaines de bécassines et de canards et les Mello Franco, passionnés d'histoire brésilienne, nous ont ensuite emmenés durant plusieurs jours visiter les antiques cités portugaises de l'Etat de Minas Geraes.

Nous sommes tous fiers de notre Brésil et je le considère quant à moi comme ma seconde patrie ; pour le faire connaître et aimer de Henri, je me suis efforcée de le faire voyager un peu partout ; mais je ne suis pas certaine d'avoir réussi... L'amour que je voue au Brésil et à tous les pays que j'aime, je l'exprime par des sentiments irrationnels et instinctifs, presque physiques. Henri, lui, est très cérébral et sa raison est sans cesse à dominer ses sentiments. S'il lui arrive de faire preuve de sensiblerie, ses passions savent rester froides et s'agissant par exemple d'un pays, je pense qu'il remarque trop ses défauts et ses critiques sont alors dures. Le seul pays pour lequel il éprouve une certaine tendresse, je crois, c'est le Maroc où il a passé son enfance et toute sa jeunesse ; sa raison d'homme mûr n'a pas eu prise sur ses souvenirs d'enfant et c'est pourquoi ce sentiment lui est resté.

Comment aimer dès lors le Brésil avec un caractère tel que celui de Henri ? Il a sans doute beaucoup de sympathie pour ce pays. Comme je l'ai dit, il n'aime profondément que ce qu'il peut organiser et diriger. Au Brésil, il est seulement un hôte de marque, il n'a rien à construire et surtout je suis là-bas, à mon corps défendant d'ailleurs, la plus aimée. Je suis à « nossa Princesa Isabel » et je me demande si cela lui plaît beaucoup.

La même chose se passe à Eu où je suis cette fois chez moi. J'ai tout fait pour qu'il s'y attache, mais il n'y a rien eu à faire. De guerre lasse, je l'ai laissé s'éloigner de ma chère Normandie.

« A Eu, Monseigneur se sent un peu prince consort et il n'aime pas cela », m'a-t-on dit un jour. Qu'y puis-je ?

J'aime énormément, quant à moi, le Maroc, les forêts de l'Aisne et son Nouvion natal. Est-ce parce que je suis capable d'aimer sans posséder ? Là est peut-être toute la différence...

Revenons au Brésil pour essayer de compléter le catalogue de toutes les choses intéressantes que l'on peut y voir. Fidèles à la tradition familiale, nous avons encore visité des barrages, de nombreuses usines dont une succursale de Pont-à-Mousson, les aciéries de la Belgo-Mineira et enfin celles de Montlevade à Sabara. Le complexe de Montlevade a été fondé par un Français qui lui a donné son nom et que le roi Louis XVIII avait envoyé au Brésil pour y faire de la prospection minière ; ce personnage a été si malade en mer qu'il a juré de ne plus jamais rentrer en France !... Il a épousé une riche héritière de Sao Paulo et s'est donc installé près de Sabara en un lieu où il a trouvé un minerai de fer d'une pureté comparable à celui de Norvège. Il y a fait construire un four catalan que l'on visite encore et sa maison de style français est devenue un musée. Il repose seul avec son épouse au centre exact d'un cimetière plein de nostalgie, veillé par deux immenses massifs de bambous « Impérial » sous lesquels sont enterrés ses esclaves.

Si j'avais su peindre, j'aurais fait une grande fresque de l'enfilade des fours Martin et Bessemer, crachant leurs flammes dont les lueurs d'incendie éclairent nuit et jour une forêt luxuriante qui est partout le fond du paysage.

Preuve du souci que les Brésiliens manifestaient depuis toujours pour l'équilibre naturel de leur pays, au fur et à mesure que la montagne a été découpée pour en retirer, à ciel ouvert, le minerai, la forêt a été partout soigneusement replantée...

Quelques jours plus tard, nous avons visité les plus vieilles mines d'or de l'Etat de Minas Geraes qui ont plus de trois mille mètres de profondeur. Nous sommes descendus assez bas mais pas jusqu'au fond car les femmes n'ont pas le droit d'y aller. La reine Elisabeth de Belgique est la seule femme à être descendue jusqu'au dernier niveau ; par un triste hasard, un homme est mort peu après cette visite et depuis ce temps, les mineurs assurent que les femmes leur portent malheur... Je crois surtout que cela les ennuie d'avoir à se rhabiller à cause d'elles car étant donné la profondeur, il fait une chaleur d'enfer et ils travaillent nus.

Laissons là fabriques, barrages, mines et autres austérités pour parler de la chose la plus exquise du monde, la vie de fazenda, c'est-à-dire la vie dans les fermes ou propriétés de l'intérieur du Brésil ; là-bas « l'intérieur » désigne toute la partie du pays qui est très éloignée des côtes.

Du Nord au Sud, les fazendas ont toutes un cachet très spécial ; ce sont de très anciennes propriétés datant, les unes des XVII-XVIIIe siècles, quelques-unes même plus anciennes, et elles sont en partie vouées à l'élevage ou alors à la culture du café, du sucre, du tabac ou de l'ananas ; d'autres comportent aussi de grandes exploitations de corozo, substance provenant des noix de certains palmiers et qui servait encore naguère à fabriquer des boutons. Il y a plus de huit cents espèces de palmiers au Brésil, dont la plupart sont restés longtemps une source de richesses aujourd'hui bien déclinante.

J'aimerais m'arrêter un instant au séjour que nous avons fait chez M. et Mme Georges Grey, au-delà de Nova Fribourgo, pour évoquer la vie si active et pourtant patriarcale que l'on mène dans ces propriétés de l'intérieur.

Georges Grey était un grand chirurgien qui élevait aussi des chevaux et sa femme, ma grande amie Clo, mène toujours la fazenda qui lui vient de son père, M. Veiga.

Au seul mot de « fazenda », je me sens toute dépaysée et transportée loin, si loin d'ici !

Est-ce leur passé ou les êtres chers qui les habitent, qui donnent à ces demeures une atmosphère où l'on se sent si bien ? Celle de Clo et de Georges est une grande maison sans étage à flanc de coteau en forme de L majuscule. Les salons et la belle et grande cuisine donnent dans l'angle de cet « L » d'où l'on a vue sur un jardin clos aux murs couverts de fleurs. Au milieu de ce jardin, il y a une piscine aux reflets turquoise, autour de laquelle nous flânions souvent... Les chambres spacieuses s'ouvrent côté vallon sur de vastes bâtiments de fermes et des collines. Les parquets aux planches très larges en beau bois du pays fleurent bon la cire et les fenêtres à guillotine et petits carreaux laissaient passer une brise qui agite des rideaux de guipure ; avec ce vent léger entrent les parfums merveilleux des fleurs, des arbres et de l'herbe douce qui devient rose au printemps.

A cette époque, tout le trafic d'une ferme se faisait encore au moyen de grands chars tirés par des bœufs. Les essieux des roues en bois plein produisaient un concert quasi musical et j'aimais à être réveillée par ces processions de chars grinçants qui, tous ensemble, faisaient une harmonie d'un autre âge.

Avec nos amis et mes frères, Henri et moi avons passé là beaucoup de jours heureux. Au cours de grandes randonnées à cheval, il nous arrivait, au hasard des rencontres, de parler à des Caboclos (les habitants de l'intérieur) d'autant plus portés à la confidence qu'ils sont très isolés. Près d'un profond cours d'eau bordé de gros rochers, nous sommes tombés sur un vieux pêcheur qui nous a raconté les légendes de sa rivière ; il nous a juré avoir vu des sirènes...

Nous passions souvent les rivières à gué et une fois, au retour d'une promenade, une crue subite nous a obligés à nager à côté de nos chevaux en nous tenant d'une main au pommeau de la selle. Sur l'autre rive, nous avons eu la chance de trouver un estaminet où l'on servait de l'eau-de-vie de canne à sucre ; nous étions gelés car le Brésil n'est pas toujours aussi chaud que l'on croit et pour nous réchauffer, nous avons bu des quantités invraisemblables de cette liqueur.

Au retour, nos montures ont bien compris que nous n'étions pas dans notre état normal et elles se sont mises au diapason : c'était une vraie chevauchée de fous, et je ne comprends pas encore comment tous, par-dessus buissons et barrières, nous ne nous sommes pas cassé le cou. Le seul ennui de cette expédition a été finalement de retirer nos bottes trempées ; à trois par botte nous avons dû tirer comme des sourds sans oublier de les remplir ensuite de grains de maïs pour qu'elles ne rétrécissent pas en séchant.

Les Brésiliens des campagnes, qui sont toujours intéressants, serviables et hospitaliers, sont aussi de merveilleux conteurs pleins d'humour et souvent poètes.

Lors d'une de nos randonnées, nous avons rendu visite à une vieille femme aveugle qui vivait seule avec ses poules dans une petite cabane sur le haut d'une colline. Sa maisonnette, entourée de fleurs et de plantes grimpantes, semblait voguer sur un jardin de contes de fées ; en entendant notre cavalcade, elle est sortie sur le pas de sa porte et elle est restée là toute droite, appuyée sur un bâton, un bandeau blanc sur ses yeux aveugles. Nous sommes tous descendus de nos montures pour aller la saluer, et elle s'est mise alors à réciter des poèmes prophétiques à tous ceux qui lui serraient la main. Elle ne nous connaissait absolument pas et ne savait pas d'où nous venions ; à chacun de nous pourtant, elle a récité un quatrain vraiment étonnant dont je vais essayer de rendre le sens de mon mieux ; les plus saisissants concernaient Henri et mon frère Dom Joao...

Elle a d'abord porté sa main gauche sur son bandeau en tenant, de l'autre, le bras de la personne qui l'inspirait et comme si elle ne trouvait pas les mots correspondants à sa vision elle a dit à Henri en hésitant :

« Tu devrais porter un très beau costume... Un costume... comme celui d'un général... Tu devrais avoir beaucoup d'hommes à commander... mais tu ne te bats pourtant pas avec un sabre... mais avec une plume " pour écrire " !... »

A mon frère ensuite elle dit :

« Tu voles, tu voles comme une cigogne », ajoutant : « Partout où tu vas, tu apportes la joie. »

Or, il faut savoir que mon frère Dom Joao est aviateur et, circonstance encore plus troublante, dans les armes des Dobrzensky de ma mère, figure une... cigogne. Cet oiseau est tout à fait inexistant au Brésil et cette vieille n'a certainement jamais pris connaissance des livres qui en parlent.

Pendant tout le retour au petit pas de nos chevaux, nous avons commenté ces quatrains, et leur signification, chacun y mettant du sien, au gré de son imagination...

Cette ambiance de bon aloi et de gaieté romantique me manque souvent et je donnerais beaucoup pour que le Brésil ne soit pas si loin de France.

Il faut bien dire qu'être ainsi tiraillé, donner son amour et ses pensées à tous, est parfois bien astreignant. Mais enfin, ainsi va la vie !...

Un rayon de lumière nostalgique éclaire pour toujours cette période d'existence champêtre ; nous ne savions pas que nous vivions là les derniers beaux jours qui nous gardaient tous réunis...

Le 25 août 1939, jour de la Saint-Louis, Henri, les enfants, les demoiselles et moi-même devions nous embarquer sur un petit cargo belge ; la veille, mes parents avaient donné en notre honneur un grand cocktail d'adieu à tous nos amis de Rio et de Petropolis...

Au beau milieu de notre raout, un coup de fil du comte Pierre de La Rocque-Séverac nous avait appris l'invasion de Dantzig... Lorsque nous avions su que les armées de Hitler étaient entrées en Pologne — est-ce l'éloignement ou une certaine accoutumance aux coups de force successifs du Führer ? — nous n'en avions pas été beaucoup plus alarmés que pour d'autres faits dramatiques de cette période. Mais cet appel, dans lequel Pierre de La Rocque demandait à Henri de revenir au plus vite en Europe mais en laissant les enfants au Brésil, a fait sur tout le monde l'effet d'une bombe et nous avons compris combien la situation était grave.

Si je n'avais pas attendu mon sixième enfant depuis deux mois déjà, je serais alors certainement partie avec mon mari...

Le 25 au soir, avec mes parents, frères et sœurs et nos deux aînés, Isabelle et Henri, nous sommes descendus à Rio pour accompagner le comte de Paris à son bateau. C'était terriblement lugubre. Le froid et l'humidité poisseuse de l'hiver brésilien n'arrangeaient pas les choses !...

Mon père était le plus ému car il avait certainement le pressentiment qu'il ne reverrait plus son gendre et j'étais moi-même prise d'une angoisse indicible... Que n'aurait-elle pas été si j'avais su que Henri allait passer presque un mois sur ce petit rafiot et que la guerre allait être longue et atroce. Alors qu'il était déjà en vue des côtes anglaises, mon mari a dû faire d'abord le bouchon pendant dix jours à l'entrée de la Manche : entre-temps l'Angleterre et la France avaient déclaré la guerre à l'Allemagne, et il a fallu tout ce temps pour régler la situation des passagers de toutes nationalités qui se trouvaient à bord.

Quand enfin Henri est arrivé à bon port à Anvers, ont commencé, pour lui une nouvelle vie, et pour nous deux tous les changements qui ont alors transformé notre existence commune...

Pendant quinze mois, je suis restée toute seule et maîtresse absolue de mon destin et de celui de mes enfants ; excellente école pour développer la personnalité ! Petit à petit je me suis rendu compte que je ne serais plus jamais cette jeune femme soumise et enfantine que j'avais été jusque-là et mon caractère indépendant et autoritaire s'est affirmé dans la mesure où j'ai appris alors à me gouverner seule et sans le conseil de personne.

J'habitais à Petropolis au palais de mes chers parents mais je descendais presque tous les jours en autobus à Rio. Avec Mme Jules Henri et toutes les dames de la colonie française, nous avions organisé un ouvroir d'où partaient régulièrement des dizaines de caisses de vêtements à destination du Secours national français. Nous nous réunissions aussi souvent entre Français pour commenter les événements d'Europe et la guerre confondait dans une même solidarité des personnes de milieux très différents.

Avec mes enfants, nous passions toutes nos après-midi chez des amis, les Fillios, les Depalles et les Baudin de Saint-Ange qui avaient des enfants de l'âge des miens ; le grand Bernanos venait tout boitillant rendre visite à mes parents, l'une ou l'autre fois accompagné de Mme Bernanos et de ses enfants. J'avais avec lui des discussions ardentes et passionnantes et dans ces moments-là, ses yeux d'un bleu intense devenaient presque noirs... Je finissais toujours par partager ses analyses sur la situation en France, qu'il exprimait avec tant de force et de talent, et sa plus grande satisfaction était de me voir porter la croix de Lorraine.

La vie à la maison s'écoulait calme et paisible jusqu'au moment où arrivaient de Bohême ou de Pologne, par les rares bateaux qui traversaient l'Atlantique, des parents réfugiés. La maison de mes parents s'est changée en maison du Bon Dieu pour accueillir successivement Olgiert et Mechtilde Czartoryski, leurs fils, Constantin et Alexandre, mes cousines Elisabeth Zamoyska et Yolande Radziwill ainsi que leurs enfants.

Nous passions nos soirées agglutinés autour d'un mauvais poste de radio à écouter les nouvelles d'Europe ; les expériences vécues par nos cousins, celles qui avaient trait notamment à l'invasion russe en Pologne, donnaient à ces informations une dimension d'autant plus tragique. L'anxiété portait tous ces messieurs à fumer comme des cheminées ; le bureau était devenu une vraie tabagie et c'est à cette époque, qu'après avoir un soir distraitement accepté une cigarette, je me suis mise à fumer.

C'est grâce à la générosité de mon père que j'ai pu vivre pendant près de deux années dans ce beau palais avec mes demoiselles et mes cinq enfants ; ce n'est en effet qu'au tout début de la guerre que Henri a pu me faire parvenir encore quelques rares et pauvres chèques. Malgré l'angoisse de le savoir au milieu de la mêlée, j'ai connu dans le sein de ma famille de longs mois de bonheur.

Nous nous faisions cependant déjà beaucoup de souci à cause de la santé de mon cher père ; depuis quelques mois nous savions qu'il avait un œdème du poumon, mais il ne voulait pas vraiment se soigner, en restant tranquillement à Petropolis. « J'ai accompli tout ce que je voulais faire dans ma vie, nous disait-il, mes enfants sont tous élevés et heureux, je me sens incapable, pour vivre quelques mois de plus, de rester à la maison comme un invalide. » Il continuait donc, sans rien y changer, sa vie de toujours. Tous les jours il était levé aux aurores pour la messe du matin où il se rendait à pied, et à son retour, nous prenions le petit déjeuner ensemble, tout autour de la grande table de famille. Pour mon père, il consistait en lait caillé et en papayes, aliments qu'il trouvait bons pour son cœur, et à peine sorti de table, il vaquait à l'administration de ses affaires. Presque tous les jours, il allait inspecter ses forêts à cheval et il était alors toujours accompagné de l'un d'entre nous.

A force de battre dans tous les sens son cher Brésil, je suis persuadée qu'il était devenu la personne qui connaissait le mieux le pays ; au retour d'une très longue expédition, il avait ainsi fait rectifier, à l'Institut de Cartographie de Rio, des cartes officielles sur lesquelles il avait décelé quelques erreurs. Au Brésil comme en Europe, il avait énormément d'amis et partout on le recevait avec joie.

A Rio, ses amis lui offraient des déjeuners raffinés, ce qui ne l'empêchait pas de rester un homme très rustique ; il aimait à dire qu'on reconnaissait toujours les bonnes maisons à ce que les couteaux de table ne coupaient jamais et que le café y était exécrable...

Ses connaissances en art et en histoire étaient immenses et c'est de lui que j'ai hérité le goût d'aller à la découverte chez les antiquaires et de fréquenter les salles des ventes. Mon père aimait aussi énormément l'eau. Lorsque nous nous promenions dans les montagnes d'Autriche ou dans la forêt équatoriale du Brésil, il goûtait les eaux des sources et nous indiquait, sans jamais se tromper, celles qui étaient bonnes à boire.

Dans la forêt autour de Petropolis, il y a d'immenses bouquets de bambous dont les troncs ont de dix à vingt centimètres de diamètre. Tous les trente à quarante centimètres, ils ont un nœud qui forme une sorte de bague et l'espace creux entre deux de ces bagues comprend un réservoir d'eau fraîche. Avec son couteau, Papa faisait un petit trou dans une de ces sections de bambous et à même le tronc, nous buvions avec délice le petit filet d'eau parfumée qui s'en échappait.

Pour n'offenser personne, il acceptait toutes les invitations à déjeuner, qu'elles émanent des gouverneurs de province, des seigneurs locaux ou de simples paysans. Il buvait pourtant très peu, de rares fois un verre de cognac après le repas, mais il était très gourmand et avait de plus l'appétit proverbial de la famille. Il mangeait donc énormément et très épicé, et plus la sauce était forte, plus il était ravi. Nous nous rendions bien compte que c'était désastreux pour sa santé, mais il n'en avait cure. A cela, s'ajoutaient les descentes fréquentes à Rio et les retours le soir même, et donc un changement d'altitude de près de mille mètres à chaque fois. Jamais non plus il n'a voulu renoncer à ces va-et-vient bien fatigants.

Une après-midi, toute la famille était partie au cinéma et comme à quelques semaines de la naissance de Diane, je me sentais fatiguée, j'étais restée à flâner à la maison. Il faisait très chaud, les enfants jouaient dans le jardin, et à travers la lourde fenêtre à guillotine que j'avais levée, je contemplais les grands arbres qui couronnaient la montagne, dont les premières pentes commençaient au fond de notre jardin.

Je me sentais doucement mélancolique et habitée par une sensation physique de confort provenant du mobilier brésilien de ma chambre, dont les formes élégantes et massives se détachaient avec symétrie sur les murs blanchis à la chaux.

Soudain, j'ai été tirée de ma rêverie par la vision d'arbres et de palmiers qui se convulsaient sur la colline proche. Une bourrasque effrayante a fait voler la poussière, aussitôt suivie d'une trombe d'eau ; les enfants ont eu juste le temps de rentrer et déjà le petit chemin du jardin s'était transformé en rivière...

A Petropolis, les déluges tropicaux s'abattent avec une rare soudaineté; en un instant les rivières qui parcourent la ville sortent de leur lit, les chevaux de fiacres sont saisis de folie et pour fuir le déluge, tout le monde se précipite dans la première maison venue.

Au plus fort de la tempête, un coup de téléphone en provenance du cinéma nous annonce que mon père venait d'avoir un malaise et qu'on allait le ramener d'un instant à l'autre au palais. J'ai prévenu les gouvernantes de se tenir prêtes avec les enfants et j'ai juste eu le temps de descendre l'escalier...

La porte d'entrée s'est ouverte et j'ai vu arriver mon père porté par quatre personnes ; on l'a assis dans un grand fauteuil et j'ai tout de suite compris qu'il était mourant. Du couvent des Salésiens proche, un prêtre est accouru ainsi que le Dr Saerpa.

Nous nous tenions tous autour de lui, il nous a regardés encore un bref instant, puis il a passé sans même que nous puissions nous rendre compte qu'il était déjà loin, si loin...

Le seul à n'être pas présent était Henri. C'est dans ces

moments d'intense déchirement que l'absence d'un mari se fait le plus durement sentir...

Henri au loin, cela me faisait l'impression d'une pierre disjointe menaçant de faire crouler tout l'édifice ; d'autant, j'en suis persuadée, que mon père a ressenti cette séparation avec une inquiétude très comparable à la mienne...

Au moment précis de la mort de mon père, Henri était couché dans sa chambre d'hôtel à Sofia. Aux alentours de 1 heure du matin, il s'est réveillé avec l'impression que la porte de sa chambre venait de s'ouvrir ; un instant après, il a senti très distinctement une forme peser sur son lit. Il a eu immédiatement l'intuition que c'était son beau-père ; ensuite, il reconnut sa main, chargée de plusieurs bagues, qui lui faisait un signe de croix sur le front...

Aucun de nous, durant toute cette période, n'avait la moindre idée où Henri pouvait se trouver. Ce n'est que quelques jours plus tard qu'il a reçu le télégramme lui annonçant la mort de Papa.

La raison de sa présence à Sofia, soit dit en passant, était motivée par une mission qui lui avait été demandée par le gouvernement français et dont le but était de convaincre le roi Boris de Bulgarie de rejoindre le camp des Alliés.

Nous avions veillé Papa toute la nuit du 29 au 30 janvier, et le lendemain à 8 heures, dans le salon transformé en chapelle ardente, le nonce et le cardinal de Rio sont venus dire une première messe. Plusieurs autres ont suivi tout au long de la matinée et dès 5 heures du soir, l'évêque de Petropolis est venu pour la levée du corps. Quand nous nous sommes formés en procession pour nous rendre à pied jusqu'au cimetière, toute la ville était sur le parcours et en arrivant sur les lieux de la sépulture, nous sommes tombés sur une foule immense et très mêlée, amis et connaissances, jeunes et vieux, pauvres et riches ; à proximité de la tombe avait pris place tout le corps diplomatique dont l'ambassadeur de France Jules Henri.

Beaucoup d'entre ces très nombreuses personnes présentes pleuraient... Tout s'est passé très simplement dans de grands amoncellements de fleurs et à 7 heures du soir tout était fini.

Nous voilà seuls à présent au palais Grao Para ! Son palais, sa maison, où nous n'entendrons jamais plus son grand rire, où nous ne verrons jamais plus sa silhouette avec sa démarche si bien à lui... Comment dire notre désarroi ! Notre si bon et si merveilleux père, ce chrétien à la foi sans ombre, ce grand seigneur que tous aimaient, cet homme passionné de son Brésil, n'était plus au milieu de nous...

Pour Maman, cela a été vraiment terrible. Depuis son mariage en 1908, ils ne s'étaient jamais quittés et comme j'ai dit, c'était le ménage le plus uni et le plus heureux que la terre ait porté.

Il nous a fallu aider Maman qui était très désemparée ; mes sœurs ont dû l'emmener chez une amie dans une île paisible à Itacurussa et moi-même, j'ai fui la maison avec toute ma tribu...

Voilà encore une page de tournée et le commencement d'une vie nouvelle.

J'ai tout d'abord accepté l'invitation des Landsberg, qui ont mis pendant un mois leur fazenda à ma disposition...

Le 14 février, dans un grand brouhaha, un camion est venu charger les bagages ; avec mon frère, Madeleine de Montbron, notre jeune amie Mary-Leha Landsberg, les quatre aînés et la femme de chambre, nous sommes tous partis pour Rio Novo. Nous avons pique-niqué en route et après cette dernière petite ville, le chemin est devenu si boueux que le camion des bagages s'est enlisé ; il n'est arrivé que tard dans la soirée, tiré par un char à bœufs et nous autres, pour continuer, avons dû monter des chaînes à nos pneus. Finalement nous sommes arrivés sans autre encombre et j'ai pris la direction des déballages et rangements, soulagée par la chère Madeleine qui savait comme toujours être partout à la fois. Très tard, nous avons enfin pu coucher les enfants qui couraient dans nos jambes, très excités par leur nouveau royaume.

Cette nuit-là, dans une chambre inconnue, à l'ambiance d'un autre temps, j'ai bien mal dormi ; avec la peur que l'enfant ne naisse tout de suite...

Le lendemain est arrivée Jeanne d'Arvieux avec le bébé Anne et la nounou conduite par mon frère Jean et des jeunes amis de mes frères. Il a bien fallu nourrir tout ce monde, découvrir où étaient cachés la vaisselle et le linge de table, arranger vite quelques bouquets de fleurs... Le soir même, mes frères sont repartis ravis d'être en compagnie des jeunes filles, Mary-Leha et la gracieuse Juju Veiga.

Après leur départ, j'ai pu commencer à mieux prendre possession de mon nouveau domaine. C'était une vieille et très exquise habitation du XVIIIe siècle avec d'immenses salles, des chambres, des salons, disposés sans plan très régulier mais avec un charme infiniment désuet et tellement agréable à vivre ; comme toutes ces maisons de campagne, celle-ci comportait plusieurs cuisines et arrière-cuisines qui semblaient devoir ne pas finir.

La chambre de Mlle de Montbron et de mes filles donnait, par une porte-balcon, sur une grande chapelle située en contrebas ; l'autel était garni de candélabres en vieille argenterie et le dimanche, le père Hippolyte Chauvelon, un Salésien, ami de mes parents, venait dire la messe.

Le bon père était un missionnaire lyonnais qui avait passé plus de vingt ans chez les Indiens ; esprit original, tout à fait dénué de conventions, il nous racontait longuement les homériques aventures qu'il avait vécues au fin fond de la forêt vierge ; il assurait être tombé un jour sur un dragon de près de cinq mètres qui avait élu domicile dans une grotte sous une cascade. Les Indiens, disait-il, en avaient une peur panique, car plusieurs avaient été massacrés par ses terribles coups de queue...

Le dimanche donc, la chapelle de la fazenda se remplissait d'une petite foule de braves gens des environs, tout heureux de pouvoir assister de temps à autre à une messe...

L'architecture de la maison se caractérisait aussi par un étage central plus petit que le rez-de-chaussée et qui ne comportait qu'une chambre avec balcon. C'était la mienne, et de ces trois grandes fenêtres, j'avais une vue qui exerçait sur moi la même puissante magie tous les jours.

Au premier plan, le jardin, plutôt sauvage et envahi d'herbes, était égayé par un immense bassin rectangulaire qui servait de piscine ; un énorme manguier répandait là son ombre fraîche. Au-delà commençait une campagne sans barrières, des pâturages aux herbes ondulantes avec de-ci de-là des bouquets de bambous et une petite route de terre rouge qui se perdait dans les collines ; nous vivions là à l'écart de tout village et même de toute habitation, bien sûr sans téléphone ni électricité...

Ma grossesse étant aux derniers mois, je ne pouvais plus monter à cheval car mon costume d'amazone était devenu trop étroit ; c'est donc Mlle de Montbron qui partait à cheval, sac au dos, pour acheter à la petite ville la plus proche ce dont nous avions besoin pour la cuisine et le train de maison. Le personnel de la fazenda nous procurait en quantité, volailles, œufs, légumes et fruits succulents et à la fin, je ne me nourrissais pratiquement plus que de goyaves et d'avocats...

Souvent tombaient de grosses averses et nous étions alors coupés de toute civilisation ; les routes devenaient impraticables pour n'importe quelle voiture y compris les chars à bœufs, et le plus ennuyeux était que ces grandes pluies remplissaient de terre la source qui, de la colline voisine, était amenée par des tuyaux de bois et alimentait en eau la maison. Ces tuyaux se bouchaient facilement avec la terre et nous n'avions alors plus d'eau... En attendant que le fermier les débouche et les nettoie, nous nous souhaitions une bonne ondée car nous pouvions alors nous laver en costumes de bain sous les gargouilles du toit, à la grande joie des enfants qui allaient tout nus sous la pluie...

Mes enfants ont toujours aimé se promener nus sous les pluies ; que ce soient celles torrentielles de Petropolis ou, plus tard, celles du Maroc ; ils avaient l'air de petits faunes gambadant et en dépit des objurgations de prudes gouvernantes, je dois dire que j'étais heureuse pour eux.

Beaucoup d'amis venaient me voir dans ma thébaïde et les dimanches surtout ça se bousculait d'importance... Il y avait là Maman, mes frères et sœurs, les demoiselles de Maya Monteiro, Blue Sabugosa, Yves Matos-Vieira, Peter Landsberg, Mme Depalle, le ménage Petier, le ménage Fillios, les attachés militaires de l'ambassade de France, Durosoy et de Rozières. Ils venaient tous me visiter régulièrement et quelques-uns ont été surpris chez moi par les pluies et n'ont jamais pu reprendre la route ; force leur était alors de passer la nuit à la fazenda jusqu'à la décrue.

La maison, heureusement, était grande et nous avions bien du linge pour les lits ; mais comme ce campement était un véritable gynécée, nous n'avions par contre pas le moindre pyjama à leur prêter, ce qui n'ôtait rien à la gaieté débridée de ces soirées...

Un matin, on est venu me prévenir qu'un énorme lézard de soixante-quinze centimètres de long venait gober les œufs du poulailler. Dans un fond de placard, j'ai trouvé une vieille carabine et je suis allée surprendre le lézard ; les paysans m'ont dit que c'était très bon à manger, mais qu'étant enceinte, je devais absolument m'abstenir... J'ai tout de même ordonné à la cuisinière de le faire cuire et de le mélanger à une fricassée de poulet ; je n'ai rien dit à personne et tout le monde en a mangé sans se rendre compte de quoi que ce soit. Lorsque, après le repas, je leur ai avoué qu'ils venaient tous de manger du lézard, une de mes invités pâlit et se trouva soudain mal...

Au cours de ce séjour si extraordinaire, j'avais sans cesse l'impression de vivre hors du temps ; la nuit, j'écoutais de ma chambre tous les bruits étranges de cette campagne mystérieuse et qui paraissait si paisible sous la lune resplendissante. N'importe quel phénomène aurait pu se produire que je l'aurais trouvé naturel... Dans la grande maison endormie régnait d'habitude un profond silence ; mais parfois j'entendais d'étranges galopades dans le grenier : c'étaient des gambas, sortes de petits marsupiaux, qui s'amusaient aussi à faire leurs petits besoins par un petit trou du plafond de la salle à manger, tous les jours à l'heure exacte du dîner.

La bonne d'enfants, Maricota, qui était un peu spirite, prétendait que les rumeurs nocturnes que nous entendions venaient des esprits ; les premières nuits, nous étions toutes un peu inquiètes, mais nous nous sommes vite rendu compte que c'étaient seulement ces petits animaux bien inoffensifs qui troublaient ainsi notre sommeil.

Un jour pourtant, j'ai eu une vraie peur... Les enfants, Isabelle, Henri et leur petit ami Gil Depalle étaient allés se promener ; bientôt je les ai vus revenir avec deux gros reptiles qu'ils avaient tués à coups de bâton : c'étaient des serpents très venimeux ! Et de plus, les enfants étaient partis pieds nus !... Vraiment, les anges gardiens avaient fort à faire avec des enfants comme les miens...

Après cet incident, notre cuisinière, une paysanne de la région, est venue me dire qu'elle détenait plusieurs sortilèges pour chasser les serpents. Lorsqu'elle voyait les enfants s'éloigner dans la campagne, elle les suivait de loin en tordant le coin de son tablier presque à en faire une corde ; elle prétendait que c'était là un moyen infaillible. Etaient-ce les anges gardiens ou le tablier de la cuisinière ? De ce jour, nous n'avons plus jamais vu de serpents...

Une après-midi, nous étions tous réunis à prendre le thé sous un grand manguier et mon fils Henri était comme un moustique à ennuyer mon frère et M. Yves Matos-Vieira. Excédés, ces deux messieurs l'ont pris par les pieds et les mains et l'ont jeté dans la piscine. Ils étaient prêts à plonger pour aller le repêcher, mais à notre grand étonnement, nous avons vu Henri se mettre à barboter comme un petit chien. De ce jour, il a été impossible de le faire sortir de l'eau.

Le temps de la vie rustique se terminait... J'étais au bout de ma grossesse et nous avons tous repris le chemin de Petropolis...

Je ne vous ai jamais décrit cette charmante ville, fondée au début du siècle dernier par l'empereur Pedro II et dont les premiers habitants étaient des colons allemands, dont les types et les noms sont encore très répandus. Située à neuf cents mètres d'altitude au-dessus de Rio, elle est parcourue en tous sens par des rivières, notamment le Piabanha et le Quitandinha ; rues et avenues bordent ces torrents qui coulent très en contrebas des chaussées, qui ont comme garde-fous des bordures de superbes hortensias bleus.

Presque toutes les maisons et villas ont de beaux jardins qui se terminent contre les pentes abruptes, qui montent à l'assaut des montagnes entre lesquelles la ville se tortille.

Lorsque j'étais enfant, quelques-uns de ces jardins finissaient en pleine forêt vierge...

Le 24 mars 1940, à Petropolis, est donc venue au monde ma petite Diane et depuis ce jour heureux, je crois bien que c'est celle de tous mes enfants qui m'a donné le plus de soucis ; c'est certainement pour cela aussi que j'ai tellement de tendresse pour elle...

C'était la première fois que je n'accouchais pas à la maison et la petite clinique qui m'a reçue était plutôt une maison de repos, située au milieu d'un jardin luxuriant avec des manguiers qui, la nuit, étaient tout illuminés par des milliers de vers luisants au point qu'on aurait cru des arbres de Noël.

J'étais assistée par le Dr Paranha et j'avais auprès de moi ma fidèle amie Mme Joao Proença. Je me souviens qu'au moment d'entrer dans la petite chambre où j'allais accoucher, Maman s'est retirée à la chapelle pour dire son chapelet...

Pendant tout le temps de l'accouchement, le docteur s'est évertué à fermer la fenêtre que je faisais rouvrir aussitôt par « Poupon » Proença. Très agacé, il a fini par me demander pourquoi, enfin, je voulais tant garder cette fenêtre ouverte et je lui ai répondu que c'était parce que... la vue du paysage me faisait passer le temps plus agréablement ! J'avais en effet la chance de voir de mon lit une vaste colline recouverte de grands arbres aux flamboyantes fleurs jaunes — des ipés — et la fenêtre ouverte laissait parvenir jusqu'à moi les joyeuses rumeurs de ce matin de Pâques.

C'est à l'instant même où les cloches de l'alléluia se sont mises à carillonner, que ma petite Diane est née. Je me suis souvent demandé si ce n'était pas cette conjonction heureuse qui a donné à ma fille ses dons artistiques, et en particulier son goût des couleurs violentes et contrastées.

Diane était vraiment un bien beau bébé tout rose avec de grands yeux bleus déjà, mais sans le moindre petit cheveu ; elle s'est fort bien rattrapée un peu plus tard quand lui est venue sa magnifique chevelure blonde...

Tout le monde, mes cinq aînés surtout, étaient heureux de cette naissance et j'ai été très gâtée. Personne, cependant, ne s'est rendu compte de la peine que j'avais ; Henri était si loin, je ne savais même pas où il était et j'avais tellement peur qu'il n'arrive quelque chose à mon bébé avant que son père ne puisse le voir !...

Mes alarmes n'étaient pas vaines, car comme je n'avais pas la moindre goutte de lait, elle a failli mourir quelques jours après sa naissance d'un lait qui ne lui convenait pas...

Jusqu'à mon retour en Europe, je m'en suis totalement occupée ; elle dormait dans ma chambre, dans une jolie nacelle en acajou ; je lui donnais son bain et dès 5 heures du matin, je lui préparais méticuleusement tous ses biberons de la journée car j'étais toujours tenue de descendre à Rio, par le premier autobus, pour retrouver la communauté des dames françaises à l'ouvroir de l'ambassade.

Diane a été baptisée le 13 mai 1940, à Nossa Senhora da Gloria, une église votive, une des plus anciennes de Rio, perchée sur un rocher dominant la baie.

Au Brésil, les confréries religieuses sont très nombreuses et la famille impériale a toujours fait partie de « la confrérie en l'honneur de Notre-Dame-da-Gloria » ; Diane a d'ailleurs parmi ses prénoms celui de « Maria da Gloria ». Nous avions choisi cette date pour le baptême car elle est le jour anniversaire de l'abolition de l'esclavage au Brésil par ma grand-mère, la régente Isabelle, comtesse d'Eu.

Nous étions donc tous réunis, autour de mon frère Dom Joao et de ma sœur Dona Francisca, qui étaient les parrain et marraine pour un jour qui aurait dû être de liesse... En fait, tout le monde était accablé car on venait d'apprendre la terrible et foudroyante avance de l'armée allemande en Flandre et dans le nord de la France.

La consternation était générale, tout Rio était en deuil et on avait mis sur tous les édifices publics les drapeaux en berne. C'était extraordinairement touchant de voir combien les Brésiliens, à la différence de certains autres peuples, ont pris part à notre malheur et en ont été bouleversés.

En cette tragique période, le courrier avec l'Europe était pratiquement inexistant ; seuls passaient les télégrammes et c'est par ce moyen que j'ai appris la mort, à Larache, au Maroc espagnol, de mon beau-père, le duc de Guise ; Henri a pu arriver à temps pour les obsèques de son père, après avoir été démobilisé de la Légion étrangère au mois d'août.

Ce n'est que bien plus tard, que j'ai appris de sa bouche le récit de son odyssée.

On se rappelle que faute d'avoir pu s'engager officiellement dans l'armée française à cause de la loi d'exil, il s'était enrôlé dans la Légion étrangère à titre de citoyen suisse et sous le nom d'emprunt d' « Orliac ».

Pour pouvoir prétendre ensuite à la démobilisation, il a dû justifier d'un contrat de travail, faute de quoi on l'aurait refoulé en Suisse. Des amis fidèles lui procurèrent alors un contrat de jardinier sur... la Canebière ! Et grâce à ce papier, il a pu circuler dans Marseille et prendre ensuite un avion pour Casablanca. En fait, il lui était interdit, toujours pour les mêmes raisons, de faire escale à Alger comme il le souhaitait et il lui a donc fallu solliciter une permission spéciale auprès du préfet de Marseille. Au moment d'allonger le bras vers le bouton de porte du bureau préfectoral, il en vit surgir un personnage qui, croyant qu'on voulait le saluer, s'empara avec effusion de sa main en s'écriant : « Comme c'est gentil de venir me saluer ! » Ce personnage était... Fernandel.

Dès que j'ai su que Henri était au Maroc, c'est-à-dire dans un protectorat où la loi d'exil ne jouait pas, j'ai commencé à organiser mon retour pour aller le rejoindre.

Quelques parents et amis me déconseillèrent vivement d'entreprendre ce voyage : il y avait peu de navires et ceux qui circulaient avaient de bonnes chances de sauter sur une mine. Mais malgré notre triste armistice, cette guerre avait tout l'air de se prolonger ; je n'allais tout de même pas rester indéfiniment au Brésil où la vie facile et heureuse que je menais avec ma mère et mes frères et sœurs me faisait, je l'avoue, un peu honte. De toute façon, je voulais rejoindre Henri car il venait de passer par des épreuves terribles et je pensais qu'il avait besoin de moi.

J'ai donc décidé de m'embarquer en septembre sur un navire portugais neutre, l' « Angola », et pour ne pas mettre tous les œufs dans le même panier, je décidai de m'embarquer seulement avec mon fils Henri.

A cette époque, deux seulement de mes fils, Henri et François, étaient nés ; j'ai donc laissé mon petit François et ses quatre sœurs chez ma mère avec les deux demoiselles, et avant notre départ, mon fils Henri, préparé par le père Audrin, un dominicain français, a fait sa première communion au palais Grao Para. La cérémonie, qui s'est déroulée dans le grand salon du palais, a été particulièrement émouvante. Devant nous, on a ouvert les panneaux d'un magnifique oratoire, tout en bois sculpté et doré de l'époque coloniale et qui permettait de transformer ce salon en chapelle. François et Hélène tenaient à leur frère la nappe de communion et avaient l'air de deux petits anges... Isabelle avait déjà fait sa première communion au manoir d'Anjou, avant notre départ pour le Brésil, en même temps que Henri de La Rocque-Séverac, petit-fils de Pierre de La Rocque-Séverac, qui était comme on sait au service du comte de Paris.

25 septembre 1940. Encore un départ, encore une nouvelle séparation. Nous nous sommes embarqués sur l' « Angola » en fin d'après-midi et j'ai eu bien du mal à entrer dans ma cabine tellement il y avait de fleurs et de fruits offerts par nos amis.

Bien peu de personnes retournaient alors en Europe et en première classe, nous n'étions qu'une poignée ; l'ambassadeur de France, M. Jules Henri et sa femme, M. Carcere, un diplomate espagnol, un Colombien et un Portugais, une jeune Française et deux ou trois autres personnes...

L'ambassadeur Jules Henri a été tué pendant la guerre et Mme Jules Henri est morte en camp de concentration.

Le 29 septembre, à la fin de notre escale à Pernambuco que j'ai fait visiter à mes compagnons de voyage, j'ai dit définitivement adieu au Brésil. J'ai rendu encore une rapide visite aux sœurs franciscaines de la Sainte-Famille pour y rencontrer quelques religieuses françaises et avec mon fils j'ai été invitée pour finir, chez le baron de Suasuna, un des derniers grands seigneurs de cette province, à une soirée typiquement brésilienne. Je le connaissais depuis l'âge de douze ans et j'avais pour lui une grande admiration. Etant enfant, j'étais allée avec mes parents dans sa grande fazenda à l'intérieur des terres ; quand il caracolait sur son cheval à la robe claire, il avait vraiment belle allure. Sous son grand chapeau, on apercevait juste l'éclair de ses yeux bleus et sa barbiche Napoléon III.

Ce soir-là, il nous a reçus dans sa jolie maison de ville à Pernambuco. Il était très âgé mais toujours aussi galant et charmant ; le dîner à la brésilienne était exquis et en parlant avec ce personnage d'un autre temps, je me suis souvenue d'une histoire que l'on racontait à son sujet.

Son épouse, qui était morte depuis longtemps, était très jalouse. A la fazenda elle avait plusieurs servantes et un jour, le baron eut le malheur de lui dire que l'une d'elles avait de bien belles dents. N'écoutant que sa jalousie, la baronne, en l'absence du baron, prit une pierre et... cassa les dents de la servante.

Pour ce voyage-là et contrairement à mon habitude, je n'avais presque pas de bagages par crainte de tout perdre dans un naufrage. Henri et moi-même avions la même cabine et chaque soir nous préparions nos ceintures de sauvetage auxquelles était accroché un petit sac en caoutchouc où j'avais mis nos passeports, le peu d'argent que nous possédions et quelques petits bibelots auxquels nous tenions.

Au large de Bahia, nous avons été témoins d'un phénomène bien rare : vers midi se produisit une éclipse totale du soleil et nous avons pu voir en plein ciel toutes les constellations que l'on distingue d'habitude de nuit. Il y avait à bord un chien-loup qui appartenait à M. Carcere et ce pauvre animal était si épouvanté par le phénomène qu'il s'est mis à courir comme un fou à la recherche d'un abri.

Quelques jours après, au milieu de l'Atlantique, notre bateau capta un S.O.S., émis par un bateau qui avait sauté sur une mine. Le capitaine s'apprêtait à aller le secourir, lorsqu'un autre message nous apprit qu'un paquebot se trouvait déjà dans les parages.

Notre « Angola » était peinturluré aux couleurs du Portugal et portait écrit sur sa coque « neutre ». Cela pouvait peut-être servir contre les sous-marins mais certainement pas contre les mines flottantes...

De notre escale aux îles du Cap-Vert, j'ai gardé un souvenir de mauvais rêve... La ville était pourtant charmante avec tous ses monuments du XVIIIe siècle... Mais que de misère et d'habitants dégénérés !... C'était un dimanche et avec mon fils je suis allée à la messe. L'église était bondée, mais nous avons quand même pu trouver une place sur un banc. Pendant la messe, j'ai cru devoir changer de place avec Henri ; assise à côté de lui, il y avait une femme assez bien habillée, qui dissimulait son visage déformé sous un grand chapeau en portant constamment un mouchoir à son nez ; je me suis rendu compte qu'elle était lépreuse. Elle était sûrement étrangère à l'île et me semblait être anglaise ; sans doute était-elle venue vivre dans ce lieu perdu parce qu'on ne s'intéressait pas à une misère de plus...

Cette rencontre m'a désolée et je pense souvent à cette femme. Est-elle déjà morte ? Ou son pauvre corps de lépreuse est-il toujours à se décomposer doucement, là-bas, au loin, sous le soleil de l'Atlantique ?

Sous le porche, à la sortie de la messe, j'ai eu une autre surprise ; il y avait là un cercueil dont le couvercle avait été déplacé par la foule des fidèles qui se bousculaient. L'on pouvait apercevoir le mort qui gisait là, tout seul, abandonné, pendant que ses parents et porteurs se rafraîchissaient dans un caboulot face à l'église, en attendant la fin de la messe, pour commencer l'enterrement.

Le pauvre Jules Henri, qui assistait à la messe, du porche, n'a pas pu supporter ce spectacle ; il a fui vers la vieille ville dont les charmantes ruelles lui ont rendu un peu de sérénité...

Notre « Angola » ayant fait son plein de charbon, nous avons repris la mer et sommes enfin arrivés à Lisbonne où le comte de Paris nous attendait. J'ai eu un vrai choc, car le pauvre était terriblement maigre et même décharné ; toutes les angoisses de ces derniers mois se lisaient sur sa physionomie... Mais quel bonheur de se retrouver !

Nous avons passé quelques jours à Lisbonne chez nos amis le comte et la comtesse de Pernes et leurs enfants Rua da Jumqueira et de là un avion nous a posés à Tanger ; puis nous avons poursuivi en auto pour arriver enfin sains et saufs à Larache, dans la grande maison gaie et hospitalière de ma chère belle-mère. Ma belle-sœur Murat et ses quatre enfants étaient déjà arrivés de France depuis quelque temps.

J'ai alors entrepris la seule tâche pour laquelle je suis

vraiment nulle, celle de faire suivre à mes enfants les cours du programme scolaire. Je faisais travailler mon fils Henri selon les méthodes de l'enseignement classique et son ignorance me désespérait. Je lui en demandais certainement trop et cela finissait toujours par de grandes impatiences de ma part et, bien sûr, les larmes de mon pauvre enfant.

Quant à moi, je me suis mise à apprendre l'espagnol. Larache avait une garnison et ses officiers espagnols venaient constamment à la maison avec leurs épouses ainsi que notre ami Bazaine et le Dr Mayor, médecin de la famille et enragé nemrod. Nous allions ensemble dans le bled tirer des perdreaux et des canards ; de ma vie je n'ai jamais tant marché et même couru à la poursuite, de colline en colline, des compagnies de perdreaux. La passée des canards était également très sportive : nous étions dans l'eau des étangs et des marais jusqu'à la taille et pour nous protéger des sangsues grosses comme des cigares, nous mettions des salopettes de garagiste, par-dessus lesquelles nous enfilions de gros bas de laine et des espadrilles ; ma sacoche de cartouches je la portais accrochée autour du cou... Tout cela se passait en novembre-décembre et l'eau n'était pas bien chaude, mais cela valait largement la peine. Quelle joie de voir défiler les canards dans le ciel rouge du couchant et d'entendre le souffle de leur vol juste au-dessus de nos têtes !... Ensuite, dans la nuit, pour retrouver le gibier touché nous devions patauger longuement dans l'eau et les roseaux. Nos appels réguliers, qui se répercutaient dans le silence nocturne, nous permettaient de ne pas nous égarer...

Henri et moi allions souvent au Maroc français aussi, retrouver nos amis colons que nous appelions les « blédards » ; les Brun, les Vatin Pérignon, les Boisset qui à tour de rôle nous recevaient chez eux dans leurs maisons construites les unes en dur, les autres en bois recouvert de tôles ; seuls les Brun avaient une ancienne demeure arabe dont les chambres ouvertes donnaient sur un tout petit patio.

Lors de ces séjours s'organisaient de passionnantes battues de sangliers... Le comte de Paris installait notre fils Henri dans un arbre car les rabatteurs arabes lâchaient leurs chiens et à grands cris renvoyaient sur nous des hordes de sangliers, qui couraient dans tous les sens. J'étais à nouveau enceinte et je m'étais fait le pari que si je faisais un beau doublé de sangliers, j'aurais un garçon. J'ai eu le doublé et... deux garçons !...

Henri et moi commencions à trouver que nos vacances avaient assez duré. Le régime du protectorat nous permettant de vivre et de nous installer au Maroc, Henri décida de se fixer à Rabat. Plusieurs autres raisons dictaient son choix dont la principale était ses activités politiques ; en zone française il pouvait en effet multiplier les contacts intéressants. Les études des enfants nous préoccupaient également ; nous nous sommes donc mis en quête d'une maison et avons résolu de faire revenir toute notre petite tribu du Brésil.

Pour la maison c'était facile et nous avons trouvé rapidement une jolie villa au Kilomètre 9 de la route des Zaër, au lieu-dit Oued Akreuch. Quant à faire revenir les enfants, c'était une toute autre affaire !... Le courrier entre le Maroc et le Brésil était long et aléatoire et il a d'abord fallu plusieurs semaines pour que Madeleine de Montbron puisse être alertée ; ce n'est qu'au bout de deux mois que les demoiselles, nos quatre filles et notre fils François ont pu prendre la mer avec des tonnes de bagages.

A cette époque on ne trouvait absolument plus rien dans les magasins à Rabat ou à Casablanca ; je veux parler des objets d'usage courant et pratique qui, avant la guerre, venaient de France. Par contre, on pouvait toujours acheter les quelques rares objets artisanaux du cru, de la laine et des tissus de laine, des faïences, des meubles en marqueterie de Mogador. En farfouillant dans les fonds de tiroirs des magasins européens, j'ai trouvé mille choses jolies, souvent dépareillées ou hétéroclites : bols et assiettes en bois de frêne, tasses sans soucoupes, cafetières en cuivre, plats de cuisine en gros grès, etc. Heureusement, notre villa était déjà bien meublée et Madeleine de Montbron, qui avait embarqué du linge et des couvertures, devait aussi m'apporter la layette pour le bébé que j'attendais.

Enfin, début avril, le bateau est annoncé à Lisbonne...

Henri et moi, nous nous sommes embarqués à Tanger pour Algésiras et sommes arrivés à Séville chez l'infant Don Carlos et l'infante Louise, parents de la comtesse de Barcelone, de ma future belle-sœur, la princesse Esperanza et de Dolorès, princesse Czartoryska.

L'Espagne venait de sortir de la guerre civile et elle était absolument épuisée. Il régnait une misère indescriptible, mais le peuple espagnol faisait preuve d'un courage extraordinaire et d'une volonté de résurrection fondés sur une confiance absolue dans le général Franco.

Même chez notre tante, l'infante Louise, les repas étaient plus que maigres ; le contraste de la table si bien mise avec toute son argenterie, et le brave Herman, servant en livrée, une pomme de terre et quelques pois chiches par personne, avait grande allure...

De là nous avons dû poursuivre vers le Portugal en autobus, car il n'y avait pas d'autre moyen de locomotion ; il fallait voir quel autobus et dans quel état étaient les routes !

Au départ de Larache, la duchesse de Guise nous avait donné un petit panier de provisions, mais nous n'avons pas osé l'ouvrir dans l'autobus, devant tous ces miséreux et dans un village, Henri a acheté un petit paquet de cacahuètes dont nous avons donné presque tout le contenu aux enfants qui s'approchaient du car pour mendier un peu de nourriture. Ils avaient tellement faim qu'ils ont même dévoré les écorces des cacahuètes...

A Ayamonte, quelle aventure ! Il fallait prendre une barque à rames pour traverser la Guadiana et arriver de l'autre côté, à Villa Real de San Antonio, où nous devions prendre le train pour Lisbonne. Villa Real de San Antonio est un village perdu, tout plat, recuit au soleil. La gare était vide et le train ne devait arriver que quelques heures plus tard ; cette gare était une petite maison coquette au bout d'un quai qui aboutissait sur le néant. Là enfin, nous avons pu nous asseoir à même les pavés de ce quai, les pieds pendant au-dessus du ballast, et ouvrir notre petit panier pour nous restaurer ! Nous avons alors été pris d'un énorme fou rire... Qui nous aurait vus, moi avec mon ventre de sept mois, Henri maigre comme un clou, jambes ballantes, contemplant au-delà du rail les dunes de sable et la mer, se serait certainement mépris : non, nous ne faisions pas de figuration pour un film de Charlot...

Le train est arrivé presque pour nous seuls et il comprenait... un wagon-lit. Quel agrément après tout ce voyage où j'ai été sans cesse secouée comme un prunier !...

A Lisbonne, nous habitions chez le comte et la comtesse de Pernes et leur fils aîné, le comte das Antas.

De fréquentes visites nous conduisaient chez les Corte Real où je retrouvais avec joie notre filleul, Manuel Enrique, qui est aujourd'hui diplomate à Brasilia ; toute cette famille s'est véritablement mise en quatre pour nous organiser le séjour le plus intéressant possible.

Le lundi de Pâques a lieu traditionnellement une course de taureaux à la portugaise. C'était la toute première fois que j'assistais à ce genre de spectacle tauromachique qui se passe, comme on sait, exclusivement à cheval. Ces cavaliers si élégants et si experts dans leurs costumes du XVIIIe siècle, sur leurs magnifiques chevaux si bien mis, et le célèbre Nuncio, ce jour-là au sommet de son art, nous ont enthousiasmés...

Mais toutes ces distractions, jointes aux gentillesses de nos amis, n'empêchaient pas notre inquiétude de grandir. Le bateau des enfants était toujours au milieu de l'Atlantique et on ne donnait aucune précision sur son arrivée. Surtout, éclata l'effrayante nouvelle de l'entrevue du général Franco avec Hitler à la frontière de Hendaye. La nouvelle courait que l'Espagne allait entrer en guerre et que la frontière entre l'Espagne et le Portugal était déjà fermée. Henri, craignant de rester bloqué au Portugal, est rentré précipitamment au Maroc en avion et je suis restée seule à attendre les enfants. Un beau matin, on est venu m'avertir que le paquebot tant attendu ferait escale non pas à Lisbonne mais... à Porto.

Accompagnée de Fernando Mello e Castro, le fils du comte de Pernes et le comte das Galveas, j'ai donc pris le train pour cette ville et le 16 avril 1941, j'ai enfin retrouvé à Porto tout mon petit monde, les quatre aînés en parfait état, mais la pauvre Madeleine de Montbron complètement épuisée et ma petite Diane, mon beau bébé, qui avait l'air d'un petit canari tombé du nid. Elle avait failli mourir pendant cette traversée, d'une bronchite capillaire, et n'avait été sauvée que grâce au dévouement constant de Madeleine...

Pendant que l'on débarquait les bagages, nous sommes restés quelque temps à bord, pour parler et consoler les enfants si tristes de ne pas voir leur père. Ils avaient eu un voyage effroyable avec une escale de plusieurs jours à Recife, que d'autres appellent Pernambuco. La chaleur était torride et une stewardess bien intentionnée n'avait rien trouvé de mieux que de placer un énorme ventilateur au-dessus de la petite Diane qui transpirait beaucoup. Ce fut la cause de sa grave bronchite.

Ils avaient essuyé ensuite une terrible tempête et comme il y avait peu de navires neutres qui faisaient la traversée, celui qui transportait les enfants était surchargé de passagers et de ballots de coton qui faisaient une vraie montagne sur le pont des secondes. Lors de la tempête, le capitaine a dû laisser dériver le navire de sa route pour éviter que le vent n'ait prise sur cet encombrant chargement, ce qui a retardé de plusieurs jours la traversée, qui a finalement duré plus de trois semaines !

Pendant cette tempête, tout le monde est tombé malade à bord ; tout le monde sauf mes quatre aînés et les enfants du colonel Petiet, attaché militaire à l'ambassade de France à Rio, qui, sans aucune surveillance, s'amusaient comme des fous sur le pont, poursuivis par les vagues qui balayaient les decks et qui risquaient à chaque instant de les enlever et les jeter à la mer. La tempête retombée, un autre danger a surgi en la personne d'un fou, dont les parents ont voulu se débarrasser, en l'embarquant plus ou moins de force à Rio après l'avoir drogué un peu. Ce singulier quidam, exaspéré par les tracasseries des enfants, les poursuivait sur tout le bateau avec d'énormes ciseaux, criant qu'il allait leur couper la tête...

Vraiment, chers anges gardiens, je vous dois un cierge et... une fière chandelle !

Après avoir pris congé des Petiet et de Jeanne de Vigouroux d'Arvieu qui continuaient leur voyage jusqu'à Bordeaux, nous avons repris le train pour Lisbonne. Heureusement, Fernando Mello e Castro a bien voulu s'occuper des tonnes de bagages et de toutes les formalités de notre voyage car on imagine à quel point Madeleine et moi étions occupées par les six enfants...

J'ai fait un arrêt de plusieurs jours à l'hôtel Atlantico, à Estoril, pour la raison surtout que je ne savais pas comment rejoindre Tanger, toutes les frontières étant à présent fermées. Mes amis portugais, à qui je dois une grande reconnaissance, ont pu obtenir qu'un avion militaire portugais soit mis à ma disposition pour nous transporter à Tanger. Avant cela, j'ai demandé au Dr Salvador da Cunha, un grand pédiatre portugais, de venir examiner Diane ; elle était si faible que j'avais peur qu'elle ne puisse pas supporter le voyage en avion. Il m'a certifié que malgré sa triste allure, elle serait assez forte...

Le capitaine d'aviation qui allait nous piloter est venu me prévenir qu'il ne pouvait embarquer dans son petit avion que six cent cinquante kilos en tout et pour tout. J'ai donc fait monter de la cave de l'hôtel, sur le balcon de ma chambre, une balance à pommes de terre et nous nous sommes tous pesés d'abord et avons additionné nos poids. En voyant les chiffres de la balance et mon apparence de montgolfière, Isabelle a poussé les hauts cris et m'a ordonné de maigrir !... Pour ce qui restait de charge disponible, nous avons accumulé sur la balance tout ce qui nous était de première utilité et dont le choix a été, pour les enfants, une vraie partie de plaisir en dépit d'une discussion à propos de poupées et de jeux que les enfants voulaient garder, en place d'un bidon d'huile d'olive que je voulais emporter au Maroc où nous étions très rationnés ! Tout s'est arrangé quand même, mais il fallait encore faire expédier tout le restant des bagages au Maroc et entre autres la layette. Comme la naissance n'était prévue que pour le début de juillet, nous pensions que le délai serait largement suffisant pour que tout arrive à temps. L'unique navire en partance pour Casablanca s'appelait « O Desesperado ». Il a mis six mois à parvenir à bon port !

A Tanger, le 23 avril 1941, la duchesse de Guise, mes belles-sœurs Isabelle princesse Murat, Françoise princesse de Grèce, le fidèle Chambon, administrateur de ma belle-mère, le comte de Paris et mon fils Henri, nous attendaient sur le terrain d'aviation ; Diane allait si mal que j'étais toute gênée de la montrer à son père qui ignorait qu'elle avait été si près de la mort.

Je dois dire que mon cher mari n'a rien laissé paraître de la déception qui a dû être la sienne, en faisant connaissance d'un sixième rejeton si malingre et si chiffonné !

8

OUED AKREUCH

Après les effusions, nous sommes partis pour Larache où, Henri et moi, n'avons fait que passer en emmenant nos deux fils, Henri et François, et laissant le gros de la troupe à ma belle-mère. Nous avions hâte de nous installer chez nous à Oued Akreuch, au Kilomètre 9 de la route des Zaër, en bordure de la forêt de Temara.

Comme je l'ai dit, la maison était bien meublée mais hors d'état d'accueillir convenablement quatorze personnes sans compter le ménage de domestiques, car en plus de nous tous, venaient s'installer chez nous les trois filles de ma belle-sœur Murat, Isabelle, Gilone et Monique d'Harcourt, qui allaient poursuivre leurs études à Rabat avec mes filles.

Aux premiers jours de notre établissement à la maison, j'ai dû courir à Rabat et même à Casablanca, où nous allions en train, pour tenter de trouver l'indispensable en attendant l'arrivée du « Desesperado ». Des dames et des amis de Rabat, Mme Négrier, les Cordier, le Dr Guillemoteau, les Burais également, m'ont donné à cette occasion un coup de main décisif. Les jours suivants, notre premier soin a été d'inscrire nos deux garçons chez les frères des Ecoles chrétiennes de Rabat, leurs études commençant à être sérieusement perturbées.

Notre villa si commode, et particulièrement bien conçue par un architecte français, se composait d'un grand rez-de-chaussée surélevé, entouré de balcons et de terrasses qui donnaient d'un côté sur un joli jardin, et de l'autre sur la forêt des Zaër ; face à l'entrée, bien séparée par le jardin, passait la grande route et, au-delà, la vue portait sur les grands champs qui s'embrasaient au soleil levant.

La maison avait un étage mansardé qui n'était en fait qu'un grand grenier éclairé par plusieurs fenêtres. Dans ses recoins avaient été installés pour les enfants des châlits en bois aux matelas en paille de maïs. Le lit d'Annick Bedel était abrité derrière un paravent, ceux des six filles dans une des ailes du grenier, ceux des deux garçons dans une autre, et le tout composait un vaste dortoir où c'était vraiment le diable quand il fallait ramener un peu de calme, le soir... Seule dans ce capharnaüm, Madeleine avait une chambre fermée par une porte et qui servait souvent de salle d'études.

Un soir, en allant embrasser les enfants, j'ai découvert ma petite Anne recroquevillée tout au haut de son lit ; comme je lui demandais pourquoi elle ne s'étendait pas, elle m'a montré en pleurant ce qui soutenait son matelas : deux planches seulement en tout, toutes les autres ayant été prélevées par les grands... pour remplacer celles qu'ils avaient cassées en sautant sur leur lit !

Avant l'arrivée du reste de la famille, Henri, moi et les deux garçons avons passé quelques jours exquis. Comme nous n'avions pas encore notre carriole et qu'il était interdit de circuler en auto le dimanche, nous restions à la maison et de toute façon nous tenions à garder nos derniers litres d'essence pour les cas d'urgence. C'était en mai, il faisait frais dans le grand salon donnant sur la terrasse, et les jasmins embaumaient... Henri nous lisait la messe dominicale puis montait les deux chevaux dans l'attente de notre futur break. Je flânais et bricolais dans la villa et le jardin, à l'ombre des faux poivriers et nos journées se passaient dans une paix infinie.

C'est le 6 mai que s'est produit à Rabat le grand débarquement familial !...

Nous avons commencé par nous attabler tous au Balima pour un copieux en-cas ; la duchesse de Guise présidait avec Bobby le basset, flanquée de nos belles-sœurs Isabelle et Françoise ; venait ensuite toute notre troupe sans oublier Irma, la femme de chambre de ma belle-mère et M. Chambon, l'intendant. En grande procession, nous sommes ensuite tous partis pour le Kilomètre 9, pour l'inauguration de notre nouveau refuge, Oued Akreuch, et dans la foulée nous avons fêté joyeusement, le lendemain, l'anniversaire de la duchesse de Guise.

A partir de ce jour, la maison n'a plus désempli... A tout instant arrivait de Larache quelqu'un de la famille ou, à la fin de ses journées de travail, Henri ramenait impromptu des amis de Rabat.

En Lharcen et Heura, sa femme, nous avions un personnel d'un dévouement absolu ; intelligents et très débrouillards, ce couple de Marocains de la montagne arrivait, malgré le rationnement, à nous préparer toujours des repas excellents. Dans les douars près de chez nous, Lharcen trouvait poulets, lapins et légumes ; il nous confectionnait aussi des desserts exquis avec des glands qu'il allait ramasser dans la forêt proche. Cela donnait des entremets au goût de marrons glacés qu'il montait en casbah avec des créneaux faits d'amandes.

Un jour, j'ai décidé d'aller ramasser moi aussi des glands avec les enfants. C'était un vendredi, jour où Lharcen et Heura allaient au bain à Rabat. Avec l'aide des demoiselles j'ai fait ensuite une purée de notre cueillette... Lorsque le plat est arrivé sur la table, j'ai vu que tout le monde faisait la grimace ; j'ai ordonné péremptoirement qu'il n'y avait aucune raison de faire des caprices parce que les glands étaient en purée au lieu d'être montés en casbah... Tout le monde a mis le nez dans son assiette avec une mine encore plus triste et Henri m'a demandé alors si j'avais goûté à ce plat... « Non pas encore », ai-je répondu. Eh bien, c'était vraiment comme si l'on avait mangé de l'alun pur. J'ignorais que certains chênes verts seulement donnaient des glands doux et mes fameux glands étaient des glands amers. Ce jour-là, notre repas a été plutôt maigre et depuis cette expérience, Lharcen a toujours pris soin de préparer le repas du vendredi avant d'aller faire ses ablutions rituelles en ville.

C'est au mois de juin que nous avons enfin pu trouver un break et atteler nos chevaux. C'était un de ces stupides breaks à roues d'auto que l'on construisait pendant la guerre et en revenant de Rabat avec le marché, Madeleine et moi avons failli rester coincées dedans, car la partie où nous étions assises s'est subitement effondrée et le tout s'est replié sur nous !... Heureusement, nous étions encore près des portes de la ville, toujours pleine de monde, et l'on est vite venu à notre secours. Quelqu'un a téléphoné à Henri qui est descendu nous dépanner avec notre petite auto et nous avons pu sauver le marché. Comme je conduisais encore très mal, Henri m'a reconduite à la maison et c'est la chère Madeleine qui a été chargée de ramener le cheval.

Notre écurie a fini par bien se monter, avec trois chevaux, un vrai break anglais et un beau et solide cocher nommé Halelh, haut de deux mètres, coiffé d'un turban blanc et si magnifique dans son beau burnous bleu. Trois chevaux ce n'était pas trop : il en fallait un pour conduire les enfants en classe à Rabat le matin et revenir avec le marché ; un autre pour ramener le soir mes quatre aînés et les trois petits d'Harcourt ; le troisième restait en réserve en cas de maladie des deux autres. Nos chevaux nous donnaient bien des soucis ; les nuits étant très humides et brumeuses, ils attrapaient souvent des bronchites. Je les soignais comme mes propres enfants avec à peu près les mêmes remèdes mais en mettant... des doses de cheval, bien évidemment ; je leur faisais même des cataplasmes et lorsque leurs paturons étaient enflés, j'essayais non sans mal de les faire entrer dans le petit bassin du jardin...

Tout à côté de la villa, il y avait les communs, les chambres du personnel et les écuries et dans la nuit calme, j'entendais les chevaux s'ébrouer. Nous en avons eu un très coléreux qui ne supportait pas le voisinage des deux autres et plusieurs fois, au beau milieu de la nuit, nous l'avons entendu taper contre la porte qui s'ouvrait bientôt d'un coup... Et voilà notre cheval qui partait au galop dans le jardin !...

Je vois encore Henri sautant par la fenêtre dans le jardin, pieds nus et en pyjama. Je suivais comme je pouvais et c'était alors une vraie corrida... J'allais vite fermer la barrière qui donnait sur la grande route, nous appelions les demoiselles à notre secours et après une course échevelée en chemise de nuit et en robe de chambre, nous arrivions enfin à capturer le récalcitrant. Les fleurs de nos plates-bandes, hélas ! souffraient beaucoup de ces gambades nocturnes...

J'aimais notre grande chambre que les fleurs d'un arbuste,

sous notre fenêtre, embaumaient. On l'appelle là-bas le « galant de nuit » car le parfum de ses petites fleurs ne s'exhale que tard la nuit.

Par la fenêtre ouverte sur le balcon, je voyais de notre lit le jardin et par-dessus la barrière, la grand-route qui le longeait. Qui dit grand-route pense bruit, agitation et mouvement de voitures. Notre grand-route n'était rien de tout cela ; elle servait au trafic de Rabat à Petitjean et restait pourtant presque toujours silencieuse. De notre jardin bien clos, elle me donnait une belle impression d'espace. La nuit, les nomades y passaient avec leurs troupeaux et les petits pas pressés des moutons crépitaient comme grêle sur l'asphalte. Puis l'air résonnait de voix ; c'était un groupe d'Arabes qui marchaient pieds nus, à vive allure, tout en causant.

Au petit matin, au-delà de la barrière et de la route, je pouvais voir les grands champs rosir au soleil levant. Toute la maisonnée dormait, le bébé Diane dans son petit lit à côté du nôtre ; elle était redevenue une belle petite fille rose et blonde. Un merle joyeux et matinal sifflait. J'étais heureuse.

J'ai eu la chance d'être toujours bien à l'aise dans toutes les maisons dont les hasards de nos transhumances m'ont dotées. Dans chaque demeure nouvelle, de nouveaux petits trésors s'accumulaient et au temps d'Oued Akreuch, c'était une collection de pièces d'or et d'argent que j'avais glanées. Elles se sont toutes perdues au gré du temps ou ont été aspirées dans les poches de mes enfants, sauf une seule que j'ai donnée à un ami, en souhaitant qu'elle lui porte encore bonheur.

Ainsi va la vie...

J'ai beaucoup pensé et médité dans cette chambre vert pâle aux beaux meubles modernes et clairs. C'est là aussi que j'ai compris que l'amour serait toujours ma seule véritable joie. C'est là aussi que je me suis engagée délibérément sur une route que je devinais difficile et passionnante et dont je n'ai plus dévié depuis. Ces méditations ne m'ont pas empêchée de me lancer à corps perdu dans les multiples utilités de la vie quotidienne.

Nous n'avions pas d'électricité et l'éclairage parcimonieux nous était fourni par des bougies et des lampes Pigeon. Nous disposions d'une seule lampe Tito Landi pour les études du soir des enfants. En hiver, lorsqu'ils revenaient de Rabat, il faisait nuit et le matin ils repartaient tous les sept au petit jour ; une fois je les ai accompagnés... A mesure que le jour se levait, j'ai constaté avec honte et horreur que mes quatre aînés et les trois petites d'Harcourt étaient noirs comme des charbonniers, avec les narines et les oreilles pleines de la suie des lampes Pigeon. Je ne les avais plus vus durant la journée depuis le plus récent dimanche et je n'avais pas remarqué, non plus que les demoiselles, combien ils étaient sales. C'est un fait, qu'il n'y avait qu'une seule salle de bains pour tout ce monde et de plus nous étions tributaires d'une pompe qui marchait avec un pétrole de jour en jour plus rare.

Henri qui a, plus que quiconque, la maladie de la pierre, décida que l'on installerait une douche double, un modèle des plus modernes, avec petit vestiaire attenant ; il fallut percer un mur, amener l'eau du puits, faire pousser une sorte de verrue sur le mur arrière de la maison et quand enfin ces travaux mirifiques furent terminés, on organisa un tour pour que toute la maisonnée soit propre et nette, les garçons en premier, les filles ensuite.

Un beau jour, j'ai découvert que ces horribles enfants faisaient couler la douche à grand fracas et restaient à lire bien tranquillement assis sur le banc du vestiaire !... Ils mouillaient un peu les serviettes et au bout d'un certain temps, ressortaient vaguement peignés mais sans même s'être débarbouillé la figure. J'ai bien sûr mis le holà à cette tricherie, qui en plus gaspillait une eau si précieuse...

Un volume ne suffirait pas pour narrer le tiers des stupidités que ces chers anges ont perpétrées !... Que de fois n'a-t-on pas dû appeler le comte de Paris à la rescousse des sœurs de Saint-Omer, où mes filles et mes nièces d'Harcourt faisaient leurs études... Henri enfourchait alors sa bicyclette et abattait ses dix kilomètres pour remettre de l'ordre au couvent.

Un jour, c'est Isabelle qui a levé l'étendard de la rébellion en embrigadant sa sœur et ses cousines... A la fin d'une récréation, elles avaient décidé de ne plus retourner en classe et s'étaient retranchées sur les échafaudages d'un bâtiment que les bonnes sœurs faisaient construire. Le comte de Paris et la mère supérieure ont dû faire une véritable battue avant de réussir à coincer ces petites diablesses tout en haut des constructions. J'imagine que le tableau des bonnes sœurs retroussant leurs cotillons derrière Henri, furibond, devait être particulièrement cocasse !

Notre cocher Halelh adorait mes enfants, François surtout, à qui il achetait, au retour de l'école, de ces bons petits pains arabes ronds et plats. Quand François avait froid, il le mettait sous son burnous et l'on voyait alors juste la tête de mon fils passer par l'échancrure du vêtement...

Halelh racontait sans fins aux enfants toutes ses campagnes ; il s'était battu chez nous en France, notamment à Dunkerque et il affirmait avoir fait naufrage en Méditerranée. Son langage était loin d'être châtié et ma fille Anne, qui n'avait que trois ans et demi, trouvait un grand charme aux expressions fortes d'Halelh ; on pouvait voir souvent ce petit bout de bonne femme parcourir les allées du jardin en scandant gravement des mots de soudards à faire rougir un corps de garde...

Ces deux années passées à Rabat ont été de bien belles années mais en relisant mes agendas, je me rends compte que Henri était tous les jours davantage pris par ses activités politiques. Il allait presque quotidiennement à Rabat rejoindre tous ces messieurs, que ce soit des militaires, des fonctionnaires ou des personnalités de passage. Pour ne pas priver la maison des services du break, il descendait en ville à bicyclette et revenait par le même moyen ; quand ses réunions se poursuivaient trop tard dans la nuit, il couchait à Rabat. Malgré cela, il était très présent à la vie de famille, dirigeant tout et tous, organisant mille activités diverses, occupant les enfants à de multiples travaux : à repeindre par exemple les écuries, à passer les murs à la chaux, à creuser un bassin plus accessible pour les chevaux.

Après des journées si bien remplies, depuis l'aurore et jusqu'à la nuit, nous nous changions tous pour le dîner. Les petits enfants étaient alors couchés et déjà endormis. A cause de la guerre, les usages vestimentaires étaient plutôt inexistants et le soir nous mettions tous des burnous et des djellabas ou des robes faites dans des lainages très fins tissés à la medina de Rabat. Même Henri portait des costumes étranges pour l'époque et qui sont actuellement très à la mode... Après le dîner, nous écoutions les rares disques que l'on trouvait encore dans les magasins et jouions à des jeux de société auxquels petits et grands participaient avec un égal plaisir.

Notre maison était une île éloignée des bruits et des tourments de la guerre et nous y étions heureux quoique toujours suspendus à ce qui se passait en France, à l'image de Henri, jeune, gai, plein d'enthousiasme mais tout autant vigilant et tendu.

Hélène a fait sa première communion le 18 mai, à la cathédrale de Rabat. Comme nous étions loin de tenir dans le break, nous nous sommes entassés... à quatorze dans l'auto de la duchesse de Guise !

Ma santé pourtant m'inquiétait un peu car j'étais énorme et très enflée des jambes. D'habitude je n'allais presque jamais consulter de médecin lorsque j'attendais un enfant ; cette fois-là, comme ça ne s'arrangeait pas, je me suis décidée à aller voir le bon Dr Marmey. « Madame, vous n'êtes pas malade, vous allez très bien, m'a-t-il dit tout de go..., seulement vous attendez des jumeaux ! » J'étais ravie de cette nouvelle mais ennuyée du retard de ma layette qui était toujours en mer, quelque part entre Lisbonne et Casablanca. Comme on trouvait quand même pas mal de choses à Tanger, j'ai envoyé un S.O.S. à la duchesse de Guise sous la forme d'un télégramme ainsi conçu : « Attendons non seulement Septime mais également... Octave : prière envoyer rudiments de layette ! »

Tout s'est quand même bien arrangé finalement. Mes amies, femmes d'officiers ou de colons, avaient toutes de nombreux enfants et elles m'ont prêté tout le nécessaire, y compris les robes de baptême.

Il nous arrivait souvent de descendre tous à Rabat, nous autres dans le break, les demoiselles à bicyclette ; après les courses et le marché, le grand luxe était de déjeuner au Balima où la table n'était pas extraordinaire mais le changement très apprécié...

Durant les deux années que nous avons passées au Maroc, c'est l'extraordinaire qualité de certaines relations sociales qui s'impose le plus à ma mémoire. Par reconnaissance et amitié, je veux évoquer ici, sans en omettre aucune, j'espère, toutes les familles françaises qui nous ont reçus pour de très nombreux déjeuners et dîners... Les Brach, les Sire, les Billecocq, les Pierre Bernard, et à Casablanca, les Ogée et les Sauron, les d'Arcimolles aussi, famille d'officiers et les Hardion, des diplomates, les Leinard, enfin les Cordier, les Bergeon, les Trintignac et Castelbajac, Boby de Gonneville, l'amiral d'Harcourt et toute sa famille. Ils étaient si nombreux que ma mémoire, pour l'heure, ne les a pas tous gardés. Puissent-ils me le pardonner !

Le dimanche, ils venaient tous chez nous avec leurs enfants, les uns à pied, les autres à cheval ou à bicyclette... De grandes parties de gendarmes et de voleurs s'organisaient dans le jardin, auxquelles tous les parents prenaient part avec entrain. Tout ce monde restait ensuite à dîner ; notre brave Lharcen faisait des miracles : le couscous, universel plat de résistance, servi dans de grandes cuvettes en tôle émaillée, était aussi copieux qu'excellent...

J'aurais encore tant à dire de tous ces mois passés au Maroc français et si bien remplis ! Qu'on se figure cette famille sereine, vivant comme entre parenthèses, matériellement pourvue de tout ce qui lui évitait une agitation inutile et cependant entièrement suspendue à des événements historiques sur lesquels elle n'avait pour l'instant aucune prise...

Vivant donc une vie étale en apparence seulement, et perpétuellement braquée en fait sur tout ce qui, de près ou de loin, montait à l'horizon lointain et allait déterminer de manière essentielle la destinée du Prince.

Pendant les soirées, Henri, les demoiselles et moi-même discutions du caractère des enfants et tentions de mieux les comprendre et les guider. Je souhaite que cela ait porté ses fruits ; mais on a beau vouloir comprendre ses enfants, s'efforcer de les deviner même, les impondérables de la vie bouleversent sans cesse toutes les données...

Isa avait dix ans. Elle se révoltait souvent contre sa famille mais cela ne m'inquiétait pas dans la mesure où elle était d'une franchise totale, agrémentée de beaucoup d'humour. Un jour elle est arrivée et m'a demandé à brûle-pourpoint comment les enfants venaient au monde. Je le lui ai expliqué succinctement. « Oh ! comme je suis contente », m'a-t-elle dit alors. « Mais pourquoi donc ? » lui ai-je demandé... « Eh bien, on m'a toujours raconté qu'on trouvait les enfants dans les champs de choux et je me disais que n'importe qui aurait pu me trouver. Maintenant je sais enfin que je suis bien à vous !... »

Elle m'a demandé ensuite si les mamans donnaient bien du lait à leurs enfants comme l'ânesse qui était dans le champ, près de la maison. J'ai dit que oui. Elle s'est mise alors à se tordre de rire. J'étais plutôt interloquée mais elle m'a expliqué ceci : « Si je ris tant c'est à l'idée que Papa lui-même a été allaité par ma grand-mère !... »

Nous n'attendions les jumeaux que vers le 10 juillet.

Le 24 juin, au milieu de la nuit, un cauchemar me réveille ; je ne me sens vraiment pas bien mais je n'ose réveiller Madeleine car quelques jours auparavant, j'avais eu une fausse alerte. Vers 6 heures du matin, cela ne va vraiment plus du tout et Madeleine et moi-même étions vraiment perplexes ; j'ai fait ma valise à tout hasard et me suis décidée à téléphoner à Henri qui était resté à Rabat la veille, pour y travailler. Il m'a dit qu'il trouvait préférable que je descende à l'hôpital avec notre auto et nos derniers litres d'essence, car à bicyclette il n'arriverait certainement pas à temps pour me conduire. Cette proposition nous a plongées, Madeleine et moi-même, dans une perplexité encore plus grande, car en matière de conduite automobile, nous n'avions, l'une comme l'autre, que des notions plus qu'incertaines. Le temps passant, nous nous sommes tout de même embarquées vers 7 heures dans notre auto, du genre guimbarde de médecin de campagne 1920. C'est Madeleine qui a commencé par prendre le volant. Mais l'auto a démarré très bizarrement puis a calé plusieurs fois et j'ai dû me résoudre à conduire. Après m'être bien cramponnée au volant j'ai réussi à démarrer et nous voilà parties cahin-caha. Madeleine me regardait sans cesse du coin de l'œil en se demandant si elle n'allait pas devoir m'accoucher dans le fossé... J'ai enfin fait une entrée remarquée à l'hôpital Lyautey où la petite sœur missionnaire franciscaine de Marie, prévenue par Henri, m'attendait avec lui sur le perron. Ces charmantes petites sœurs n'ont jamais voulu croire qu'il était urgent qu'on s'occupe sérieusement de moi... Quelques instants plus tard, le Dr Marmey m'accouchait de Michel, et de Jacques une demi-heure après.

Pendant les vingt jours qui ont suivi, les petites sœurs et tous mes amis de Rabat se sont relayés pour me choyer et me dorloter. Mlle Colette de Kernars est arrivée de Port-Lyautey où elle était auprès de sa sœur, mariée avec un officier ; de ce jour, elle s'est occupée de mes deux jumeaux avec un très grand dévouement et elle s'est rapidement liée d'amitié avec Madeleine de Montbron, ce qui m'a fait grand plaisir car ainsi l'ambiance de la maison n'a jamais cessé d'être sereine et gaie.

Comme à chaque fois, j'ai profité de cette naissance pour me reposer pendant trois semaines au lit, et faire, en plus de longues lectures, le point avec moi-même.

Ma première sortie a été comme d'habitude pour la cérémonie des relevailles. Actuellement, personne n'a plus la moindre idée de ce que cela veut dire. Le sens de cette pieuse coutume est de rappeler la présentation de l'enfant Jésus au Temple par sa mère et dans ces années 40, l'Eglise proposait encore aux fidèles ce rite touchant de dévotion mariale ; il comprenait une bénédiction spéciale pour l'enfant et la mère et la remise d'une obole en souvenir des deux colombes offertes par la Vierge.

C'était aussi pour nous l'occasion de faire une réunion familiale et intime et cette fois-là, à Rabat, cela s'est passé dans la chapelle des petites sœurs missionnaires de Marie ; au jour dit j'ai vu arriver dans la carriole tout mon bouquet d'enfants conduits par Henri et les demoiselles et lorsque nous sommes allés à la chapelle, Anne a été très fière de donner la main à sa petite sœur Diane qui commençait à marcher.

Après les relevailles, j'ai immédiatement repris ma vie active. J'ai enfourché avec joie notre principal moyen de locomotion, la bicyclette, et tout de suite également je me suis remise en selle pour une belle promenade à cheval avec Henri dans la forêt des Zaër. Quelle merveille que de pouvoir galoper à nouveau sous ces beaux chênes verts !

Nos petits jumeaux nous donnaient cependant des soucis. Depuis leur naissance, soufflait un terrible sirocco, vent torride qui déshydrate très rapidement les bébés... Tous les jours, nous devions aller en ville à la brasserie pour y chercher des barres de glace pour rafraîchir l'air de la chambre des nouveau-nés. Inlassablement, la chère Colette trempait toutes les heures nos petits bonshommes dans l'eau et leur donnait, entre leur biberon, des gouttes de citron.

Il a fait ce temps-là jusqu'à leur baptême, le 27 juillet, mais finalement ils ont très bien supporté cette épreuve. Comme parrain et marraine des jumeaux, le prince a choisi les ouvriers et les paysans de France. Représentant les ouvriers, ce sont Mmes Plumier et Carluy de France métropolitaine, M. et Mme Forler, de Casablanca, ainsi que Louis Peyret, qui ont été les parrains du prince Michel. Pour le prince Jacques, les agriculteurs sont représentés par M. Paul Armbruster, un Alsacien replié dans le sud de la France, Mme Maria Péré, une Béarnaise, M. et Mme de Rancourt et M. Lemonier, que nous avons eu la joie d'accueillir à leur descente du train d'Alger.

Nous étions très émus de les recevoir tous et ce dimanche 27 a été un jour vraiment faste. Pour commencer, nous avons tous assisté à une messe très matinale chez les clarisses, puis Colette de Kernars, les jumeaux et moi-même avons pris nos quartiers au Balima en attendant le grand déjeuner de trente couverts que nous avons offert aux parrains et marraines et à toute la famille. L'ambiance de notre joyeuse assemblée à été quelque peu perturbée par l'arrivée d'un petit groupe de monarchistes qui avaient projeté de tourner le film de cette journée mémorable...

A 5 heures, la famille au grand complet, avec les parrains, s'est retrouvée à la cathédrale de Rabat où l'évêque, monseigneur Lefèvre, un franciscain, a célébré en grande pompe et devant un millier de monarchistes fidèles venus des quatre coins du Maroc, le baptême de Jacques et de Michel.

Après la cérémonie, nous n'avons guère pu aller au-delà du porche, car chacune des personnes présentes a voulu nous saluer et nous parler. Cela nous a entraînés fort tard dans la soirée et nous ne sommes rentrés à la maison qu'à 10 heures du soir, un peu fourbus mais si réconfortés par ce flot de sympathie...

Pendant tous les jours suivants, la noria familiale, entre la maison et le Balima, la duchesse de Guise, mes belles-sœurs et leurs enfants, sans oublier les parrains, très accablés par le sirocco, s'est mise à tourner en permanence. Henri courait d'une réunion à l'autre avec des personnalités venues de France et le bouquet final a été le goûter que nous avons offert aux cent quarante enfants de la paroisse des franciscains.

Le 31 juillet, ce furent les adieux. Mlle de Montbron, accompagnée de plusieurs parrains, est repartie en France pour y retrouver sa famille qu'elle n'avait pas vue depuis trois ans. Un nouvel été a commencé avec tous les enfants en vacances à la maison et pour ne pas laisser les quatre petits seuls, nous avons dû nous organiser pour les marchés et la messe du dimanche, qui était presque toujours celle de 7 heures et demie chez les clarisses. Leur couvent, qui se trouvait sur notre route, juste avant Rabat, était sombre et minuscule, et sujet permanent d'interrogation, nous n'avons jamais pu savoir pourquoi leur chapelle était si malodorante...

Ceux de la fournée du petit matin allaient à Rabat à bicyclette, les autres s'y rendaient en carriole.

Parfois, j'allais aussi à Casablanca par le train pour visiter des amis et faire des courses. Je faisais à chaque fois enregistrer mon vélocipède car c'était tout de même plus rapide et moins onéreux que les courses en fiacre. Une fois, au retour, en débarquant du train, il faisait déjà nuit et il commençait à pleuvoir. Je me suis engagée bravement sur la route des Zaër... 9 kilomètres sous des trombes d'eau. En ces temps de pénurie, il arrivait que l'on se fasse attaquer et dépouiller de ses vêtements. Je pédalais donc à toute vitesse sur la route qui, en plus, grimpait jusqu'à chez nous. La pluie, qui redoublait, me battait la figure et soudain, j'ai entendu le bruit d'une bicyclette qui semblait vouloir me rattraper. J'ai eu une peur bleue et j'ai enlevé aussitôt mes bagues que j'ai ficelées dans mon mouchoir. Le cycliste se rapprochait et j'avais de plus en plus peur. J'ai tout d'un coup entendu un homme me dire : « Alors ma petite dame, c'est comme ça qu'on est seule sur les routes ? Ce n'est pas prudent ! »

En entendant du français de France, ma peur est un peu tombée. J'ai bafouillé quelques mots pour dire à l'inconnu que j'allais au Kilomètre 9. « Ah, vous habitez chez le comte de Paris ! me dit-il alors. Eh bien, je vais vous accompagner jusque-là car vraiment ce n'est pas prudent d'être seule sur les routes par un temps pareil ! » Les propos de ce brave homme m'ont bien vite rassurée et alors que sa maison était au Kilomètre 5, il m'a gentiment accompagnée jusqu'à la barrière d'Oued Akreuch.

Les dimanches, c'était souvent l'invasion des visites impromptues et lorsque les Faure, les Ottenheimer, les Villar et Leinar se donnaient ainsi rendez-vous chez nous avec leurs enfants, nous étions près de trente personnes. Cela commençait d'abord par un grand pique-nique sur la terrasse ; il fallait bien refaire ses forces avant la partie de gendarmes et de voleurs qui durait tout l'après-midi !... Pour mieux courir, Mme Ottenheimer avait l'habitude d'enlever ses souliers ; croyant échapper un jour au comte de Paris, elle s'est engagée pieds nus dans le bassin. Cela n'a pas retenu Henri un instant qui s'est lancé à ses trousses... avec ses souliers aux pieds !...

Ces jeux violents se poursuivaient sans interruption jusqu'à l'heure du goûter, puis tout le monde s'entassait à nouveau dans les véhicules les plus hétéroclites, mais tous plus ou moins hippomobiles ; après ces journées bien remplies, nous nous couchions de bonne heure dans le calme de notre maison solitaire.

Pendant les vacances seulement, nous pouvions faire la grasse matinée, cela signifiait que le branle-bas ne commençait qu'à 8 heures !...

Très rapidement le bruit s'est répandu que notre maison était ouverte à tous ; conseillé par le comte de la Villerabel, le curé d'une paroisse des environs nous a amenés une fois une cinquantaine de « cœurs vaillants », des gentils petits gars mais qu'il a fallu faire goûter ainsi que le curé qui a mangé comme six. Quant à moi, j'ai dû ramener M. de la Villerabel exténué, en carriole...

A l'ordinaire toutefois, nos journées s'écoulaient paisiblement et je pouvais alors ranger la maison, coudre ou ravauder les effets des enfants, assise dans le jardin avec les demoiselles. Nous transportions les deux petits lits des jumeaux à l'ombre des arbres tandis que Anne et Diane faisaient la sieste, allongées dans les hamacs pendus aux faux poivriers de l'allée. Ces hamacs et bien d'autres merveilles avaient fini par nous parvenir, le fameux « Desesperado » ayant enfin réussi à jeter l'ancre à Casablanca...

Un matin, j'ai décidé d'aller voir à la cave où en étaient nos provisions. J'avais apporté de Lisbonne cinq kilos de pruneaux secs et je me suis dit que j'en prendrais bien pour le dessert du soir. Misère ! ils étaient plein de vers... Je remonte la caisse et sur le muret de la terrasse, je me mets à trier mes pruneaux ; les enfants m'aident et nous essayons de sauver ce que nous pouvons. Lharcen, le brave cuisinier, m'a dit alors : « Laisse cela, je vais tout arranger. Je vais tremper les pruneaux dans du vin rouge, les vers sortiront tous et après je te ferai un bon dessert. » Les plats doux étaient rares à cette époque car le sucre était très rationné, comme beaucoup d'autres choses. J'ai donc fait confiance aux dons d'escamoteur de Lharcen.

Le prince a proposé alors que nous partions tous en pique-nique ; les demoiselles et moi-même avons préparé toute l'expédition, sanglé les provisions sur un cheval et les enfants plus jeunes sur un autre et puis, Henri en tête, nous sommes partis à pied à travers champs, collines et vallées, pour aller à la découverte de grottes. Nous en avons trouvé une si profonde que j'en ai été inquiète pour les enfants ; Henri brûlait des journaux qu'il jetait dans ce gouffre qui paraissait sans fond... J'avoue ne pas aimer beaucoup ce genre de distractions, mais comme Henri et les aînés se divertissaient si bien... je me suis assise plus loin avec mes filles, Anne et Diane. C'était la période où Anne jouait toute la journée à l'infirmière et elle ne quittait pas un instant son voile blanc orné d'une croix rouge. Elle était vraiment trop mignonne à regarder, toute petite et bien grassouillette, courant dans les herbes sèches avec son voile qui volait au vent...

Il a tout de même fallu rentrer à la maison où nous avions laissé les jumeaux à la garde de Heura ; il faisait une chaleur torride, nous étions couverts de poussière et formions assurément une drôle de troupe !... Lorsque nous sommes arrivés à proximité de la maison, nous avons aperçu, faisant les cent pas sur la terrasse, devant le salon, un officier de marine tout de blanc habillé. Il nous a aperçus mais a eu le plus grand mal à reconnaître le Prince sous son turban jaune, pieds nus dans ses naïls. Quant à moi, tout hirsute et halant le cheval où étaient juchés les quatre enfants, n'en parlons pas !

Ce bel officier était en permission et désirait saluer le Prince. Naturellement nous l'avons invité à dîner. Après nous être décrassés, nous avons réapparu, enfants et demoiselles compris, dans une tenue plus en rapport avec l'idée que notre invité pouvait se faire de nos personnes.

Nous nous sommes mis à table, une grande table avec des bancs sur les quatre côtés et si le repas est frugal, la conversation ne laisse pas d'être des plus agréables. Enfin l'heure du dessert arrive et on apporte les fameux pruneaux... Tout le monde se sert sans sourciller mais du bout de la table, mon fils Henri lance : « Maman, est-ce que ce sont les pruneaux qui étaient sur la terrasse ce matin ? » Je fais semblant de ne pas entendre. « Maman, est-ce que ce sont les pruneaux que nous avons triés ce matin ? » insiste Henri... Le Prince me donne des coups de pied sous la table, les demoiselles mettent le nez dans leurs assiettes et moi je poursuis la conversation avec notre invité comme si de rien n'était. Mais il n'y a pas moyen de faire taire cet affreux enfant qui dit : « Maman, est-ce que ce sont bien les pruneaux qui étaient pleins de vers ? ! » J'ai bien sûr répondu d'un air dégagé que ceux qui avaient des vers ont été jetés et que ceux-ci n'en ont donc pas. Tout rougissant, mon pauvre officier de marine a avalé stoïquement ses pruneaux, qui nageaient dans une sauce au vin rouge, du plus bel effet...

Grâce à Dieu, notre vie était ainsi émaillée de petites aventures en tous genres qui mettaient beaucoup de sel dans notre quotidien, ce dont les enfants surtout ne nous ont pas privés... Un soir, ils dormaient tous dans le grenier, sous leurs moustiquaires. Comme nous n'avions pas d'électricité, ils montaient se coucher avec des bougies et ce soir-là, François n'a rien trouvé de mieux que de se mettre au lit sa bougie à la main. La moustiquaire s'est bientôt mise à flamber gentiment ; heureusement Mlle de Kernars passait par là et elle a juste eu le temps d'empoigner le voile enflammé et de le jeter par la fenêtre. « Mais enfin, prince François, lui a-t-elle demandé, pourquoi n'avez-vous pas appelé et pourquoi êtes-vous resté tout tranquillement dans votre lit ?... » Et lui de répondre : « C'était si joli là-dessous, j'étais comme dans une église tout illuminée ! »

Une autre fois, pendant une de nos promenades, mon fils Henri s'est mis à taquiner un guêpier. Naturellement les guêpes se sont révoltées et nous avons vu notre bonhomme courir en hurlant, les guêpes à ses trousses... Le Prince est aussitôt venu à son secours, l'a jeté par terre en le recouvrant de sa jaquette et les guêpes sont parties plus loin ; mais le pauvre enfant a eu plusieurs piqûres que nous avons soignées avec les moyens du bord, c'est-à-dire avec un peu d'eau et de la terre glaise qui nous a servi à lui faire des emplâtres, non sans avoir enlevé les dards en les faisant sauter avec un couteau et non pas en tentant de les extraire avec les doigts, le dard jouant alors le rôle d'une petite seringue qui injecte tout le poison. Je pense en fin de compte qu'il s'agissait plutôt d'abeilles car les guêpes laissent rarement leur dard. Enfin, qu'on n'attende pas de moi ici un cours d'apiculture...

Quand nous nous rendions dans le bled chez des amis colons pour des battues de sangliers ou des chasses aux perdreaux, nous tirions avec des fusils prêtés. Pour le baptême des jumeaux, on nous a fait une merveilleuse surprise. Nos amis s'étaient cotisés pour nous offrir deux fusils, un 12 pour le Prince et un 16 pour moi ; c'était vraiment extraordinairement gentil et cela nous a fait un immense plaisir...

Il arrivait aussi que nous partions en expédition sans nos enfants. Un de nos buts préférés était alors Casablanca et le magasin de notre ami Sauron, un armurier qui avait encore un gros dépôt des Manufactures de Saint-Etienne ; sa boutique était aussi un lieu de rendez-vous amical où tout le monde venait aux nouvelles.

Lors d'une de ces escapades, nous nous sommes offert un bon déjeuner en tête à tête au restaurant. Nous devions avoir l'air particulièrement heureux tous les deux car en nous voyant, une connaissance de Henri n'a pas osé nous saluer, croyant que Henri était en bonne fortune. C'est seulement plus tard, chez l'armurier où nous l'avons retrouvé par hasard, qu'il s'est rendu compte de sa méprise. Cela nous a tous bien amusés.

A la fin de l'été 1941, nous nous sommes trouvés sans eau

parce qu'à court d'essence ! Là aussi des amis fidèles nous en ont donné après quelques jours d'une quête difficile...

A cause de la chaleur, le marché de la viande et du poisson de Rabat dégageait des odeurs si agressives que les courses là-bas m'étaient une franche corvée. Je me réfugiais donc vite vers le marché aux légumes et aux fruits ou dans des magasins pour ainsi dire vides d'objets, mais si commodes pour faire la conversation. Celui de M. et Mme Burais, qui sont restés ensuite longtemps à notre service, me servait alors de centre de ramassage des denrées, et d'atelier de confection de colis, destinés aux prisonniers d'Europe. Le Prince et moi-même recevions beaucoup de cartes de prisonniers sans famille ou ayant des familles qui ne pouvaient rien leur envoyer. C'est grâce à ce centre, qui était doté d'un contingent de cartes spéciales, que nous pouvions acheter des denrées rationnées et les leur faire parvenir.

Un bel après-midi, un panier à chaque bras et un fichu sur la tête, je marchais à vive allure dans Rabat. Et me croisant, un monsieur m'a dit très aimablement : « Oh, la belle Normande ! » Je lui ai souri et j'ai passé mon chemin, je suis certes Normande mais seulement pour être née à Eu et y avoir vécu. Ce compliment m'a néanmoins fait grand plaisir...

Quelques jours après, le Prince et moi-même nous dînions chez les Fontainieu qui avaient une belle ferme près de chez nous. Il y avait là plusieurs invités, entre autres un certain monsieur de Sainte-Preuve qui est devenu rouge comme une pivoine en me voyant. C'était lui le monsieur au compliment charmant et je l'ai alors remercié.

Le brouillard s'infiltre dans la maison mal chauffée. Les nuits de décembre sont froides, notre éclairage au pétrole et aux bougies n'est pas fameux ; on voit très mal dès le coucher du soleil... Les enfants, Mlle de Kernars, mes chevaux, tout le monde est malade. Ils ont tous des bronchites et Dieu sait quoi ; jusqu'à présent personne heureusement n'a attrapé le paludisme, sauf le comte de Paris qui l'a depuis son enfance et qui a eu quelques petites crises.

Vers la mi-décembre, les plus touchés vont mieux, notamment

Jacques, Diane et Mlle de Kernars qui sont bientôt sur pied. A peine remis, Henri décide d'aller passer les vacances de Noël à Ifrane. C'est aussitôt le branle-bas général...

Grâce à l'intervention de quelques amis, j'ai pu acheter à l'intendance militaire une pièce de drap kaki dans laquelle j'ai fait faire des pantalons de ski pour tous mes enfants, sauf les jumeaux, bien sûr, qui n'avaient que six mois, mais également aux trois demoiselles et aux trois petites d'Harcourt. J'ai trouvé des planches de bois, que l'armée avait baptisé « skis », et des godasses ; nous avons emballé du linge, des couvertures, des petits lits d'enfants et j'ai enregistré le tout à la gare : il y en avait pour neuf cents kilos !

Avant de prendre le train pour Ifrane où M. et Mme de Cacqueray nous ont prêté une immense et magnifique villa, le premier contingent de voyageurs, Henri et moi-même, les jumeaux, Anne, Diane et Colette, ont couché au Balima. Cette nuit-là Diane a eu peur dans cette chambre inconnue et elle est venue se réfugier dans notre lit. Elle a dormi comme un ange et nous deux... pas du tout !...

Le lendemain, Henri nous expédiait par le train avec une femme de chambre espagnole prêtée par la duchesse de Guise.

Le voyage par Petitjean et Meknès était plutôt long et à Petitjean, des amis sont montés dans le train pour me tenir compagnie jusqu'à Meknès ; Pepita, notre malheureuse bonne espagnole, a vomi pendant tout le voyage...

A Meknès, nous avons déjeuné chez les Lenoir, administrateurs de cette région et c'est M. Lemonier qui nous a conduits en auto au terme de notre voyage. La route a été ponctuée bien sûr de nombreux arrêts biberons pour les jumeaux, dont un en pleine montagne à El Hajeb, chez les Place. Nous ne sommes arrivés à Ifrane qu'à la nuit, avec une Pepita toujours aussi déconfite. Ces expéditions familiales peuvent paraître bien acrobatiques ; elles le sont pourtant moins dans la mesure où j'ai toujours été aidée par des amis dévoués.

A Ifrane, le temps était radieux et avec Colette nous avons commencé à installer la maison où il y avait très peu de meubles. Heureusement, le Grand Hôtel d'Ifrane était complètement fermé et en fouillant les alentours, j'ai fini par mettre la main sur un brave intendant qui m'a laissé prendre tout un camion de lits et d'armoires que j'ai bien sûr rendu à la fin de notre séjour.

Il n'y avait encore que très peu de neige et il faisait un temps si beau que l'on avait l'impression de respirer du champagne. Nous laissions les enfants à Pepita pour pouvoir faire connaissance avec les autochtones, qui nous ont alors renseignés sur les possibilités de ravitaillement. Bientôt, tout était fin prêt pour l'arrivée du reste de la smala...

Conduits par le fidèle Place, c'est en auto que le deuxième contingent, composé de Mlle de Montbron, de mes quatre aînés, de Monique d'Harcourt et d'une femme de chambre, est arrivé de Meknès.

Le troisième, emmené par le comte de Paris, avec Gilone, Isabelle, Bernard d'Harcourt et notre cocher Halelh, qui en fait avait peu de raisons d'être là, s'est offert tout le trajet en autobus à gazogène ; Lharcen et Heura sont restés à Oued Akreuch car le Prince comptait y retourner assez vite.

Mon cher mari n'a jamais pu rester longtemps au même endroit. Pour mille raisons, dont la principale était la passion politique. Je pense que c'est son ambition aussi légitime que lancinante de retourner enfin en France, qui lui inspirait ce perpétuel besoin d'aller ailleurs. Il n'avait pourtant rien d'un homme agité et lorsqu'il était à la maison, il y assurait un calme qu'il savait aussi faire durer savamment.

Le dernier groupe enfin, pour en revenir à notre expédition, réparti entre deux autos où avaient pris place la duchesse de Guise, mes deux belles-sœurs, et Michel de Grèce, fils de ma belle-sœur Françoise, flanquée de sa bonne, un terrible dragon ; une femme de chambre, une cuisinière et la fidèle Irma qui était au service de la duchesse de Guise depuis plus de trente ans, ainsi que le basset Boby complétaient cette ribambelle qui fit à Ifrane une arrivée des plus notables...

Le 24 décembre, nous sommes tous partis en bande avec le garde des Eaux et Forêts, pour chercher un arbre de Noël. Au milieu des cèdres, dans ce paysage de Bethléem, nous avons d'abord suivi un torrent qui courait parmi les rochers ; le comte de Paris avait pris la tête de l'expédition, tenant par la main Hélène et François, les plus petits...

Comme d'habitude, les enfants se sont égaillés en riant et

sont partis fureter sous les grands arbres pour trouver la mousse qui allait décorer la crèche. Mais le but de l'expédition était de ramener un arbre. Après avoir comparé l'harmonie de plusieurs, le garde nous a permis d'abattre celui qui avait fait l'unanimité et que nous avons rapporté triomphalement.

Tout l'après-midi s'est passé à orner ce bel arbre qui nous apportait son odeur de forêt que nous avons dressé au milieu du grand salon où un feu de bois crépitait dans la cheminée. C'était un beau Noël qui réunissait toute une moitié de la famille ; il manque toujours quelqu'un à Noël, cette fois-là c'était ma famille, retenue si loin de nous, au Brésil, mais c'était quand même un bien beau Noël...

La messe de minuit, dans la chapelle d'Ifrane, minuscule petit temple de bois, a été dite par un franciscain, le père Michel, qui venait de loin tout exprès pour célébrer les fêtes de fin d'année.

Après avoir chanté tous nos vieux cantiques, nous sommes allés réveillonner à la maison avec plusieurs Français de passage qui avaient assisté comme nous à la messe de minuit. Parmi eux, les trois jeunes Gouraud et d'autres jeunes gens, amis de nos neveux d'Harcourt. C'était la première fois que nous emmenions avec nous nos trois aînés à la messe de minuit, qui s'est ensuite transformée pour eux en permission de minuit prolongée, pour la première fois également.

Ce réveillon, centré sur toute cette ardente jeunesse, a inauguré pour moi le temps des réveillons étincelants, alors que ceux de Belgique jusqu'ici étaient surtout très paisibles. J'avais réussi à faire des desserts succulents à base de patates douces que l'on appelait pompeusement « ipome », et qui avaient le goût de marrons glacés. La duchesse de Guise nous avait apporté de Larache quelques douceurs et des viandes de choix.

A égalité dans l'ordre de mes souvenirs, je garde, avec un sentiment de grande chaleur humaine, la sensation exquise d'une maison enfin bien chauffée avec, luxe inouï en plus... l'électricité. Notre chauffage n'a claqué que quelque temps après, lorsque la neige et le froid sont venus !...

Le lieu de villégiature d'Ifrane n'était pas facile d'accès et particulièrement en ce rude hiver ; plusieurs villas étaient cependant restées ouvertes et leurs hôtes venaient régulièrement passer les soirées chez nous. Les controverses sur la littérature, l'histoire et la musique allaient bon train, ces dernières directement inspirées parfois par les concerts de la T.S.F. et le côté philippotard de ces soirées était servi par la profusion d'ouvrages manuels qui accaparaient toutes les dames.

Dans la journée, il nous arrivait de faire en famille et à pied, jusqu'à dix-huit kilomètres, au terme desquels la duchesse de Guise, mes belles-sœurs et les petits enfants nous rejoignaient en auto avec le déjeuner.

Juste avant le Jour de l'An, nous avons dû aller au village d'Ifrane assister à une séance de patronage pour le Secours national qui a duré de 3 heures de l'après-midi jusqu'à 8 heures du soir. Le gros lot de la tombola, un cochon de lait vivant, a été gagné par François. Ce pauvre petit cochon a suscité mille préoccupations ; nous l'avons d'abord installé dans une partie de la cave qui bénéficiait de la lumière du jour et où François lui apportait sa nourriture puis le promenait autour de la villa. Il a fini par devenir un véritable chien de garde, aucun vagabond n'osant plus entrer chez nous tellement il poussait des cris stridents !... En temps de restrictions, un goret de cet acabit était une vraie aubaine ; mais chaque fois que je suggérais qu'il pourrait peut-être servir quelque jour de plat de résistance, je déchaînais un tollé général. François disait en pleurant : « Mais je l'aime... mon cochon ! » En quittant Ifrane, je l'ai donné aux franciscains, car chez nous sa vie aurait été sans issue.

Voilà déjà l'année 1941 qui se termine... Là-haut nous étions si loin de tout dans ces paysages de l'Atlas — l'Atlas au nom évocateur ! — ensevelis maintenant sous la neige... A la grande joie des enfants, elle était arrivée soudain, en tempête et bientôt il y en a eu plus de deux mètres. La nuit il gelait à moins vingt et le jour le soleil était très chaud. Matin et soir nous faisions du ski sur de la glace et vers midi dans de la neige fondue...

Un beau matin, nous avons arrimé les bicyclettes sur le car, chargé les baluchons et, la majeure partie de la famille et du personnel s'est envolée vers Larache et Rabat : l'école venait de reprendre... Je suis restée seule avec les quatre plus jeunes de mes enfants, Michel de Grèce et Hélène qui avaient encore besoin de l'air des montagnes et Mlles de Kernars et Bedel sont restées pour m'aider, ce qui tombait bien car la nounou de Michel de Grèce ne voulait s'occuper que de lui.

Cette solitude relative n'a pas duré longtemps : sitôt vidée du contingent familial, la maison s'est remplie des colons de la plaine du Gharb, nos amis les blédards, les Brun, les Vatin-Pérignon, les Tennaille, les François. Ils avaient tous de jeunes enfants qui n'allaient pas encore en classe et nous les avons invités à faire un séjour à la montagne.

La neige est alors tombée avec une telle abondance que nous sommes restés bloqués à la maison et les blédards n'ont pas pu quitter Meknès. Enfin la route a été rouverte et on m'a prévenue que le car avait pu passer ; je suis allée les chercher tous à la station des autocars, accompagnée de Mlle de Kernars.

Pour revenir à la maison avec toute cette marmaille, nous avons mis un temps infini, enfonçant dans la neige molle jusqu'au ventre. Cela a surtout été une immense partie de fou rire : tombant, nous tirant et nous poussant, les messieurs traînant les bagages sur une luge, nous avons parcouru tant bien que mal les deux kilomètres qui nous séparaient de la maison. Cette équipée m'aurait amusée encore davantage si je n'avais pas éprouvé quelques inquiétudes pour Mme Jean François qui attendait un bébé.

A partir de ce jour, je suis devenue le professeur de ski de tous nos amis qui ont découvert les joies du ski à Ifrane. Moi-même je n'avais fait avant la guerre que deux saisons : l'une à Kitzbühel, l'autre à Cortina, c'est dire que je n'avais encore que des notions assez vagues. Nous nous y sommes tous mis et au bout de quelques jours, nous avons pu faire des randonnées superbes...

Nous partions, sac au dos avec notre pique-nique, montagnes après collines, sans rencontrer âme qui vive. Que c'était beau cette neige inviolée sous les cèdres où seules les panthères avaient laissé leurs traces ! Leurs pattes faisaient d'énormes ronds qui contrastaient avec les empreintes des singes qui ressemblaient à celles de petites mains d'enfants.

J'étais chef de file et dans les descentes glacées et vertigineusement raides, je criais à tue-tête : « Pliez les genoux, mettez-vous en chasse-neige ! » Nous nous sommes perdus un grand nombre de fois car je ne faisais pas très attention où j'entraînais mon monde ; jusqu'au jour où Emmanuel Brun s'est fâché tout rouge et a pris la tête des opérations, ce qui nous a permis de rentrer désormais avant la nuit. Ces promenades sont alors devenues plus ordonnées et le doux crissement des skis sur la neige n'était plus perturbé par les incessantes interpellations sur la direction à prendre.

La nuit, dans notre grande maison isolée, j'entendais les jappements des chacals qui rôdaient et sous la lune, ce paysage de neige et de rochers, aux horizons immenses, paraissait encore plus glacé que le paysage le plus septentrional. Même les étoiles paraissaient trembler de froid dans le ciel bleu noir...

Vers le milieu de notre séjour, notre chauffage a rendu l'âme complètement et il faisait si froid que nous n'osions plus sortir le matin de dessous nos couettes.

Lorsque nos amis de la plaine du Gharb sont repartis, ils ont été remplacés par la famille de Mlle de Kernars, sa mère, sa sœur, Mme Lainey, son mari, le capitaine Lainey, leurs sept filles âgées de huit à deux ans et une fatma. Mes filles Hélène, Anne et Diane étaient ravies de faire pensionnat avec toutes ces petites filles.

Il continuait à neiger. Par nos grandes fenêtres, nous pouvions voir les Arabes qui, pieds nus dans la neige, promenaient leurs troupeaux de moutons de-ci de-là. Nous nous demandions ce que ces braves bêtes pouvaient bien trouver à brouter...

Entre les promenades à ski, j'essayais de faire étudier mon Hélène, ce qui était plutôt laborieux. J'ai toujours été nulle en mathématiques et j'ai cependant tenté avec ténacité de lui faire comprendre combien il y avait de décalitres dans un hectolitre et de décamètres dans un hectomètre. C'était de toutes manières une entreprise vouée à l'échec et pour échapper à ces pénibles séances, Hélène s'est trouvée une passion pour le piano ; j'en ai été bien soulagée...

Cette vocation s'est déclenchée pendant un goûter que nous avons pris chez M. et Mme Lazarus, des réfugiés venus de France et qui avaient fui les persécutions antisémites. Lazarus était un compositeur de bon renom, sa femme était un peu voyante et tous deux ont déclaré que ma petite Hélène avait un don certain de musicienne. Qu'à cela ne tienne ! Dès lors, Hélène est partie tous les après-midi à ski rejoindre son professeur dans la maisonnette que ces pauvres réfugiés avaient trouvée à Ifrane. Ma fille m'a avoué plus tard qu'elle avait très peur de Lazarus et qu'elle restait souvent cachée dans la cave avec le petit cochon pendant que je la croyais à sa leçon !

Un après-midi de tempête de neige, je m'apprêtais à aller la rechercher lorsque j'ai vu au loin une boule noire qui paraissait progresser lentement ; c'était ce pauvre Lazarus, petit homme trapu, tout de noir vêtu, chapeauté de noir, enfonçant jusqu'à la taille dans la neige et portant Hélène sur son dos...

A Ifrane, j'avais réussi à garder une atmosphère joyeuse en dépit des occupations sans nombre et sans fin que demandaient les... quinze marmots que nous avions sur les bras ! Pour corser le tout, les femmes de chambre espagnoles de la duchesse de Guise étaient reparties pour Larache... Heureusement que nous avions tout de même une fatma à la cuisine et que Mlles de Kernars et Bedel faisaient tous les jours des miracles...

Après les fêtes, les bons petits pères franciscains s'en sont retournés à Meknès dans leur couvent et pour donner un peu de recueillement à nos dimanches, nous nous réunissions alors le matin dans le grand salon pour y réciter le chapelet et lire les Evangiles. Malgré toute ma volonté de garder mon sérieux, ces séances frisaient souvent le comique : comme il faisait de plus en plus froid, nous étions couverts comme des esquimaux et accroupis ou plus ou moins à genoux, autour de la cheminée, où il y avait une belle flambée, les enfants finissaient toujours par être pris de fou rire... Curieusement d'ailleurs toutes les dévotions déclenchent volontiers chez mes enfants de grands rires communicatifs !... Quand le comte de Paris était là, c'était lui qui lisait les prières et lorsque la dissipation montait, il s'interrompait pour nous foudroyer du regard par-dessus son livre de messe. Ainsi, les dimanches étaient quand même marqués d'une pierre blanche...

Aux deux tiers du séjour, les deux petites filles de Mme Lainey sont tombées si gravement malades qu'il a fallu les descendre d'urgence dans le gazogène de M. Lemonier, seul véhicule en état de marche. A Rabat, elles ont été immédiatement hospitalisées à l'hôpital Marie-Feuillet avec leur mère et leur grand-mère.

Après cet épisode tragique qui nous a tous bouleversés, la vie a repris son train-train, les neiges et les nuits glaciales alternant avec des journées scintillantes et radieuses.

En dépit de leur nombre, tous ces enfants étaient finalement agréables à garder. Assez grands pour s'amuser tout seuls avec des bricoles, ils étaient encore trop petits pour manifester un esprit d'invention et d'indépendance qui, quelque temps plus tard, allait entraîner souvent des désastres. Cette quiétude de pouponnière a été toutefois interrompue par l'arrivée du comte de Paris accompagné du ménage du Gardier, un diplomate et son épouse, qui venaient passer quelques jours avec nous ; en leur honneur nous avons essayé de ranimer le chauffage central mais sans succès...

Début février, nous avons lâchement laissé là toute la maisonnée, demoiselles et enfants grippés et, larguant les soucis quotidiens, sac au dos et avec nos skis, avons allègrement quitté Ifrane.

Pour commencer, nous nous sommes tassés dans un camion ouvert où avaient déjà pris place quelques quidams qui partaient comme nous en excursion. On nous a tous débarqués au pied du Michlifene dont nous avons entrepris l'ascension à ski ; rude grimpette, car nos sacs à dos contenaient des provisions pour plusieurs jours. Mme du Gardier était bonne skieuse et, de plus, fort gracieuse ; j'enviais son habileté sur les pentes...

Nous sommes enfin arrivés tout en haut, au refuge du Michlifene qui était déjà occupé par des jeunes gens qui s'appelaient Le Marek, Bordas et un troisième dont j'ai oublié le nom. Ils se sont mis en quatre pour nous, allant chercher du bois, faisant fondre la neige pour nous approvisionner en eau et aidant le comte de Paris à confectionner de rustiques repas. Ils nous servaient aussi de guides car ils connaissaient merveilleusement la montagne...

Nos longues journées de ski ne nous empêchaient pas le

soir venu de rire et de parler très tard dans la chambrée. Ce refuge était en effet minuscule et il a bien fallu dormir tous ensemble. J'étais pas mal déconcertée car c'était la première fois que je dormais ainsi avec des étrangers et de plus nous étions tous couchés les uns à côté des autres sur un même bat-flanc. Dans l'obscurité, tout le monde s'est mis à raconter des histoires, le comte de Paris surtout, qui nous a narré ses aventures à la Légion étrangère ; il était vraiment déchaîné et nous a fait rire aux larmes jusqu'au milieu de la nuit...

Ces jours de vie sauvage en pleine montagne ont pris fin... parce que nous n'avions plus rien à manger. Commencée au petit matin, la descente vers Ifrane a été vertigineuse... Les trois charmants jeunes gens nous ont accompagnés et nous les avons invités à dîner et à coucher chez nous à la villa Cacqueray où tout notre petit monde était en excellente santé. Les chères demoiselles étaient ravies de cette irruption de jeunes gens, qui les changaient enfin de la compagnie des enfants. Elles ont apprécié, avec un entrain tout particulier, les jeux de société organisés par le Prince ; malgré notre course de toute une journée, nous avons tous tenu allégrement au-delà de minuit.

Nous sommes restés à Ifrane jusqu'au début mars. C'est là que Diane a commencé à piquer des colères terribles au cours desquelles elle s'étouffait jusqu'à s'évanouir... Cela lui a passé dès qu'elle s'est rendu compte, après plusieurs expériences très spectaculaires, que cela n'impressionnait plus personne. Quelques mois plus tard, c'est Jacques qui a commencé ce genre de comédie... Dans le fond, ces manifestations de colère m'effrayaient tout de même un peu mais mon apparence de calme et quelques verres d'eau en pleine figure se révélèrent plus efficaces que tous les soins affolés que nos chers enfants auraient voulu susciter. Par la suite, Jacques ne s'est plus évanoui mais ses accès de colère ont continué longtemps. Pour le calmer, le comte de Paris avait trouvé une thérapie originale : il le faisait tourner en courant autour de la table de la salle à manger !...

Le 3 mars, nous avons appris la mort du duc d'Aoste, dans un hôpital militaire anglais, en Erythrée. Avant d'être fait prisonnier, le cousin germain du comte de Paris, qui était aussi son beau-frère, avait été fait vice-roi d'Abyssinie, en 1936, par

Mussolini. J'ai eu beaucoup de peine pour ma belle-sœur Anne... Où pouvait-elle être en cet instant, elle et ses deux petites filles ? Le monde en guerre dispersait toutes les familles... Comme la Providence était bonne pour moi, à la différence de ce qui se passait pour tant d'autres !... Dire qu'à ce moment j'aurais pu être séparée de mon mari, retenue par exemple dans un lointain Brésil ou ailleurs, alors que nous étions là, tous réunis et bien vivants...

Progressivement il fallut plier bagage — des tonnes de bagages ! — et expédier en plusieurs voyages tout notre monde à Rabat.

Là, comme toujours, j'ai dû mettre la main à la pâte, vaillamment épaulée par les Place et Mme du Gardier. J'étais devenue si experte en matière d'emballage et si costaud pour charrier les meubles que j'aurais largement mérité mon brevet de débardeur. Je n'ai toutefois jamais bien compris comment, à cet égard, les choses se sont décidées dans ma vie. Etait-ce le Prince, moi-même ou les événements qui nous faisaient soudain changer de lieu et d'horizon, avec toujours quelques enfants en plus ? Il faut bien reconnaître que nous faisions vraiment tous deux un bon attelage, qui finalement tirait toujours dans le même sens.

Je quittais donc enfin Ifrane... Adieu la grande maison de marbre rose et de granite gris, la grande maison hospitalière, juchée aux confins de ce plateau lunaire de l'Atlas, adossée aux forêts de cèdres, dans un paysage à la Gustave Doré où les Arabes posaient avec leur moutons comme les bergers de la crèche !...

Adieu trois mois de vie pleinement heureuse, adieu pour jamais les chers amis d'un temps !...

Pendant que nous séjournions à la montagne, une grave épidémie de petite vérole s'était abattue sur Rabat. Toute ma maisonnée a été vaccinée, ce qui n'a pas empêché Lharcen, notre cuisinier, de tomber malade et de revenir de l'hôpital troué comme une écumoire...

Dans le courant de mars, les enfants ont tous été invités à une diffa — un repas arabe — chez un caïd du voisinage.

Un matin, avant de partir en classe, Hélène est venue me trouver en me montrant de drôles de petits boutons sur la nuque. Comme elle était restée seule avec moi là-haut, elle n'avait pas été vaccinée et l'inquiétude s'est donc tout de suite faufilée dans mon âme. J'ai téléphoné au cher Dr Guillemoteau et je lui ai expédié Hélène dans la carriole qui transportait les enfants vers les écoles. L'appel téléphonique du docteur ne s'est pas fait attendre : Hélène avait la petite vérole ! La carriole est revenue avec un chargement d'écoliers radieux... Les voilà en vacances forcées du fait de la quarantaine, qu'ils doivent passer à Oued Akreuch. Hélène, quant à elle, doit être isolée...

C'était bien sûr très commode dans cette maison relativement petite où nous logions à seize, sans compter nos serviteurs !...

Toujours efficace et dévouée, la chère Madeleine s'est enfermée avec mon Hélène dans les deux chambres du grenier comportant des fenêtres et fermées par des portes. J'étais moi-même malade d'inquiétude mais ma petite fille a été si bien soignée par Mlle de Montbron et le Dr Guillemoteau, que sa petite vérole a été bénigne et ne lui a laissé que peu de traces sur la nuque et le cuir chevelu qu'il a fallu lui raser.

Hélène, toujours si coquette, avait tellement peur d'être défigurée comme notre cuisinier qu'elle a demandé à Madeleine de lui embobiner les mains et de les lui attacher la nuit pour l'empêcher de se gratter.

Henri et le cuisinier étaient les seuls à descendre en ville pour y faire le marché. Les demoiselles et moi-même n'étant pas astreintes à la quarantaine aurions pu aller en ville ; mais nous n'y tenions pas, car d'une part il fallait s'occuper de cette douzaine d'enfants et d'autre part nous n'étions nullement tentées de sortir, tellement ces semaines printanières, si bien remplies et pourtant calmes et si gaies, nous semblaient exquises.

Comme les chevaux n'avaient plus à faire la navette avec le break, le Prince et moi-même sommes devenus pour tout ce petit monde, les demoiselles y compris, professeurs d'équitation.

Les dimanches, les grandes personnes allaient à la messe à bicyclette, chez les clarisses. Pendant ce temps, les enfants restaient seuls et se livraient sans doute à toutes sortes de stupidités. Mais la présence de Madeleine, qui avait le droit de sortir de son grenier après des séances complexes de désinfection, me rassurait.

Notre jardinier, Kébir, avait dix-sept ans et était resté très sauvage au point que nous l'avions surnommé « l'Homme des Bois ». Lharcen, musulman rigoriste, a estimé un jour qu'il n'était plus supportable que Kébir ne fut point circoncis. Il décida que l'intervention ne devait plus souffrir aucun retard et convoqua les gens du douar voisin dans la cour de l'écurie et, parmi eux, le spécialiste en la matière.

Attirés par les hurlements du pauvre Kébir, mes enfants se précipitèrent et trouvèrent la scène tout à fait passionnante. C'est en vain que notre brave Heura, jugeant que ce n'était vraiment pas là un spectacle pour mes filles, tenta de les disperser ; pendant ce temps le pauvre Kébir s'éloignait avec une coquille d'œuf pour tout pansement.

Lorsque Hélène alla mieux et qu'elle n'eut plus à rester dans l'obscurité, les enfants lui ont joué des comédies sous sa fenêtre. Je regrette qu'Isa, qui les imaginait, ne les ait pas notées, car elles étaient toujours pleines d'inventions très drôles. Je prenais un vif plaisir à observer ma troupe de comédiens qui évoluait sur la terrasse, pendant que mon Hélène regardait par la fenêtre ouverte du grenier avec sa tête de gavroche...

Pâques est arrivé avec Mlle de Guyencourt qui nous apportait des nouvelles de France. Je me suis empressée de la faire vacciner...

Nos journées s'écoulaient entre la lecture des offices de la Semaine Sainte et les promenades équestres. Henri partait en forêt avec les plus capables, dont Monique et Isabelle d'Harcourt, tandis que moi je restais avec le troisième cheval et les enfants les plus novices. Nous n'avions pas de manège et pour les initier aux premiers galops, j'avais mis au point la formule suivante : j'enfourchais ma bicyclette en tenant le cheval à la longe et ensuite on pouvait voir sur la route des Zaër une pauvre dame pédaler à toute vitesse devant un cheval qui galopait sur le bord de la route, portant sur son dos un enfant secoué comme un singe de cirque...

Juste à la fin de la quarantaine, le comte et la comtesse Pierre de La Rocque-Séverac sont également venus tout exprès de France pour nous rendre visite. Ils sont restés longtemps et, avec Mlle de Guyencourt, nous avons commencé par les conduire à Larache, car il eût été inconcevable que leur séjour ne les conduise pas tout d'abord auprès de la duchesse de Guise pour qu'ils lui expriment leur dévouement.

Un matin, en pleine messe du dimanche, le pauvre Pierre de La Rocque s'est trouvé soudain très mal. Il a fallu le coucher pendant plusieurs jours mais dès qu'il a pu remettre un pied devant l'autre, nous l'avons entraîné avec nous d'abord en train vers les beautés de Fez, Marrakech et Meknès.

Nos cousins, le comte et la comtesse de Rambuteau, ont également passé plusieurs jours chez nous. Tout autant passionnés de chasse que nous, nos amis et voisins, les Fontainieu, ont organisé une grande battue de sangliers chez un cheik voisin qui nous a gracieusement invités. Faute de sangliers, la journée fut seulement amusante et se termina sous la tente du cheik, vers les 6 heures du soir, par une somptueuse diffa. Nous ne pouvions pas nous en tenir là...

Chez les Fontainieu où nous avons couché, un succulent dîner nous attendait. Pendant la nuit, j'ai été malade comme une bête et j'ai cru mourir d'un empoisonnement. Au lieu de me prendre en pitié, Henri et la comtesse de Rambuteau se sont moqués de moi en assurant que j'avais tout simplement une monumentale indigestion. J'ai accepté d'autant plus volontiers leur diagnostic qu'ils m'ont affirmé que non seulement je n'allais pas mourir empoisonnée, mais que, encore, je serais sur pied dès le lendemain. Cela se révéla exact et ce fut là, la première et aussi la dernière indigestion de ma vie.

Toute la famille s'est réunie à nouveau pour la première communion de François, le 17 mai, à la cathédrale de Rabat. La journée a commencé dans un grand recueillement qui a persisté chez les frères, sœurs et cousins, jusqu'à notre retour à la maison dans l'après-midi. Mais tant de ferveur retenue allait se traduire, dès les vêtements de dimanche quittés, par un déchaînement général. Le tapage a pris de telles proportions que le comte de Paris a poussé une formidable gueulante rétablissant un silence qui a duré une bonne minute...

Le 24 mai, Hélène a été confirmée. On se rend difficilement compte du tintouin que la mère de famille doit se donner avant n'importe laquelle de ces cérémonies pour rendre sa nichée présentable...

Au dernier moment, il y avait toujours une paire de souliers trouée, des chaussettes dépareillées, un ruban manquant, ou un lacet de soulier qui ne passait plus par les trous, ou encore des petites filles mécontentes des coiffures que je leur avais élaborées. Je courais des uns aux autres, harnachant et rafistolant, et bien sûr l'heure du départ me surprenait hirsute et commençant tout juste à me bichonner. Henri déjà sur le perron, entouré de sa tribu toute figée dans ses atours, m'exhortait toutes les trois minutes à me dépêcher, ce qui m'énervait au point que je ne retrouvais plus ni bagues ni chapeau.

Ce jour-là, Hélène, dont les cheveux avaient un peu repoussé, portait une bien mignonne robe blanche d'avant-guerre prêtée par une amie : pénurie oblige. Après la cérémonie, le comte de Paris nous a tous invités à un goûter de grand luxe à l'hôtel Balima.

A l'entrée des grandes vacances s'est produit un malheur dont Halelh a été le héros.

Pendant les courses à Rabat, il lui arrivait de boire un coup de trop. Une première fois, c'est le boulanger qui a réussi à nous lancer un S.O.S. : « Monseigneur ! a-t-il crié dans le téléphone, descendez vite ! Votre cocher est ivre-mort et la carrossa, chargée de tous les enfants, dérive à travers la ville. »

Nous avons su plus tard que les enfants, tout à fait ravis de cette odyssée, chantaient la Marseillaise à tue-tête pour exciter le cocher et l'attelage...

Sa dernière saoulerie lui a été fatale. Après avoir une nouvelle fois écumé la ville, il a jeté le break contre un trottoir et l'a cassé. Là-dessus, il est allé cuver son vin en prison et du coup nous avons dû nous passer et du break et du cocher.

Les bicyclettes ont alors été d'un grand secours. C'est par ce moyen de locomotion que je suis allée prendre un jour un bain de mer à Temara avec mes nièces d'Harcourt. Cinquante kilomètres aller-retour, ce n'était pas une petite trotte sous le soleil africain. Les officiers du Haras nous ont, certes, offert un sympathique déjeuner bien au frais et à l'ombre, mais il a bien fallu rentrer sous le soleil et, à chaque tour de roue, nous avons pu mesurer les unes sur les autres la progression, vers le rouge écrevisse, d'un formidable coup de soleil.

A Rabat m'attendait un dîner chez les Meriez. Ma physionomie a franchement amusé le comte de Paris ; il ne croyait vraiment pas que j'allais pouvoir rafistoler ma face rutilante pour cette soirée. Moyennant un truc de bonne femme à base de blanc d'œuf, j'y suis tout de même parvenue.

9

LA FÉE ET LE MINOTAURE

Le 10 juillet 1942 ma vie a encore pris un autre cap.

J'avais passé mon permis de conduire un peu trop facilement au Brésil, et à cette époque j'étais encore une bien médiocre conductrice.

Ce jour-là, j'ai pourtant pris courageusement le volant d'une immense guimbarde où étaient empilés mes huit enfants, Mlle de Kernas et quelques bagages ; et en avant pour Larache, au Maroc espagnol, chez la duchesse de Guise ! Pour la première fois j'étais seule maître à bord mais, depuis cette expédition, je n'ai plus jamais contrarié ma vocation de guide-chauffeur en tourisme familial...

Fidèle à une tradition bien ancrée dans ma famille, j'ai tout de suite commencé par faire escale chez les premiers amis qui se sont trouvés sur ma route. Pauvres parents et pauvres amis qui depuis lors ne doivent jamais me voir arriver sans effroi dans mon auto pleine d'une horde tapageuse, escortée de cochons d'Inde, de chiens et d'oiseaux !

Pour ce premier voyage j'étais pour ainsi dire en rodage, et cette fois nous n'avons fait que deux escales, la première chez les Lainey à Port-Lyautey, la seconde à Souk el-Arba du Gharb, chez les Boisset et, vers 7 heures du soir, j'ai fait une entrée triomphale en accrochant une aile à la grille d'entrée du jardin de Larache.

Mince et droite dans sa robe noire, la duchesse de Guise est venue à notre rencontre sur le perron, son basset Boby à ses pieds et tournant autour d'elle comme une toupie, la bonne et fidèle Irma ricanant comme une petite sorcière, ce qui était chez elle le signe d'un vif plaisir.

Larache, c'était avant tout la maison de mon mari car c'est là qu'il passa la plus grande partie d'une enfance libre et heureuse et toute sa première jeunesse. Larache était au comte de Paris ce que Eu est pour moi : havre et berceau, haut lieu de nos plus vivaces souvenirs...

Le duc et la duchesse de Guise s'étaient installés au Maroc en 1909 où ils avaient acheté des terres à Moulay Bouselham, près de Souk el-Arba du Gharb. Ils s'étaient établis colons et vivaient à la ferme. Au bout de quelques années ils construisirent une belle maison aux abords de Larache pour disposer d'une installation plus confortable. Toutes ces terres appartenaient alors au Maghreb et ce n'est que par le traité de 1911 qu'elles ont été partagées entre le protectorat français d'un côté, espagnol de l'autre.

Je ne veux pas raconter ici l'enfance du comte de Paris que je connais bien et qui est passionnante ; j'espère qu'il écrira bientôt ses Mémoires car cette partie de sa vie est aussi intéressante que les suivantes et toute pleine d'anecdotes amusantes...

Si j'en parle ici, c'est parce que je me rends compte que depuis la relation que j'ai donnée de mon retour du Brésil, je n'ai parlé que de notre vie en général, sans rien apporter de particulier sur la manière que nous avions d'être ensemble.

Lui-même, mes enfants et moi formions un tout très homogène, dont il était en quelque sorte le pivot et depuis lors il n'a jamais cessé d'être le centre de notre vie. Dès 1940 il n'avait plus rien eu de commun avec cet Henri que j'avais vu s'éloigner de la baie de Rio vers l'Europe, en août 1939.

Avant la guerre, en Belgique, j'avais un jeune mari très gai, très sociable, vaquant à ses affaires comme tous les maris, se rendant journellement à son bureau politique, et prenant le temps de vivre comme tout un chacun. Il savait réserver du temps pour la flânerie en famille et n'était pas encore obsédé par ses ambitions, au reste très légitimes, et qui lui ont été inspirées par un sens du devoir d'Etat qui a pris vite une dimension quasi religieuse.

Lorsque je l'ai retrouvé à Lisbonne en septembre 1940, mon Henri était changé au point que j'en ai eu le cœur serré. L'angoisse de voir son pays pris dans un tel chaos, son passage épique à la Légion étrangère, la mort du duc de Guise et les responsabilités de chef de famille qui lui incombèrent alors, tout cela l'avait comme brûlé et il était devenu un homme d'acier, un acier que chaque année a rendu un peu plus dur. Contraste étonnant, sa sensibilité n'en a nullement été altérée...

Tout au long des années que nous avons vécu au Maroc, il était inquiet. Il parlait, il venait, il voyait beaucoup de monde, mais l'agitation qu'il se donnait ne le satisfaisait pas. Il en a résulté une période de profond mysticisme et, à cette époque, il lui est arrivé de passer des nuits entières prosterné à la cathédrale de Rabat et aussi à l'église des franciscains à Larache, en adoration devant le Saint Sacrement.

J'admirais beaucoup l'ardente conviction qui l'animait et la mission qui le portait ; non sans éprouver de la peine à ne pouvoir l'escorter dans ces altitudes. J'étais en effet absolument incapable de me contraindre à de tels efforts de concentration et à une discipline de méditation et de prière aussi austère. La prière du matin et du soir en commun avec les enfants, la messe du dimanche et plus rarement en semaine étaient pour lors l'essentiel de ma dévotion.

Sous l'égide de la duchesse de Guise, une nouvelle existence s'organisait à Larache. Grâce à elle, notre vie y fut, pendant des mois, extraordinairement heureuse.

Lorsque j'évoque le souvenir de ma belle-mère, surgit toujours l'image d'une fée enchanteresse. A Larache, elle était en mesure de libérer, mieux encore qu'au manoir d'Anjou, ses merveilleuses qualités : un charme incomparable — elle aurait fasciné les cailloux — un esprit et un humour qui faisaient qu'on ne s'ennuyait jamais en sa compagnie.

C'est que Larache était sa vraie maison où sans en avoir l'air elle pouvait tout diriger à sa guise. En Belgique, elle s'occupait bien davantage de politique que du train de maison qui roulait tout seul grâce au talent et aux moyens d'Alfred, notre majordome.

Larache était une vraie ruche où toute la famille est venue une fois de plus se réfugier. Y ont convergé ma belle-sœur

Murat, arrivée de France avec ses quatre enfants, ma belle-sœur Françoise de Grèce, son fils Michel et la nounou dragon, et bien sûr ma smala qui ne comptait pas moins de quinze personnes, femmes espagnoles, domestiques arabes, cochers et tout un grouillement de chauffeurs et de chevaux.

Les comptes étaient tenus par le dévoué M. Chambon qui était plus un ami qu'un administrateur et que nous aimions tous beaucoup. Quand il était en train de préparer la paye du personnel, Diane se glissait dans son bureau, se campait en face de lui, tentait de le charmer de ses grands yeux bleus qui passaient à peine la table et d'un geste vif faisait glisser quelques pièces... dans sa bouche ; Chambon faisait semblant de ne rien voir mais allait aviser la duchesse de Guise qui convoquait sa petite-fille. Toute penaude, elle finissait alors par recracher son larcin.

Le cuisinier Larbi était un personnage tout à fait truculent qui nous tutoyait tous et qui, dans un français très approximatif, lançait des bourdes énormes. Lorsqu'il était accroupi le soir aux pieds de la duchesse de Guise, assise dans son fauteuil, pour élaborer avec elle les menus de la maisonnée, nous tendions l'oreille pour l'entendre placer son fameux « pâté en crotte » et cela nous mettait en joie.

Parmi tous les serviteurs de ma belle-mère, il y en avait un qui apparaissait véritablement comme un personnage de légende : c'était Faragi, qui avait été acheté comme esclave par le duc et la duchesse de Guise de nombreuses années auparavant... Il était grand, noir comme l'ébène, très vieux et toujours merveilleusement drapé dans des djellabas et des burnous d'un blanc immaculé.

Ses pas glissaient silencieusement, ses mouvements étaient amples et majestueux et je ne pense pas avoir jamais entendu le son de sa voix. Son principal office était de se tenir près de la porte pour y recevoir et introduire les visiteurs. Je n'ai jamais su non plus où il logeait exactement, mais il disparaissait souvent dans un cagibi sous le grand escalier pour y faire de longues siestes...

Aux heures du muezzin, il se prosternait pour ses prières et on le voyait déambuler le matin de bonne heure, une cassolette à la main, où brûlait du parfum qu'il passait et repassait dans tous les recoins de la maison pour chasser les djinns, les mauvais esprits.

Cette maison avait la forme d'un vaste quadrilatère avec en son centre un petit patio ; le premier étage était recouvert d'une terrasse d'où l'on découvrait la ville, et les murs étaient entièrement tapissés de bougainvilliers. On accédait à l'étage par un bel escalier de marbre blanc qui prenait dans le hall d'entrée ; à chaque détour de corridor, on tombait dans des salons de toutes dimensions et au cœur de la maison se trouvait une petite bibliothèque sombre et pleine de charme dont les murs étaient recouverts de milliers de livres, tous reliés de rouge, et dont la fenêtre unique donnait sur le patio.

Partout la maison de Larache était fraîche et gaie avec ses dallages, ses lambris de céramiques claires et ses chambres à coucher minuscules mais si confortables, toutes munies d'une immense moustiquaire, accrochée au plafond à la manière d'un baldaquin...

Vers la fin juillet, le comte de Paris est venu nous rejoindre et, en même temps que lui, Henri et Maurice de Rambuteau qui venaient, eux, de France.

Le comte de Paris s'est tout de suite glissé dans la peau du meneur de jeu en organisant, sur notre plage déserte et sauvage, des randonnées à bourricot. Montés sur une bonne vingtaine de ces animaux qu'il avait empruntés à tous les Arabes du voisinage, sacs et paniers pendouillant des cacolets, nous formions une troupe disparate paraissant prendre la route de l'exode. La touche comique était donnée par mes belles-sœurs et Mlle de Kernars, coiffées d'immenses chapeaux de paille, leurs longues jambes de sauterelles traînant par terre. Mais le grand jeu qui ralliait tous les suffrages, c'était la « murder party ».

Le Prince, en grand secret, choisissait parmi nous un « assassin » qui devait occire dans les vingt-quatre heures un des habitants de la maison. L'assassiné, quant à lui, ne devait plus ni bouger ni parler. Quand on le découvrait, il devait juste indiquer si sa mort était survenue par poison, poignard ou étouffement. Il arrivait que l'assassiné ait le temps, avant de trépasser, de pousser d'affreux hurlements, ce qui pouvait précipiter le dénouement. Lorsqu'on avait réussi à mettre la main sur le cadavre, nous choisissions un détective pour rechercher l'assassin et ensuite se déroulait le procès avec une mise en scène rigoureusement montée par le Prince, avec tout le déploiement des juges, des avocats et jurés. Parfois le détective était à l'origine d'une erreur judiciaire qui jetait un trouble profond dans toute la maisonnée qui n'était occupée qu'à cela pendant toute une journée.

Un jour Hélène prenait sa leçon de piano dans un salon près de la chambre de Madeleine de Montbron, avec son professeur, un petit jeune homme espagnol de Larache. Soudain, elle entend des cris étouffés dans la chambre de Madeleine. Ma fille se lève d'un bond et découvre, dans la pièce à côté, Madeleine étalée de tout son long sur le tapis. « On a assassiné Madeleine ! » se met-elle à hurler à son tour. Tant et si bien qu'elle ameute toute la maison... Des groupes exaltés passent et repassent devant le petit professeur plaqué contre son piano. Epouvanté, le pauvre homme a finalement pris ses cliques et ses claques et n'a plus jamais remis les pieds à la maison...

Dans le jardin devant la maison, il y avait un tennis en ciment, qui servait à tout, à faire du patin à roulettes, de la bicyclette et surtout d'anneau de vitesse pour Michel de Grèce qui en faisait le tour plus de cent fois par jour dans sa petite auto à pédales, imitant le bruit du moteur jusqu'à se recouvrir entièrement de bave. Cet endroit servait parfois aussi à jouer au tennis.

Françoise de Grèce et le comte de Paris jouaient très bien ; en Belgique, le Prince avait pris des leçons avec Jean Borotra et, à Tanger, ma belle-sœur avait fait des parties de grande classe avec le consul d'Espagne, Eduardo Propper de Callejon, et son épouse, sa grande amie Hélène, née Fould-Springer.

Lorsque ces joueurs confirmés venaient à la maison, il leur fallait beaucoup de patience. Imaginez d'abord toute une bande de marmots qui couraient en tous sens dans leurs jambes, sous prétexte de ramasser les balles ; leurs nerfs étaient mis encore à plus rude épreuve lors de nos parties à quatre. Avec un des garçons Rambuteau, je faisais équipe contre eux et c'était alors un vrai désastre : nous jouions tellement mal et prenions un si malin plaisir à en rajouter qu'il nous arrivait de gagner uniquement par découragement et fatigue de l'adversaire...

Nous allions parfois chez eux à Tanger pour goûter ou dîner. Nous retrouvions dans leur petite maison d'exilés, au jardin envahi de plantes folles, la sœur de Mme Propper de Callejon, Liliane Fould-Springer, qui venait d'épouser par procuration le baron Elie de Rothschild, prisonnier de guerre dans la forteresse de Colditz.

Un soir, au fin fond du dédale des petites allées empierrées, j'ai perdu une de mes boucles d'oreille en jade et ne m'en suis aperçue qu'une fois rentrée dans la maison ; tout le monde s'est affolé...

Pour calmer les esprits, j'ai dit que tout allait s'arranger puisque saint Antoine m'exauçait toujours. Il ne s'était pas passé cinq secondes que j'avais retrouvé, dans la nuit, entre les pierres du chemin, ma boucle d'oreille... Pourtant peu enclins à croire aux vertus de mes petits saints protecteurs, nos hôtes furent vivement impressionnés.

Au cours de ces grandes vacances, Henri était une fois de plus parti en voyage. Pour occuper cette jeunesse et l'instruire, j'ai eu l'idée de l'emmener visiter Fez et Meknès. Dieu, quelle expédition !... A Tanger, nous avons pris un train bondé et nous nous sommes tassés à onze dans un compartiment et demi en faisant de vains efforts pour tenter de dormir. Les trois petites d'Harcourt et les Rambuteau, déchaînés, ont entraîné mes aînés à faire mille tours pendables, malgré les objurgations de Madeleine, comme toujours dépassée. La nuit s'est ensuite passée à grignoter un pique-nique, à chahuter de plus belle, enfin à tenter encore de dormir dans ce wagon où il faisait une chaleur à périr.

Nous sommes arrivés à Fez un dimanche à 5 heures du matin et avons été reçus par M. Vicaire, directeur des Arts indigènes, et le Dr Secret, médecin de la Medina, qui étaient venus nous attendre à la gare. Ils se sont empressés de nous conduire à une messe matinale, puis nous ont installés dans le bel hôtel Dar Djamai, dans la Medina. Etonnés et ravis d'avoir le téléphone dans leur chambre, les enfants n'ont pas perdu de temps : par ma fenêtre ouverte, j'ai pu entendre leurs vociférations de petits sauvages qui se répercutaient de chambre à chambre à travers tout l'hôtel.

Les garçons Rambuteau ont demandé de l'eau minérale pour

se laver les dents car ils craignaient les eaux contaminées. Dans la famille, nous n'avons jamais fait bouillir ni filtrer notre eau nulle part, même dans les pays les plus déshérités. Cela nous a étonnés mais j'ai quand même fait porter de l'eau minérale à mes neveux... Aux repas arabes où nous étions conviés chez les notables de la ville, la nourriture était parfois fort épicée et donnait soif à tous ces jeunes à qui l'on portait à boire l'eau qui coulait dans les patios. Faute d'être immunisé comme mes enfants, le pauvre Henri de Rambuteau est rentré en France avec la fièvre typhoïde...

Nos hôtes Vicaire et Secret nous ont appris longuement à connaître et à aimer Fez. Je pense que mes jeunes touristes en ont gardé un excellent souvenir, bien meilleur sans doute que nos guides, obligés de déverser leur science sur la tête de cette bande d'écervelés...

A Meknès, j'ai dû ensuite mettre la chère Madeleine dans le train, car elle avait attrapé une très forte jaunisse et, toujours en train, j'ai poursuivi vers Casablanca avec ma horde qui me prenait de moins en moins au sérieux et me faisait passer auprès des voyageurs pour la grande sœur.

Arrivés dans la grande métropole du centre, dont le port vivait à l'heure du « Jeanne d'Arc », sentinelle massive ancrée au milieu du Grand Bassin, nous avons été reçus deux jours chez l'amiral d'Harcourt qui commandait la place. Ce beau voyage, plein de liberté et d'allégresse, s'est terminé sur le quai d'embarquement où attendait le paquebot qui devait ramener en France les garçons Rambuteau.

A l'instant de les quitter, par une journée radieuse, j'ai été prise d'un affreux pressentiment. Je me suis tournée vers Maurice en particulier et lui ai dit : « Que Dieu te garde ! » M'entendant, ma belle-sœur Murat a dit en riant : « Il saura bien se garder tout seul ! » Elle n'avait pas compris que c'est sous l'effet d'une prémonition que je venais d'appeler la protection du Seigneur sur ce tout jeune homme.

Quelques mois plus tard, la famille Rambuteau, le père, le comte Amalric, son épouse, notre cousine Amélie et leurs deux fils, Philibert et Maurice, qui avaient pris une part active dans la Résistance, ont été déportés en camp de concentration. Grâce à Dieu, ils en revinrent, marqués mais vivants, à l'exception du comte de Rambuteau, qui est mort dans une mine de sel de Silésie.

A l'automne 1942, ma sœur Françoise d'Orléans-Bragance s'est mariée au Brésil avec le duc de Bragance, prétendant au trône du Portugal. Lorsqu'ils sont passés en voyage de noces par l'Espagne, je suis allée à leur rencontre à Madrid avec le comte de Paris. Je n'avais pas revu ma chère petite sœur depuis plus de deux ans et je ne connaissais pas mon beau-frère ; étant exilé du Portugal, celui-ci avait fixé sa résidence en Suisse.

J'avais tellement envie de voir ma sœur plus longuement que j'ai tout fait pour persuader le jeune couple de nous accompagner à Larache.

Mon beau-frère n'avait, lui, rien de plus pressé que de rentrer dans son havre helvétique car il était sûr que le débarquement américain en Afrique allait avoir lieu très prochainement.

Un soir, nous dînions tous au Ritz, invités par l'ambassadeur du Portugal, Teotonio Pereira. Me voyant tellement désireuse d'avoir ma sœur quelque temps avec nous, notre hôte a déployé tous ses talents de diplomate pour persuader le duc de Bragance qu'il n'y avait aucun danger à aller au Maroc. Prudent, le comte de Paris se gardait bien d'intervenir ; j'ai tellement insisté que nous sommes finalement partis tous les quatre, d'abord, pour Séville où nous avons rendu visite à l'infant don Carlos et à l'infante Louise ; nos cousines Esperanza et Dolorès s'y trouvaient déjà ainsi que son époux Auguste Czartoryski.

Après quelques heures d'agréables retrouvailles, nous avons pris l'avion pour Tanger et, de là, avons filé sur Larache. Le lendemain, au lieu de rester, Henri est parti impromptu pour Rabat, ce qui a mis un comble à l'inquiétude de mon beau-frère. Pour lui changer les idées, ce qui était peine perdue, j'ai emmené tout mon monde en pique-nique en un lieu consacré des croyants autochtones, à quoi nous attribuions nous aussi des vertus de porte-bonheur. Il s'agissait de l'Arbre Sacré, immense et magnifique chêne vert qui se dressait sur une hauteur à quelques kilomètres de Larache, au milieu d'un bled désertique.

Ma sœur était très bonne cavalière. Nous sommes parties toutes les deux à cheval tandis que mon beau-frère avait pris l'auto avec les enfants et la duchesse de Guise. C'est là, la dernière fois, qu'avec ma sœur nous nous sommes livrées à une de ces fantastiques galopades qui avaient fait le bonheur de nos jours brésiliens.

Après, en Suisse ou au Portugal, nous ne sommes plus jamais montées à cheval ensemble. C'est prodigieux comme un bon galop, avec un parent ou un ami cher, vous met tout de suite mieux en harmonie avec lui. Ce jour-là, nous avons galopé comme des folles vers le bel arbre sacré, dans un paysage aride et sauvage, entrecoupé de forêts de mimosas en fleur et de chênes-lièges. Ces paysages tour à tour grandioses et bucoliques n'avaient pas l'air de séduire du tout mon cher beau-frère qui n'arrêtait pas de bougonner et de réclamer l'avion qui allait le restituer à sa paisible Suisse.

Par une chance inouie, ils sont partis le 7 novembre... Le 8, tout trafic était interrompu et de Larache nous pouvions entendre les bombardements de Rabat et de Port-Lyautey précédant le débarquement américain !

Comme Henri était resté sur place, nous étions toutes fort inquiètes et pour nous changer les idées et aussi calmer le feu des discussions, j'ai emmené tout le monde en forêt ramasser des champignons.

Trêve de courte durée car aussitôt rentré tout le monde s'est à nouveau jeté sur la T.S.F. Mes belles-sœurs se sont claquemurées dans leur chambre, les demoiselles et moi dans le salon autour de l'antique radio en palissandre et pendant ce temps les enfants ont fait une grande cure de liberté en restant des journées entières au jardin, dans les arbres, où le grand catalpa a servi de perchoir pour une cabane très ingénieuse qu'ils ont montée dans ses plus hautes branches.

Comme je l'ai indiqué, nous étions venus à Larache pour y passer les grandes vacances et en novembre, nous comptions bien rentrer à Oued Akreuch. Mais après le débarquement des Américains, les nouvelles autorités nous ont fait comprendre que notre présence à Rabat n'était pas spécialement souhaitée.

La vie s'est donc organisée à Larache avec son cortège de petites corvées ; les études des enfants, les vêtements des enfants — tout l'été ils pouvaient aller pieds nus et en salopette mais à l'entrée de l'hiver, ils devaient être pourvus en chaussures — et une ou deux fois par semaine, s'organisaient vers Tanger ce que nous appelions des expéditions punitives... Il s'agissait simplement de séances chez le dentiste et de cours de rattrapage en mathématiques et sciences pour tous les aînés qui s'entassaient ces jours-là, soit dans le car, soit dans l'auto de la duchesse de Guise.

De courses aussi, dans cette ville qui était pour nous tous une grande récréation, et dont les boutiques libres regorgeaient de denrées les plus diverses et de tous les produits de luxe inaccessibles à nos bourses plates. Nous nous rabattions sur le marché arabe où s'offraient des compensations bon marché, les conteurs, jongleurs et charmeurs de serpents d'abord et aussi quelques bonnes affaires dans les souks — cotonnades, babouches et chapeaux de paille — qui faisaient passer l'attente que nous imposaient celles d'entre nous qui allaient chez le coiffeur.

C'est toujours à la pâtisserie Porte — la Sublime Porte — comme nous disions, que finissaient ces journées harassantes. C'était le lieu de rendez-vous du Tout-Tanger et même des mendiants qui connaissaient notre prédilection pour cet endroit. Lorsqu'ils nous voyaient circuler en ville, ils savaient bien que nos courses finiraient là et ils s'y portaient en grand nombre, surtout lorsque la duchesse de Guise nous accompagnait ; elle les appelait tous par leur nom et ne se faisait jamais prier pour les combler...

Un matin c'est une messe de requiem qui nous a conduits à Tanger. Etait-ce à la mémoire du duc d'Aoste ou d'Alphonse XIII ? Je ne m'en souviens plus. Nous nous sommes installés à l'hôtel Minza pour y passer la nuit. Le seul costume convenable que possédait encore Henri était tout de même assez élimé et ne voilà-t-il pas qu'en montant vivement un escalier son genou passe au travers du pantalon ! Il a fallu le donner à recoudre sur l'heure et Henri a dû se retirer dans sa chambre ; comme les Tangérois ne sont guère pressés, Henri s'est ennuyé ferme et a décidé de nous rejoindre au salon. Au grand ébahissement des hôtes de l'hôtel et de notre bande, nous avons vu surgir soudain Monseigneur le comte de Paris drapé dans un plaid d'auto qui lui tenait lieu de kilt ; avec un naturel parfait, il s'est installé dans cet accoutrement à notre table pour y prendre le thé...

Pendant près de deux ans nous avons ainsi vécu sur une île de sérénité battue par des flots dont l'écume, venue de loin, charriait tous les jours d'atroces nouvelles...

Avec la duchesse de Guise, nous montions presque tous les jours à cheval, suivis du brave cocher anglais Harrey ; deux heures de galop soutenu le long des falaises du littoral me donnaient à chaque fois l'illusion de pouvoir arriver jusqu'au Cap... Lorsque le comte de Paris était là, les promenades étaient souvent remplacées par des séances de voltige dans un paddock situé derrière les écuries. Tout le monde y allait de son numéro, mais les petites d'Harcourt, surtout, étaient si habiles qu'elles auraient pu figurer dans un cirque. Je tenais quant à moi le rôle du Gugusse qui faisait tout de travers à la grande joie de tous...

A Larache était fixée une garnison espagnole dont les officiers venaient visiter régulièrement la duchesse de Guise. Ils animaient des concours hippiques auxquels les enfants de la maison prenaient part, aux côtés de ceux du général Meziane qui était alors le seul officier de son grade d'origine marocaine, à avoir été formé par les Espagnols.

Les officiers de la garnison organisaient également des rallyes équestres auxquels Henri et moi participions. Le dernier auquel j'ai pris part pendant l'été 1943 a été particulièrement dur : il fallait parcourir près de trente kilomètres par une chaleur torride...

Ma petite Claude, dont j'étais enceinte de cinq mois, a très bien résisté à l'épreuve, mais heureusement qu'à l'arrivée, quand je me suis laissée glisser du cheval, Henri était là pour me recevoir dans ses bras, sinon je crois bien que le sol se serait dérobé sous mes pas.

Les Orléans ont toujours eu la passion du cirque. Tous, sauf ma mère et moi-même qui nous y rendions quand même pour ne faire de peine à personne. Il est vrai que pour nous la famille était déjà notre cirque quotidien...

A Larache, pendant la guerre, je n'ai pu échapper non plus à ces spectacles quand de temps à autre, de petits cirques minables venaient monter leur chapiteau sur un terrain vague proche de la maison.

Une fois pourtant, je m'y suis amusée royalement... Ma belle-sœur Murat avait un cocker noir du nom de Rally, qui était un peu stupide mais qu'elle adorait. Henri et les enfants se sont entendus avec les clowns pour monter une farce et ce fameux soir, la duchesse de Guise, armée de sa canne, a pris la tête de toute sa smala domestique, pour aller occuper les bancs boiteux du bord de piste. Le spectacle commence et quand vient le tour des clowns on les voit tirer une très longue corde dont l'extrémité disparaît dans les coulisses. Ils engagent mille pitreries tout en continuant de haler leur corde et enfin on voit apparaître tout au bout de celle-ci un cocker noir freinant des quatre pattes. Ma belle-sœur se dresse d'un bond et se met à crier : « Mais c'est mon Rally ! »

Le cirque tout entier se tordait de rire, car on nous connaissait tous et Rally également très populaire à cause de ses longues courses solitaires à travers la ville. Ulcérée, ma belle-sœur veut sauter sur la piste, persuadée qu'on lui a volé son chien. Ses filles s'accrochent à ses basques pour l'empêcher d'enjamber le muret et plus le cirque croule sous les rires, plus on a du mal à la retenir...

Fin novembre 1942, Henri et moi sommes retournés à Rabat pour boucler et liquider notre jolie maison d'Oued Akreuch.

Après des années heureuses passées dans cette oasis assiégée par la tourmente, c'est le cœur gros que j'ai entrepris de déménager tout ce que nous possédions. Comme toujours, il s'est offert des personnes dévouées pour nous aider et c'est en fait M. et Mme Burais qui ont accompli l'essentiel du déménagement et de l'expédition de nos meubles vers Larache.

Pendant le court séjour qui suivit, nous habitions rue de

Tiflet chez les Brach et c'est là qu'un soir nous avons appris que notre flotte s'était sabordée à Toulon. Je ne puis rien imaginer de plus tragique qu'une flotte qui se saborde ; cela m'apparaît encore plus horrible qu'une ville obligée de se rendre. D'être, en plus, loin de son pays en des circonstances semblables, c'est presque insoutenable. Que Dieu nous préserve désormais de semblables malheurs ! Mais quoi qu'il en soit, plus jamais je ne quitterais mon pays si de telles épreuves devaient survenir à nouveau... Tant il est vrai que c'est à cause d'une loi inique que nous étions ainsi tenus éloignés de chez nous... En y réfléchissant, le seul avantage que nous avons pu y trouver est que l'éducation de nos enfants a pu se poursuivre dans des conditions relativement favorables...

Le débarquement américain a jeté une perturbation intense dans l'aimable train-train de la vie marocaine et a aussi plongé de nombreuses jeunes femmes dans la détresse ; c'est à bicyclette toujours que je suis allée rendre visite aux malheureuses qui venaient de perdre leur mari, pour tenter de leur venir en aide et c'est à bicyclette encore qu'avec le Prince nous allions regarder comme de vulgaires badauds l'intense activité du camp américain.

Au bout de quelques jours sont arrivés d'Alger les émissaires des conseillers généraux des trois départements d'Afrique du Nord, entre autres, M. Pose, un banquier connu d'Alger. Pendant plusieurs heures ils sont restés en tête à tête avec le Prince, tandis que je me tenais dans ma chambre au premier étage de la maison.

Avant même la fin de l'entretien, j'ai senti monter en moi une peur aussi violente qu'irraisonnée qui se mua ensuite en une véritable panique. J'étais pourtant à mille lieues d'imaginer l'aventure dans laquelle ses visiteurs voulaient entraîner Henri... Lorsque, enfin, il est venu me chercher, ce fut pour m'apprendre qu'on lui proposait de se rendre à Alger pour être porté à la tête d'un gouvernement provisoire. L'affaire méritait pour le moins réflexion...

Nous sommes rentrés à Larache et les jours suivants, Henri, la duchesse de Guise et moi-même avons longuement pesé le pour et le contre.

Le Prince nous a quittés le 5 décembre pour se rendre à Alger et nous sommes restés deux mois sans nouvelles de lui, hormis quelques bribes par la radio.

Au lendemain de l'assassinat de Darlan, le général Giraud lui avait proposé d'être son aide de camp ; mon mari lui avait répondu que dans notre armée il ne pouvait être que général en chef ou alors simple soldat. Le général Giraud en resta tout estomaqué...

Comme il ne savait plus, du coup, quoi en faire, il le renvoya en avion à Rabat. Le 22 janvier dans sa petite auto, pour ainsi dire mourant, je me demande encore où il a pu puiser des forces pour conduire jusqu'à Larache... Il était si malade qu'il a monté l'escalier à quatre pattes jusqu'à sa chambre et nous étions si épouvantés que nous n'avons même pas eu l'idée de le soutenir.

Pendant deux mois se sont succédé des crises affreuses qui le jetaient dans une prostration totale alternant avec des phases de fureur incontrôlées, à tel point que nous nous demandions s'il nous reconnaissait. Ma belle-mère et moi-même étions mortes d'inquiétude et nous avons vite acquis la certitude que mon mari avait été empoisonné à Alger. C'était aussi l'opinion du docteur Mayor, dont toutes les analyses décelaient les signes d'un empoisonnement généralisé et d'ailleurs sans cette hypothèse son mal aurait été parfaitement inexplicable.

Petit à petit, sa forte constitution a pourtant pris le dessus. Il s'est cru guéri et dès fin mars il a voulu aller chasser le canard avec son médecin. Pour sa première sortie, il n'a rien trouvé de mieux que de patauger toute une partie de la journée dans un étang ; il est rentré à cheval, trempé comme une soupe, ce qui a provoqué une série d'anthrax qui l'ont encore cloué au lit pendant plus d'un mois. Je me suis dit alors qu'il ne s'en sortirait jamais...

Il ne pouvait même pas supporter les enfants et quand les vacances de Pâques sont arrivées, la duchesse de Guise nous a conseillé de partir avec notre marmaille pendant qu'elle resterait seule à soigner son fils.

Pour la Semaine Sainte, j'ai expédié les demoiselles, qui

avaient grand besoin de repos, à Séville, et avec ma belle-sœur Murat et ses quatre enfants — avec les miens cela faisait... douze ! — nous avons pris la route le 26 avril pour Ketama, une station de montagne au-dessus de Tétouan.

Ma vieille guimbarde est bien sûr tombée en panne à quelques kilomètres de cette ville. Une voiture a stoppé dont le conducteur s'est aussitôt porté au secours de cette pauvre dame plantée devant son véhicule, tout éreintée et environnée d'un collège cabriolant.

Ce galant automobiliste était le commandant Ponce de Léon, un ami de la famille, qui nous a dépannés vaille que vaille, ce qui nous a permis de poursuivre jusqu'à Tétouan et là, le gouverneur militaire Figuerras nous a prêté une auto militaire.

Arrivés sur la route de montagne, nous sommes ensuite tombés dans un brouillard à couper au couteau. Nous faisions du cinq à l'heure et j'ai bien cru que nous ne parviendrions jamais au parador de Ketama ; c'est à la nuit noire que nous avons enfin pu extraire de l'auto toute notre nichée profondément endormie...

Il y avait encore de la neige et il faisait un froid de canard. Dès les tous premiers jours, une partie de notre équipe a été décimée par des grippes et des bronchites et ma petite Diane a été de nouveau très malade. Toutes les nuits elle était en proie à des cauchemars et le jour, pour se distraire, dès que j'avais le dos tourné, elle s'inondait de mes parfums ou répandait dans ma chambre des nuages de poudre de riz. Ses pieds surtout faisait l'objet de toute son admiration et lorsque je la surprenais et que je faisais semblant de me fâcher, elle me disait avec des airs candides : « J'arrose juste un peu mes jolis petits pieds !... » A cette époque, elle croyait par ailleurs qu'à leur mort les humains étaient mangés comme les veaux qu'elle avait vu égorger, avec ses frères et sœurs, aux abords de l'hôtel. Quand Jacques, son frère, faisait des acrobaties à ma fenêtre en grand péril de se tuer, elle lui disait : « Quand tu seras mort, j'aurai tes petits doigts dans mon assiette ! »

Cet hôtel était très isolé et pris dans de grands amoncellements de rochers, coupés de prairies ombragées d'immenses bouquets de cèdres. Dès le retour du beau temps, les enfants se sont égaillés dans la montagne sans surveillance. Ce n'est que bien plus tard qu'Isabelle m'a raconté qu'au hasard d'une de leurs explorations, ils étaient tombés sur une tribu de nomades et que cachés dans les arbres, ils ont pu assister longuement à des séances d'initiation particulièrement scabreuses qui les effrayèrent passablement, pas assez toutefois pour les empêcher de retourner plusieurs fois sur les lieux...

Heureusement, j'apprends toujours ce genre de choses longtemps après et ainsi le récit de certains dangers manifestes auxquels ils se sont exposés ne m'est livré que sous la forme de bons souvenirs.

En matière d'éducation, j'apprécie la discipline et l'observance de certaines règles mais j'ai horreur de toute forme d'oppression et dans le fond je suis ravie quand j'apprends que l'esprit d'indépendance de mes enfants les a conduits sur des chemins que je n'aurais pas osé leur faire prendre moi-même...

Nous sommes restés à Ketama jusqu'à la fin mai et Henri est venu nous rejoindre avec la duchesse de Guise et le docteur Mayor. Mon mari n'étant pas encore très brillant, il a dû renoncer à nos grandes randonnées à cheval avec les officiers espagnols de ce poste militaire perdu dans les montagnes. Les demoiselles étaient revenues de Séville et tout comme Isabelle et les petites d'Harcourt, chacune avait son chevalier servant parmi les jeunes lieutenants. Nous étions les seuls hôtes de ce parador minuscule et tout d'abord bien éteint mais que la famille a vite rendu à la vie. Sous ce climat tonique, la convalescence d'Henri a été écourtée et dès son arrivée, il a pleinement repris goût à l'existence ; le poids qui jusque-là oppressait mon esprit s'est alors aussitôt envolé.

Voici d'ailleurs le printemps qui revient. Les ruisseaux débordent en cascades, la montagne se couvre de fleurs, les forêts embaument et les merles d'Afrique s'époumonent dans les hautes branches.

C'est près d'un torrent grossi par la fonte des neiges que la famille a pris l'habitude de passer ses après-midi. Nous l'explorions très loin en amont, en sautant de rocher en rocher ; les enfants construisaient des barrages et le Prince leur sculptait dans des morceaux de bois des petits bateaux. Le soleil était déjà très chaud et un jour ma belle-sœur et moi avons été tentées de nous baigner. Mal nous en a pris car l'eau était effroyablement glacée et la pauvre princesse Murat en a conçu un refroidissement carabiné...

Pour nos promenades à cheval nous étions toujours accompagnés de nos amis les officiers dont les montures, à vrai dire, n'étaient pas très fameuses ; ayant laissé ma selle d'amazone à Larache, j'ai bien été obligée de monter à califourchon, ce qui ne me rassurait guère.

Un jour le lieutenant Rojo a piqué droit sur la montagne. Nous l'avons suivi allégrement jusqu'à ce qu'un brouillard particulièrement opaque nous ait cernés de toutes parts. Lorsqu'il s'est partiellement dissipé, nous nous sommes rendu compte que nous étions perchés à des hauteurs vertigineuses sur le haut d'un mont rocheux aux pentes à pic et très glissantes.

Très loin au fond de la vallée, nous distinguions des prairies ensoleillées et des touffes d'arbres minuscules. La descente a été extrêmement difficile ; nos chevaux dérapaient dans tous les sens, puis soudain, la pente est devenue moins raide ; comme si nous avions le diable à nos trousses, nous nous sommes lancés dans un galop hallucinant. D'un bras je tenais contre moi ma fille Isabelle et de l'autre les rênes et au plus fort de la course, mon cheval a buté sur une pierre. Nous avons fait une culbute magistrale mais nous n'étions que les premiers de toute une série car aussitôt après le cheval de ma belle-sœur s'est effondré sous elle et même un des officiers s'est retrouvé par terre avec sa mule. Seules Madeleine de Montbron et Colette de Kernars, dont la prudence à cheval ne se démentait jamais, ont été sauvées de la dégringolade générale. Cette invraisemblable hécatombe s'est pourtant terminée sans membres cassés et après un énorme fou rire, nous sommes rentrés bien droits sur nos montures, qui semblaient bien plus fourbues que nous.

A notre retour pour nous remettre de nos émotions, le comte de Paris a organisé une soirée dansante.

J'étais ravie de voir tous ces aimables officiers émoustiller les demoiselles et nous faire toutes danser, même mon Isa qui n'y connaissait rien et qui tournait comme un toton. Toutes, sauf mes trois nièces d'Harcourt qui avaient perdu, par une inexplicable timidité, leur audace de cavalières émérites ; le nez dans leurs souliers elles ont refusé jusqu'à la fin toutes les invitations à danser...

Fin mai il a bien fallu se résoudre à dire adieu à tous nos amis de la montagne, à tous ces braves officiers espagnols, au charmant capitaine Antonio Carrera qui les commandait, et que nous n'avons plus jamais revus.

Notre vie de fourmilière ardente a repris à Larache sous l'œil vigilant et moqueur mais tout aussi tendre de ma chère belle-mère.

A nouveau ce furent des va-et-vient incessants à Tanger : visites aux professeurs, courses d'intendance, et surtout consultations dentaires ; après quoi les coûteux appareils de mes enfants allaient se perdre dans les feuilles mortes ou dans le sable de la plage. C'était alors pendant de longues heures le cauchemar des recherches à quatre pattes, parfois couronnées de succès, toujours grâce à saint Antoine de Padoue auquel me lie, outre une dévotion particulière, toute une longue tradition familiale. Ce bon saint, né à Lisbonne et non pas à Padoue où il est cependant enterré, a passé sa vie sur les routes à prêcher. L'histoire raconte qu'une nuit il a été chassé sans ménagements par un aubergiste cupide, sous le motif qu'il n'y avait plus de place. Entendant les vociférations de ce méchant homme, un aïeul Dobrzensky, qui pérégrinait vers Saint-Jacques-de-Compostelle, a mis le nez à la fenêtre. Voyant qu'on malmène un pauvre moine, il saute dans ses braies, s'interpose et ordonne qu'on couche le moine à sa place et lui-même s'en va passer la nuit à la belle étoile...

Ce pauvre moine, on s'en doutait, n'était autre que saint Antoine et depuis lors, ce saint nous retrouve en retour tout ce que nous perdons. Mais il a passé là un fort mauvais marché car en échange d'une seule nuit au chaud, il doit retrouver depuis des siècles tous les objets perdus d'une famille plus que nulle autre distraite...

Aux environs immédiats de Tanger, s'élevait une jolie petite chapelle en bois toute simple, dont l'atmosphère sereine invitait au recueillement. Son curé, le père Réjinald, nous confessait de temps en temps ; est-ce à cause de l'aura de ce saint homme, du parfum de bois de cèdre qui se dégageait des parois, ou encore de son heureuse orientation ? Je me sentais infiniment bien dans cet oratoire qui me donnait en plus envie d'écrire. Par « orientation heureuse », je veux dire qu'il y a des églises qui me paraissent bâties à l'envers et dans lesquelles je prie moins bien, puisqu'elles ne sont pas orientées d'est en ouest.

Je trouve qu'à l'instar des vieilles églises cisterciennes, le chœur devrait toujours être placé au levant pour que, dès le petit matin, on puisse voir le soleil chatoyer sur la droite de l'abside ou darder par la rosace du fond ses derniers rayons sur le maître-autel...

Toute cette année 1943, nous l'avons passée à Larache, et si elle a été studieuse pour nous tous, les enfants, eux, se sont tout de même fait de nombreux petits amis, notamment parmi les enfants des fonctionnaires espagnols de la ville.

Ma belle-mère recevait beaucoup, elle était véritablement la reine de la ville et tous les Espagnols, Arabes ou juifs l'aimaient beaucoup. Elle se partageait entre plusieurs œuvres de charité et s'occupait avec un zèle tout particulier de la casa del Nino, une institution vouée au secours des enfants déshérités, qu'elle avait fondée.

Elle était aidée par un comité de dames que nous appelions la « junta », qui se réunissaient toutes les semaines dans le salon central de notre maison et qui, sous couleur de parler gestion de l'œuvre, picoraient à longueur d'après-midi des petits gâteaux et jacassaient parfois jusqu'à 10 heures du soir.

La casa del Nino était financée par ma belle-mère, mais tous les ans il se donnait une grande fête de charité dont les bénéfices contribuaient à améliorer les installations de l'institution. C'était l'événement de l'année à la préparation duquel tous concouraient.

Cette année-là, mes quatre aînés ont voulu faire une surprise à leur grand-mère et ont fait venir de la ville un professeur de danse espagnole qui leur a appris la Sevillana, cette danse si gracieuse aux nombreuses figures compliquées. Ils l'exécutèrent bientôt avec une telle aisance qu'il a bien fallu voir là l'influence du sang espagnol qui leur venait de leur arrière-grand-mère, la comtesse de Paris, née à l'Alcazar de Séville, d'une infante d'Espagne.

Les robes longues à volants des filles, les « trajes cortos » andalous des garçons — jaquette courte, chemises à petits plis et pantalons très ajustés à boutons d'argent — complétaient l'illusion et rappelaient à la duchesse de Guise, très émue, les jours heureux de son enfance à Villamanrique.

De toutes nos transhumances, la duchesse de Guise a eu largement sa part et presque à chaque fois, c'est l'exil qui en a été la cause.

C'est âgée de cinq ans à peine, en 1886, qu'elle a dû quitter Eu, où elle était née, pour aller vivre avec toute la famille de France en Angleterre et en Espagne. Un peu plus tard, la loi d'exil ne visa plus que le prétendant au trône et son héritier direct, son frère le duc d'Orléans.

La comtesse de Paris, devenue veuve, put alors faire de fréquents séjours avec ses enfants au château de Randan près de Vichy.

Après son mariage avec son cousin germain, Jean d'Orléans, duc de Guise, ils vécurent à Paris et au Nouvion-en-Thiérache où les beaux arbres prospèrent depuis toujours ; mais à seulement les regarder pousser, mes beaux-parents conçurent rapidement un profond ennui. Dès qu'ils eurent doté la maison d'Orléans d'un héritier, ils résolurent de changer de vie ; le temps des croisades et des grandes découvertes où nos aïeux se sont illustrés étant révolu, ils choisirent de se faire pionniers et c'est au Maroc qu'ils plantèrent leur tente de défricheurs.

C'est la politique, autre constante de notre vie, qui, en 1926, les rappela au manoir d'Anjou, à la mort du duc d'Orléans.

Mais Larache et l'Espagne avaient déposé dans le cœur de la duchesse de Guise une empreinte indélébile, et c'est dans cette petite ville à l'embouchure du Loukkos où Virgile situe le mythique jardin des Hespérides, qu'elle mourut le 21 avril 1961, plus de vingt ans après son époux...

Le mieux sensible qui s'était amorcé dans la santé d'Henri, là-haut à Ketama, ne se confirma pas à Larache et les séquelles de son étrange maladie continuèrent à me donner des inquiétudes. S'y ajoutèrent des crises très violentes de paludisme qui n'épargnèrent pas non plus les demoiselles et trois de mes enfants, François et les jumeaux. Curieusement mes autres enfants et moi-même, qui évitions de prendre de la quinine, fûmes épargnés.

A la même période une épidémie de peste bubonique s'est abattue sur la ville. Sous nos fenêtres passaient quotidiennement des processions portant à bout de bras des civières sur lesquelles reposaient à découvert les victimes du fléau. Comme seule panacée contre le mal, nous nous accrochions de petits sachets de camphre sous nos vêtements, soit autour de la taille, ou encore du cou.

Ces péripéties et les minables résultats scolaires de nos enfants — en dépit des efforts surhumains de Mlle de Montbron — firent réfléchir le Prince qui, en des allusions de plus en plus précises, suggéra qu'un autre climat réussirait mieux à tout le monde et que les études des enfants s'amélioreraient dans une ville plus importante que Tanger.

Mais je pense qu'il était surtout repris par son tracassin habituel qui le poussait à vouloir sans cesse remonter vers le Nord, à passer de l'autre côté de la mer, à se rapprocher de la France.

Je sentais de plus en plus nettement que nous allions une fois de plus nous embarquer pour une autre vie et que notre cher Maroc allait passer lui aussi de l'autre côté, sur l'autre versant de ma vie, du côté des souvenirs.

Adieu, beau Maroc aux horizons flamboyants, aux plaines fleuries, aux collines si vertes de leurs blés en herbe ! Adieu, villes admirables aux odeurs musquées, aux étés torrides sous le souffle du chergui, aux hivers noyés dans un univers de boue soudain chassés par la douceur d'un printemps éphémère !...

Je n'entendrai plus le chant clair et coupant du muezzin qui porte si loin. De jour comme de nuit, sa mélopée rythmait les heures paisiblement et me donnait à chaque fois la nostalgie des angélus de France.

C'est le 19 octobre 1943 que nous nous sommes embarqués à Tanger et avons fait voile vers Algésiras.

Au débarcadère une auto nous attendait, conduite par un chauffeur en livrée. Il nous a fait traverser tout le sud de l'Espagne, puis la pittoresque capitale des vins de Xérès et nous sommes arrivés à Sanlucar de Barrameda, devant un étrange et immense palais dont les murs étaient recouverts d'un torchis peint de larges rayures jaunes et rouges qui couraient sur l'ensemble des bâtiments.

Le jardin touffu, planté d'arbres séculaires dont la croissance anarchique avait aboli toute perspective, finissait sur un belvédère qui dominait l'embouchure du Guadalquivir et au-delà, la mer. Le mur blanc, qui limitait d'un côté ce belvédère, avait servi de toise à plusieurs générations.

Des traits tracés à la peinture, avec le nom correspondant, indiquaient les tailles successives de plusieurs membres de notre famille. C'est là encore une de nos manies qui permettaient de retrouver la taille, à différents âges, de nos aïeux disparus, ce qui rendait possibles d'amusantes comparaisons avec leurs descendants. C'était bien troublant de déchiffrer ainsi dans la pierre la forme de silhouettes évanouies, celle du duc de Montpensier, fils de Louis-Philippe, qui s'était appuyé contre ce mur, tout comme l'empereur Pedro II du Brésil, mes grands-parents, mon père à quinze ans, et toute la famille du Brésil qui s'était un jour rassemblée là, en visite chez l'oncle de mon grand-père, sans doute sur la route de l'exil, après leur départ du Brésil.

Nous sommes également tous passés sous la toise de l'infant Alfonso d'Orléans, cousin germain de la duchesse de Guise, petit-fils du duc de Montpensier et de l'infante Marie-Louise Fernanda, sœur d'Isabelle II. C'était la première fois que je voyais ce prince et son épouse, l'infante Béatrice, née princesse de Saxe-Cobourg et Gotha, et ils me sont apparus comme un vrai couple de légende.

Fille du prince Alfred de Saxe-Cobourg et Gotha, prince de Grande-Bretagne et duc d'Edimbourg, et de la grande-duchesse Marie Alexandrovna de Russie, l'infante était brune, très belle, d'une taille élancée, d'un maintien imposant et elle portait toujours des jupes fort longues qui rendaient sa démarche encore plus ondulante. Bien vite j'ai été entièrement sous le charme de sa voix mélodieuse, aux intonations de l'ancienne Russie. Elle peignait joliment de fines enluminures et brodait d'admirables tapisseries de soie de facture orientale.

Elle avait aussi redonné vie au Botanico, une vaste oasis de verdure et de fleurs, située en bordure de la ville, dans un paysage de vignes et de terres sèches et pelées, où le vieux duc de Montpensier avait rassemblé une belle collection d'essences rares.

L'infant Alfonso signait ses lettres « Ali » et nous l'appelions tous « oncle Ali ». Très beau, très blond, ce géant de deux mètres au regard bleu et malicieux des Orléans, était un original qui s'est pourtant soumis jusqu'à la fin à une stricte discipline de vie.

Né en 1886 et mort à près de quatre-vingt-dix ans, il avait dû s'exiler sous la république espagnole et, pour gagner sa vie, il s'était fait successivement docker dans les ports anglais puis ouvrier dans les usines Ford d'Amérique. La grande passion de sa vie avait été l'aviation. Général de l'armée de l'Air espagnole, il avait passé son brevet d'aviateur en 1911 et était ainsi le doyen des pilotes européens.

Un an avant sa mort, ce beau héros au charme bon enfant, adoré de tous, pilotait encore tous les jours son petit avion rouge et blanc, célèbre dans tout le pays. A Villamanrique, quand il survolait la propriété au ras des palmiers, nous nous précipitions tous dehors pour le saluer à grands coups de serviette.

C'est uniquement pour pouvoir continuer à voler qu'il s'était fait opérer de la prostate, qui l'empêchait, disait-il, de rester plus d'une heure en l'air.

Chez lui, il se promenait été comme hiver, et du matin au soir, pieds nus et seulement vêtu d'un short kaki. Sa peau tannée, son visage basané de loup de mer, lui donnaient une allure extraordinaire, encore rehaussée par un énorme anneau d'or qu'il s'était fait sceller autour du cou : son alliance matrimoniale.

Ces singularités n'empêchaient pas Oncle Ali et Tante Bi de former un couple charmant, plein de ces égards réciproques qui distinguaient les couples d'autrefois.

Il m'appelait Suson, même dans ses lettres, et lorsque je lui ai demandé un jour la raison de ce surnom, il me répondit : « Ne connais-tu donc pas la chanson ? » « Quelle chanson ? » lui ai-je demandé. Il me chantonna une ritournelle de sa jeunesse qui commençait ainsi : « Suson, Suson, pourquoi es-tu donc toujours la plus jolie !... »

La duchesse de Guise et l'infant Alfonso se vouaient mutuellement une grande admiration qui allait de pair avec une affection de bon cousinage. Ils savaient merveilleusement raconter leurs plus anciens souvenirs, et leurs récits, souvent très caustiques, ne s'interrompaient nullement lorsque sonnait l'heure des repas.

Surgissaient alors de tous les recoins du palais, tels d'aimables fantômes, les dames d'honneur, des amis de passage, des officiers de diverses nationalités, des diplomates. Il y avait toujours beaucoup de monde au palais de Sanlucar, qui apportait, dans tous les domaines, des nouvelles du monde entier. En sortant de table, nous allions au Botanico, soit pour nager, soit pour jouer au tennis avec Oncle Ali.

Lors de ce premier séjour, nous sommes arrivés du Maroc avec des bagages assez légers ; Henri a dû emprunter à Oncle Ali un de ses fameux shorts kaki, dans lequel il flottait littéralement. Heureusement, une ceinture bien sanglée retenait le tout en une jupette froncée du plus cocasse effet.

Comme ma chère belle-mère avait hâte de revoir sa sœur, l'infante Louise, et son beau-frère, l'infant don Carlos, nous avons quitté assez rapidement Sanlucar pour Séville, accompagnés de l'oncle Ali qui s'y rendait fréquemment, et cette fois-là pour ne pas être séparé de ses cousines.

Celles-ci s'aimaient tendrement et je les revois encore toutes deux assises l'une en face de l'autre dans de profonds fauteuils, dans leur chambre ou au salon, conversant à l'infini de mille choses et singulièrement de leurs lectures car toutes deux lisaient énormément et échangeaient tous leurs livres.

Tout en tricotant, elles parlaient de politique aussi ou évoquaient tous les faits et gestes de leurs amis de Séville. Mais ces grandes dames savaient ne jamais succomber au potin vulgaire et tous leurs propos contribuaient à faire de ces conversations des échanges véritables, ponctués de grands rires frais et parfois... de sous-entendus un peu lestes !

C'est pendant ce séjour à la villa de la Virgen de los Reyes, nom qui lui fut donné par dévotion à Saint Louis (le saint roi avait fait don à son cousin germain saint Ferdinand, roi de

Castille, de la ravissante vierge à l'enfant Jésus, articulée, qui se trouve toujours dans la cathédrale de Séville), que j'ai appris à beaucoup mieux connaître et à aimer ma future belle-sœur Dona Esperanza.

Elle nous a présentés à tous ses amis sévillans qui depuis lors sont devenus des amis de toujours. Entre le club hippique Pareda, les chevaux et encore les chevaux, les courses en voiture aussi et les soirées tardives avec le prince et la princesse Czartoryski, Henri a pris le temps de jeter les jalons de notre future installation en Espagne.

Toutes ces démarches s'agrémentaient de verres de xérès chez les uns et les autres ; chez la marquise de Valencina surtout, dont j'évoque la mémoire avec une grande tendresse... Veuve, elle avait élevé remarquablement ses sept enfants et s'était ensuite beaucoup dévouée à une cinquantaine de ses petits-enfants. A nous autres aussi, et c'est grâce à ses excellents conseils que nous avons pu nous installer quelques mois plus tard à Pampelune.

C'était vraiment la plus exquise amie que l'on puisse imaginer, belle, intelligente, toujours gaie et d'une rare élévation d'âme, une amie comme je n'en aurai jamais plus.

C'est encore Oncle Ali qui nous l'avait fait connaître, et elle lui était si dévouée, alors qu'elle était elle-même déjà souffrante, qu'elle se rendait encore fréquemment à Sanlucar, accompagnée de la marquise de Nervion, pour lui tenir compagnie.

Ce plaisant séjour a été assombri subitement par de nouveaux ennuis de santé du comte de Paris. La mobilisation générale de tout notre gynécée, à grands coups de piqûres et d'injections diverses, a réussi rapidement à remettre Henri sur pied.

L'automne nous a ramenés à Larache, sonnant aussi la fin des longs pique-niques joyeux sur notre plage déserte, défendue par de hauts rochers. Pour y accéder, il fallait emprunter un raidillon taillé dans la falaise et presque toujours un de nos enfants, ou alors le panier du pique-nique, allait rouler en contrebas, généralement sans dommage.

Les rares fois où nous étions seuls, Henri et moi y descendions à cheval et après nous être déshabillés sur la plage, nous enfourchions nos montures à cru et en costume de bain nous nous lancions à travers les vagues, ce qui excitait beaucoup chevaux et cavaliers. Le temps brumeux et frais a mis fin à ces escapades et leur ont succédé de passionnantes cueillettes de champignons.

Un beau jour, ce fut le branle-bas général... j'ai cru ferme que mon bébé allait naître plus tôt que prévu... Mon cher Henri a mis toute la maison sens dessus dessous pour installer une jolie chambre dans un coin calme et ensoleillé, et les enfants, enchantés de toute cette agitation, faisaient les mouches du coche et nous aidaient à pousser les meubles et à trimbaler mes affaires.

Je me pavanais déjà dans cette chambre charmante pendant qu'il s'en préparait une autre à côté, pour la garde et le bébé, mais en fait c'était partie remise et ma petite Claude est née quelques jours plus tard, seulement le 11 décembre, à 3 heures de l'après-midi.

Ce jour-là, j'avais quitté la table où nous étions tous à déjeuner et personne ne s'est dérangé, croyant encore à une fausse alerte... Lorsque le cher Dr Mayor est arrivé, la garde et moi-même nous nous étions fort bien débrouillées sans lui. Le pauvre cher homme en a été si désolé qu'il lui arrive encore aujourd'hui d'en parler...

Quelques jours avant la naissance de Claude, nous nous sommes tous réunis dans le salon de la duchesse de Guise pour parler de notre avenir à tous.

La maison ne cessait d'engloutir de nouveaux arrivants et ma belle-mère avait baptisé son chez-soi « le minotaure » ; cet embouteillage de gouvernantes, d'institutrices, de nounous et de nourrissons, sans oublier les nombreux amis de la duchesse de Guise, dont la chère Mlle Scheron qui me donnait des leçons d'allemand, ne pouvait guère aller qu'en s'aggravant...

Aussitôt après le conseil de guerre un peu lugubre, Henri est parti pour Pampelune à la recherche d'un gîte pour sa tribu. Il espérait être de retour pour la naissance de Claude mais il n'est revenu de son expédition que le 13 décembre.

A la veille de Noël, catastrophe ! Il est à nouveau terrassé par une crise de paludisme infectieux. Quand donc sera-t-il enfin délivré de ce mal ? Le jour de Noël il a tout de même réussi à se lever, et moi également ; mais nous n'avions pas l'air frais tous les deux !...

Les enfants étaient très heureux, mais ma belle-mère sans doute moins car elle songeait avec émotion que c'était là peut-être le dernier Noël qu'elle passait avec tous ses enfants et petits-enfants réunis.

Manquaient juste au tableau de famille sa fille Anne, duchesse d'Aoste, et ses deux petites-filles, Marguerite et Christine, que les Allemands avaient placées en résidence surveillée en Autriche.

Le matin du 6 janvier 1944 de très bonne heure, je suis allée cueillir avec les enfants, dans les collines sauvages des environs, d'énormes brassées de narcisses et de bruyères blanches qui venaient d'éclore. La fête des Rois est une très grande fête en Espagne et je tenais à décorer toute la maison. C'est d'ailleurs ce jour-là, et non pas à Noël, que l'on distribue là-bas des cadeaux aux enfants ; ils sont disposés sur les balcons, placés là par les Rois Mages qui parcourent la ville en cortège, montés sur des chevaux caparaçonnés et parfois des chameaux.

Ce jour-là, à déjeuner, nous avons tiré les Rois mais surtout, dans l'après-midi, nous avons baptisé Claude en l'église de Larache. Toute la ville est venue, avec à sa tête le général Orgaz et le gouverneur Ursais et sa famille, et c'est la duchesse de Guise et mon fils Henri qui représentaient le comte et la comtesse de Barcelone, parrain et marraine de ma petite fille.

Après la cérémonie, j'ai porté, comme lors de chaque baptême de mes enfants, cette nouvelle petite chrétienne à l'oratoire de la Sainte Vierge pour la lui consacrer. Dès que j'eus prononcé le dernier mot de l'oraison traditionnelle, l'église se vida et trois cents personnes, dont de nombreux enfants, vinrent s'engloutir dans le minotaure, suscitant jusquà 10 heures du soir un caquetage assourdissant exalté par d'innombrables « copitas » de xérès...

Le 13 janvier, Henri et moi, nous nous sommes envolés en éclaireurs pour Séville dans un premier temps, afin d'y préparer notre migration vers Pampelune. Nous logions à l'hôtel d'Inglaterra, mais nous passions le plus clair de notre temps chez les infants où nous avons mieux fait connaissance des infants Alfonso et Alice, futurs beaux-parents de notre fille Anne.

Au centre de toutes les conversations étaient les conditions de notre future installation à Pampelune et pour nous plonger sans retard dans le bain de la vie espagnole, le général Pontes, gouverneur militaire de Séville, et sa femme, ont donné à la capitainerie générale une réception à tout casser en notre honneur.

Ce soir-là, une quantité de vieilles dames charmantes, toutes vêtues de noir ou de gris souris, ont fait cercle autour de moi. J'ai découvert là les charmes si particuliers des conversations que les femmes espagnoles savent si bien déployer entre elles : elles y confient leurs sentiments avec une simplicité et une sincérité totale, à la différence de la femme française, par exemple, qui a toujours tendance à voir dans une autre femme une rivale en puissance.

Ces dispositions d'esprit s'expliquent par le climat de grande confiance qui régnait à cette époque dans les ménages espagnols portés par une moralité sans faille. La femme exerçait une telle suprématie dans sa famille qu'elle pouvait livrer à ses amies les impressions les plus intimes de sa vie intérieure, en étant assurée de recevoir en échange des conseils et recettes de vie utilisables par toutes, et sans que jamais l'équilibre de son ménage ait à en pâtir.

Malgré tout l'intérêt de cette découverte, je n'ai pas cessé d'avoir des fourmis dans les jambes dès les premiers accords de l'orchestre. A ma grande joie, les jeunes officiers ne se sont pas laissé impressionner par ce glacis de dames austères et m'ont invitée plusieurs fois à danser...

Nos projets d'installation prenaient forme et un beau matin, Henri et moi, nous nous sommes présentés à l'aéroport pour retourner chercher notre smala.

Il s'est alors passé un événement incroyable.

Les Américains, qui contrôlaient toute la circulation aérienne et maritime, délivraient aux voyageurs un « navy cert. », un « laissez-passer », sans lequel il était impossible de se déplacer.

Ne voilà-t-il pas qu'ils refusent catégoriquement de nous

laisser retourner au Maroc comme d'ailleurs dans le reste de l'Afrique !

Nous étions consternés ; il fallait tout de même que nous puissions aller rechercher nos enfants ou à tout le moins donner des instructions pour les faire revenir !...

Heureusement, un de nos fidèles amis, le marquis de Parada, officier de l'armée de l'Air espagnole, put obtenir la permission d'aller en avion à Larache pour y porter nos missives. Toute la nuit nous avons consigné, sur des pages et des pages, nos instructions...

Henri demandait à la duchesse de Guise de s'occuper de l'ensemble de la paperasserie, passeports et billets, et moi-même indiquais à Mlle de Montbron les affaires qu'elle devait emballer par priorité pour nous permettre de vivre à Pampelune.

Pendant plusieurs jours, nous avons ainsi vécu dans un grand énervement car, comble d'absurdité, les Américains refusaient à présent de laisser les enfants quitter le Maroc !...

Ma belle-sœur Françoise de Grèce connaissait bien le chef de la région militaire américaine de Tanger ; elle est allée le bassiner vingt fois dans l'espoir d'obtenir ce fameux « navy cert. », mais toujours en pure perte. A la fin, excédée, elle lui a lancé : « Mais enfin, si vous voulez vraiment ennuyer le comte de Paris, renvoyez-lui donc ses neuf enfants ! »

Aussitôt, cet officier donna les permis nécessaires... Le 21 janvier 1943, avec le marquis de Parada et sa sœur, la marquise de Valencina, nous avons gagné Algésiras pour y chercher les enfants... dans un autocar loué par Henri.

Du môle, nous avons vu arriver dans le petit matin le vapeur poussif qui transportait enfants, bonnes et demoiselles et une demi-tonne de bagages.

10

NAVARRE FORTE ET FIDÈLE

Ouf ! nous voilà enfin tous réunis...

Le voyage du retour a commencé par un merveilleux déjeuner à Xérès, chez Matilde et Juan Pedro Domecq, producteur des vins de Xérès et fameux éleveur de taureaux de combat. Nous n'avons pas hésité à traîner tout notre petit monde devant les principaux monuments de la ville et ensuite dans la soirée, à notre descente du car à Séville, nous avons envahi l'hôtel Inglaterra qui s'était mis sur le pied de guerre.

Pendant plusieurs jours, nous avons montré les enfants à toute la famille, non sans glaner au passage quelques belles émotions, dans les musées et les églises.

Il faisait un froid noir et tous ces magnifiques palais glacés, où nos amis offraient des goûters aux enfants, auraient dû leur coûter la mâle mort, d'autant qu'ils arrivaient des pays chauds dans des vêtements plus que légers. Grâce à Dieu, il s'en sont tirés parfaitement et la seule à nous inquiéter vraiment était ma petite Claude qui, à près de deux mois, n'avait pas encore rattrapé son poids de naissance ! Mlle de Kernars, qui s'en occupait pourtant si bien, se faisait un sang d'encre.

Cette première rencontre de ma progéniture avec l'Europe — celle du moins, née sur d'autres continents — s'est somme toute bien passée.

La seule entorse aux usages, ils l'ont commise dans la chapelle des jésuites de l'université de Séville. Nous avions été invités à une grand-messe, dite spécialement à notre intention, et, comme c'est l'habitude, les bons pères avaient préparé au premier rang toute une rangée de fauteuils, devant lesquels ils avaient placés de grands coussins de velours rouge pour s'agenouiller.

Comme un seul homme, mes enfants sont allés s'installer commodément dessus, jambes croisées, comme les Arabes !... Madeleine, qui avait pris place dans les bas-côtés, leur faisait des signes désespérés ; en vain ! et c'est Henri qui avec des pichenettes a réussi à les remettre dans des positions plus chrétiennes.

Avant notre départ, ma cousine Esperanza a voulu m'emmener une dernière fois dans son dog-cart. Elle m'a même laissé tenir les rênes de la petite haquenée qui trottait gaiement ; la journée était exquise et la conversation particulièrement confiante. Un petit souci pourtant me grignotait l'âme ; j'avais abandonné tous mes enfants chez le marquis de Soto-Hermoso — les demoiselles étaient restées à l'hôtel pour faire les bagages — et je priais tous les saints du paradis pour qu'ils les empêchent de mettre à sac le joli jardin à la française, si raffiné, de nos hôtes.

Le départ pour Pampelune a été des plus remarqués. Nous avions réservé dix couchettes dans le train de nuit Séville-Madrid et au moment du départ, tout un groupe s'est formé sur le quai pour nous dire au revoir. En tête venait Oncle Ali, Tante Bi qui ne se déplaçait plus guère, Oncle Carlos, Tante Louise et nos amis proches, Marie Valencina, les Parada, les Caranza, les Aramburu, les Ibarra, les Campo-Reis, les Aguiar, et Don José Baldaran, l'aumônier des infants, prêt à donner une ultime bénédiction.

J'étais très touchée de ce témoignage d'affection ; mais peut-être voulaient-ils surtout être sûrs que nous quittions bien Séville avec toute notre horde ?

L'escale de Madrid au Nacional a été un vrai cauchemar. Dans cet hôtel surchauffé, les enfants étaient en nage, se perdaient dans les immenses corridors et Jacques et Diane n'arrêtaient pas de hurler. Henri, les demoiselles et les aînés ont alors fui en direction des musées et des monuments de Madrid et je suis restée seule dans ce palace avec les cinq plus petits qui m'ont filé dans les doigts de plus belle. Je n'ai réussi à les récupérer qu'en me guidant sur leurs hurlements ; je me débattais en plus avec les biberons de Claude qui ne voulait rien savoir et qui n'avait pas pris un gramme.

Au milieu de cette confusion, on m'annonce le comte et la comtesse de Guendulaine accompagnés de leur fille Pilar... La comtesse usa aussitôt d'autorité et convoqua une femme de chambre pour garder Claude ; grâce à ce secours inespéré, j'ai enfin pu sonner le rassemblement. Nos visiteurs nous ont ensuite invités au restaurant de l'hôtel pour le thé ; mais l'accalmie a été brève : mes quatre petits diables en ont profité pour se barbouiller immédiatement de chocolat !... Devant ces Grands d'Espagne, que je voyais pour la première fois, j'étais plutôt morte de honte ; ce fut là pourtant le début d'une belle amitié qui dure encore et se perpétue entre nos enfants et nos petits-enfants, en souvenir de ces sauveteurs qui, par un lugubre jour d'hiver 1944, se portèrent avec tant d'entrain à mon secours dans les dédales de l'effroyable hôtel Nacional...

Pampelune, ville des amitiés vigoureuses et fidèles !

Lorsque nous y arrivâmes, elle était encore entourée de murailles d'où l'on avait une vue merveilleuse sur les contreforts des Pyrénées, très au loin sur l'horizon, et les rues principales finissaient en pleine campagne.

C'était encore une jolie petite ville, aux belles églises carillonnantes, où tout le monde se saluait dans la rue et où chacun, toutes classes sociales confondues, se retrouvait les dimanches et fêtes, dans sa paroisse. Aux retraites de carême et pendant la semaine sainte, toute la population était portée par une ferveur communicative et profonde d'où toute bigoterie était exclue et la religion faisait si bien partie de l'existence quotidienne que les exercices de piété ne donnaient pas lieu à ces attitudes compassées qu'on observe parfois ailleurs.

Lors d'une messe matinale, en semaine, l'église étant bien garnie, Isabel Baleztena, une carliste passionnée de nos amies, était plongée dans ses dévotions ; par une porte latérale j'ai vu arriver son frère Pello Marie, un monsieur, comme elle d'un certain âge, qui s'est glissé en tapinois derrière elle et qui, pour lui faire une niche, lui a enfilé les doigts dans les côtes.

La pauvre Isabel sursaute avec un grand cri en faisant voler son livre de messe, tous les fidèles éclatent de rire puis reprennent tout aussi vite leur sérieux et le fil de leurs prières...

Toute la Navarre au reste communiait dans une foi qui se doublait d'une connaissance très réelle des enseignements de l'Eglise et tous, à la ville comme à la campagne, étaient respectueux de la tradition ; dans les bahuts des fermes anciennes gardés par les aînés, étaient serrées les archives familiales que les cadets, qui travaillaient en ville dans les boutiques et les fabriques, révéraient comme une part essentielle du patrimoine familial.

Ce peuple, qui passe plutôt pour rustique, était pourtant très curieux de toutes sortes de systèmes de pensées. Même les gens modestes étaient ouverts au monde des idées et je me souviens de mon petit marchand de souliers installé à côté de moi dans la « Roncalesa », l'autobus qui nous descendait à San Sebastian, qui, pendant tout le trajet, lisait et commentait Joseph de Maistre...

Bref, Pampelune était alors le paradis sur terre et la Navarre, si saine de corps et d'esprit, une terre où l'on savait mieux qu'ailleurs bien prier, bien manger, bien boire et bien rire. Terre de Navarre où j'ai passé des années qui furent parmi les plus heureuses de mon existence et où je me suis fait des amis pour la vie !

Notre arrivée dans cette ville de tous mes bonheurs a pourtant été bien rugueuse. Nous venions de rouler neuf heures en train et les enfants étaient d'une humeur massacrante. L'hiver n'était pas terminé et en cette froide et brumeuse fin de journée, nous avons commencé par patauger tous dans de la neige fondue à la recherche de l'abbé Carlos Lorca qui, sur la place de la gare, avait pris la tête de tout un régiment de taxis où l'on empila, dans une grande confusion, les enfants et les valises. A ce brave curé consterné, Diane déclara tout de go : « Votre ville est affreuse ! Je veux retourner à Larache ! » Il est vrai que les abords croulants et crottés de la gare étaient plutôt lugubres...

On nous a conduits à l'hôtel La Perla, hôtel désuet qui s'élevait sur la place Del Castillo et où le personnel s'est aussitôt mis en quatre pour nous caser tous commodément et nous aider à déballer notre barda. Le lendemain, notre premier soin, à Madeleine et à moi, fut d'aller acheter huit paires de gros godillots pour les enfants qui étaient arrivés en sandales, car il neigait toujours et le froid était intense.

J'ai vu le moment où la malheureuse vendeuse allait devenir folle, car entre autres facéties, les enfants faisaient la chasse à tous les bâtonnets servant d'embauchoirs pour en faire des margotins.

Puis nous sommes allées inscrire Hélène et Isa au pensionnat du Sacré-Cœur et demander par la même occasion aux bonnes sœurs de nous garder Anne et Diane afin que nous puissions aménager, sans trop de soucis, notre maison. Henri nous a fait traverser solennellement la ville pour nous présenter notre nouveau gîte. C'était une maison plutôt laide, qui s'élevait en bordure du champ de manœuvre d'une immense caserne. Elle était entourée d'une grille qui protégeait un minable jardinet de curé.

Au rez-de-chaussée se trouvaient le bureau d'Henri et les services, la salle à manger et divers dégagements. Nos chambres étaient au premier ainsi que le salon et l'unique salle de bains, qui servirait à quatorze personnes. Le second étage aurait pu abriter certains d'entre nous ; malheureusement, les jours de forte pluie, on pouvait presque y faire du canotage tant le toit était percé. Il servait donc de salle de jeux aux enfants et accessoirement de grenier à provisions ; pour les protéger des souris, j'avais « muché » un sac de farine, don de la députation de Navarre, dans une baignoire romaine monumentale en marbre, entreposée là-haut par les propriétaires, qui n'étaient autres que les parents de la future reine Fabiola.

Tout autour du premier étage courait un balcon vitré qui permettait de gagner les chambres à partir du salon ; les plus jeunes de mes enfants y prenaient leurs ébats et bien des têtes et bien des bras sont passés à travers ces vitres, sans autres dommages, Dieu merci, que des cicatrices.

Peu de jours après notre arrivée, nous sommes allés prendre un drink au restaurant du Rey Noble, vénérable institution pamplonaise. Il était tenu par sept sœurs aussi aimables que jolies et que tout le monde appelait les « potcholas », ce qui est intraduisible mais signifie en gros les « demoiselles ».

Les « Potcholas », comme tous nommaient cet établissement, c'était le club chic de la ville ; on y donnait des dîners et des réceptions, mais surtout c'était le lieu de rendez-vous de toute la société qui s'y retrouvait presque tous les jours à l'heure des « copitas ».

Dans la salle plutôt sombre, les dames se tassaient à plusieurs dans de profonds fauteuils et les messieurs se tenaient debout devant le grand bar en alcôve, derrière lequel les potcholas s'affairaient. Nous y allions aux nouvelles, j'y retrouvais mes amies, et les messieurs, l'inamovible verre de xérès à la main, parlaient politique ou courses de taureaux. Et puis chacun rentrait chez soi déjeuner.

Pour notre première visite aux Potcholas, nous avons été invités par le comte et la comtesse de Rodezno. Le comte, président de la députation de Navarre et premier personnage de la province, était très beau, très grand, l'archétype de « l'hidalgo » tel que le voient les Français ; ce grand seigneur, qui avait une personnalité extraordinaire, était aussi un homme fin et spirituel encore que très peu bavard et son aide, plus le précieux soutien de son amitié et celle de sa famille, ne nous ont jamais fait défaut. C'est la marquise de Valencina qui l'avait prévenu de notre arrivée et il était quelque peu inquiet de voir débarquer dans sa ville un Orléans. Le déjeuner auquel il nous conviait était en quelque sorte un examen de passage...

Il faut savoir que les Navarrais sont un peu les Vendéens d'Espagne et que leur sensibilité politique les porte plutôt à embrasser les positions traditionalistes ; les Orléans, eux, passent plutôt pour des libéraux, d'où les alarmes du comte de Rodezno... Sans doute avons-nous pu le rassurer puisque dès le lendemain, nous avons été invités chez lui pour être présentés à toute la société de Pampelune et des environs.

Nous habitions toujours à l'hôtel La Perla et Madeleine et moi-même passions nos journées à installer la maison où tout était à faire mais qui, malgré sa laideur et son état lamentable, dégageait une atmosphère assez sympathique.

Les caisses de Larache sont arrivées mais nous étions tout

de même très justes en mobilier et ce n'est que grâce à la marquise de Valencina et à la comtesse de Guendulain, qui nous ont prêté le mobilier indispensable, que nous avons pu parachever notre installation. A cette époque seules Isa et Hélène avaient repris sérieusement leurs études au couvent du Sacré-Cœur où enseignaient des sœurs françaises...

Notre petite Claude, elle, continuait à dépérir et la chère Colette tout autant ; à cause des soucis que cette situation lui causait... Mon premier soin a donc été de me mettre à la recherche d'un pédiatre, que j'ai trouvé en la personne du docteur Irizar ; son premier acte a été de supprimer tout laitage dans l'alimentation de Claude et dès que nous l'avons mise aux bouillies à l'eau et aux purées, elle s'est mise enfin à prendre du poids... Quel énorme souci en moins !

Mais décidément, la loi des séries jouait contre nous et bientôt une nouvelle tuile nous est tombée dessus.

Un matin, Henri est convoqué chez le gouverneur de la province. Il s'y est rendu accompagné du comte de Rodezno et de Louis Arellano, tandis que je suis restée à l'attendre dans le restaurant de l'hôtel, en compagnie des épouses de ces deux messieurs.

Au bout d'une heure, ils sont revenus avec des mines plutôt déconfites. « Nous devons quitter Pampelune ! » me dit Henri. J'en suis tombée assise... Le gouvernement de Vichy, explique-t-il, a fait une démarche auprès du gouvernement espagnol en lui signifiant que nous séjournions trop près de la frontière française et que nous devions nous en éloigner sur-le-champ. J'ai fondu en larmes et j'ai refusé catégoriquement de partir.

Sans hésiter, le comte de Rodezno a proposé à Henri de l'emmener à Madrid dans sa voiture, pour lui permettre de soumettre son affaire directement à Jordana, ministre espagnol des Affaires étrangères.

Ils sont partis sur l'heure et ne sont revenus qu'au bout de quelques jours, mais avec dans leur poche un modus vivendi qu'ils avaient réussi à conclure avec les autorités, grâce à la compréhension du ministre Jordana : ils avaient pu obtenir que je puisse continuer à m'installer tranquillement à Pampelune tandis que Henri devait, lui, s'éloigner à Séville où il vivrait chez l'infante Louise.

Pendant quelques mois, Henri n'a donc fait que des apparitions furtives à Pampelune et puis tout s'est tassé et personne n'a plus songé à nous ennuyer... Nous revenions de loin ! Qu'on se figure les désagréments qu'auraient entraîné une nouvelle étape de notre exil ou une séparation durable d'avec mon mari... L'heureuse issue de cette affaire m'a fait croire davantage encore à notre bonne étoile ; et surtout j'ai définitivement renoncé, ce jour-là, à ne voir, même aux pires moments, que le mauvais côté des choses.

A l'instant même où nous avions appris cette détestable nouvelle, se sont cristallisés autour de nous un certain nombre d'amitiés et de dévouements qui auraient sans doute mis plus de temps à se manifester si les choses s'étaient passées plus facilement et cette disposition d'esprit nouvelle m'a permis de découvrir désormais la face cachée de tout malheur.

Quelle que soit l'ampleur des épreuves, elle révèle toujours une part de joie, d'enseignements utiles et de nouvelles raisons de croire. Autant de pierres solides, disposées par-dessus le gué qui permet d'atteindre au rivage de sérénité. Et depuis ce temps, quel que soit le cours des choses, tout m'est bonheur...

Juste avant que le Prince ne parte pour Séville, nous avons mis Henri et François dans un collège de capucins à Lecaros, patelin perdu au milieu des montagnes, non loin de la frontière française. Nous avons d'abord conduit nos deux garçons au supérieur des Capucins de Pampelune qui les a emmenés lui-même en pension dans l'antique gazogène du couvent. C'était la première fois que nous nous séparions de nos enfants et j'avais le cœur bien gros. Je revois encore leurs yeux bleus qui arrivaient juste à ras de la fenêtre du car et nous regardaient tout affolés.

Je ne crois pas qu'ils aient été malheureux là-bas ; par contre je suis sûre qu'ils n'y ont pratiquement rien appris. Sauf la passion du jeu. Henri surtout faisait des parties de cartes avec ses camarades dont l'enjeu était la fameuse tortilla espagnole, aliment de choc de presque tous les repas. Mon fils en raffolait et, aux déjeuners, engloutissait les parts qu'il avait gagnées au jeu.

Quant à François, il avait si froid qu'il couchait tout habillé en gardant même ses bottines. Le dimanche, nous allions leur rendre visite et assistions le matin à la messe du collège ; l'odeur était à tomber raide, à croire que le collège tout entier dormait tout l'hiver tout habillé !...

Le froid est devenu ensuite si intense que pendant plusieurs dimanches je n'ai pu aller les voir car tous les cols étaient fermés...

Tout au long de mon enfance et encore en ces années 1940, lorsque nous passions par une ville qui était le siège d'un évêché, il était de mise que nous rendions visite au prélat du lieu. Lorsque, en plus, nous nous y fixions quelque temps, cette corvée prenait un caractère inévitable ; dans le cas de Don Marcelino, évêque de Pampelune, c'était une démarche bien agréable que nous avons rééditée plusieurs fois...

Immense bâtisse très ancienne faisant corps avec les murailles de la ville, l'évêché était un vrai dédale de corridors, de salles monumentales, et d'une multitude de petites pièces donnant sur des oratoires. A chaque fois que nous y sommes allés nous avons été reçus à déjeuner... C'étaient typiquement de délicieux repas de curé, qui n'en finissaient plus, avec, par surcroît, pour nous charmer au dessert, la chorale de Don Marcelino, qui n'avait certes rien à voir avec celle de la chapelle Sixtine, mais qui comportait tout de même de belles voix navarraises, chaudes et profondes.

Don Marcelino a aussi confirmé dans son oratoire privé notre fils François ainsi que ses deux sœurs Anne et Diane et cette cérémonie s'est imprimée à tout jamais dans ma mémoire. Cérémonie tout intime en présence seulement de notre maisonnée, dans un oratoire minuscule tout en bois doré et sculpté. Dans mon souvenir, il est le cadre d'un tableau dont le centre est occupé par ce groupe de tout petits enfants vêtus de blanc, qui paraissaient encore plus menus aux pieds de ce prélat majestueux, mitre en tête, se penchant paternellement sur eux...

A cette époque, Henri était encore très « cadeautier »

comme nous disions dans la famille. Malgré notre manque d'argent, il m'a chargée de trouver un souvenir pour remercier l'évêque. C'est bien sûr dans mes fonds de tiroirs que j'ai dû chercher une fois de plus !

Je me suis défaite d'une petite vierge en ivoire, un objet ancien que je traînais avec moi depuis le Brésil. Don Marcelino a été très heureux de ce présent. Mais Dieu qu'elle était jolie ma petite Sainte-Vierge en ivoire !...

Avril à Séville, c'est le temps de la Feria.

Comme à Pampelune, la maison avait enfin pris son rythme de croisière. Ce mois d'avril 1944 nous nous sommes accordé une récréation de quinze jours chez l'infante Louise et l'infant Don Carlos et je dois dire que jamais de ma vie je ne me suis tant amusée. C'est vrai que je l'ai déjà dit plusieurs fois, mais jamais pourtant cela n'a été aussi vrai que cette fois-là...

Le matin vers 11 heures, Henri, Esperanza et moi, quittions la maison à cheval. Comme ma cousine montait comme moi en amazone, elle a pu me prêter un de ses costumes, un « traje corto » classique, et nous étions ainsi vêtus tous trois à la mode locale. Le programme de nos journées se déroulait ensuite d'une manière quasi immuable, ce qui ne diminuait vraiment en rien notre agrément.

Jusqu'à l'heure du déjeuner, nous faisions le tour des casetas, sortes de stands ou de loges plus ou moins importantes, ouvertes sur les allées de la foire, et qui appartenaient à des gens de connaissance, ganaderios ou propriétaires de vignobles. La plus grande de ces casetas était celle de l'Aéro-club de Séville.

De casetas en casetas, devant lesquelles les dames restaient en général à cheval, on offrait force petites flûtes de xérès, rarement moins d'une vingtaine par matinée. J'étais heureusement bien accrochée à la fourche de ma selle d'amazone...

Ce n'est que vers les 2 heures que nous rentrions nous changer pour repartir et déjeuner chez les uns ou chez les autres, cette fois à l'intérieur des casetas. En sortant de table, tout le monde se précipitait aux courses de taureaux, la seule activité en Espagne qui commence à l'heure dite, qui se déroulaient depuis toujours sur cette place si admirable de la Maestranza.

La roue sans fin de ces journées nous déposait ensuite dans divers palais de la ville ; là se déroulaient des cocktails bigarrés, où le torero voisinait avec le Grand d'Espagne...

Nous rentrions nous changer en courant, vers 11 heures ou minuit, pour aller dîner dans des casetas et y écouter des flamencos ou des canteondos ou regarder danser les Gitanes.

Quand l'ambiance était suffisamment haute, les dames et les jeunes filles de la société dansaient entre elles des sevillanas, parfois avec leurs cavaliers. La gaieté ne faisait alors que monter et bientôt le petit jour survenait avec de lancinantes envies de petits déjeuners. Dans les baraques de forains restées ouvertes, on nous servait chocolat chaud et churros ou alors nous allions envahir les demeures de ceux de nos amis qui étaient allés se coucher à des heures moins folles.

Un matin nous nous sommes retrouvés à vingt dans la chambre à coucher des Caranza qui nous reçurent le plus aimablement du monde, tous deux allongés dans leur lit comme les « rois très catholiques ».

De là, nous avons fait le mur pour investir la maison des Parada. En sautant du haut de la clôture, Miguel Primo de Rivera s'est brisé tout net la main, ce qui ne l'a pas empêché de poursuivre avec nous... Les enfants du marquis Parada se souviennent encore avec horreur de toutes ces grandes personnes fort agitées qui sont venues engloutir le petit déjeuner qu'ils s'apprêtaient à prendre avant de partir à l'école !...

Le matin suivant, Raphaël Medina nous a emmenés chez lui au palais de Pilatos des Medina-Caelis. Henri et Raphaël ont commencé à ôter leurs souliers et retrousser leur pantalon de smoking pour prendre un bain de pieds dans la vasque du patio ; ensuite, Raphaël est allé réveiller son épouse Mimi, qui a fait un merveilleux petit déjeuner et Henri a voulu absolument que Paz, la sœur de Mimi, se joigne à nous. Elle dormait profondément et a fort mal pris l'intrusion de mon mari qui a reçu un énorme verre d'eau en pleine figure.

Après cette nouvelle nuit agitée j'ai eu très soif et j'ai

demandé à Alfonso Domecq de me chercher un verre d'eau, chose pratiquement introuvable pendant la Feria de Séville. Il me tendit un grand verre rempli d'un liquide transparent ; en y portant les lèvres, je me suis tout de suite rendu compte que c'était de l'anis del Mono. Il est rare que je ne relève pas les défis qu'on me lance ; sans sourciller, j'ai avalé l'énorme verre d'anis sous les yeux de plus en plus ronds de notre ami Alfonso...

Un matin, vers 9 heures, les infants qui se rendaient dans leur oratoire pour y entendre la messe quotidienne dite par leur aumônier, Don José Baldaran, ont appris par la brave Elvira que nous n'étions pas encore rentrés. Il s'est ensuivi un affolement général. Après s'être perdus en toutes sortes de conjectures, ils faillirent prévenir la police, craignant qu'il nous soit arrivé malheur.

Lorsque sur le coup de 11 heures, la chère tante Louise nous a vus arriver en smoking et robe de soirée, elle n'a pu s'empêcher de nous faire les gros yeux...

Pour nous secouer, nous rentrions vite nous changer et repartions vers les courts de tennis, puis encore à cheval vers la Feria, et la noria était relancée... Une fois nous sommes restés ainsi quarante-huit heures sans nous coucher un instant ! C'est là une vie qu'on ne peut mener que lorsqu'on est jeune et qu'on a une santé de fer ; c'était bien le cas de Henri qui avait encore des crises de paludisme mais qui nous a pourtant emporté tout ce mois d'avril à un train d'enfer !

Après quelques jours de cette foire, si l'on peut dire, le duc d'Infatado nous a conviés à un grand déjeuner. Il faisait déjà très chaud à Séville et toutes les persiennes de la sombre salle à manger étaient closes. J'avais affreusement sommeil et malgré l'obscurité ambiante, j'avais mis mes lunettes de soleil pour somnoler. Je ne répondais au pauvre duc que par des monosyllabes mourantes et il a dû se dire que ma conversation était plutôt éteinte...

Au cours de ce même séjour en Andalousie, nous avons tout de même pris le temps de faire de fréquentes visites au cher oncle Ali et à tante Bi, en leur palais de Sanlucar de Barrameda. Esperanza, qui était là comme chez elle, nous accompagnait chaque fois et dévoilait pour nous tous les secrets du palais. Elle nous a initiés aux délices des tartines rôties à l'huile, saupoudrées d'ail que nous dégustions à toute heure du jour dans les cuisines monumentales.

Nous avons passé plusieurs nuits dans ce palais dont les chambres, aux murs couverts de portraits d'ancêtres, étaient immenses et sombres. Chacune comportait plusieurs portes et nous nous demandions toujours, Esperanza et moi, par laquelle les fantômes qui hantaient ces lieux allaient pénétrer. Esperanza avait vraiment très peur et je n'en menais pas large moi-même. Nous nous sommes plusieurs fois retrouvées dans sa chambre la nuit pour tenter de nous rassurer l'une l'autre, d'autant que Henri, pour nous effrayer encore davantage, prétendait voir et entendre de bien étranges manifestations.

Les infants avaient trois fils, Alonso, Alvaro, et Ataulfo qui était le plus jeune et qui, seul, vivait avec ses parents. Quand parfois nous allions dans son appartement de Sanlucar et qu'il se mettait à jouer du piano avec talent, mais en prenant des airs hallucinés, de singulières entités semblaient aussi s'insinuer dans la pièce.

Pendant la république et jusqu'à la fin de la guerre civile, toute la famille espagnole a vécu en exil. Don Carlos et les siens s'étaient fixés à Paris et venaient souvent nous rendre visite à Eu ou pendant les vacances, à Attersee, en Autriche, chez mes parents. Nos profonds liens d'affection datent de cette époque.

Esperanza n'était alors qu'une petite jeune fille et ce n'est que lors du séjour andalou que je pus mieux la découvrir. Notre amitié s'en trouva très fortifiée et je conçus bientôt pour elle une affection et une tendresse qui ne se sont jamais démenties.

En la voyant si adorable et si parfaite, je me suis dit que mon frère Pedro était bien imprudent de ne pas songer à revenir du Brésil : je savais qu'il avait un fort béguin pour notre cousine... J'ai donc pris ma plus belle plume pour lui vanter les charmes d'Esperanza et lui suggérer de venir nous rejoindre en Espagne au plus tôt. Ma lettre a dû lui faire de l'effet car dès le mois de juillet, nous l'avons vu débarquer à Pampelune. Quelle joie de retrouver ce frère chéri que je n'avais pas vu depuis quatre longues années !

Le comte de Paris aussi a pu cesser alors ses navettes et s'installer définitivement avec nous ; entre mon mari et mon frère tant aimé, j'étais comblée...

L'été 1944 s'est passé en allées et venues entre la maison, Saint-Sébastien et Zaraos, stations balnéaires où toute la société andalouse et madrilène venait passer les étés, pour fuir les chaleurs étouffantes du Sud.

Notre pauvre famille errante, qui ne disposait pas de voiture, en était réduite à prendre la Roncalesa ou le Plassaolla, un tortillard de musée qui nous trimbalait entre Pampelune et les plages.

Nous profitions de nos fréquents séjours sur le littoral pour courir les magasins élégants et déguster des calmars « in su tinta » c'est-à-dire cuits dans leur encre, chez la « Nicolassa » notamment, qui était alors un des restaurants à la mode.

Cela nous apparaissait comme des journées d'opulence qui contrastaient singulièrement aves le traintrain de Pampelune. Rapidement, notre esprit tribal reprenait le dessus et nous allions rendre de longues visites à toute la famille en ses diverses résidences. C'est un vrai vol de sauterelles qui s'abattait tour à tour chez les infants de Bavière ou de Bourbon, où nous laissions parfois les enfants plusieurs jours pour jouer avec leurs cousins.

Quand Esperanza était à Pampelune avec nous, Pedro ne nous quittait plus ; quand elle séjournait à Saint-Sébastien avec ses parents, il se précipitait à l'hôtel Cristina où ceux-ci avaient pris un appartement. C'était un va-et-vient perpétuel.

L'été devenait de plus en plus torride et, à Pampelune, une des seules oasis de fraîcheur était le tennis-club situé aux confins de la ville ; de là on jouissait en plus d'une vue merveilleuse sur la campagne et la Higa de Montreal, cette montagne solitaire qui domine tout l'horizon.

Les enfants étaient heureux de se plonger dans la piscine où je n'allais guère, trop occupée par le tennis, les concours de jeu de paume et surtout le tir aux pigeons, qui en cette période de l'été battaient leur plein dans toute la région. Nous avons participé avec passion à la plupart et même gagné quelques coupes.

Mais arrivons-en au summum de ces joies estivales, au point culminant de la vie pamplonaise, à ces fêtes de la Saint-Firmin, patron de la ville...

Tout commence le 7 juillet à midi par une fusée lancée du balcon de la mairie par l'Alcalde, le premier magistrat de la ville... La place de l'Alcaldia est noire d'une foule plutôt calme mais, à ce signal, la ville se déchaîne instantanément et pour sept jours !... Les Pamplonais se laissent guider par une tradition strictement établie et tout se passe dans une ambiance qui reste toujours de bon aloi. Il faut bien dire que depuis quelques années l'affluence des touristes étrangers a quelque peu altéré ces bonnes manières...

La Saint-Firmin, c'est donc avant tout la fête du saint patron de la ville avec force messes et processions mais c'est aussi, tout de suite après, la fête des taureaux et des hommes. Pendant sept jours, il est admis que les jeunes gens et souvent même les hommes mariés ne mettent plus les pieds chez eux, si ce n'est tout juste pour faire laver leur pantalon blanc.

Luis Arellano comptait au nombre de ceux qui avaient leurs entrées partout, durant toutes ces fêtes. Il connaissait tous les éleveurs, toreros et gardians et nous emmenait partout.

Le plus souvent Henri partait seul avec lui à des réunions d'hommes au cours desquelles les conversations roulaient, à grand renfort de vin rouge, principalement sur tout ce qui a trait à la tauromachie.

L'après-midi nous assistions au « Desincajonamiento » des taureaux, opération qui consiste à les sortir de la caisse dans laquelle ils ont voyagé pour les parquer dans le petit pré d'une ferme non loin de la ville.

Là, les connaisseurs, accoudés à une barrière, jaugeaient les qualités des fauves qui seraient toréés le lendemain. Dans la nuit se déroulait un spectacle effrayant mais merveilleux auquel seuls quelques rares privilégiés, amis des gardians et des éleveurs, avaient le droit d'assister. Henri, Luis Arellano et moi étions du nombre et vers 10 heures du soir, nous descendions très silencieusement jusqu'au pied des murailles de la ville en empruntant un petit chemin de campagne, bordé de murs en vieilles pierres, qui sentait bon le jasmin. Il conduisait jusqu'à la ferme où les taureaux étaient parqués. Le long de ce parcours on avait installé quelques burladeros de fortune, c'est-à-dire quelques planches, assez mal maintenues par deux pieux. Nous nous abritions tous les trois derrière ces planches, bien plaqués contre le mur.

Alors se déroulait un spectacle extraordinaire. Toute la vieille ville s'illuminait de feux d'artifice et parfois les déflagrations étaient si fortes que les vitres volaient en éclats, ce qui ravissait les Pamplonais. Mais le bas de la ville, là où nous nous trouvions, restait plongé dans l'ombre des murailles. Soudain on entendait un sourd piétinement. Les portes de la ferme où les taureaux s'impatientaient venaient de s'ouvrir...

Faisant trembler le sol, la horde monstrueuse s'engouffre dans l'étroit chemin où nous attendons. En regardant dans l'enfilade du chemin, nous distinguons dans l'obscurité le sauvage troupeau qui se précipite sur nous au triple galop. La terre vibre plus fort et les voici tout près maintenant. La cavalcade préhistorique nous frôle, le souffle puissant, avec la légèreté d'un songe...

Si près, qu'une fois la corne du dernier taureau a fait sauter les planches de notre précaire abri. J'étais placée entre le Prince et Luis Arellano qui, à quelques centimètres près, a failli voler en l'air.

Les taureaux poursuivaient leur ruée infernale et s'engouffraient près d'une porte de la ville dans un corral dont on ne les relâcherait que le lendemain matin pour l'encierro.

Pendant les sept jours que va durer la fête, la ville est réveillée tous les matins à 5 heures par la diane qui parcourt tous les quartiers... « Levanta te Pamplonica », proclame la trompette.

A la maison c'est alors le réveil général. Enfants et domestiques en tête, nous nous précipitons tous dans la rue pour nous rendre sur le passage de l'encierro, qui au balcon d'une connaissance, qui à l'Alcaldia, qui tout simplement dans la rue derrière les barricades. Celles-ci ont été montées à tous les croisements de la rue Estafeta et, dès 6 heures du matin, tout un monde exubérant et grouillant est en place.

Soudain, du corral où les taureaux sont parqués, s'élève

une immense fusée : les portes du corral sont ouvertes... A ce moment précis, une immense rumeur se répand dans la ville et Pampelune se divise en ses trois catégories d'acteurs : il y a ceux qui regardent, ceux qui courent et ceux qui, chez eux, prient parce qu'ils savent qu'un fils, un frère, un fiancé ou un mari s'exposent devant la horde...

Du balcon où nous avons pris place, nous apercevons au bout de la rue des centaines de jeunes gens, les moins courageux, qui courent très loin devant les taureaux. Voici déjà que les groupes sont plus clairsemés... Dans la cacophonie de leurs cloches de montagne, déboulent à présent les cabestros, les bœufs conducteurs, énormes et stupides, qui n'embrochent pas mais écraseraient facilement un imprudent.

Tout de suite derrière eux, vient le petit groupe des jeunes gens vraiment très braves, talonné de près par les sept taureaux. Tout ce monde passe en avalanche et on voit des garçons à bout de souffle se jeter à plat ventre dans la rigole, les mains protégeant la nuque. D'autres, à qui la panique donne une souplesse incroyable, grimpent à l'assaut des fenêtres pour laisser passer sous eux le noir troupeau déchaîné.

Ils sont passés ! Tout Pampelune attend maintenant la seconde fusée qui annonce que les taureaux sont parvenus dans l'arène, et puis la troisième quand ils sont arrivés dans un corral où ils attendent jusqu'à la course de l'après-midi.

Le parcours d'environ mille mètres ne doit pas prendre plus de trois minutes... Si la seconde fusée tarde à se faire entendre, c'est qu'il s'est passé quelque chose de grave dans les rues : un taureau a pu rebrousser chemin vers les groupes qui continuent à progresser vers la place, après le passage du troupeau.

Si la troisième fusée prend du retard, c'est que un ou plusieurs taureaux sont restés dans l'arène au lieu de la traverser rapidement. C'est une situation qui peut facilement tourner au drame car les arènes sont grouillantes... Toute la ville est alors en suspens et quand enfin cette dernière fusée traverse le ciel en pétaradant, on a l'impression d'entendre un immense soupir de soulagement ! Après cette accalmie, tout le monde court aux nouvelles...

L'arrivée de l'encierro dans l'arène est un spectacle au moins aussi divertissant. Depuis l'aurore, les gradins sont pris d'assaut et ce n'est que grâce à l'entremise du club tauromachique que j'ai pu obtenir, une ou deux fois, des places pour les enfants et moi-même. Le Prince, lui, préférait de loin rester avec les hommes dans le callejon, le petit chemin de ronde qui sépare l'arène des gradins.

L'enceinte croule sous les spectateurs et depuis plus de deux heures elle est pleine comme un œuf ; mais pour une fois l'expression « noire de monde » ne s'applique pas pendant ces jours de fête : tous les hommes et jusqu'aux plus petits garçons sont habillés, sans exception de blanc, réhaussé de rouge pour le béret carliste et la ceinture.

Tous les jeunes gens de la ville se regroupent sous les couleurs de leur « pandilla », de leur club, et banderoles en tête, chantent, boivent et dansent la jota du matin au soir et toute la nuit et même sur les gradins de l'arène.

Quand ils sont vraiment trop fatigués, ils s'endorment n'importe où, mais rarement chez eux ; la plupart vont en dehors des murailles, dans la campagne, se coucher sous les peupliers, au bord de la rivière, dans l'herbe verte où on les entend rire et chanter dans la nuit.

Un matin, je me trouvais comme d'habitude à Saint-Nicolas. Dans l'église bondée, j'entends courir un chuchotement : « Le comte de Paris a été blessé. » Mon sang n'a fait qu'un tour. « Un garçon qui revient des arènes l'a vu », disent encore les bonnes gens. Je me précipite vers la sortie et je vois mon Henri arriver tout guilleret mais couvert de sang. Il m'explique qu'à l'entrée de l'arène il y a eu un « monton » — un amoncellement — d'hommes qui s'est formé au-dessus d'un garçon qui a trébuché ; bœufs et taureaux ont escaladé cette montagne humaine et Henri a dû dégager du magma un homme qui saignait comme un veau pour le transporter au dispensaire de la place. La rumeur avait vite couru mais, comme souvent les rumeurs, elle avait été déformée...

Au sortir de la messe, nous revoilà tous au casino, place del Castillo, ou encore dans un caboulot pour nous remettre de nos émotions devant des tasses de chocolat, des churros et du saucisson. Les dames ont une chance d'y retrouver leurs maris quand ceux-ci n'ont pas filé avec les guardians ou les matadors...

Un autre matin pendant l'encierro, un taureau s'est cassé une patte en dérapant sur les pavés mouillés. Il a fallu l'abattre. Tous ces messieurs, Luis Arellano en tête, sont venus chercher le Prince qui était déjà rentré chez nous, lui ont mis une carabine entre les mains et en avant pour le corral ! La pauvre bête était couchée au milieu de la petite arène dépourvue de burladero et, sur les gradins en pierre, tous nos amis et les gardians regardaient la scène. Henri, tout faraud, descend dans l'arène, s'approche du taureau et le met en joue avec méthode. Soudain l'animal se lève d'un bond et se rue sur lui. Dieu merci ! Henri est leste et a de bonnes jambes. En un éclair il a escaladé le muret de deux mètres et s'est retrouvé sur les gradins...

Privé d'une patte, le taureau courait encore très bien et il s'est mis à longer le muret avec des reniflements furieux en suivant Henri de son regard noir.

C'est de là-haut que Henri l'a étendu raide mort.

Pendant ces journées, les enfants ne sont, bien sûr, pas oubliés. Toute la journée ils nous tannent pour aller à la grande tombola gagner des lots dont ensuite on ne sait que faire, ou encore danser la jota sur le paseo Sarazate.

On les emmène aussi à la réception des comtes Guendulaine qui depuis des siècles invitent au défilé amis et connaissances et leur offrent boissons et friandises. De leur balcon, ils peuvent voir défiler presque à leur hauteur les géants et en contrebas les « kilikis » au son des fifres et des tambours de basques.

Ces kilikis sont des personnages nantis d'une grosse tête ou d'un cerceau à jupe qui figure un cheval. Armés d'un fouet, ils poursuivent les filles dans les rues toute la journée et les enfants trouvent très drôles d'aller les asticoter, tout en essayant d'éviter les coups de fouet.

Point culminant de toutes ces journées : les courses de taureaux de 4 heures. Je vais peut-être choquer quelques-uns en disant que j'aime les courses de taureaux. En cette matière, comme pour bien des choses de la vie, avant d'avoir l'éblouissement, il faut savoir patiemment recommencer. Il faut retourner et retourner encore, et puis un beau jour, le ciel est clair, la foule haletante, le taureau superbe, le matador incomparable... Soudain, l'espace de quelques secondes, tous ces éléments s'ordonnent en une perfection qui donne un grand choc au cœur. C'est pour cet instant de parfaite harmonie, de beauté pure, que j'aime les courses de taureaux...

Je ne m'étendrai pas longuement sur les courses de la Saint-Firmin car le « cartel », le programme, ne comporte que rarement des matadors de premier ordre : ils se vexeraient des chahuts incessants et finalement agaçants que ces pandillas de jeunes gens entretiennent dans les arènes, à grands coups de gueule ou de trompettes... Un jour j'ai même vu un rouleau de papier hygiénique se dérouler comme un serpentin et tomber sur un pauvre matador qui avait salopé son taureau...

Après les courses, toute la société allait s'engouffrer dans la grande maison des Baleztena, pour un cocktail traditionnel qui ne réunissait jamais moins de trois cents personnes.

Cette famille, je devrais dire cette merveilleuse tribu, de passionnés carlistes, plus carlistes que les plus carlistes des Navarrais, vivaient à trois générations dans une grande demeure de la place del Castillo, sous la houlette d'Ignacio, le chef de famille, qui avait onze enfants de l'âge des miens. Nous avons passé avec eux de bien beaux moments, à Leiza surtout, dans leur fief montagnard où Anne et Diane ont même vécu tout un été.

Mais à la Saint-Firmin toute la vie mondaine se rétrécissait à la dimension de leurs balcons et de l'extravagant salon Napoléon III, rideaux en tulle brodés et canapés en damas bleu à pompons, où, tout en dégustant des écrevisses, nous regardions défiler d'autres pandillas, flûtes, tambours et binious en tête. On enchaînait avec des dîners au tennis-club ou chez des amis où les matadors du jour étaient conviés et la soirée se terminait par des jeux de société plus ou moins futés, notamment le jeu de la gorilla, un attrape-nigaud de taille qui consiste à faire pousser des hurlements volontaires à la malheureuse victime, le jeu de Nelson aussi où on atteint le comble de l'horreur quand, dans une obscurité complète, on fait reconnaître à la victime l'œil crevé du fantôme de l'amiral... en lui enfilant le doigt dans une tomate un peu trop mûre...

uillet 1939, à Petropolis (Brésil) :
épart en excursion pour la Gavea.

Plaisirs d'automne en Belgique : la chasse au furet dans les brumes d'Agimont et les longs galops en forêt de Soignes. *(Photos : S.A.F.R.A., France Presse.)*

Sur la terrasse d'Agimont,
la leçon de gymnastique
de mes quatre aînés.
A l'horizon, la France...

Les dix-huit mois
de mon petit François.
(D.R.)

Quatre petits nains
prêts à cueillir les champignons...

Mars 1939, je débarque à Rio : « Mon chapeau a l'allure d'une pleine lune toute rose, mais, pour le reste, je me trouve très élégante. »

Henri et Pedro,
deux beaux-frères presque frères.

Réunion de la famille au palais Grâo Para pour mon anniversaire fêté par un grand pique-nique. Debout Henri, Françoise, moi-même, Pedro, Thérèse et João. Au premier rang, Isabelle, Papa et mon fils Henri François, Hélène et Anne sur les genoux de Maman.

Halte dans un refuge de montagne avec mon fils Henri.

Rares spécimens de macaques : autour de Marie du Roure, Henri et Jean surplombent la forêt brésilienne.

Henri, « mon beau légionnaire », faute de pouvoir s'engager dans l'armée française à cause de la loi d'exil...

Plaisirs d'été à Larache, en 1943.

Pour mieux retenir
les facéties des miens...

Le comte de Paris
dans sa tenue de blédard,
par Eduardo Malta.

Oued Akreuch, 1942 : déjà huit enfants ! Dans nos bras, les jumeaux et à nos pieds Isabelle, Anne et Diane, mes deux « poupées de France », Hélène, François et Henri. *(Photo Gabriel.)*

Grande joie des enfants ! Mon frère João arrive du Brésil... De haut en bas : Thibaut, puis Claude et Chantal, enfin, Diane et son cheval, Jacques et Michel. Dessin de ma mère qui préféra toujours le croquis à la photo.

La Saint-Firmin à Pampelune avec sept de mes enfants (1947).

Pour la première communion des jumeaux, mes onze enfants sont enfin rassemblés devant la chapelle de la Quinta do Anjinho au Portugal, en 1948 : Henri, moi-même, Thibaut dans les bras d'Isabelle, Hélène, le comte de Paris, puis Michel, Diane, Chantal, Anne, Jacques, Claude et François.

Je pense que c'est sans doute au milieu de tout ce charivari que Esperanza et mon frère Pedro se sont fiancés. On ne le saura jamais ! Cela est leur secret...

A la lecture de ces événements, on pourrait s'imaginer que nous passions alors notre existence en divertissements, réunions mondaines et soupers fins. On oublierait que ces distractions qui s'étalent sur des années ne duraient que de brefs moments et qu'en plus, étant jeunes et dotés d'une santé à toute épreuve, nous arrivions à contracter un grand nombre d'occupations dans un tout petit espace de temps...

A l'ordinaire, commençait, tous les jours et dès 7 heures du matin, une vie bien différente. Après le brouhaha du lever des enfants, alternaient les ruées vers les salles de bains — une seule souvent ! — et puis les petits déjeuners que nous prenions toujours avec les enfants, quelle qu'ait été l'heure de notre coucher. Puis venaient les départs pour les cours avec toujours au dernier moment la recherche fiévreuse des cartables, des cahiers et des livres dispersés.

Alors, après le départ du dernier de mes collégiens, se déployait un instant de grâce où toute la maison semblait ronronner de plaisir. Mais dès que Henri s'enfermait dans son bureau, je vaquais à nouveau à mille choses. J'aidais les demoiselles auprès des plus petits, à les soigner, à les garder ou à les promener. A mes instants de liberté, j'essayais d'écrire et de lire après avoir fait des visites à des vieillards solitaires ou à des familles pauvres...

Je dois dire que notre maison de Pampelune, que j'aimais pourtant bien, était vraiment minable. Elle ne comportait en fait qu'un seul endroit convenable, qui était le salon dans lequel se trouvait une seule pièce de résistance, un lit ancien brésilien qui servait de canapé. J'avais rapporté du Maroc un tas de coussins brodés qu'il a fallu remplir. Nos finances étant trop justes, je n'ai pas pu acheter de kapok, et j'ai dû me résoudre à les bourrer avec du papier journal chiffonné. Quand nous avons reçu des amis pour la première fois, le comte de Rodezno s'est appuyé sur nos coussins, dont la consistance a dû lui sembler étrange car discrètement il s'est mis à les palper.

Pendant un instant de silence on a distinctement entendu de petits craquements qui l'ont fort étonné. Nous nous sommes tous regardés et les dames, qui avaient tout de suite compris la nature de ces bruits, ont éclaté de rire. Le comte, qui était à mille lieux de penser qu'une dame comme moi pouvait remplir ses coussins avec du papier journal, est resté tout perplexe...

Grâce à Dieu, nous avions cependant un personnel en or qui nous a permis de toujours bien recevoir : les rudes Navarraises qui nous servaient étaient aussi dévouées que compétentes et la cuisinière surtout réussissait des plats locaux succulents. La fille de Ventura, Marie Cruz, trottait toute la journée derrière Hélène et Isa, qui la martyrisaient un peu. Le soir venu seulement, elle disparaissait dans la cuisine pour rejoindre le « corps de balai » comme nous appelions toutes ces braves femmes, qui récitaient alors le chapelet en commun... Grâce à leur présence permanente dans la maison, nous avons pu faire du tourisme à haute dose et, en trois ans, aucune des beautés de la Navarre ne nous a échappé.

Outre les Guendulain, nos amis, les Real Defensa et les Rodezno, nous ont emmenés partout en auto dans tous les hauts lieux de l'histoire de la province : les monastères du XIIe siècle, les églises rondes des templiers, le château d'Olite où vécut Jeanne d'Albret, la mère de Henri IV...

Le comte de Guendulaine avait toute une collection d'autos très anciennes qui marchaient encore bien, mais fort lentement ; cela permettait d'admirer le paysage et d'apprécier ses commentaires qui étaient pleins d'humour. Un jour, il nous a arrêtés à proximité d'un menhir où il jurait avoir surpris un sabbat de bonnes femmes dont certaines étaient entrées en lévitation...

De nous meubler ainsi, l'esprit ne nous faisait pas oublier le corps, et, grâce à ces amis chers, nous avons été rapidement en mesure de parler avec érudition aussi bien des vieilles pierres que des charmants petits restaurants campagnards.

De retour à Pampelune, nous allions fréquemment au palais Guendulain et complétions là d'une manière tout aussi détendue notre culture navarraise. J'aimais beaucoup ce vieux palais sombre qui regorge d'objets hétéroclites de tous les styles, certains fort beaux, tel ce mobilier complet provenant de la Malmaison et qui vient de l'arrière-grand-mère du comte de

Guendulain, la reine d'Espagne, Maria Cristina, dite la Reina Gobernadora.

Toute cette première année a encore été marquée par les crises de paludisme, suivies de vomissements, de mon pauvre Henri.

A Bruxelles nous avions un excellent médecin homéopathe, le Dr Denoncin et un acupuncteur non moins remarquable, le Dr de la Fuye, qui venait de Paris et qui a guéri Henri d'une péritonite. Nous évitions autant que possible d'avoir recours à l'allopathie et avons été heureux de trouver à Pampelune à ce moment-là un autre homéopathe tout à fait exceptionnel, le Dr Zia. En très peu de temps, il a remis Henri complètement sur pied et grâce à lui nous nous sommes tous portés comme des charmes pendant ces trois années, en dépit des inévitables angines, coqueluches, rougeoles et autres scarlatines qu'il savait guérir en cinq sec.

Le temps des vacances scolaires a ramené l'époque des grandes randonnées à bicyclette. Les quatre aînés avaient leur propre vélo et Henri, les demoiselles et moi-même prenions les quatre « moyens », comme nous disions, Anne, Diane et les jumeaux, sur nos porte-bagages...

Nos compagnons habituels de randonnées étaient alors les Sanchez-Marco, les Gaztelu, les Pineda, les Arellano et tous leurs enfants.

Ces amis nous accompagnaient souvent et nous finissions par être parfois un peloton de près de vingt. Il nous arrivait de faire halte chez des paysans qui, comme tous les Espagnols, étaient un peu méfiants envers les Français ; au fil de la conversation, Henri finissait toujours par leur apprendre que nous étions les descendants de Henri IV... Au nom de « Nuestro Enrico » et de « Juana de Navara », la table se couvrait aussitôt de saucissons, de vin rouge et de lait pour les « chavallos » (les gamins) du comte de Paris.

Par un jour d'excessive canicule, nous nous sommes réfugiés toute une journée à l'ombre d'un gros chêne sur une prairie qui dominait une fraîche rivière. Nous autres les dames, avions pris ce jour-là, le parti de ne pas bouger de toute la journée.

Allongées dans l'herbe nous regardions nos maris et nos enfants pêcher des écrevisses qu'ils ont fait cuire sur place et avons tenu dans cette position jusqu'au crépuscule.

Quand nous n'étions pas sur les routes, nous allions goûter chez le marquis de la Real Defensa qui avait une maison à Olza, à quelques kilomètres de Pampelune. Très simple, leur retraite d'été était agrémentée d'une terrasse où, à l'ombre d'arbres touffus, on découvrait une des plus belles vues de la province. Nous restions assis là pendant des heures, à contempler la vallée...

Au loin, suspendu dans une poussière rose et nacrée, le site de Pampelune s'effaçait lentement sous l'ombre portée des montagnes au soleil couchant.

Les Navarrais sont très mélomanes et au grand théâtre se produisaient régulièrement des troupes de ballets et des grands orchestres internationaux, dont les apparitions étaient à chaque fois très suivies.

Ces jours-là, en fin d'après-midi, nous nous donnions rendez-vous chez les uns ou chez les autres, pour repartir ensemble, des jeunes femmes en majorité, vers l'Opéra. Nous étions toutes dans nos plus belles toilettes et c'est pourtant à pied que nous circulions toujours, par les petites rues calmes de la ville. Rien d'étonnant à cela : l'essence était rationnée, mais cette limitation n'était nullement un inconvénient car les rues étaient presque entièrement livrées aux seuls promeneurs.

D'allure banale, comme beaucoup d'opéras de petites capitales provinciales, celui de Pampelune possède toutefois une merveilleuse acoustique ; ce qui est encore moins banal, c'est qu'en ce mois de septembre 1944, en pleine débâcle de l'Occident, se situe un de mes plus inoubliables souvenirs musicaux. Pendant toute une soirée, l'art du grand Knaperbuch, dirigeant le Philharmonique de Berlin, a paru suspendre pour nous le cours irrémédiable de l'Histoire.

D'autres soirs, Henri et ses amis jouaient au mousse durant de longues heures. Naguère, c'était un jeu de cochers de fiacre qui s'y livraient assis sur les trottoirs. Il s'agit d'un jeu de cartes typiquement espagnol, vivant et très rapide, où il est permis de tricher par signes entre partenaires... à condition de n'être pas vu ! Tous ces messieurs avaient une cagnotte dans laquelle ils versaient leurs gains pour s'acheter en commun un billet entier de la loterie.

Un beau jour, ne voilà-t-il pas qu'ils décrochent le gros lot !

Pendant un mois cela a été la folle fête... Presque tous les soirs chacun des gagnants a invité à tour de rôle tous ses amis avec leurs épouses et pendant un mois nous avons ainsi fait les meilleurs restaurants du pays.

Avec ce qui lui restait de sa part, Henri a même pu acheter chez « Buffalo », le Burberrys espagnol, un bel imperméable doublé et aussi une radio pour la maison.

En septembre 1944, le duc de Luynes est arrivé de France pour parler politique avec le Prince. Pour le distraire, nous l'avons emmené à Saint-Sébastien où nous étions invités chez les Gaetanos de Aiala, la belle-famille de Marie Rodezno. L'événement qui justifiait ce séjour était la grande fête des marins de la région, avec pour attraction majeure les courses de traineras, ces grandes barques à plusieurs bancs de rameurs. Nous assistions à ces joutes nautiques très célèbres du haut de la terrasse des Gaetanos de Aiala dont la villa s'élève en bordure de la baie de Saint-Sébastien qu'elle domine en entier.

Avant de partir à Madrid avec Henri, le duc de Luynes a été le témoin horrifié de ce qu'il appelait ma « pédagogie spartiate ».

Comme mon fils Henri me bassinait pour aller prendre un bain de mer sur la plage située au pied de la maison, j'ai fini par l'y envoyer malgré le froid et son angine. Le duc me le rappelle encore aujourd'hui mais l'angine, elle, avait disparu le soir même...

II

SÉVILLE EN LIESSE

Pedro et Esperanza sont fiancés. Le mariage est fixé au mois de décembre à Séville... Nous voilà replongés pour des semaines, et jusqu'au cou, dans les chiffons !...

Toute l'opération repose sur Madeleine et moi, et nous commençons aussitôt nos incursions à Saint-Sébastien. Nous ne manquions pas d'idées pour les toilettes, mais il a fallu, pour commencer, trouver une énorme pièce de velours, de quoi confectionner quatre petites robes et autant de petits costumes bleu Nattier ; tous avec des cols en dentelle et, pour les filles, des bonnets en résille dorée en plus. Mes deux garçons aînés ont eu bien sûr droit à leur premier costume bleu marine mais le diable a été de trouver, encore une fois, huit paires de souliers habillés.

Finalement l'essayage final — avec tous mes petits si ravissants — aurait pu passer pour une réplique d'un tableau de Gainsborough.

Henri m'a offert une robe longue en reps et velours rouge rubis avec un immense turban en lamé d'or et un manchon en velours assorti. L'ensemble était superbe mais comme beaucoup de mes robes et chapeaux, il a fini dans la caisse à déguisements de mes enfants...

Henri a réussi à louer un joli petit autocar Lancia tout rouge et le 7 décembre nous nous sommes embarqués pour Séville avec les neuf enfants, dont le bébé Claude, dans son couffin, Madeleine, Colette, l'abbé Carlos Lorea, les Arristégui et une bonne.

Nous avons rallié Madrid après une seule escale à Burgos pour le déjeuner. L'arrivée de tout notre pensionnat au Ritz, où nous sommes restés plusieurs jours, a fait sensation. Nous avons débarqué dans le grand hall, à l'heure où le Tout-Madrid y siège devant les copitas et naturellement nous sommes tombés sur la duchesse de Montpensier, Tante Belina, toujours aussi voyante, et avec laquelle la famille était en froid depuis des siècles pour d'obscures raisons de succession. Diane et les jumeaux ont aussitôt découvert un jeu sensationnel qui consistait à farfouiller dans le sable des cendriers crachoirs de l'hôtel...

Le lendemain, le 8 décembre, fête de la Vierge, patronne de l'Espagne, nous nous sommes offert avec toute notre smala, une grand-messe en l'église des Géronimos, proche de l'hôtel Ritz.

A la sortie, des photographes nous attendaient et dans le parc du Retiro, par un froid noir, nous avons dû faire assaut de naturel pour les besoins des gazettes locales. Pour nous réchauffer, Henri n'a rien trouvé de mieux que de nous entraîner au musée du Prado où Diane a beaucoup insisté pour se faire offrir sur carte postale la « Diane chasseresse » de Rubens, persuadée que c'était sa sainte patronne...

A Guadalupe, l'étape suivante, les bons pères nous ont gracieusement reçus à déjeuner et nous avons été soulagés de pouvoir installer les enfants dans une immense chambre de l'hôtellerie du monastère où trônaient cinq lits gigantesques dont chacun aurait pu accueillir quatre personnes.

Après le biberon de Claude, comme ils paraissaient exténués, nous les avons abandonnés là et sommes partis à la découverte des trésors du couvent de la Vierge miraculeuse de Guadalupe. Quand nous sommes revenus, les lits géants avaient servi de cabanes, tous les vêtements étaient dispersés alentour et la sieste n'avait été qu'une illusion...

« Tant pis, nous aurons la paix dans l'autocar », nous sommes-nous dit... Certains de mes enfants vomissaient en auto. Ceux qui se sentaient barbouillés étaient installés confortablement avec une serviette autour du cou et... une boîte de conserves vide entre les mains. Lorsqu'une des boîtes était pleine, on faisait un arrêt pour la vider et essayer de la nettoyer. C'était toujours au pauvre comte de Paris que revenait cette corvée ; il tentait d'y parvenir avec une touffe d'herbe. Les enfants m'ont appris plus tard que vers la fin du voyage ces boîtes sentaient si mauvais qu'elles les faisaient vomir de plus belle...

Après cette dernière étape à Guadalupe, nous sommes arrivés à Séville à 11 heures du soir.

Le mariage de la fille des Infants avait drainé vers Séville un grand concours de population. Outre toute la société de la province et celle venue des quatre coins du pays, quelques centaines d'amis du Portugal et du Brésil avaient investi jusqu'à la dernière chambre d'hôtel de la ville.

La famille elle-même a dû se répartir entre différents amis : nos billets de logement nous ont conduits chez la marquise de Valencia où nous avons laissé Colette et cinq petits ; Madeleine et les quatre aînés à l'hôtel d'Inglaterra. Henri et moi-même avons trouvé refuge chez Ignacio Ibarra.

Les jours qui ont suivi ont été occupés à attendre ma mère et ma sœur qui étaient en mer et dont on n'avait aucune nouvelle depuis leur départ du Brésil.

Pour nous permettre de faire quelques visites, Maria Valencina a accepté de livrer sa maison à mes enfants et leurs six cousins, les rejetons de l'infant José Eugenio, ceux de l'infant Alfonso et le petit Adam Czartoryski. Pour tenter d'endiguer leur exubérance, la marquise les avait installés dans la partie haute du palais, leur livrant les grandes galeries du dernier étage et leur faisant projeter des petits films de Charlot.

Grâce à elle, nous avons même pu nous échapper à la campagne chez Juan Pedro Domecq à Jandilla, près de Xérès, où on nous a prêté de magnifiques chevaux pour participer à un tentadero.

Il s'agit, au cours de cet exercice, d'éprouver l'humeur belliqueuse des vachettes qui seront choisies comme reproductrices des taureaux de combat. Au moyen d'une perche appelée garrocha, on fait culbuter la vachette en plein galop : si elle se relève aussitôt pour charger le cavalier, elle est déclarée « bonne pour le service ».

Nous avons ensuite parcouru l'admirable campagne andalouse au milieu des taureaux en liberté. Les fiancés, cavaliers émérites, faisaient vraiment un bien beau couple ; Esperanza, si gracieuse, évoluait au milieu de ces monstres sans plus d'émoi que s'il s'était agi de vaches normandes. Moi-même je me sentais nettement moins rassurée sous l'œil noir et soupçonneux de ces fauves énormes.

Le mariage était donc fixé au 18 et dans les jours qui ont précédé, dîners, réceptions et soirées dansantes — chaque fois jusqu'à 6 heures du matin ! — se sont succédé.

Les Portugais ont offert à tous les invités de la noce une soirée à la Venta de Antequera où s'est produit une merveilleuse troupe de Gitans. A la fin du spectacle, tout le monde s'est mis à danser sur une piste qui n'était autre que le sol en terre battue de l'immense grange où nous nous trouvions. En sortant d'un paso doble particulièrement vivant, je me suis aperçue que j'avais perdu une broche de diamants. Cette fois je n'ai même pas songé à invoquer saint Antoine car la cohue était intense et le sol, par endroits, recouvert de paille. Il n'a pas fallu plus d'un instant pour qu'un ami portugais, Ricardo Espirito Santo, retrouve la broche dans la paille... mais privée d'un de ses diamants. Un peu plus tard, alors que nous tournions ensemble, il a soudain vu briller quelque chose entre les fétus de paille : c'était mon diamant !...

Nous étions de plus en plus anxieux car nous ne voyions toujours pas arriver ma mère et ma sœur Thérèse. En désespoir de cause, mon frère est parti les attendre à Lisbonne.

Cela ne les a bien sûr pas fait arriver plus vite et ce n'est finalement que trois jours avant la noce qu'ils ont débarqué à l'hôtel d'Inglaterra. Lorsque j'ai enfin revu Maman et ma sœur, je n'en ai pas cru mes yeux : en ces quatre si longues années de séparation, ma chère maman n'avait pas vieilli d'un jour et ma sœur Thérèse était devenue une jeune fille splendide, d'une élégance époustouflante ; j'avais de quoi être désormais très fière d'une telle sœur !

Durant ces jours d'attente, j'avais vraiment éprouvé une grande angoisse ; j'avais des cauchemars dans mon sommeil et je voyais tous les nôtres entrer dans l'église sans Thérèse, et surtout sans ma mère.

C'est toujours si difficile d'arriver à réunir toute la famille ! Stupidement peut-être, je m'en sens responsable et jusqu'à ce que tout le monde soit bien là, je n'arrête pas de faire le chien de berger. En priant, en y pensant tout le temps, en envoyant force lettres et en téléphonant dans tous les horizons...

Plus les enfants grandissent et plus ils se dispersent. Leur nombre augmente sans cesse et je m'inquiète de plus en plus de les savoir séparés ; je déploie de plus en plus d'efforts aussi pour qu'ils se retrouvent et gardent tout au long des années le contact entre eux et avec le reste de la famille...

Enfin, le 18 décembre est arrivé !...

Comme il est d'usage, le service du protocole a dû placer à l'intérieur de la cathédrale de Séville, avant l'arrivée du cortège royal, l'ensemble des invités ; nos marmots ont dû être prêts à 10 h 30 pour être à leur fauteuil à 11 h 30, le cortège arrivant à midi.

Dans la cathédrale tout illuminée et plus grande que Notre-Dame de Paris, il n'y avait plus place pour une épingle. La famille royale devait prendre place dans le chœur qui surplombe la nef de toute la hauteur de ses vingt marches, juste au pied du monumental retable doré.

En arrivant au bras de l'infant Alfonso, futur beau-père de ma fille Anne, je me suis souvenue du bouquet de fleurs qu'il m'avait offert en gare de Madrid quand j'avais dix-sept ans...

Notre cortège, après avoir gravi les marches, a pris place sur une rangée unique de fauteuils rouges qui barrait le haut du chœur. J'ai alors pu admirer, tout émue, la brochette des enfants, sagement alignés à notre droite, dans le chœur, sur leurs fauteuils rangés en épis, les demoiselles par-derrière.

J'ai trouvé les miens spécialement adorables dans leurs petits costumes et leurs robes bleu Nattier à col de dentelle, qui faisaient un effet d'ensemble d'autant plus réussi que leurs petits cousins et cousines en portaient à peu près de semblables...

Nous avons appris un peu plus tard seulement que l'attente avait été bien longue parce que Colette avait dû conduire les deux jumeaux, juste avant notre arrivée, derrière les sarcophages alignés sur les bas-côtés, et devant lesquels passait notre cortège. Vénérables sarcophages qui se sont fait ce jour-là royalement arroser...

Qu'on ne me demande pas de détailler les différents moments de cette cérémonie merveilleuse. S'agissant d'un mariage aussi fastueux, je me suis sentie, plus encore qu'en d'autres circonstances semblables, spectatrice tout autant qu'actrice : quand j'assiste à un baptême ou à une première communion, il m'est beaucoup plus facile de me recueillir pour demander au Seigneur de placer ces enfants sous sa protection. Les jeunes mariés en auraient un aussi grand besoin ; mais ce jour-là surtout, en la cathédrale de Séville, tout concourait à déranger ma prière : ce jeune couple si beau et qui paraissait si petit et si fragile au pied de ce gigantesque retable qui lançait ses ors vers la voûte bleutée par l'encens, les accents tonitruants des orgues se répercutant sous la nef, le ballet solennel de tous les prélats au masque sévère tels que les peignait Zurbaran, tout contribuait à nourrir en moi une sorte de rêverie esthétique au détriment de tout le reste.

Rêverie qui ne s'est dissipée qu'au départ du cortège à la suite des mariés. Sous le grand portail jamais ouvert depuis que Alphonse XIII l'a franchi pour la dernière fois avant l'avènement de la république, les ultimes accords du grand orgue se mariaient aux vivats d'une foule innombrable, amassée dans les rues ou sur quatre rangs de têtes à toutes les fenêtres des hautes maisons qui dominent le parvis. « Viva l'Infantita, viva los Infantes ! » clame la foule avec allégresse... Séville tout entière était saisie de délire...

L'infant Don Carlos et l'infante Louise, en tant que seigneurs de la ville, étaient en effet adorés de tous et encore aujourd'hui, chaque fois que ma belle-sœur et mon frère reviennent du Brésil pour séjourner dans leur propriété de Villamanrique, Séville est en joie.

Ce grand jour, qui marque encore dans les annales de l'Andalousie, s'est poursuivi par un énorme banquet à l'hôtel Alphonse XIII qui, toutes proportions gardées, est à la mesure de la cathédrale.

Les tables avaient été réparties un peu partout dans les nombreux salons de ce palace. La principale, présidée par les mariés, était particulièrement imposante car il a fallu tenir compte d'un protocole ardu qui mélangeait la famille aux personnalités de la ville et de l'Etat.

Aux enfants avait été réservée une salle à manger bien à part où ils ont enfin pu se détendre ; mais il a bien fallu les récupérer dans la douleur pour le long marathon des photos de famille.

Chaque groupe d'amis, du Brésil, de Madrid, de Séville, de Pampelune, a voulu se faire photographier spécialement avec la famille royale. Cela a duré des heures, mais dans une ambiance que les coupes de champagne qui continuaient de circuler ont rendue très euphorique.

Lentement, tout le monde s'est dispersé ; les mariés ont fondu comme par enchantement dans le brouhaha général, et bientôt, nous nous sommes retrouvés à peu près entre nous. Et que croyez-vous que firent alors les principaux figurants, rescapés de cette grandiose parade, qui passe dans le souvenir des Sévillans comme la première et la plus belle de l'après-guerre ?

Tous, en famille, l'infant Alfonso et l'infante Alice en tête, avec le comte et la comtesse de Paris et tous les leurs, pour se remettre de leurs émotions, ils allèrent finir la journée... au cinéma !...

Nos amis portugais, qui jusque-là étaient restés quelque peu sur la touche, ont eu droit le lendemain à une soirée organisée en leur honneur par le marquis de Soto Hermoso et la veille de notre départ, nous avons encore eu un dîner au palais Pilato, chez Mimi et Raphaël Medina.

Sitôt sorti de table, Henri, qui est joueur comme les cartes, s'est mis à une partie de poker qui a réuni ses amis espagnols et une dame portugaise qui heureusement n'était pas dans le besoin. Comme la partie se prolongeait, je suis allée m'étendre sur un canapé ; quand Henri m'a réveillée, il était 6 heures du matin et la pauvre dame portugaise complètement plumée...

Nous avons juste eu le temps de plier bagages et de rassembler notre monde dispersé dans tout Séville. La cargaison du retour s'était enrichie de Maman et de ma sœur et cette fois nous avons eu comme surnuméraires nos amis portugais, les Mello et Castro Pereira.

Pour sacrifier à notre manie des visites culturelles, nous nous sommes bien sûr arrêtés à Cordoue et, pour déjeuner, à Bailen. Le directeur du parador était un passionné de l'histoire de sa petite ville dont l'heure de gloire se situe en 1808 quand les Espagnols battirent à plate couture l'armée française commandée par le peu génial général Dupont. Quel que soit le camp, il m'est toujours très pénible d'entendre le récit de batailles inexorablement perdues, par la faute des maladresses d'un seul...

A Madrid, la journée que nous avions assignée au repos tourna court du fait de ma sœur « Tété » dont la cervelle se met à bouillir dès qu'elle tombe sur un souvenir du passé : toute notre théorie s'est donc traînée une fois encore dans les musées avec la consolation, au demeurant sûre, que nos enfants en ressortiraient le goût et le jugement un peu mieux formés.

En repartant, le père Don Carlos Lorea, qui était encore du voyage, nous a conseillé de faire un détour par Soria pour rendre visite à des moniales cloîtrées, dans un très joli couvent ancien. En descendant du car, nous avons pu éprouver que l'endroit n'usurpait pas sa réputation de ville la plus froide d'Espagne.

Qu'importe, ce fut une heureuse transition car les enfants, cette fois imités par la bonne, n'arrêtaient pas de vomir...

Dans le parloir, les religieuses ont voulu voir à travers la grille toute notre ribambelle. Pour ce faire, nous juchions les plus petits sur la tablette disposée devant la grille ; Jacques, ce petit bonhomme de quatre ans, s'est accroché des deux mains, a bombé le torse, et a déclaré à la grande joie des religieuses, en un espagnol très bien articulé : « A mi me gusta mucho las monjitas. » (« Moi j'adore les petites bonnes sœurs. »)

Nous voici enfin de retour dans notre chère bicoque de Pampelune.

Noël est là, un Noël tout blanc, avec Maman parmi nous et toutes les cloches sonnant. Noël, l'arbre et la farandole des enfants émerveillés, et le petit Jésus dont on va baiser les pieds après la messe de minuit !

J'allais oublier de dire qu'en Espagne, la coutume est de faire des farces le 28 décembre, jour des Saints-Innocents. Les enfants s'en sont bien sûr donné à cœur joie, mais bien moins que les grandes personnes.

A la fin des grandes vacances, nous avions décidé de ne plus remettre Henri et François en pension chez les capucins de Lekaros où ils en avaient fait si peu qu'ils avaient même récolté des mauvaises notes en français. Nous leur avions trouvé un précepteur qui passait ses journées chez nous. Avant qu'il ne disparaisse une nuit à jamais, mes garçons se sont sérieusement mis en devoir de le faire tourner en bourrique...

Au début de l'année, la ville a été complètement paralysée sous une couche d'un mètre de neige. Le car qui conduisait Isabelle et Hélène à l'école ne pouvant plus rouler, les petites filles ont dû rester à la maison.

Ces chutes de neige exceptionnelles ont chamboulé le rythme de la maison et Henri a décidé que tout le monde irait skier, aux abords de la ville pour commencer. Nous avons acheté des skis et des chaussures et en avant ! Enfants, demoiselles et précepteur, vers une route proche, à flanc de coteau...

Nous avons installé Maman dans l'auto prêtée par le comte de Guendulaine afin qu'elle puisse assister commodément à nos ébats... La pente était fort raide et nos premiers essais, dans une neige profonde et poudreuse, ont été plutôt laborieux, et la victime du jour a bien sûr été le professeur qui a tout de suite piqué une tête dans un fossé tellement profond qu'on ne voyait plus que ses skis battre l'air. On ne l'entendait même plus crier et nous avons eu le plus grand mal à le tirer de là. Quand il a pu se redresser, il a aussitôt enlevé ses skis avec des airs outrés et est rentré en pestant chez lui, à pied.

Il faut bien dire qu'il avait tout d'une poule mouillée, tout au contraire de ces Navarrais qui, dès qu'ils nous ont vu pratiquer ce sport à Pampelune, ont été saisis d'un tel enthousiasme qu'ils se sont joints à nous tout de suite et en prenant dès les premières fois des risques insensés.

Tous les dimanches matin, après la messe de 6 heures, nous partions avec nos amis en autocar pour Bellate, Roncevaux ou Candanchu. Aucun de ces messieurs n'avaient encore chaussé de skis de leur vie, ce qui ne les a pas empêchés de se lancer comme des fous au travers des bosses et sur les pentes les plus abruptes. Les frères Yrujo surtout passaient vraiment tout ce qu'il est possible d'imaginer dans le genre suicidaire.

Quant à Luis Arellano, à peine moins trompe-la-mort, il bravait les pentes à pic en veston de ville et béret basque. Malgré tant d'extravagances, tout au long de ces hivers, on ne signala pas même une entorse.

Ce n'est que tard dans l'après-midi que nous nous affalions, fourbus et affamés, dans de petites auberges où d'accortes paysannes débitaient fromages, saucissons et vin rouge.

Les retours, dans la nuit, étaient pleins de charme ; les enfants dormaient pêle-mêle dans le fond de l'autocar et nous autres chantions à plusieurs voix des jotas ou les vieilles rengaines du folklore basque et navarrais.

Près de notre maison, il y avait un collège de garçons. Tous les après-midi, il se vidait de ses garnements qui, par petits groupes, passaient devant chez nous. Quand il avait neigé, les nôtres montaient une forteresse derrière la grille du jardin et préparaient toute une pyramide de boules de neige. Dès que les premiers écoliers survenaient, la bataille rangée s'engageait...

Dans le camp retranché, ils étaient à huit contre vingt mais leurs boules de neige, si bien préparées, dissimulaient toutes une pierre au milieu.

Les gamins, du reste, usaient du même procédé et l'été la bagarre se poursuivait à coups de cailloux... Nos enfants, en l'absence de remblai de neige, avaient eu l'idée de s'abriter derrière le grand parasol de plage...

Au plus rude de cet hiver, ne voilà-t-il pas que nos jeunes mariés débarquent pour venir saluer Maman avant leur départ pour le Brésil.

Les comtes de Guendulaine les ont invités à loger au palais, dans la chambre Empire où se trouve le lit le plus monumental qu'il m'ait été donné de voir... Les bois de lit sont si hauts que lorsqu'on y est couché on ne peut plus voir les fenêtres et sur ses quatre coins sont perchés des aigles dorés grandeur nature...

Ma pauvre belle-sœur a horreur de la neige et du froid. Pour son malheur nous l'avons traînée dans des expéditions qui l'obligeaient à patauger dans des margouillis glacés ; encore heureux quand elle n'attrapait pas une boule de neige farcie d'un caillou sur la tête !...

Je crois bien qu'elle n'a pas été très heureuse à Pampelune quand soudain sa lune de miel s'est ainsi mise à peler de froid !...

12

LES BONHEURS ET LES JOURS

L'hiver finissant, des trombes d'eau se sont abattues sur notre toit qui avait plusieurs défaillances.

Maman s'étant enrhumée, nous lui avons demandé de garder la chambre. Un matin, en lui portant son petit déjeuner, nous l'avons découverte assise toute réjouie dans son lit, tenant au-dessus de sa tête un parapluie ouvert : il pleuvait bel et bien dans sa chambre et de nous tous c'est elle qui riait le plus...

Pour les cérémonies de la semaine sainte, nous avons eu cette année-là des Pâques fleuries. Comme tous les ans, le samedi de l'Alléluia a plongé tous les enfants de la ville dans l'allégresse ; ils emportaient une crécelle à la messe et au moment du Gloria, c'était à celui qui ferait le plus de bruit. Mon fils Henri a eu la singulière idée d'emporter avec lui la grosse cloche à vaches qui sonne l'heure des repas. Quand il s'est mis à l'agiter, les fidèles ont eu du mal à contenir leurs rires et le pauvre Don Rafael, qui chantait son Gloria, a eu un hoquet de surprise...

Sans doute inspirés par ces cérémonies, les enfants ont voulu nous gratifier d'une série de comédies de leur cru. En dépit de leur caractère tout à fait sommaire et déroutant, nous n'avons pas hésité à faire preuve d'un manque total de respect humain en y invitant nos amis.

Pour l'une d'elles, qui avait trait à la nativité, les enfants ont eu l'idée d'installer ma petite Claude, presque nue, dans une caisse garnie de paille. Mon pauvre bébé, qui avait à peine un an, n'a pas cessé de geindre : en la tirant de là je me suis rendu compte qu'elle avait été piquée de partout par la paille !...

Le comte de Paris, qui est aussi le roi du bricolage, avait mis au point dans notre garage vide toutes sortes de jeux passionnants. Notamment un fil de funambule qu'il avait ancré à un mètre du sol, aux deux bouts du garage vide ; ainsi nous pouvions tous faire de la corde raide, non sans nous étaler fréquemment sur le ciment.

A la campagne près d'Olsa, chez un de nos amis, le chevalier Juan Martinena, il y avait également une attraction peu banale.

Accroché à une branche d'arbre à dix mètres du sol, pendait un gros élastique provenant d'un amortisseur d'avion, d'une longueur sensiblement inférieure. On grimpait tout d'abord dans l'arbre avec une échelle, puis après s'être bien agrippé à cet élastique, on se jetait dans le vide.

Arrivé au sol on se repoussait vigoureusement du pied pour remonter comme une balle jusqu'à la branche où il fallait se rasseoir...

Le 28 avril 1945, ma mère et ma sœur Thérèse partaient pour la France. Je les ai accompagnées jusqu'à Saint-Sébastien où je les ai confiées au consul de France, M. Escobar. Celui-ci leur a fait passer la frontière qui était alors interdite à tout véhicule. Il les a mises dans le train à Hendaye et je suis rentrée le cœur bien gros à Pampelune. Heureusement, Colette était à mes côtés pour adoucir un peu ce lugubre voyage de retour.

Je crois l'avoir déjà dit, j'aime les pèlerinages ; parce que j'aime les foules, parce que j'aime communier dans leur enthousiasme et leur recueillement... Par paresse peut-être, aussi je me sens portée par l'ambiance et lorsque, autour de moi, on prie avec ferveur, je prie mieux. Ce n'est pas que je sois influençable en général, mais j'accorde que je suis très sensible à certaines atmosphères, celles en particulier qui émanent de la foule dont je n'ai jamais eu peur, peut-être parce que je devine ses motivations et que je pressens les mouvements qui vont la traverser...

Le 29 avril à l'aube, la maison est à nouveau prise d'un de ces frémissements annonciateurs de nouvelles odyssées. Il est 6 heures et déjà nos amis ont rempli quatre autobus que toute notre harka prend l'assaut à son tour. But du voyage : Ujue, petite ville moyenâgeuse entourée d'épaisses murailles trouées de hautes portes à mâchicoulis...

Ce site perché sur un pic vertigineux est l'écrin d'une belle église romane où l'on vénère une vierge hiératique comme on les sculptait au xe siècle.

Du haut des fortifications, nous voyons venir à nous de très loin des pèlerins, dont certains sont pieds nus et portent de grandes croix de bois souvent très lourdes, d'autres qui ont les pieds entravés de chaînes. Dans la neige qui tombe à gros flocons, leur longue théorie ressemble à une colonne de fourmis noires dont la tête pénètre lentement dans l'église où des femmes attendent en psalmodiant des chants très anciens.

Toute la matinée est consacrée à plusieurs messes, à la communion, à la récitation du chapelet et à la vénération de la Vierge dont nous allons baiser les pieds.

Hors du monde, hors du temps, c'est toute la piété médiévale qui ressuscite autour de nous ; l'illusion se poursuit chez le bon curé qui, dans la tradition des ordres anciens, nous ouvre son presbytère. Du recueillement, nous passons à l'allégresse douce, en partageant les en-cas que nous avions emportés...

Au retour, toute notre caravane a fait au marquis de la Real Defensa, en son palais de Tafalla, l'heureuse surprise d'un envahissement à moitié impromptu seulement : sans doute étions-nous attendus un peu plus tôt, car à 8 heures du soir on nous a servi un goûter...

Voici déjà le joli mois de mai qui redonne de la voix aux rossignols...

Les comtes de Rodezno nous ont demandé de venir les rejoindre dans leur propriété de campagne de Villafranca de l'Ebro, palais typiquement espagnol, avec sa haute porte blasonnée, ses grandes fenêtres fermées par des grilles richement forgées, palais qui est traditionnellement bâti contre les petites maisons du village.

Nous descendions à pied les coteaux jusqu'à l'Aragon que nous traversions par des gués pour nous rendre chez des voisins, les Sanchez Marco, à leur ferme de Milagro.

Pour parvenir sur le plateau où s'étendaient à perte de vue les vergers qu'ils exploitaient, il fallait escalader une haute falaise de terre rouge. Cela n'allait pas sans mal et à l'arrivée nous étions plutôt poussiéreux.

Les enfants s'égaillaient aussitôt dans les arbres où ils se gavaient de cerises pendant que les grandes personnes dégustaient, sous les ombrages d'une maison fraîche, un thé bien revigorant.

En rentrant une fois d'une telle équipée, nous avons eu tellement chaud que nous nous sommes plongés tout habillés dans l'Ebre — Marie Rodezno en tête, dans une jolie robe de cretonne bleue.

Les plus beaux couchers de soleil de ma vie, plus beaux même que ceux des îles grecques, c'est là, sur la rive de l'Ebre, que j'ai pu les contempler.

C'est en regardant de Villafranca le ciel pourpre et or qui exaltait les ors et les rouges des champs de blé et des falaises, si répandus sur cette terre d'Espagne, que j'ai compris pourquoi ce pays a choisi, il y a bien longtemps, ces mêmes couleurs pour son drapeau...

Petit à petit ces couleurs ardentes s'estompaient et au crépuscule on entendait dans le lointain les hommes rentrer des champs ; de leurs voix profondes, ils chantaient à plusieurs voix les vieux airs de leur province et ce n'est que lorsque la nuit était tombée tout à fait que les bruits familiers du village devenaient perceptibles.

Dans la grande demeure du comte de Rodezno, dont les pierres étaient roses, le grand escalier et les voûtes prenaient des teintes de vieil ivoire.

Comme partout où nous nous trouvions, s'organisaient dès le dîner pris, divers jeux de société ; mais dans cet immense palais où les cachettes possibles étaient innombrables, ce sont bien sûr les parties d'assassin et le jeu de la sardine, au cours duquel nous nous retrouvions parfois à dix dans une armoire, qui ont eu le plus beau succès. Même le digne et très cher comte de Rodezno avait pris goût à ces jeux...

Durant ce séjour, nous avons été réveillés un matin aux aurores par les bonnes gens de Villafranca venus sous nos fenêtres donner une aubade en l'honneur du comte de Paris. La coutume voulait que seuls les messieurs remercient du haut de leur balcon les aimables choristes : pour ce qui est des dames, il est préférable qu'elles restent soigneusement enfouies sous leurs couettes...

La maison des Rodezno n'avait pas de jardin et nous allions prendre l'apéritif en plein air, dans le jardin des Goscoechea dont la maison était située à deux pas de celle de nos hôtes.

Nous y retournions l'après-midi car les messieurs avaient été piqués de la fièvre du jeu de paume qui se jouait sur un grand fronton et qui est au demeurant le jeu national de la Navarre.

C'est aux chers comtes de Rodezno et à leur fille Marie que je suis redevable de toutes ces journées de bonheur calme ; je les passais aussi à deviser dans le petit jardin clos ou à regarder nos enfants, juchés dans les grenadiers, qui croquaient ces beaux fruits sans se soucier qu'ils sont, en Espagne comme au Brésil, le symbole de l'amour.

Notre fille Anne a fait sa première communion au pensionnat du Sacré-Cœur, le 17 mai 1945.

Très recueillie, notre sage et gentille Annita était aussi terriblement obsédée, tout au long de la cérémonie, par ses gants en coton blanc beaucoup trop grands pour elle. Elle faisait des tentatives désespérées pour dissimuler ses mains de Mickey Mouse et elle en garde encore aujourd'hui un mauvais souvenir...

Cette petite fête très simple nous a permis de réunir la partie de la famille qui était du reste des habitués de la maison : Marie-Sol et José Eugenio de Bavière, Alfonso et Alice ainsi que ma belle-sœur Murat et ses filles, les petites d'Harcourt, qui, venant du Maroc, s'en retournaient en France. En provenance de France par contre, il y avait mon cousin germain

Pierre-Henri d'Orléans-Bragance, son épouse, Marie-Elisabeth de Bavière et toute une kyrielle d'enfants qui avaient passé à Cannes les années de guerre et voyaient des bananes pour la première fois. Ils ont entrepris d'en manger la peau et de jeter le reste, croyant que c'était le noyau... Tout ce petit monde, qui était habillé de costumes coupés dans les rideaux du « mas Saint-Louis » à Mandelieu, a poursuivi, un peu tristounet, son voyage vers Madrid et le Brésil.

Je m'en voudrais de passer sous silence cet autre pèlerinage qui nous a conduits à cette période auprès du Saint-Michel du mont Aralar et que nous avons accompli avec toute une bande de nos amis.

C'était une expédition assez compliquée car l'unique route qui conduisait vers le sommet s'arrêtait tout d'un coup à mi-chemin en pleine forêt. Nous avons tenté de pousser les autos le plus loin possible, aidés en cela par Joaquim Elio, un vieux garçon, qui était aussi une notabilité locale, bourré de petites manies. Dans cette circonstance, il donnait toutes sortes d'instructions et de conseils mais se gardait bien de mettre la main à la pâte. Une des autos est parvenue à franchir quelques mètres. Non sans éclabousser de haut en bas l'habit blanc de notre mouche du coche qui du coup avait l'air de s'être mué en panthère.

Force fut finalement d'abandonner les autos sur place et de faire à pied les cinq kilomètres restants, en traînant enfants et victuailles. Il faisait très chaud et Henri et moi avons grimpé là-haut en portant chacun — offrande de pèlerinage ! — un des jumeaux sur nos épaules...

L'ermitage minuscule dédié à saint Michel était tapi dans les rochers et les bruyères et la chapelle romane, qui en était le centre, possédait un puits impressionnant, véritable gouffre où le diable, disait-on, avait été précipité par l'archange. La pièce maîtresse de cet ensemble est un devant d'autel tout à fait exceptionnel, un damier d'inspiration byzantine en émail du IXe siècle, dont chaque carreau porte une figurine ou un emblème mystérieux.

La légende qui entoure ce haut lieu est une belle histoire du Moyen Age. Il est question d'un mari qui, au retour d'un voyage, tua ses beaux-parents dans son lit, croyant que c'était son épouse avec un amant ! Saint Michel intercéda si bien auprès du bon Dieu que le coupable obtint son pardon moyennant de nombreuses pénitences et la construction de cet ermitage...

Saint Michel se plaît beaucoup dans les lieux sauvages et les monts désolés, et en Navarre plusieurs hauts lieux lui sont consacrés. Mon mari et moi, nous avions une dévotion toute spéciale pour le saint patron de la France et c'est encore pour le visiter que nous sommes partis à l'assaut d'une autre montagne.

Ce jour-là, avec les aînés, nous avons une fois de plus énormément marché par des sentiers détrempés et en dépit du guide, notre amie Lola Baleztena qui nous précédait, dans un curieux accoutrement qui la faisait ressembler à un chevalier teutonique, nous nous sommes perdus dans une tempête de neige.

Ces pieuses démarches n'étaient certes pas notre seul pain quotidien... Aux nuits d'été, nous les faisions alterner avec des surprises-parties nocturnes, elles aussi bien spéciales et qu'on appelle là-bas des « asaltos ». En pleine nuit nous faisions irruption par exemple chez le beau-frère et la sœur de José Gaetano de Aiola, en lâchant des fusées et des pétards. Une fois cela a failli très mal tourner car une fusée a brisé une vitre dont les morceaux sont allés pleuvoir dans le berceau de leur nouveau-né. La jeune mère était bien sûr outrée mais hormis la casse, il n'y a pas eu de mal...

Un autre soir, notre bande s'est insinuée dans le palais de Tafalla des marquis de la Real Defensa pour y jouer les fantômes. Nous sommes entrés dans la place, à une vingtaine, sans que personne d'abord se réveille. Au premier étage dormait un de nos vieux amis qui avait l'habitude de laisser mariner son dentier dans un verre à dents à portée de main. En faisant irruption dans sa chambre, suivi de nous tous, le premier soin de Henri a été de poser l'objet sur une étagère à l'autre bout de la pièce. Le malheureux était pris dans un dilemme tragique : soit se promener devant nous à moitié vêtu, soit rester dans son lit à nous parler sans dents...

Nous en avons tant fait que nos amis ont songé à se venger : une nuit, alors que toute la maison était profondément endormie, ils pénétrèrent chez nous mais n'osèrent pas monter tout de suite dans les étages. Ils se sont mis à parler et à chanter bruyamment pour essayer de nous réveiller et comme cela restait sans effet, l'un d'eux a commencé à taper sur le piano, ce qui a tout de même fini par me réveiller. « On joue du piano au rez-de-chaussée ! » ai-je dit à Henri en le secouant. « Mais non ! Tu rêves », m'a-t-il répondu...

Comme le pianiste redoublait d'ardeur, nous avons tout de même réalisé que la maison était envahie. Je me suis habillée très rapidement et en silence j'ai réveillé les enfants et les demoiselles en leur recommandant de se munir de pots et de brocs à eau.

Ce n'est que lorsque nos munitions ont été en place que nous nous sommes manifestés. Nos amis se sont alors engagés dans la cage d'escalier... et la bataille a pu commencer.

A grands coups de pots à eau, nous arrivons à les refouler vers le hall mais ils se ressaisissent et tentent de forcer le passage par une pluie de pétards... Les enfants, ravis, courent comme des lutins en chemise de nuit et font la chaîne pour remplir d'eau... leurs pots de chambre.

Nous parvenons à prendre pied dans le hall et la bagarre est alors à son comble... Enfin, à bout de munitions, nos agresseurs capitulent et lentement le calme revient ; les combattants se réunissent tous dans la cuisine et le dernier combat ne consiste plus qu'à s'emparer de la clef du garde-manger défendu par Colette... Par rapport aux autres pièces du rez-de-chaussée, le hall, heureusement, était en contrebas : nous avons pu remettre au lendemain d'éponger l'eau qui l'avait transformé en piscine...

Urbassa, un éperon rocheux entre Pampelune et Vitoria, et au terme d'une route accidentée, un plateau verdoyant, et des forêts de chênes et de hêtres coupées de grandes prairies.

Ici les sentiers sont d'anciennes chaussées wisigothiques et tout là-haut il y a un grand caserio, une demeure qui tient le milieu entre le manoir et la ferme fortifiée. Ce caserio avait appartenu au marquis de Viana qui l'a vendu, sans jamais y avoir mis les pieds, à une dame d'Olasagutia.

En ouvrant un bahut qui était resté dans la maison, la nouvelle propriétaire y découvrit une magnifique vierge du XIIIe siècle, en ivoire... Elle fit de cette grande maison une sorte de pension de famille qui, avec sa chapelle, son vieil aumônier et ses petites chambres proprettes, aux fenêtres minuscules, aux parquets toujours lavés à grande eau, et sa salle d'hôte tout à la fois austère et chaleureuse, avait l'allure d'une hostellerie de pèlerins du Moyen Age.

Disposés contre ce bâtiment principal, une ferme, des granges et des hangars complétaient l'impression de petite forteresse que donnait cet ensemble, entouré de prairies et de forêts de hautes futaies.

Le premier jour de notre installation s'est passé d'une manière inattendue car c'était la fête du lieu-dit dont la ferme relevait. De tous les coins du plateau, des paysans ont afflué, montés sur des attelages tirés par des mules. Il y a eu une grande procession, un tir de fusées, une messe solennelle et encore des fusées, et après des ripailles considérables, tout le monde s'est couché fort tard.

Dom Francisco, un vieux prêtre délicieux, vivait là-haut à demeure. Son évêque l'y avait envoyé le considérant comme perdu car il souffrait des poumons. Cela s'était passé vingt ans auparavant et il avait toujours bon pied et bon œil. Il avait surtout eu tout le temps de connaître les herbes de la montagne et il savait s'en servir pour soigner.

En pleine course, alors que nous allions à la découverte de vestiges néolithiques, menhirs et dolmens, Henri glissa sur un rocher. Il portait le sac du pique-nique et comme il avait enlevé sa chemise, il s'écorcha profondément le dos. Avec le frottement du sac à dos la blessure empira rapidement. Dom Francisco, qui était notre guide, ramassa quelques feuilles d'une plante qui ressemblait à un fraisier grimpant. Il appliqua ces feuilles sur la blessure et quelques heures plus tard, elles étaient déjà toutes séchées et la douleur avait complètement disparu.

Dans les forêts de la chaîne d'Urbassa, galopaient des troupeaux de petits chevaux sauvages. Quelques paysans, Henri et les enfants en ont attrapé trois et leur ont passé un licol. Nous étions bien tombés car ces chevaux nains étaient vraiment très doux et nous avons pu faire de grandes promenades. J'attendais Chantal et pour ne pas me fatiguer, je me juchais sur une de ces bêtes, les deux jambes pendant du même côté. Henri tenait ma monture par son licol et les enfants montaient les deux autres à tour de rôle. C'était si agréable de se laisser conduire pour une fois et de contempler bien à son aise les chênes séculaires dressés dans un océan de hautes fougères vertes où seules les têtes blondes de mes enfants, apparaissaient de-ci, de-là ! Jamais la fraîcheur de cette vision ne s'est effacée de mon cœur...

Des amis fidèles montaient nous voir dans notre thébaïde et certains de Saint-Sébastien, il est vrai très « café society », s'étonnaient de la rusticité de notre existence. Le soir, tous les pensionnaires du caserio, le personnel et les gens de la ferme se réunissaient dans la chapelle vieillotte pour dire la prière du soir et le chapelet. Le zèle que mettaient les enfants à participer à ces oraisons facultatives m'a beaucoup intriguée.

Alors que je restais dans la tribune que je pouvais atteindre en traversant une succession de petits corridors, ils se pressaient eux, tous au pied de l'autel. Qu'est-ce qui pouvait bien les attirer par là ?... Ils m'ont enfin dévoilé que sur le maître-autel se déroulait tous les soirs une attraction de choix : des dizaines de souris y batifolaient, surtout sous la nappe du maître-autel dont les ondes plus ou moins rapides permettaient aux enfants de faire entre eux des paris sous le regard souriant de Dom Francisco.

Tout au long de ces vacances montagnardes, mes chers anges, profitant de l'absence de Madeleine qui se reposait dans son Limousin, ont fait pas mal de bêtises. Ils pénétraient dans le grand hangar où les paysans de passage et les bûcherons enfermaient leurs mules, les détachaient toutes et poussaient des cris affreux pour les faire ruer et sauter dans l'enclos. Ensuite, sur une prairie pentue et très humide, ils saisissaient chacun la queue d'un cochon qui passait par là ; quand celui-ci affolé, dévalait la pente, ces petits vauriens entraînés à croupetons par leur coursier, hurlaient de plaisir...

C'est aussi à Urbassa que notre fils Henri a tiré ses premiers oiseaux. Je lui avais interdit de s'attaquer aux oiseaux chanteurs, mais un jour il blessa par mégarde avec son tout petit fusil, un joli bouvreuil. Lui aussi j'ai pu le soigner et le guérir grâce à l'homéopathie...

Pour contrarier les inventions intempestives de cette marmaille, Henri les emmenait à la cueillette des champignons et des noisettes. J'aurais bien aimé qu'ils rapportent aussi des camomilles pour mes tisanes de l'hiver mais cela les ennuyait beaucoup. La récolte est devenue soudain plus abondante quand je me suis résolue à donner un sou par gobelet de ces fleurs odorantes.

Avec les premières feuilles que les tourmentes d'automne ont fait voler dans les recoins de la cour est venu le temps du retour et de la reprise des classes pour nos enfants...

Isa, Hélène et aussi ma petite Anne sont retournées au Sacré-Cœur, dans leur costume bleu marine à col blanc, et c'est l'abbé Loyez, venu tout exprès de France, qui a pris en main l'instruction de mes deux garnements. Il était temps car jusque-là, les précepteurs de Henri et de François leur servaient surtout de souffre-douleur, et je ne compte plus le nombre d'entre eux qui ont succombé à leurs farces et mystifications.

Toujours est-il qu'au cours de ces deux années, mes garçons n'avaient pratiquement pas acquis à l'école de connaissances propres à leur faire réussir des examens. Par ailleurs, nous trouvions que les notions d'équitation de tous nos enfants s'inspiraient plus de ce qui a cours au Far West, qu'à l'école de Saumur. Henri a donc mis en place au même moment, des cours d'équitation, dispensés par un officier espagnol à l'école de cavalerie qui se trouvait juste en face de chez nous.

A nouveau la maison a commencé à se remplir, tout d'abord avec l'arrivée de M. et Mme Burais que nous avons engagés tous deux, elle comme gouvernante « housekeeper », lui comme secrétaire de Henri. Mme Burais, qui est restée avec nous une vingtaine d'années, menait rondement sa barque ; mais comme elle a toujours été incapable d'apprendre le premier mot d'une langue étrangère, elle s'adressait au personnel dans un sabir incompréhensible. N'étant point entendue, elle se mettait dans des colères noires, ce qui terrorisait nos pauvres gens.

Au cours de ce même automne, les Baleztena nous ont invités plusieurs fois dans leur fief de Leyza. De ma vie je n'ai ramassé tant de mûres tout au long de ces sentiers de montagne qui, à chaque tournant, s'entrebâillaient sur le décor des Pyrénées.

Henri aussi était passionné par ces cueillettes, exprimant ainsi l'instinct de paysan qui nous habite tous et nous fait récolter tout ce qu'il est possible de mettre en conserve pour l'hiver...

Cette année-là, les pots de confiture se sont alignés nombreux sur nos étagères et, saisis d'émulation, les chers Baleztena en ont fait autant. Personnellement, cet instinct me porte exclusivement à thésauriser les biens qui peuvent servir à nourrir ma famille et c'est en y sacrifiant que j'ai un jour commis, en toute innocence, un larcin...

Par un bel après-midi, je suis partie à bicyclette avec les enfants, le long d'une route toute jolie qui serpentait entre des champs déjà moissonnés. J'avais repéré là précédemment quelques beaux noyers couverts de fruits. Je m'imaginais qu'ils appartenaient à tout le monde et c'est pourquoi je m'étais munie d'un énorme sac à pommes de terre. Entre le goûter et le ramassage des noix, l'après-midi a été bien agréable et nous sommes rentrés triomphalement à la maison. Triomphe de courte durée...

Avisant notre cargaison, le comte de Paris nous a vertement admonestés en nous traitant de... voleurs ! Il nous a expliqué que les arbres fruitiers qui bordent les routes appartiennent toujours à des propriétaires ou alors à l'Etat, en l'occurrence à la députation de Navarre.

Tout penauds, nous sommes repartis séance tenante avec notre sac de noix... chez le président de la députation, le comte de Rodezno, à qui le prince avait téléphoné entre-temps.

Derrière son bureau, le cher Thomas Rodezno s'est trouvé bien embarrassé... Pour le principe, il a fait aux enfants un beau discours civique tout en me regardant malicieusement du coin de l'œil. Impressionnés, et les bras ballants, mes enfants l'écoutaient religieusement...

Notre comportement peut apparaître naïf ou excessif, si l'on ne tient pas compte d'un principe sur lequel mon cher mari n'a jamais transigé, à la différence de certains de sa génération et surtout de celles qui ont précédé. Dans ma jeunesse il n'était pas rare d'entendre dire par des aristocrates que voler l'Etat ce n'était pas voler. Une de mes institutrices, elle-même, partageait tout à fait cette conviction qui s'appuyait sur la double croyance que, d'une part, la Révolution française avait spolié beaucoup de familles et que la république n'était pas l'Etat légitime. Le comte de Paris s'est toujours inscrit vigoureusement en faux contre cette tournure d'esprit et pour lui, tout ce qui porte atteinte aux biens de l'Etat est au moins aussi condamnable que ce qui lèse le bien privé.

Assorti d'un prêche de haute volée du cher Thomas, ce principe, maintes fois défendu par mon mari, n'aura pas manqué, je l'espère, de marquer favorablement mes enfants. Quant à moi, je lui donne ici comme en toute chose raison, même si j'ai, ce jour-là, amèrement regretté mon sac de noix...

En novembre de cette année, notre chère Colette de Kernars nous a quittés pour rejoindre sa famille en France. Nous en avons été tous très attristés mais les siens ne pouvaient se passer d'elle plus longtemps, notamment parce qu'ils avaient été très éprouvés par les bombardements de Nantes. Les jumeaux d'ailleurs, dont elle s'était occupée depuis leur naissance, étaient devenus de solides gaillards bien débrouillés et avaient à présent moins besoin d'elle.

Un beau jour de ce temps-là, notre petite Hélène nous a dit tout net qu'elle voulait être pensionnaire au Sacré-Cœur, et non plus seulement demi-pensionnaire. « Pourquoi pas, au fond ! » nous sommes-nous dit... Hélène a souvent eu des inspirations subites, qui étaient en général positives, mais qui tendaient aussi à marquer son indépendance vis-à-vis de la famille, ce qui après tout n'est pas plus mal.

Pendant quelque temps tout alla très bien, mais un dimanche soir, au moment de retourner au couvent du Sacré-Cœur, elle a fondu en larmes : nous lui manquions vraiment trop ! Le comte de Paris a encore tenu bon durant quelques semaines en lui expliquant qu'il ne fallait tout de même pas changer d'idée à tout bout de champ et que puisqu'elle avait choisi elle-même cette voie, il fallait qu'elle s'y tienne. Mais à la fin il s'est laissé attendrir par sa petite fille chérie et Hélène a pu revenir à la maison non sans avoir reçu d'abord au pensionnat en grande solennité la médaille de Saint-Louis-de-Gonzague pour sa piété et sa bonne conduite.

Durant tous ces mois d'automne et d'hiver, notre vie de provinciaux sages, heureux et occupés a continué de couler. Studieux aussi, car jamais nous n'avons tant lu, en espagnol surtout, discuté et remis en question nos lectures, entre amis. Les conférences succédaient aux concerts, ponctuées de drinks et de dîners aux Potcholas, bien pratiques pour rendre des politesses aux uns et aux autres.

Dans la grande salle du fond ornée des sempiternelles fresques à la gloire de la Navarre rustique derrière un rideau d'une couleur indéfinissable, nous prenions place autour d'une longue table et en guise d'amuse-gueule, les bons mots, les taquineries, les mises en boîte précédaient l'arrivée des plats en terre cuite où frétillaient dans leur huile, les angulas.

Mais je sentais bien que le comte de Paris commençait à se lasser de cette existence quiète et douce, principalement voué aux loisirs, et en moi-même, je ressentais un tremblement de l'âme, signe avant-coureur de nouveaux déracinements. Où le vent du destin allait-il cette fois nous pousser ?

Je ne savais encore rien de précis, mais le comte de Paris s'absentait de plus en plus souvent... Destination de ces voyages : Madrid, Lisbonne et Londres...

Il y eut pourtant encore un instant de répit...

Ma petite Chantal est née le 9 janvier 1946 à la clinique du Dr Alcalde à Pampelune.

Pendant quatre longs jours, j'ai cru qu'elle allait mourir. Sa jaunisse a été si forte qu'elle était devenue vert bouteille et ne sortait plus d'un profond assoupissement qui l'empêchait même de boire. Nuit et jour je la tenais dans mes bras pour essayer de lui faire avaler au moins quelques gouttes et près de moi, j'avais fait mettre un verre d'eau pour la baptiser au cas où elle passerait. Les bonnes sœurs de la clinique et le docteur étaient très inquiets et n'osaient pas me dire qu'ils étaient persuadés que l'enfant allait mourir. Enfin, au cinquième jour, elle a pris le dessus.

Certains de mes enfants avaient déjà eu à leur naissance une intoxication de ce genre. Cela m'oblige à ouvrir une parenthèse qui éclaircira les raisons de ces premiers jours angoissants.

Ce n'est qu'un an après la naissance de Thibaut, mon

dernier enfant, qu'au terme de diverses analyses de sang, Henri et moi avons appris que nous avions des rhésus inconciliables, O négatif chez moi, positif chez le Prince. J'ai eu la chance que mes enfants s'en soient à chaque fois bien tirés, à une époque où on ne connaissait pas encore les traitements préventifs ou ceux qui s'imposent en cas de mauvaises réactions du nouveau-né...

Revenu de si loin, mon bébé a eu droit, le 21 janvier 1946, en l'église Saint-Nicolas, à un baptême d'une pompe toute spéciale.

Absents, l'infant Alfonso et l'infante Alice, les parrains, se sont fait représenter par le comte de Rodezno et la comtesse de Guendulaine.

Bien à l'espagnole, il y a eu un grand tintamarre de cloches et très exceptionnellement, les grandes portes de l'église se sont là aussi ouvertes. Sitôt l'eau baptismale répandue, Pilar Guendulaine, la marraine, a consacré, suivant notre coutume, Chantal à la Vierge du Pilar. Voulant donner plus d'efficacité à ce rite, le sacristain a cru bon de disposer un escabeau sur lequel la marraine a dû grimper ; c'est dans un équilibre douteux qu'elle a finalement exposé, à bout de bras, l'enfant, sous nos regards amusés et quelque peu inquiets...

La cérémonie s'est terminée par un goûter monstre aux Potcholas, où le Prince et moi avons remis en souvenir, à nos meilleurs amis, de petits coffrets de dragées dont le bois était gravé aux armes de France.

De cette journée radieuse, me reste pour finir le souvenir d'une grande fatigue. J'ai entraîné tous mes enfants et à pied toujours, nous sommes rentrés rapidement nous coucher, pendant que Henri est encore resté de longues heures aux Potcholas avec nos amis pour vider quantité de coupes de champagne à la santé de notre petit numéro dix.

En février, nouvelle mésaventure : la rougeole s'abat sur toute la maison... Neuf enfants touchés et même le bébé Chantal ! Pour y échapper, le comte de Paris et l'abbé Loyez sont partis pour Madrid avec François qui l'avait déjà eue tout petit au Brésil.

Je suis donc restée toute seule en charge de mon lazaret, aidée de Madeleine et de Marie-Hélène de Saint-Victor, qui venait d'arriver de France pour s'occuper de Chantal et qui a connu là un baptême du feu plutôt roulant... Je suis touchée à mon tour et je devais être bien mal car le comte de Paris est rentré précipitamment de Madrid.

Je ne me rendais pas compte de la gravité de mon état, car j'étais bien trop abrutie pour souffrir. Je me souviens cependant qu'ils venaient tous au-dessus de mon lit me regarder à tour de rôle avec un drôle d'air : il paraît que j'avais viré de partout au bordeaux « gros rouge »... Notre bon docteur homéopathe passait pratiquement sa vie à la maison et grâce à lui, une sœur garde-malade a pu venir seconder Madeleine.

Alors que nous commencions à peine notre convalescence, voilà que le Prince tombe malade à son tour.

Comme je ne savais plus quoi faire de cette marmaille flageolante — il faisait trop froid pour que nous puissions sortir — j'ai mis au point, dans le grand salon, un cours de gymnastique rythmique destiné à leur redonner des muscles. Sur les airs de Chopin et de Mozart joués sur le phonographe, ces séances ont connu un grand succès...

M. Longone, secrétaire du Prince, qui venait d'arriver de France, assistait, plutôt narquois, à nos ébats.

Comme mon mari était encore malade, son secrétaire a commencé à trouver le temps long ; je lui ai fait visiter alors la Navarre dans tous ses recoins.

Sitôt guéri, le comte de Paris a songé sérieusement à faire entrer le projet de notre nouvel exode dans la réalité. Après avoir envisagé un moment d'aller se fixer en Irlande, il a finalement estimé que le Portugal constituait beaucoup plus que l'Espagne, dont la frontière avec la France était alors hermétiquement close, même pour le courrier, une intéressante plaque tournante politique.

Nous voilà partis tous deux accompagnés de mon amie la marquise de Biguezal, pour Lisbonne, afin d'y explorer les conditions de notre avenir. Henri a commencé la série de ses entretiens tandis que je visitais la ville avec mon amie, et dans les jours qui ont suivi, les Espirito Santo ont donné chez eux une grande réception pour nous présenter la société portugaise.

C'est au cours du bal qui a suivi que j'ai connu la plupart des personnes qui allaient devenir — et rester ! — nos amis du Portugal. Ceux-ci ne concevaient pas qu'on puisse envisager de s'établir dans leur pays, sans commencer par aller à Fatima. Dès le lendemain de cette soirée, nous sommes partis dès potron-minet, sous la direction de Antonio de Souza-Lara, pour ce haut lieu de la chrétienté.

J'ai dormi pendant tout le parcours, écoutant les explications très érudites de Souza-Lara, disons... en rêve ! A Fatima, je me suis quand même secouée et dans la chapelle perdue dans ce désert de cailloux, les influences spirituelles et cosmiques qui sont si manifestes m'ont vivement impressionnée. J'y suis retournée plusieurs fois avec mes enfants lors de pèlerinages et j'aurai l'occasion de reparler encore de ce lieu de prodiges.

Au retour, j'ai quitté Henri à Madrid et suis rentrée seule à Pampelune pour y retrouver Jacques et Chantal... avec les oreillons dont ils firent ensuite profiter largement leurs frères et sœurs.

Le temps de la première communion de Diane approchait. Pour la préparer, nous l'avons envoyée pendant quelque temps au Sacré-Cœur avec ses aînés. En fait de recueillement, elle a surtout déclenché la révolution au pensionnat. Les chères sœurs, qui l'appelaient la petite princesse « Terremoto » (« tremblement de terre »), la gâtaient beaucoup trop je pense. Dieu seul sait tout ce qu'elle n'a pas fait !...

Un de ses jeux favoris était de s'emparer de la cloche, pour sonner bien avant l'heure dans tous les corridors, et à la grande jubilation des élèves... le signal de la récréation !...

Elle avait aussi des conceptions très particulières en matière de religion. Le soir après le dîner, nous disions toujours la prière en commun ; quand elle était achevée, nous nous levions tous, hormis Diane qui à une certaine époque restait agenouillée, abîmée dans un profond recueillement...

Mon mari et moi-même étions très émus de voir cette enfant prier avec une telle ferveur ! « Mais quelle prière dis-tu donc là ? » lui ai-je demandé au bout de quelques jours... La réponse fut immédiate : « Je prie le diable, c'est plus prudent ! » En plus de sa « sainte patronne », la Diane chasseresse qui était restée fixée au mur au-dessus de son lit, elle avait aussi accroché là quantité de plumes en guise de grisgris...

J'espère que les chères sœurs du Sacré-Cœur ont pu lui donner par la suite des notions plus orthodoxes de la foi chrétienne ! Le jour de sa communion en tout cas, ce 12 mai 1946, elle fut particulièrement recueillie et lors du renouvellement de ses vœux de baptême, nous lui avons même soudain découvert une petite voix angélique en place de la grosse voix de gendarme que nous lui connaissions d'habitude.

Ressaisis par notre fringale de pèlerinages, nous voilà repartis pour Saragosse. Ce n'était pas cette fois une expédition de tout repos, car le bus s'est révélé bien petit pour toute cette paroisse, Henri et moi-même, les dix enfants, leurs demoiselles, une bonne et un abbé, plus quelques générations de Gaztelu, Pineda et Arellano, sans oublier les nounous et notre chaperon céleste dom Carlos Lorea... Cette équipée, qui fit une part égale à l'amusement et à la piété, dura près de vingt-quatre heures ; après la sainte messe, tout le monde se retrouva au pied de la colonne où la Vierge Marie apparut à saint Jacques et la séance d'équilibre sur escabeau reprit cette fois avec toutes les mères, consacrant leurs bambins à la Sainte Vierge.

Après le déjeuner au grand hôtel et une vision fugitive de la ville, nous sommes allés en corps constitué faire une visite à l'archevêque...

Au retour, il pouvait être 11 heures du soir, arrêt facultatif au bord de la route. Henri et François en ont profité pour décamper dans la nuit et il a fallu organiser une battue à grand renfort d'appels et de cris pour les retrouver.

Dans le car, tous les messieurs s'étaient mis à l'arrière pour jouer aux cartes, au fameux jeu du mousse. Dom Carlos Lorea, qui était à l'avant avec les dames et les enfants, commença à réciter le chapelet auquel nous devions répondre.

Massés à l'arrière, les messieurs, qui ne tenaient nullement à interrompre leur partie, marmonnaient en faisant semblant de prier, tout en continuant de jouer. Nous avons eu très envie de rire car Dom Carlos Lorea ne s'est aperçu de rien.

Notre goût du mystère nous poussa un peu plus tard dans une expédition d'un tout autre genre. A Zugaramurdi, lieu maudit où l'on brûlait les sorciers et les sorcières au Moyen Age, les esprits se promenaient, dit-on, en liberté. Pour tenter de les débusquer, nous nous y sommes rendus, une nuit de pleine lune, avec Joaquim de Guendulaine et Luis Arellano.

Abandonnant notre auto à flanc de coteau, nous progressions en pleine montagne, non loin de la frontière française, sous la lune qui montait au firmament. Dans un décor fantastique se révélaient à nous des rochers aux formes bizarres qui barraient l'entrée de profondes cavernes. Nous sommes restés là-haut toute la nuit, tantôt assis, tantôt furetant dans les grottes, dans l'attente des infernales créatures. En dépit de notre persévérance, cet endroit lourd de maléfices n'a rien laissé percer de ses secrets. Je crois surtout que ces malheureux esprits se sont beaucoup effrayés de nos rires...

Le mariage à Madrid, en juin, du fils aîné de Maria Valencina, Fernando Solis, marquis de Motilla, avec Isabel, fille du marquis de Seo de Urjel, m'a permis de m'abandonner une fois de plus aux délices de la vanité maternelle. C'est en juin de cette année que ma fille Isabelle, qui était invitée à ce mariage avec nous, a fait son entrée dans le monde.

Pour la première fois, j'ai transformé ma petite pensionnaire du Sacré-Cœur en jeune fille élégante, avec des bas, un joli manteau blanc et un chapeau que je trouvais ravissant et dont l'allure lui a bien sûr, fortement déplu.

Nous logions à l'hôtel Ritz et comme nos chambres donnaient sur un patio commun, je l'ai entendue commenter très tard avec son amie Mercédès Lumbiere, les événements du jour et surtout la réception qui a suivi le mariage et au cours de laquelle elle a fait connaissance de tous les frères du marié.

Renonçant aux délices de Madrid plus tôt que prévu, nous sommes rentrés vers Pampelune car, événement sensationnel, la duchesse de Guise, qui ne sortait jamais de Larache, nous y attendait.

Installée à l'hôtel La Perla avec sa fidèle Irma, elle passa plusieurs jours avec nous et pour commencer nous l'avons traînée au Sacré-Cœur pour la distribution des prix, où nos trois filles, qui furent loin de les rafler tous, eurent du moins la grande satisfaction de faire à leur grand-mère les honneurs du pensionnat.

Tout Pampelune a bientôt été sous le charme de cette grande dame si spirituelle et parlant un espagnol si châtié. C'était à qui la recevrait... Si simple aussi et si heureuse de se promener sur le paseo Sarazate avec ses petits-enfants.

Tombant une après-midi sur un photographe ambulant qui exécutait les portraits des enfants, avec pour décor un cheval de bois, elle n'hésita pas à s'y jucher en amazone, à l'étonnement ravi de son petit monde, et des passants. Je conserve précieusement cette photo car outre le souvenir heureux qui s'y attache, elle est un témoignage du naturel vrai qui affleurait toujours sous les airs altiers de ma chère belle-mère.

Ce sont encore une fois les chers Rodezno qui pour cette visite firent le mieux les choses en nous invitant chez eux à Villafranca et si c'est le créateur qui nous fit don de quelques couchers de soleil spécialement réussis, ce sont nos chers amis qui convoquèrent toutes les connaissances que nous aimions ; sans oublier la chorale de tous les curés du pays qui ont interprété pour nous, après le dîner, un florilège de chansons locales. En les écoutant, j'ai senti confusément que ce cercle chaleureux, ces liens d'amitié allaient se briser bientôt...

Le souvenir m'en restera toujours, c'est un trésor qui remplit mon cœur et me console de tous ceux de Navarre qui sont déjà morts et qui ont enrichi notre vie de tant d'amitié.

Pendant que Henri repartait pour Madrid et ensuite pour Londres, ma belle-mère et moi-même avons fait une escapade à Ciudad Rodrigo, près de la frontière portugaise.

Dans un télégramme, mon beau-frère, le duc de Bragance, qui était exilé en Suisse, nous apprenait qu'il allait se rendre dans cette ville avec ma sœur Françoise, pour y rencontrer des journalistes portugais.

Nous logions tous au parador pris dans les murailles de cette charmante vieille ville, et de nos fenêtres, nous pouvions découvrir, de l'autre côté d'une rivière, le Portugal.

Abandonnant le duc de Bragance aux journalistes qui le filmaient sur les remparts, le regard perdu sur les collines de sa patrie, nous avons erré pendant des heures, Françoise et moi, dans les ruelles de cette cité médiévale, recouvertes d'une odorante jonchée de lavande. C'était la Fête-Dieu.

Grâce à un papotage intensif, ce court séjour nous a permis

de compenser un peu deux années d'absence et de silence... Il a bien fallu se quitter car l'avion qui devait déposer ma belle-mère à Bruxelles s'envolait le lendemain.

Après deux heures d'école buissonnière à Avila en sa compagnie, nous sommes arrivées à Madrid à 11 heures du soir, très affamées, juste à l'heure où les Madrilènes se mettent à table...

A Pampelune j'ai été accueillie par les quintes de toux de cinq de mes plus petits qui avaient tous la coqueluche ! Les aînés, grâce à Dieu, l'avaient déjà eue avant la guerre, en Belgique. Ils ont donc pu venir galoper avec nous à la Saint-Firmin, la dernière fête avant de longues années...

Une Saint-Firmin sans mon mari et où pour la première fois mes quatre aînés ont pu m'accompagner à peu près partout.

C'est Luis Arellano qui a donné son baptême tauromachique à mon fils Henri, en le faisant courir devant les taureaux, loin devant, certes, mais quand on voit l'un des siens « courir », comme on dit à Pampelune, peu importe s'il est loin ou près, l'émotion est intense !

L'absence de Henri risquait de se faire beaucoup sentir ; tous nos amis ont pris les devants en soignant notre tristesse commune par des jours et des nuits non moins occupés que les années précédentes.

« Adios, Pamplona », chante-t-on là-bas quand les fêtes se terminent. Adieu, Pampelune ! Au dernier jour et pour la dernière nuit, nous avons quitté la ville en passant les murailles, vers l'est. Nous n'étions que quelques-uns et je crois bien qu'Isa, ma fille, était avec nous.

Arrivés sur le haut d'une colline, nous nous sommes assis dans l'herbe, au bord d'un petit chemin de campagne. Autour, les champs de blé dévalaient tout roses aux lueurs de l'aurore...

Nous avons pris des épis de blé pour en compter les grains. Dans la plupart, il y avait plus de soixante grains ! La récolte sera belle, je ne la verrai pas...

Pour nous sauver de la mélancolie, un soleil éclatant a soudain jailli des montagnes. Luis Arellano nous a conduits à un petit caboulot où on nous a servi une tortilla somptueuse, arrosée de vin de la Rioja.

13

DÉLIRE ESTIVAL

Cette fois, la récréation est bien finie... Henri est toujours à Londres, les cinq petits se relèvent de leur coqueluche, il faut plier bagages.

Le 15 juillet au matin, jour de la Saint-Henri, nous allons tous à la messe dite par l'abbé Loyez à Saint-Nicolas, après nous être confessés. Devant notre bande rassemblée dans sa sacristie, Dom Justiniano, notre bon curé, a la larme à l'œil en réalisant à quel point sa paroisse va se dépeupler.

A 9 heures et demie, trois autos, dont la première était conduite par M. Aristegui, s'avancent le long des grilles de notre jardinet...

Tous nos amis sont là, ils pleurent tous et moi je sanglote...

Juste avant le départ, mon immense carton à chapeaux fait diversion. Alors qu'on l'arrime sur le toit de l'auto, il s'ouvre et tous mes couvre-chefs se dispersent sur la chaussée...

Enfin, il a bien fallu s'arracher...

Les Burais étaient partis en éclaireurs la veille avec le gros des bagages, dans un camion.

A Bilbao, au moment du déjeuner, nous avons retrouvé Antonio Gonzalès qui a pris le relais pour m'aider. Sous ma houlette, mon petit troupeau ne comptait pas moins de dix-huit personnes qu'il a fallu embarquer sur le « Magellan », un bateau espagnol.

De nombreux amis de Bilbao sont montés à bord pour me saluer et à 3 heures du matin, nous avons largué les amarres.

Tout le monde a été aussitôt malade et le lendemain, un dimanche, j'étais moi-même fort barbouillée ; je me demande bien comment j'ai pu suivre la messe du bon abbé Loyez...

A l'escale de Vigo, comme je voulais que Hélène de Saint-Victor et Rufina Berjerandi, notre petite Navarraise, puissent visiter la ville, nous avons tous débarqué, même bébé Chantal, dans son moïse. Ces escales en famille sont toujours aussi comiques qu'épuisantes. Je dois me transformer en chien de berger car tout mon monde traînaille d'églises en musées et de postes en hôtels : les demoiselles ont toujours des cartes postales à envoyer et à l'hôtel, élégant euphémisme, on tente de « débarbouiller » les enfants.

L'un ou l'autre se perd toujours et il faut alors organiser « la chasse à l'enfant ». Ce jour-là je suis arrivée à rembarquer tout le monde sans incident majeur et bientôt les côtes d'Espagne se sont fondues dans le lointain.

A mesure que nous approchions de Lisbonne, accoudée au bastingage, j'ai laissé défiler dans ma mémoire toutes ces années écoulées. Je crois aux vertus de l'air marin quand il s'agit de faire le point et cet après-midi-là, un certain nombre de choses me sont devenues plus claires.

Me sont notamment apparues les conséquences de la vie de plus en plus active du comte de Paris. A présent, il s'éloignait de plus en plus souvent de nous et j'avais tellement à faire avec ma tribu que je ne m'étais pas rendu compte que toute sa vie d'homme s'était progressivement cristallisée en un bloc distinct du nôtre, dans lequel je pouvais de moins en moins facilement pénétrer... Je m'avisais qu'il fallait par tous moyens obvier à ce mal, mais je ne me dissimulais pas les difficultés grandissantes de cette tâche...

A 7 heures du matin ce 18 juillet, nous étions tous les dix-huit sur la passerelle du commandant pour admirer l'entrée de l'estuaire du Tage. Seule la pauvre Mme Burais gémissait encore dans les affres du mal de mer.

Sur le quai nous attendait une dame mince, blonde et très élégante...

Mary était la femme de Ricardo Espirito Santo, un authentique mécène, banquier et ami de Salazar, qui allait mettre à notre disposition sa magnifique maison de ville.

Tandis que M. Burais surveille le débarquement de nos innombrables bagages, j'enfourne tout mon troupeau dans plusieurs belles limousines qui nous déposent à Santo Domingo, à Lapa, devant le petit palais XVIIIe, tout rose, de nos amis.

Cette demeure, pur bijou du Grand Siècle, était bourrée d'objets d'art des parquets aux plafonds, de la cave au grenier ; même les escabeaux qui trônaient dans ces sombres séjours étaient anciens et les murs d'entrée et les corridors étaient recouverts d'azulejos, ces grandes compositions en carreaux de céramique bleus et blancs...

Partout on marchait sur des tapis de Perse ou d'Aubusson, une grande profusion de porcelaines de Saxe et de la compagnie des Indes décoraient les meubles précieux et nos chambres à coucher étaient en tout point dignes de celles de la Pompadour.

Sitôt entrés dans ce musée, j'ai réuni toute la famille et dicté quelques ukases draconiens contre tout jeu violent y compris les parties de cache-cache. Au souvenir tout frais de notre maison de Pampelune, où il n'y avait pas le moindre objet de valeur et où ils pouvaient grimper aux murs et courir dans les gouttières, nos malheureux enfants sont restés tout morfondus et ce premier contact avec Lisbonne leur a paru bien austère.

Je dois dire que pendant les trois mois que nous avons passé à Santo Domingo à Lapa, les enfants n'ont absolument rien cassé. Heureusement la maison comportait par-derrière un jardinet avec quelques arbres. Ayant servi pendant toute cette période d'exutoire, il était devenu assez informe ; le seul objet d'art qui ait été liquidé l'a été par un de nos amis au cours d'un déjeuner. Ayant à débiter un morceau de fromage da Serra particulièrement récalcitrant, il y parvint enfin mais en coupant également en deux son assiette de la compagnie des Indes...

J'ai fait la distribution du cantonnement et pendant que les demoiselles, Rufina, et Mme Burais déballaient tout notre barda, Mary m'a emmenée prendre un café délicieux, rue Garrett, dans le Chiado, le quartier des magasins élégants de Lisbonne. Nous avons pu papoter en paix et elle m'a donné mille conseils judicieux pour notre installation. Cet esprit pratique se doublait chez elle d'une vitalité intellectuelle hors du commun et d'un charme un peu impérieux qui empêchaient que quiconque restât indifférent à sa présence.

Toute ma vie, je lui serai reconnaissante, ainsi qu'à Ricardo, de leur générosité et du courage dont ils ont fait preuve en acceptant de voir lâchés dans une maison qui était une vraie vitrine, cette bande de dix enfants doués d'une santé et d'une vigueur physiques qui sont un des apanages de notre famille...

Notre premier repas s'est toutefois réduit à un en-cas sur l'admirable table de marbre de la salle à manger et nous avons dû piocher dans la vaisselle plate avec nos doigts car dans ce magasin d'antiquités, je n'ai pas été en mesure de trouver l'endroit où les couverts étaient rangés.

Nous étions arrivés à Lisbonne en plein mois de juillet, par une chaleur caniculaire. Depuis toujours, le Prince était hostile aux vacances de longue durée, estimant que les enfants ne devaient jamais interrompre leurs études totalement. Ces devoirs de vacances étaient une épreuve pour tous et tournaient généralement court assez rapidement.

Une fois de plus cette année-là, nous nous sommes imposé, en dépit de la chaleur, de faire prendre des leçons d'anglais à notre progéniture et c'est ainsi que Mrs Horam est entrée dans notre vie.

Cette veuve d'un certain âge avait une tournure d'esprit très anglaise, je veux dire très originale et par surcroît, c'était une darwinienne convaincue. Elle interprétait ses théories d'une manière simpliste et souvent invraisemblable, surtout quand elle expliquait aux enfants comment les humains descendent des singes. A tel point qu'un peu plus tard, lorsque nous étions déjà installés à la Quinta, ma mère, excédée, lui a dit un jour en pleine table et de l'air le plus sérieux du monde, qu'il y avait certainement aussi des personnes qui descendaient des oies !...

Le dernier étage de la maison de Santo Domingo à Lapa donnait sur le grenier d'une maison voisine. C'était le garde-meubles de nos amis et c'est devenu le paradis des enfants. Dans cet endroit plein de mystère, aux grands tas de meubles enchevêtrés, on avait installé dans des petites chambres, Monsieur l'abbé et les salles d'étude. Fourmillant de recoins, l'endroit était percé de petites fenêtres mansardées d'où l'on avait vue sur des toits de tuile rebiqués aux extrêmités, comme en Chine, des jardins endormis et au-delà, le Tage. Venus de la ville, on pouvait entendre les chants et les appels des marchands de fruits et de poissons. Ce charmant grenier n'était guère l'endroit qui pouvait convenir pour des études sérieuses car il y faisait trop chaud et les tentations y étaient vraiment trop nombreuses.

A l'heure des cours, quand la pauvre Mrs Horam arrivait, les enfants étaient en général cachés dans les armoires ou dans les tiroirs des commodes.

Elle tapait dans ses mains, appelait à tue-tête, fouinait partout et finissait enfin par dénicher ses élèves. Ils n'étaient pas assis depuis cinq minutes que Isabelle, qui étant plus âgée étudiait seule dans un cagibi voisin, inventait toutes sortes de mises en boîte — feux de cheminée, invasion de rats géants — tandis que Hélène rythmait sur le piano des comptines grotesques de son invention.

Un jour, alors qu'elle tapait dans ses mains, ils l'enroulèrent complètement dans plusieurs rouleaux d'un certain papier utilitaire. Alerté par ses glapissements, Monsieur l'abbé accourut mais se contenta, comme à son habitude, de lever les bras au ciel... Inutile de dire que cette année-là encore, les leçons d'anglais furent un vrai fiasco.

Pendant tout un mois, j'ai posé pour le peintre Malta et ces séances se passaient dans un adorable petit salon Louis XVI, vert jade, de la maison de Sao Domingo à Lapa. Les rideaux de la même couleur étaient à moitié tirés et répandaient une lumière qui me donnait l'impression de flotter entre deux eaux.

Grâce à Dieu, je posais de profil, car regarder ce peintre durant les longues heures de pose eût été au-dessus de mes forces. Il m'agaçait énormément et je lui parlais très peu, ce qui m'a permis de rêver de longues heures, en regardant par la fenêtre le joli jardin. Sur la pergola s'entortillait le jasmin et j'entendais s'entrechoquer dans le vent les branches des palmiers. Il faisait toujours très chaud... Souvent le soir, en sortant de sa banque, Ricardo passait me prendre pour m'emmener dîner avec toute sa famille à Cascais, dans leur belle maison d'été.

Malgré tout son charme, notre installation était très exiguë. Dans son grenier, le pauvre abbé était dévoré par les moustiques, et le ménage Burais campait dans une chambre en sous-sol, dont la fenêtre donnait juste au ras des pavés du trottoir ; ainsi ils pouvaient croire, toute une partie de la nuit, que le tramway leur passait sur le ventre. Cela n'arrangeait pas leur humeur et les demoiselles et les enfants n'étaient guère moins nerveux.

Pour les calmer tous, je les expédiais par le train électrique, car nous n'avions pas encore d'auto, aux plages de Carcavelos ou de Cascais. Nous avions hâte de trouver une maison définitive, mais pour la chercher, j'attendais le retour de Henri...

Pour faire connaissance avec tous les membres de notre famille résidant au Portugal, les enfants ont décidé de les inviter tous à une grande représentation théâtrale. Rude épreuve pour le petit jardin de nos amis ! Epreuve, une fois de plus pour mon amour-propre maternel aussi mais en fin de compte, je me suis une fois de plus bien amusée...

Sur les chaises de jardin rangées en demi-cercle avaient pris place, avec leurs enfants, le roi Umberto et la reine Marie-José, le comte et la comtesse de Barcelone, l'infant José-Eugenio de Bavière et la princesse Marie Sol ; hormis les Bavière, aucun d'eux à cette époque ne connaissait mes enfants qui, pour l'occasion, avaient monté un programme de cirque avec musique, danses, tours d'animaux, clowneries et personnages burlesques.

Faire les imbéciles a toujours enchanté mes enfants et ils réussissent fort bien tous les rôles de pitre. Ce jour-là, ils se sont surpassés en faisant vivre devant nous toute une galerie picaresque de crétins plus ou moins difformes. Ce qui m'amusait le plus, c'était de voir la tête de mes cousins, qui se demandaient avec une pointe d'inquiétude ce qui dans ce comportement relevait du naturel ou de la comédie.

L'impression pourtant n'a pas dû être trop mauvaise car le lendemain le comte et la comtesse de Barcelone sont venus nous chercher avec huit de nos enfants pour passer une journée en mer sur leur bateau. La mer était si houleuse que nous avons dû rebrousser chemin et nos cousins nous ont gardés chez eux à Estoril, jusqu'au soir. Depuis ce jour nous ne nous sommes plus quittés. Nous nous retrouvons chez eux ou bien chez nous et cet été-là les enfants se sont tout de suite très bien entendus, d'autant mieux qu'ils se sont tout de suite énormément battus.

Nous laissant au beau milieu de notre campement, Mlle de Montbron et l'abbé Loyez sont partis en vacances en France, tandis que Mlle de Kernars revenait me prêter main-forte ; nous avons tenté de pallier les absences de ces mentors en quadrillant, avec les enfants, les musées et les monuments historiques de Lisbonne.

Pour leur éviter toutefois une méningite, nous les emmenions presque tous les jours se rafraîchir dans l'Atlantique qui, à cette latitude, est glacé.

Je me souviendrai de mon premier été au Portugal !...

Après les années sages de la Navarre, ce fut soudain l'euphorie mondaine ! Après les calmes randonnées à bicyclette, le délire estival des plages huppées ! Après les soirées bon enfant aux Potcholas, les nuits trépidantes des night-clubs !...

Tout cela, je l'avoue, m'a d'abord pas mal grisée. D'autant plus que je découvrais ce monde de la café society, car aussi invraisemblable que cela paraisse, je n'avais jamais mis les pieds dans une boîte de nuit, surtout sans mon mari.

En Belgique, quand nous dansions, c'était chez des amis, tout comme au Brésil. Au Maroc, pendant la guerre, il n'en était pas question et mon expérience dans ce domaine se limitait à des dîners dansants à l'ambiance très différente.

Il faut bien dire que ces années d'immédiate après-guerre, au Portugal surtout, ont introduit des comportements jusque-là inconnus. La grande décompression qui marqua la fin des conflits s'est traduite dans cette société à la morale bien moins rigoureuse que l'espagnole, par une sorte de folie collective qui n'a d'ailleurs duré qu'un seul été. Attisée par le corps diplomatique et les personnels d'ambassade, elle gagna tous les étrangers qui avaient fui leurs pays envahis et la bonne société portugaise était au fond très ravie de cette libération qui la tirait de sa torpeur habituelle. Brochant sur le tout, une pléiade de ravissantes Brésiliennes ont achevé de faire basculer les esprits. Ajoutons que la vie au Portugal était alors très facile, tout y était bon marché, on ignorait autant l'impôt que les restrictions...

Après toutes ces années de guerre si crispées, je me suis lancée, moi aussi, tête baissée dans ce tourbillon et avec tout un groupe d'amis et d'amies, notre vie, entre le solstice et l'équinoxe, a été une danse ininterrompue...

Enfin, Henri est revenu d'Angleterre, le 31 du mois d'août, comme dans la chanson... Fous de joie, nous sommes tous allés l'attendre à l'aéroport et comme souvent, l'avion a eu beaucoup de retard. C'est une des raisons que j'ai de détester ce mode de locomotion qui ne me fait pas du tout peur mais que je trouve très incertain par rapport au train qui est peut-être poussif mais tellement plus sûr et plus ponctuel. Dans le train, de plus, on peut circuler, lire ou dormir en toute quiétude...

L'arrivée du comte de Paris a donné un tour plus calme à notre vie en dépit des mille occupations et passe-temps qu'il a su remettre en route aussitôt. Elles ne l'ont pas empêché d'ailleurs de se mettre rapidement dans le bain des mondanités et de danser tout le temps qu'il fallait avec mes ravissantes amies brésiliennes et portugaises.

Dans la journée, la recherche méthodique de notre future maison l'accaparait beaucoup et un de ses premiers soucis a été comme toujours de nous entraîner chez le cardinal patriarche de Lisbonne pour l'inévitable visite protocolaire que dans mon euphorie j'avais complètement oubliée.

Avec la comtesse de Barcelone, nous avons tous deux repris le cheval, souvent à destination des montagnes de Sintra où nos amis nous attendaient avec des collations fort prisées après des heures de galop.

Tous les dimanches d'été que le Bon Dieu faisait, nous étions invités, après la messe, à la piscine des Espirito Santo, dans leur belle villa de Cascais. Plus tard, quand notre maison s'est remplie d'amis, de nièces ou de neveux — pas moins d'une trentaine ! — ce rite a subsisté et encore une fois, je rends grâce à la patience et à la magnanimité de nos hôtes...

Notre horde arrivait à 11 heures tapant alors que les élégants étaient encore aux messes tardives. Avec les Barcelone et leurs quatre enfants, nous étions les plus matinaux et j'entends encore le petit Alfonsito d'Espagne hurlant chaque fois que nous débarquions : « Mââmâa ! la vienne los Paris ! »

Mon pauvre cher et si gentil neveu, qui est mort quelques années plus tard, était en fait terrorisé par nos jumeaux qui lui faisaient boire de sérieux bouillons.

Petit à petit arrivaient les invités, le roi d'Italie, des diplomates, des artistes et des amis portugais, mais lorsque nous sévissions dans l'eau, une eau de mer merveilleusement fraîche et bleue, il était hors de question que les dames élégantes puissent prendre leur bain de soleil aux abords de la piscine. Nos enfants et les petits-enfants des Espirito Santo s'en donnaient à cœur joie jusqu'à l'heure des cocktails où l'on servait toutes sortes d'exquises petites choses à grignoter. En moins d'une minute, les chips et les saucisses étaient liquidées par les enfants qui passaient comme une nuée de sauterelles.

Ce pénible moment passé, toute la jeunesse allait se rhabiller puis revenait saluer à peu près civilement et disparaissait, demoiselles et gouvernantes en tête, pour rentrer déjeuner.

Alors s'instaurait un divin moment de paix... Nous nous trouvions transportés dans un autre monde dont le silence étrange n'était troublé que par le bruissement du vent dans les pins parasols et le tintement des verres à cocktail. Nous étions assis dans l'herbe, entourés de massifs d'hortensias d'un bleu intense dont la couleur se mariait aux azulejos anciens qui décoraient les alentours de la piscine. Ensuite, devant un succulent déjeuner qui était servi dehors par petites tables, nous devisions doucement de sujets intemporels, de mille choses et surtout de rien.

Quand nous rentrions à la maison, l'après-midi était déjà bien avancé et Henri, qui en semaine était très assidu à son bureau, finissait la journée dans un hamac avec un livre d'histoire.

C'est grâce à l'ambassadeur d'Espagne, Nicolas Franco, frère du Caudillo, que nous avons enfin trouvé la maison idéale. Rien d'étrange à cela car cette Excellence l'avait d'abord proposée au comte de Barcelone qui n'en avait pas voulu parce qu'elle était trop grande et trop éloignée du golf d'Estoril.

Pendant tout le mois d'octobre, j'ai fait la navette entre Lisbonne et Sintra pour installer la maison avec Mme Burais et les demoiselles. Jamais depuis Agimont nous n'avions eu une maison à nous que je pouvais organiser et décorer à notre idée.

Au début nous la louions et elle contenait encore pas mal de mobilier appartenant à notre propriétaire, Fausto Figueredo.

Début octobre, Henri est reparti pour Madrid ; pendant plusieurs semaines j'ai été chevillée complètement à l'installation de la Quinta do Anjinho et je n'ai pris qu'une seule grande journée de récréation, en compagnie des comtes de Seisal et des Ribeiro Ferreira, pour renouer avec le tir aux pigeons. Ce n'était alors pas encore le cauchemar qu'est devenu depuis ce genre de compétition.

Aujourd'hui des centaines de tireurs rongent leur frein pendant toute une journée en attendant de tirer leurs deux coups de fusil...

Nous n'étions alors qu'un groupe d'amis, auquel s'étaient joints quelques Français et quelques Espagnols ; tout le monde se connaissait, et notre tour revenait assez souvent pour nous permettre de décrocher sans ennui une coupe dans une seule journée.

Le 12 octobre, j'ai bouclé définitivement la maison des Espirito Santo de Lisbonne et à quinze cette fois — les Burais avaient déjà rallié la Quinta — nous partons... non pas pour notre nouveau gîte, mais pour Fatima ! C'est que le 13 de chaque mois, de mai à octobre, y convergent du Portugal et de bien plus loin, et souvent à pied, des centaines de milliers de pèlerins dont nous voulions être absolument, pour n'avoir pas à attendre six mois.

Pour ne pas manquer la procession du 12 au soir, suivant Notre-Dame de Fatima qu'on extrait en grande solennité de sa chapelle pour lui faire présider de l'esplanade les cérémonies du lendemain, nous avons roulé toute la journée non sans nous arrêter aux abbayes cisterciennes d'Alcobaça et de Batalla.

Nous sommes arrivés par un froid de gueux et, sous des trombes d'eau, juste à temps pour acheter nos cierges et nous joindre à l'immense procession, serpent lumineux qui étire ses anneaux à l'infini et promène la statue de la Vierge au son des cantiques.

1946, c'était hier ! Il n'y avait pas la moindre hostellerie à Fatima... Où croyez-vous que dormaient les centaines de milliers de pèlerins ? A la belle étoile tout simplement !...

Pour cette fois, nous avons pu déroger à cette règle, grâce à la marquise de Cadaval, qui est une des « dames servitas » de Fatima. Cette chère et fidèle amie qui se dévoue à Fatima depuis toujours et qui a là-bas autant de pouvoir que l'évêque de Leiria, si ce n'est plus, nous a accueillis dans l'unique bâtiment existant, l'hôpital, et nous a donné la chambre de l'évêque et une autre pièce plus petite.

Avec les six aînés et les demoiselles, nous sommes allés prier à tour de rôle, jusqu'à 1 heure du matin, à la chapelle des apparitions en nous faufilant entre les innombrables corps allongés, veillés par les feux de campements improvisés.

Pendant ce temps, les six plus petits dormaient dans les deux lits de notre chambre et mon bébé Chantal dans un coin de la pièce, comme un petit ange, sur des coussins.

Quant aux autres, les demoiselles, Rufina, mes deux filles et moi-même, nous étions allongés par terre sur le tapis ras de l'évêque comme des pains dans une devanture. Heureusement que Henri, François et l'abbé avaient leur petite chambre à part, car je ne les voyais pas du tout au milieu de ce harem parmi les biberons et les couches du bébé... Pendant les quelques heures que nous avons passées sur notre parquet, nous avons surtout essayé de nous réchauffer et d'éviter les courbatures.

L'aube nous a surpris enfin et nous nous sommes défripés de la manière la plus sommaire. Comme l'abbé a dû aller dire sa messe, il nous a renvoyé les deux garçons qui avaient beaucoup perturbé sa nuit et dès 6 heures, nous nous sommes tous retrouvés assis en rond, astiqués, nos cierges à la main et fin prêts pour la messe de communion générale qui ne commençait qu'à 7 heures.

L'attente dans cette chambre nous a paru d'autant plus longue que les enfants ne tenaient pas en place et qu'il était ainsi bien difficile de se recueillir. Soudain, j'ai entendu une petite voix me dire : « Maman, Diane ne peut plus communier ! » « Mais enfin, pourquoi donc ? » ai-je demandé. « Elle vient de manger toute sa bougie ! » Un fou rire sans fin nous a tous tirés de notre torpeur.

Entre Madeleine, très rigoriste, et moi plutôt large d'esprit, une discussion serrée s'est engagée à propos du jeûne eucharistique. L'abbé est survenu, a donné sa propre interprétation et a tranché en assurant qu'un cierge ne pouvait en aucun cas être considéré comme de la nourriture ; ainsi Diane a quand même pu communier avec nous tous...

A Fatima il faut avoir de bonnes chaussures. On est sur ses pieds toute la journée et toujours au pas de course car les distances entre les différents lieux de célébration sont considérables. Après un petit déjeuner vite expédié, nous nous sommes précipités à la grand-messe dite pour les malades. Tous exposés sur l'esplanade, ils y assistent couchés sur leurs brancards, et ces malheureux n'ont que le choix entre le gel, la pluie ou le soleil de plomb. C'était le cas ce jour-là et comme j'avais peur que ma petite Chantal, portée par Rufina, n'attrape une insolation, je l'ai coiffée de deux mouchoirs noués aux coins.

La chaleur était de plus en plus forte et les servitas à ce point débordées qu'elles ont demandé à Isabelle et à Hélène de les aider à donner à boire aux malades. Après la sainte messe, l'évêque de Leiria se rend auprès de chaque malade et le bénit en lui imposant le Saint Sacrement. Cela peut durer fort longtemps et du début à la fin de cette cérémonie, la foule — près de trois cent mille personnes ce jour-là — chante de toutes ses forces : « Seigneur ! donnez-nous la foi ! » « Seigneur ! guérissez-le, Seigneur ! faites qu'il voie ! qu'il entende ! qu'il marche ... »

Avec d'autres personnalités, nous suivions bouleversés le Saint Sacrement en portant chacun un flambeau.

Au souvenir du prodige dont nous avons été ce jour-là les témoins, j'éprouve à l'évoquer comme un sentiment de pudeur ; j'ai pourtant la conviction qu'il est de mon devoir de ne pas le taire.

Lorsque nous nous étions arrêtés la veille à Batalha pour

visiter l'abbaye, nous avions remarqué dans l'église un groupe de Portugais très modestes et parmi eux une femme qui tenait assise sur son avant-bras une jeune fille qui pouvait avoir dix-sept ans. « Regardez ces pauvres gens, ai-je fait remarquer aux enfants, ils vont certainement à Fatima pour intercéder auprès de la Sainte Vierge. » La jolie petite jeune fille avait la partie supérieure du corps tout à fait normale mais, chose affreuse, ses pauvres jambes étaient complètement atrophiées et n'étaient guère plus longues ni plus épaisses que des baguettes de tambour.

Le lendemain donc, alors que notre procession évoluait entre deux rangées de civières, elle est soudain arrêtée par un attroupement.

Levant les yeux, j'ai vu à quelques mètres devant le Saint Sacrement la petite jeune fille de la veille debout sur son brancard. Elle regardait autour d'elle et semblait tout étonnée, et je l'ai parfaitement reconnue avec sa jupe bleu marine et son fichu noir.

Je me suis immédiatement effondrée à genoux et en pleurs avec l'impression d'avoir vécu un cataclysme et surtout en éprouvant un sentiment d'effroi devant la grâce que le Seigneur venait de nous accorder en nous faisant témoin d'un tel miracle.

Mes deux aînées étaient non moins atterrées et elles gardent pour toujours de cet instant la révélation de la miséricorde divine et aussi de la joie et de la crainte mêlées qu'elle inspire : toutes deux se trouvaient tout à côté de cette jeune fille au moment où elle s'était dressée car elles venaient de lui donner à boire...

Cette journée s'est terminée sur l'ultime image de la Sainte Vierge, portée par le clergé, qui s'en retourne dans sa petite chapelle. L'énorme foule entonne un cantique d'adieu et chacun, en pleurant, agite à bout de bras un mouchoir blanc.

Aussitôt après se déclenche une cohue digne des grandes croisades. Les femmes dans leur costume typique, le baluchon sur la tête, les hommes qui tentent d'ouvrir un passage à leur bourricot, les enfants criant et se faufilant, tous veulent rentrer chez eux le plus vite possible...

Pour nous, la journée n'était pas terminée ; l'évêque nous

avait invité à déjeuner et nous ne sommes repartis pour Sintra que vers 5 heures de l'après-midi.

A table nous n'avons fait aucune allusion à l'événement que nous venions de vivre car nous respectons trop la prudence de l'Eglise devant ce genre de phénomènes...

14

CHEZ NOUS...

La première nuit que nous avons passée à la Quinta do Anjinho a été courte : les enfants étaient si excités par la perspective de découvrir leur nouveau royaume qu'ils nous ont réveillés à l'aube. Ils ont marqué leur territoire jusque dans les moindres recoins de la maison et du jardin, mais les champs et les vergers qui les entouraient leurs sont restés momentanément interdits : ce n'est que quelques mois plus tard que Henri s'est décidé à acheter la maison, la ferme et les soixante-quinze hectares de terre qui en dépendaient.

Ce n'est qu'à partir de là aussi que nous avons pu suspendre les hostilités avec le métayer du domaine qui nous accusait, non sans mauvaise foi, d'utiliser trop d'eau pour nos bains, et de priver ainsi ses vaches et ses cochons.

Entre autres avantages, notre future propriété comportait une source abondante qui remplissait un immense réservoir servant surtout à irriguer les terres et accessoirement la piscine. Quand l'achat a été conclu, le problème de l'eau s'est trouvé résolu de lui-même car le métayer est devenu notre employé. Avec l'aide du fils de Mme Burais, Raoul Nataf, Henri a pu faire alors de cette propriété une ferme modèle.

Le 15 octobre, mon mari est revenu de Madrid avec le comte d'Oncieu. Celui-ci a été le premier invité de la Quinta, le premier d'une très longue liste ; la maison ne comprenait pas moins de trente lits et il était bien rare que l'un d'eux restât vide, surtout l'été !

De la maison, il n'y a que vingt-sept kilomètres jusqu'à Lisbonne et il était difficile de ne pas se trouver des prétextes pour y aller fréquemment : le dentiste pour les enfants ou les leçons d'anglais chez Mrs Horam ; les enterrements ou la messe que le roi d'Italie a fait célébrer à la mémoire du comte de Turin, aussi sans compter les soirées théâtrales... Le passage de la Comédie-Française à Lisbonne m'a donné l'occasion d'emmener pour la première fois mes quatre aînés à une représentation du répertoire classique, « Le Tartuffe », si ma mémoire est bonne...

Et puis est arrivé ce fameux jeudi 24 octobre. Les enfants, qui n'avaient pas classe ce jour-là, étaient à la maison, il y avait un vent fou, mais le soleil colorait d'une belle lumière le jardin et sous la fenêtre de mon petit salon, les feuilles des magnolias avaient de beaux reflets métalliques. Je venais juste de vider les dernières caisses et d'accrocher encore quelques petits tableaux ; à la fin de ce fignolage, commencé dès 6 heures du matin, nous sommes tous passés à table pour déjeuner.

J'ai déclaré devant tout le monde que nous étions enfin bien installés et que nous allions pouvoir passer tout de suite un agréable après-midi à flâner et à lire. Je n'avais pas aussitôt exposé ces projets d'une vie quiète que des rumeurs d'abord et puis des glapissements nous sont parvenus de la cuisine.

Nous étions en train d'attaquer des œufs mollets sur de la purée de pois, quand une bonne a surgi en criant qu'il y avait un feu de cheminée. L'affaire me paraissait loin d'être dramatique, mais qu'à cela ne tienne, je descends à la cuisine pour calmer mon monde et j'explique qu'il suffit de tirer un coup de fusil dans la cheminée pour faire tomber la suie qui a pris feu.

La cuisinière ne paraît pas convaincue et me fait sortir dans le jardin. Je me rends compte tout de suite que mon exposé théorique arrive un peu tard... Non seulement la cheminée flambe mais des flammes courent tout au long du toit. Je sens mon cœur tomber dans mes talons...

Je remonte en vitesse à la salle à manger pour y donner des ordres semble-t-il assez confus... les enfants prétendent depuis que j'aurais dit : « Que personne ne bouge, la maison brûle !... » Quoi qu'il en soit, à l'énoncé de cette phrase historique, des tuiles brûlantes se mettent à pleuvoir sur la terrasse... La bonne se précipite sur le téléphone pour appeler les pompiers et j'ordonne à la cantonade de vider tout le premier étage.

Je cours chez le fermier pour lui demander d'aller chercher du secours au village, mais dans mon affolement, je lui parle en français et il se contente de me regarder d'un air ahuri. Mon fils Henri, pendant ce temps, rameute tous ses petits frères et sœurs et fait preuve d'un merveilleux sang-froid pour les récupérer tous, et même la petite Chantal qui manque d'être oubliée dans son berceau. Il fait sortir tout son petit troupeau dans la cour et ils grimpent tous dans un champ en face de la maison. Là-haut il y a une aire de battage sur laquelle il les fait mettre à genoux, en rond, à prier, le dos tourné à l'incendie. Ce petit peuple proteste violemment disant qu'il veut bien prier mais à condition de pouvoir profiter du spectacle !...

Pendant ce temps, toutes les personnes qui sont restées dans les chambres les vident en jetant tout par les fenêtres. Isa et Marie-Hélène de Saint-Victor font des miracles et ma fille est enchantée de défenestrer ainsi toute la maison. Les pompiers arrivent au bout de dix minutes, suivis de tous les gens du village et même des prisonniers du pénitencier voisin. A eux tous ils finissent de vider la maison en moins de deux, y compris le billard monumental du rez-de-chaussée.

En ce qui me concerne, j'ai l'impression de n'avoir pas fait grand-chose. J'ai juste jeté dans un tiroir de commode tous mes bijoux et les souvenirs de famille les plus précieux et je les ai remis à un brave homme qui les a emportés. J'avais la hantise que quelqu'un ne soit resté dans une chambre et je courais partout pour en chasser ceux qui voulaient encore sauver des objets. J'ai ainsi fait sortir Isa d'une pièce dont le plafond s'est aussitôt effondré...

Un vent terrible continuait de souffler et les arbres autour de la maison, couverts de robes, de rubans et de colifichets, ressemblaient à des arbres de Noël.

En une demi-heure les pompiers ont réussi à venir à bout de l'incendie, grâce surtout à l'importante quantité d'eau contenue dans le réservoir. Ils étaient encore en train d'intervenir quand nos amis des environs ont commencé d'affluer ; la première de tous a été Mme Amorim Dorey, la chère Julietta, qui, revenant de Lisbonne, avait vu de la route les lueurs de l'incendie. Ensuite est arrivé le roi d'Italie qui nous a regardés patauger dans l'eau tout en essayant de rassembler quelques effets épars. J'ai eu un long moment d'incertitude quant au sort de mon tiroir rempli de bijoux... On l'a retrouvé intact, très loin au beau milieu d'un champ où il avait été déposé.

Ricardo Espirito Santo avait, entre-temps, pu prévenir Henri à Londres et quand mon mari m'a appelée, j'ai cru bon de lui dire que... tout allait très bien !

Tout ce qui nous appartenait a été sauvé et rien, absolument rien n'a été volé. Pas même le moindre des petits bijoux des enfants qui traînaient partout... On a retrouvé ceux d'Isa fondus dans leur boîte et ceux de Madeleine détruits avec sa table de nuit. Le toit et le premier étage ont été dévastés et le reste complètement inondé. C'était un beau gâchis, encore que les meubles contenus dans la maison, aient tous appartenu au... propriétaire !

Ensuite, il a bien fallu essayer de reloger tout le monde. Les premières heures, les sœurs dominicaines du couvent du Ramalhao, qui se trouvait à deux pas de chez nous, ont accueilli mes six filles et les deux jumeaux ; ceux-ci en ont profité pour rejouer à l'incendie en jetant leurs souliers et leurs vêtements par les fenêtres du couvent. Chantal hurlait à rendre sourd car on avait oublié son dernier biberon. Les sœurs, qui ne savaient pas ce qu'il fallait lui donner à manger, envoyaient des S.O.S.

Jusqu'à 10 heures du soir, nous avons continué à nous débattre dans les décombres et je suis même tombée tout à fait par hasard sur une petite boîte en carton crevée qui avait répandu dans la cour les pièces d'or qu'elle contenait.

Nous avions empilé nos vêtements, nos souliers, des bibelots, les livres et tous les objets personnels de la famille et des autres habitants de la maison, dans deux pièces de l'annexe où logeaient l'abbé et les Burais. Cela faisait deux énormes tas qui touchaient presque le plafond et d'où l'on tirait, qui sa chaussette, qui sa robe, qui sa brosse à dents... Pendant plus d'une semaine nous allions être vêtus comme des saltimbanques.

Tard dans la nuit, j'ai enfin prié les quelque trois cents

personnes accourues de bien vouloir prendre congé. J'ai remercié tout le monde et, rompus, nous avons transporté nos pénates à l'hôtel Netto à Sintra. Non sans débarrasser d'abord les bonnes sœurs de ces petits fléaux de jumeaux et de l'incommode bébé Chantal et elles ont consenti à garder pendant quelques jours tous les autres enfants. Pendant près de trois semaines, nous avons campé dans ce petit hôtel singulier qui sentait le moisi mais où les gens et la nourriture étaient excellents.

Autant que nous le pouvions, nous nous efforcions à la bonne humeur ; mais comme ce mois de novembre était humide et triste !... Le brouillard était si dense que de nos fenêtres, nous ne pouvions même pas voir les arbres du jardin.

A Londres, le comte de Paris faisait le mort...

Notre hôtel étant décidément trop loin de la Quinta, je me suis mise en quête d'une maison où habiter, en attendant que le propriétaire remette les lieux en état. Des amis, les Melo-Cartaxo, nous ont prêté à Sao Pedro de Sintra, une ravissante maison, une des plus anciennes de la région, la Quinta Don Diniz. Nous l'avons envahie à l'instant pour y prendre nos quartiers d'hiver.

Tous les matins après le petit déjeuner, les enfants se rendaient à notre Quinta à pied, soit une trotte de deux à trois kilomètres, pour y suivre leurs cours avec Monsieur l'abbé qui continuait d'habiter l'annexe avec les Burais. L'abbé Loyez les raccompagnait pour le déjeuner et redescendait avec eux pour les cours de l'après-midi, coupés par les copieux goûters de Mme Burais.

Ces va-et-vient quotidiens étaient sans cesse émaillés d'incidents variés. En hiver, les enfants partaient avant le jour et revenaient à la nuit noire. Ils s'éclairaient avec des lanternes au pétrole très capricieuses, au désespoir de l'abbé qui se tordait les chevilles sur les cailloux du chemin. Il pleut fréquemment dans cette région et ce sont alors de vraies trombes tropicales. Les soutanes du pauvre abbé se changeaient en éponges qu'il n'arrivait pas à faire sécher entre deux averses.

Dom Diniz était une maison ravissante, mais comme elle n'avait pas de chauffage, elle était effroyablement humide. Des filets d'eau couraient sur les murs et à la fin de l'hiver, tous les cadres des tableaux s'étaient désagrégés. Ne restait plus pendue au clou que la ficelle... tout le reste était par terre ! La salle de bains ne nous voyait pas souvent ; c'était une sorte de bain turc à rebours, toujours rempli de buée mais glacée.

Cela posé, Dom Diniz dégageait un charme romantique sans égal. C'était une grande bâtisse rectangulaire aux toits presque plats couverts de vieilles tuiles et dont les murs épais étaient faits de belles pierres très larges. Les fenêtres à guillotine étaient protégées en été du soleil par des jalousies peintes en vert, et à l'intérieur, des rampes en pierres creusées d'une rigole couraient le long des escaliers de granite. Le jardin qui l'entourait était un éden oublié où des massifs d'agapanthes s'insinuaient sous les fuchsias géants...

Dans ce paradis perdu mais ô combien réfrigérant, les enfants n'ont pas eu le moindre rhume de tout l'hiver, ce qui confirme la théorie de Madeleine selon laquelle on ne s'enrhume jamais dans les maisons sans chauffage.

Lorsque le mécanisme de la vie domestique s'est remis à bien tourner, je me suis sérieusement impatientée de l'absence de Henri, et un beau matin j'ai pris l'avion pour Londres. Mon mari a été très surpris, je crois, de cette arrivée et plus encore qu'elle se soit faite sans qu'on lui en ait demandé l'autorisation.

C'était la première fois que je faisais un séjour prolongé en Angleterre et la première vision que j'en ai eue m'a rappelé que ce pays ne ressemblait à aucun autre.

Au lendemain de mon arrivée, le 11 novembre, nous avons en effet assisté à l'ouverture solennelle — et pour tout autre qu'un Anglais, incompréhnesible — du Parlement par le roi George VI et la reine Elisabeth. Ce qui m'a surtout frappée, c'est qu'à aucun instant de la cérémonie, les assistants ne se sont départis du naturel qu'ils avaient sans doute chez eux devant une tasse de thé...

Je ne suis pas très heureuse en Angleterre et pourtant j'envie la manière de vivre de ses habitants. Ils ont l'air tellement à l'aise dans leurs vieux vêtements et si confortables dans leurs châteaux mal chauffés !...

A Londres, nous n'avons pas arrêté. Musées, théâtres, dîners, soirées et tours de danse dans les clubs suivaient les longs entretiens du prince avec des Français qui venaient le voir de Paris pour des raisons politiques. Nous voyions beaucoup le duc et la duchesse de Palmela, ambassadeurs du Portugal, les Miramont, les Rougemont, le marquis de Fraguier et M. Delongraye-Montier.

C'est au cours de ce séjour aussi que j'ai fait la connaissance de Michel de Saint-Pierre et pendant les rendez-vous du comte de Paris, je visitais la ville ou bien j'allais au concert avec le peintre Simon Elwess que j'admirais beaucoup pour son talent et son courage : à la suite d'un accident aux Indes, il ne pouvait plus se servir de sa main droite et il a dû réapprendre à peindre, avec succès, de la main gauche.

Les Mac-Ewen nous ont invités à passer quelques jours chez eux à Marchmont en Ecosse. Une grande amitié nous liait à Jock et Brigitt Mac-Ewen et leurs enfants sont devenus les amis des nôtres. Je leur suis redevable de m'avoir mieux fait comprendre aussi leur pays. L'Ecosse est une région dure et je pensais que ses habitants étaient à l'image de cette dureté. En fait, ils sont plus tendres et plus sentimentaux que l'on imagine et j'en ai eu la preuve quand, à Edimbourg, nous avons visité avec Jock et Brigitt le palais de Holly Rood.

Jock, qui connaissait bien le conservateur de ce musée, lui a demandé de nous faire voir le masque mortuaire de Marie Stuart. La pauvre Marie était vraiment belle et cette relique bien émouvante ; mais ce qui m'a le plus frappée, c'est que le rude Mac-Ewen, membre du parlement et sportif émérite, contemplait sa reine avec des larmes plein les yeux...

Nous sommes montés encore plus au nord, chez lady Lyell, en son château de Kinnordy, près de Kiriemuir, région consternante et si septentrionale que les noisetiers n'y poussent plus et que nul n'y a jamais entendu chanter un rossignol.

En ce mois de novembre, le paysage était tout entier dissous dans ces voiles de brume où les fantômes trouvent un asile de rêve. Plusieurs fois les portes de ce grand château de brique rouge se sont ouvertes toutes seules devant moi et refermées de même. Ce n'est qu'après avoir fait quelques pas dans le hall immense, qu'en me retournant je me rendais compte qu'il n'y avait absolument personne. En ces temps de pénurie de personnel, je trouvais cela très commode. J'ai pourtant rompu sans trop de peine avec cette terre de contrastes et comme Noël approchait, nous sommes rentrés sans traîner à Don Diniz.

Ce premier Noël au Portugal a réuni dans notre maison de fortune tous nos parents en exil.

La reine Elisabeth de Belgique, qui m'intimidait tant quand j'étais jeune mariée, était de passage chez sa fille la reine Marie-José et elle a bien sûr été conviée.

Les Noëls portugais ne rappellent en rien les longues après-midi obscures de chez nous, les arbres sans feuilles, les paysages gelés. Décembre au Portugal est presque toujours un mois radieux où l'eau sort de partout et garde la terre verdoyante, et myrtes, buis géants, chênes-verts et oliviers y prospèrent en décembre comme en juillet.

Il en a été ainsi cette année-là et seuls les platanes de notre jardin sont devenus ces arbres pathétiques, qui dessinent leurs branches nues sur le bleu froid du ciel ; pour me rappeler avec nostalgie que pendant ce temps il existe chez nous des hivers véritables...

Les enfants me replongent pourtant très vite dans une vraie ambiance de Noël. Il y a les achats à Lisbonne, les surprises à préparer, les papiers de soie et les rubans multicolores qui traînent dans toute la maison.

Il y a leurs chuchotements, les paquets qui s'amoncellent dans ma chambre, place publique, selon les jours, ou centre de tous les secrets.

Le premier événement marquant de cette période est l'édification de la crèche dans la chapelle de la Quinta. Quand nous habitions au Maroc, des amis marseillais nous ont fait cadeau d'une crèche avec tous ses santons, une bonne cinquantaine en tout. Depuis ce temps-là, où que nous allions, nous trimbalons avec nous notre crèche et l'installons là où nous nous arrêtons.

On débobine puis on rembobine tous ces petits personnages dont quelques-uns résistent à tous les voyages alors que d'autres s'obstinent à perdre une tête, un bouquet ou un bras, chaque fois qu'on les déballe. Avec patience on répare les dégâts et tous les ans les enfants nous font la surprise d'un décor fabuleux, avec des rochers en vraie pierre, du sable, des arbres, des cours d'eau et des jeux de lumière où tout un monde provençal évolue avec art. Tous les ans les talents de nos décorateurs et de nos metteurs en scène faisaient des progrès et ils sont passés maîtres dans l'illusion de recréer des crèches les plus vivantes possibles.

A propos de mise en scène, ils nous ont donné en ce Noël de Sintra un « Petit Poucet » des plus réussis, ma Claude, pauvre petite bonne femme de quatre ans, jouant le rôle du plus jeune frère du Petit Poucet. Chaque fois que son frère Henri, qui était l'ogre, criait : « Je vais vous couper le cou ! », la pauvre petite, avec un réalisme qui enchantait la reine Elisabeth, hurlait : « Non pas à moi, s'il vous plaît, pas à moi ! »

Chaque année revenait la grande affaire pleine de mystères de l'arbre de Noël lui-même. Lorsque les enfants étaient petits, c'est le prince et moi tout seuls qui le décorions. Un peu plus tard, les aînés ont eu le droit de nous aider, et puis quand ils ont tous été grands, ils nous en ont fait eux-mêmes la surprise.

L'arbre, il faut avant tout aller le chercher dans la montagne et le désigner au garde des Eaux et Forêts qui le fait couper. Quand il arrive, il faut le dissimuler soigneusement aux plus petits ; à cet effet, on l'installe dans un salon qui est condamné durant plusieurs jours. Enfin vient l'heure de la décoration elle-même... L'imagination débordante de mes aînés peut alors se donner carrière ; ils inventent chaque année des parures complètement différentes et arrivent à transformer l'allure rustique de mon bel arbre, en un objet merveilleusement sophistiqué et qui garde malgré tout sa bonne odeur de forêt.

Avant la messe de minuit on sert un dîner maigre et en attendant de partir on allume l'arbre... Toute la maisonnée est présente et chacun, y compris les domestiques, reçoit son cadeau.

A la messe de minuit dans notre chapelle, c'est Madeleine qui tient l'harmonium et Anne qui a vraiment une voix d'ange, est la Prima Donna. Quant à M. Burais, c'est toujours lui qui entonne le « Minuit, chrétiens ».

Après la messe, c'est le réveillon avec chocolat et brioche

française ; en grandissant nos enfants sont devenus plus gourmands et chaque année Mme Burais doit préparer un souper de réveillon plus copieux et plus raffiné. Chaque année aussi, il devient plus difficile de décider les plus petits à aller se coucher. Ils ne voulaient plus décoller de leurs cadeaux et je soupçonnais les aînés de les avoir fait boire, ce qui compliquait encore l'opération.

Cette période de fin d'année était l'occasion heureuse de nous retrouver tous en famille, chez les uns ou chez les autres.

Dans l'après-midi du 24 nous allions à l'arbre de Noël des Barcelone. Le 28, jour des Innocents, nous trouvait chez ma sœur Thérèse, du moins à partir de son mariage avec M. Ernesto Martorell ; nous n'en restions pas là car le 31, nous invitions tous nos cousins pour la Saint-Sylvestre...

On dressait un énorme buffet dans la salle à manger et après nous être bien gobergés nous descendions tous dans le grand salon près d'une immense cheminée. Là nous tirions la bonne aventure suivant une coutume d'Europe centrale.

Dans une casserole rissolait du plomb fondu à côté d'une bassine remplie d'eau fraîche. Henri, qui était le Vulcain de cette séance, nous tendait à tour de rôle une petite louche qui contenait du plomb fondu que d'un geste preste, nous devions précipiter dans la bassine où il se solidifiait instantanément en prenant des formes bizarres. On le tirait de l'eau et chacun se mettait en devoir d'interpréter le résultat. « C'est une barque ! disait l'un, vous allez voyager ! » « Mais non ! c'est un nid, disait un autre, vous allez vous marier ! » « C'est un tire-bottes, susurrait un autre encore, vous allez tomber de cheval ! »

A un de ces réveillons, comme il restait beaucoup de plomb dans la casserole, Henri s'est écrié : « Pour connaître notre avenir à tous, je vais jeter tout le plomb d'un coup dans la cuvette ! » Notre avenir a failli fort mal tourner car comme il n'y avait plus assez d'eau dans la cuvette, la masse en fusion a littéralement explosé et ses fragments sont allés se planter dans le plafond, à la grande fureur de Mme Burais qui venait tout juste de le faire repeindre.

Le 6 janvier, jour des Rois, la soirée était nettement plus calme : nous la passions chez le roi d'Italie. S'engageait là une sempiternelle dispute entre tous les jeunes cousins, les représentants de chaque groupe familial prétendant tous que leur crèche ou leur arbre étaient les plus beaux. Ils ne se gênaient pas pour dire que ceux des autres étaient franchement affreux et il s'en fallait chaque fois de peu que ces discussions ne dégénèrent.

Quelques années plus tard, sont venus se joindre aux Paris, aux Barcelone et aux Italie, les Habsbourg de Hongrie et pour finir, après l'abrogation par Salazar de leur loi d'exil, les Bragance, c'est-à-dire le duc de Bragance, prétendant au trône du Portugal, son épouse Françoise, ma sœur, et leurs trois fils, le prince de Beira et les infants Miguel et Enrique.

Début 1947, Mme Burais a dû retourner sur un infâme petit rafiot au Maroc pour y chercher son mobilier, et son mari est resté seul pour tenir son ménage et celui de M. l'Abbé. M. Burais, qui était un fin gourmet, ne voulait laisser à personne d'autre le soin de faire sa cuisine. Un jour, il nous a tous invités pour sa « fameuse brandade de morue ». Nous en parlions une semaine à l'avance et... on en parle encore !...

Il a été tellement troublé de voir Henri et moi dans sa cuisine, il a voulu tellement bien faire, il a tant tourné et retourné son huile qu'elle a réellement... tourné et que la brandade a été ratée. Notre déjeuner s'est réduit ce jour-là à du fromage, du pain et de la salade. Pauvre M. Burais, il était si triste !...

En mars, la Quinta était sur le point d'être reconstruite et les ouvriers en étaient à terminer le toit. On nous a annoncé alors notre premier déménagement en provenance de Belgique.

Quand les trois immenses containers sont arrivés dans la cour de la maison, il faisait heureusement très beau car aussitôt cela a été du délire... les classes ont été interrompues et en l'absence de Henri on a tout ouvert, tout déballé et tout répandu au milieu de la cour. Cette opération battait son plein lorsque soudain sont arrivés les officiers des douanes qui devaient contrôler au fur et à mesure du déchargement le contenu des caisses. J'ignorais totalement que cette formalité n'avait pas encore été faite et quand ces braves douaniers sont entrés dans la cour, ils sont tombés sur une bande de pirates montant à l'assaut et pillant les containers. Ils ont surtout vu toutes les caisses éventrées, celles notamment contenant les vingt-trois carabines et fusils du Prince !...

Normalement, j'aurais dû avoir une forte amende mais ces braves gens ont été tellement suffoqués par ce spectacle et émus de la joie des enfants découvrant leurs souvenirs d'avant-guerre, qu'ils sont repartis sans même oser un blâme. Pas même pour les vingt-trois fusils...

Nous avons mis trois jours à déballer et à tout ranger. Ces caisses contenaient presque tout ce qu'il y avait dans notre maison d'Agimont et que les habitants du village avaient sauvé du pillage et de la guerre.

On imagine la jubilation des aînés retrouvant tous les trésors de leur petite enfance et le grand éléphant à roulettes de François qu'il s'est empressé de faire trôner dans sa chambre. Pauvre éléphant ! Claude, Chantal et les jumeaux lui ont réservé un bien triste destin... Dans les familles nombreuses, les aînés ont décidément beaucoup de mal à sauvegarder leurs trésors du carnage des cadets.

Fin mars 1947, nous réintégrons enfin notre chère Quinta do Anjinho...

L'abbé Loyez n'y suffisant plus, compte tenu de la multiplicité des matières, nous avons inscrit nos aînés aux cours de l'abbé Brachet, curé de Saint-Louis-des-Français, institution fondée par Henri IV et qui existe encore dans divers pays. L'abbé Brachet disposait des bâtiments annexes de cette grande église, pour y dispenser un enseignement général en français.

Dans les salles de classes très exiguës et fortement parfumées aux effluves d'ail provenant de la cuisine du bon père, s'entassaient une trentaine de jeunes gens de toutes nationalités, fils de diplomates et de réfugiés pour la plupart, et qui souhaitaient faire leurs études dans notre langue. Un peu plus tard, tout ce petit monde s'est transporté au lycée français de Lisbonne qui avait rouvert ses portes.

Etant donné le nombre sans cesse grandissant des habitants de la Quinta, des enfants notamment et leurs amis, des visiteurs aussi et des va-et-vient incessants vers Lisbonne, la vie chez nous aurait pu très facilement tourner à la foire. En définitive elle s'est toujours déroulée dans une relative sérénité grâce à l'esprit de méthode et d'organisation que mon cher mari a sans doute hérité de son aïeul Louis-Philippe.

Alors même qu'il s'absentait de plus en plus fréquemment, l'essentiel de son autorité était préservé grâce aux multiples ukases dont il nous gratifiait, sous diverses formes, avant chacun de ses départs. En dépit de ma répugnance naturelle pour toute forme de discipline, j'y souscrivais car je savais qu'il en allait de l'équilibre général et même du bonheur de la maison.

A la Quinta, il y a une petite salle à manger où le personnel dispose sur une desserte les petits déjeuners et les goûters ; chacun peut venir s'y servir à son heure et à sa guise. C'est aussi un lieu de passage obligé d'où l'on peut surveiller toutes les allées et venues de la maison et cet endroit avait fini par ressembler à la salle d'attente d'une gare ou au bureau de réception d'une mairie. Sur deux grands panneaux de liège fixés au mur étaient épinglés à côté des nombreuses instructions du Prince, l'heure des navettes automobiles privées, entre la Quinta et Lisbonne, correspondant aux heures de cours qui se donnaient, dans les différentes matières, soit en ville soit à la maison. Les horaires très détaillés des offices religieux aussi ainsi que ceux des conférences et des excursions... Ces mouvements entraînaient nécessairement une relative complexité du train domestique ; quand les enfants sont devenus plus grands, obligation leur a été faite d'inscrire sur ces tableaux leurs sorties ou leur présence aux repas. Pour certains c'était un vrai supplice et ils essayaient toujours de passer au travers... Ils y arrivaient souvent au désespoir de Mme Burais et de Madeleine dont les menus étaient sans cesse remis en question.

Une invention analogue du Prince a été l'instauration du calendrier de famille qui a eu un succès plus mitigé. Depuis le début de notre mariage, nous avons souvent eu du mal à nous souvenir des anniversaires et autres commémorations de la famille. Nous y pensions toujours mais généralement quand la date était passée, à la différence par exemple du roi Umberto qui se rappelait avec précision des jours anniversaires de tout le monde et même de ceux de mes onze enfants.

Il nous est arrivé plusieurs fois de nous rendre chez lui

pour des dîners et de tomber dans l'entrée sur d'autres invités munis de bouquets et de cadeaux ; dans le salon où sont rassemblées de nombreuses personnes, fusent à l'adresse du roi ou de la reine Marie-José des « auguri » qui nous amènent à demander ce qui se passe. On nous apprend d'un air gêné que c'est l'anniversaire du roi ou de la reine...

Pour tenter d'éviter ces oublis calamiteux, le Prince a eu la patience pendant quelques années de dresser le calendrier mensuel de toutes les naissances, anniversaires de mariage ou de décès et fêtes de tous les membres de la famille, proche ou lointaine. Comme je ne dispose plus désormais de ces fameux tableaux, je m'en tire tant bien que mal avec mon agenda personnel qui comporte, rien que pour mes petits-enfants, quelque trente-sept anniversaires.

Jusqu'à l'abrogation de la loi d'exil en 1950, des années de belle et bonne vie ont coulé, heureuses, dans notre cher Portugal qui nous a accueillis avec tant de générosité et où nous comptons tant d'amis fidèles.

A partir de 1950, nous y sommes retournés tous les ans pour les vacances.

Mes enfants grandissaient, pas toujours en sagesse certes, mais en restant pour moi une source essentielle de joies et de bonheurs, quels qu'aient pu être mes soucis et même plus tard mes peines ; quoi qu'il puisse m'arriver désormais, jamais ces heureux moments ne pourront m'être ôtés...

Tous mes enfants aiment les chevaux, mais ils montent plus ou moins bien. Notre amie Dona Anika Ribeiro-Ferreira réunissait au printemps, dans sa propriété la « Quinta da Princesa » qui lui venait de son aïeuil Dom Joao VI, une nombreuse jeunesse qui s'affrontait lors de concours et rallyes hippiques. Mes cavaliers les plus frénétiques étaient Henri, Hélène et Jacques qui, malgré leur passion et leur persévérance, n'ont jamais réussi à décrocher une coupe. Pour améliorer leurs performances, Henri leur a fait prendre à nouveau des leçons dans un manège militaire à Lisbonne.

Une après-midi, mes quatre centaures se présentent, l'abbé

à leur tête, à la porte de la caserne. Ils vont prendre leurs chevaux qu'ils engagent dans le manège avant l'arrivée de l'écuyer. Aussitôt entrés, ils barricadent la porte, mettent pied à terre et là le rodéo commence...

Installés comme M. Loyal au milieu de la piste, ils font tourner leurs chevaux à grands cris et coups de chambrière. L'abbé, qui a pris place dans la tribune, lève comme toujours les bras au ciel et l'écuyer, qui tente en vain d'entrer, tape du poing sur la porte. Les chevaux ruent dans tous les sens et plus ils deviennent fous, plus mes enfants jubilent.

Par le plus grand des hasards, mon mari passait par là, ce jour-là, pour se rendre compte des progrès de ses rejetons. Le Prince ne s'est pas attardé devant la porte close et par l'extérieur a escaladé la tribune. Tête des enfants en voyant leur père apparaître tout là-haut, tel le Tout-Puissant dans les nuages !

Henri a sauté dans l'arène, s'est emparé de la chambrière et en trois claquements de fouet sur les mollets, a fait remonter tout le monde en selle. Ont suivi bien sûr des excuses circonstanciées au maître de manège...

Je me suis souvent demandé ce qui était à l'origine de ces singuliers comportements. Est-ce la symbiose des traits de caractère de notre famille ou l'initiative d'un seul d'entre eux à la personnalité plus affirmée ? L'imagination, par exemple, et la fantaisie d'Isa contribuaient souvent à faire déferler sur la maison un tourbillon d'allégresse qui la mettait un temps à l'envers.

Avant les grandes réceptions, elle était chaque fois saisie d'un zèle de maîtresse de maison en second qui l'incitait à tout chambouler pour mettre en place un nouveau décor. Parfois c'était très réussi ; mais le désordre qui sévissait quelques heures seulement avant l'arrivée des invités me donnait des sueurs froides. Ses mises en scènes successives, qui transformaient l'ordonnance des salons et des vestibules, enchantaient le comte de Paris qui encourageait vivement les efforts de sa fille en mettant parfois lui-même la main à la pâte ; ils redistribuaient ensemble l'emplacement des meubles et disposaient dans des endroits insolites des potiches et des bouquets de fleurs.

Isabelle avait toujours des histoires désopilantes à raconter, inspirées de ses démêlés fréquents avec ses professeurs. Vive et spirituelle, elle les démontait souvent, ce qui n'allait pas sans quelques mesures de rétorsion de leur part. C'est surtout à table qu'elle se livrait à fond et ses intermèdes nous donnaient l'impression d'assister au lever de rideau d'une soirée de comédie. Souvent d'ailleurs son imagination se mettait à l'ouvrage pour composer des sketches ou des petites pièces de théâtre qu'elle jouait avec ses frères et sœurs. Je me souviens d'une pièce tout à fait étonnante qu'ils ont présentée un dimanche à la Quinta, en présence du roi d'Italie que nous avions invité à déjeuner.

A la messe du matin, l'abbé Loyez nous avait commenté un passage des Saintes Ecritures, celui de l'Homme Nouveau chassant le Vieil Homme. Isa s'est emparée de ce thème pour bâtir sa pièce de l'après-midi. Nous étions tous installés sur des chaises dans le jardin et les enfants évoluaient sur le gazon entre les massifs de buis et de romarin. Ils étaient tous déguisés vaille que vaille en moines et en religieuses et François, qui jouait toujours les personnages comiques, tenait le rôle du jeune jardinier des religieuses. Il incarnait l'Homme Nouveau chargé de mettre en déroute le Vieil Homme, un vieux moine quelque peu libidineux, incarné par son frère Henri.

Tout cela était très comique mais non moins irrévérencieux à l'égard des moines et des petites nonnettes Isa, Hélène, Anne, Diane et Claude. Je regardais du coin de l'œil le roi d'Italie dont l'étonnement allait croissant.

Quand l'Homme Nouveau s'est mis à invectiver le Vieil Homme en faisant l'énumération de ses turpitudes, sous les gloussements des nonnettes, il fut même franchement suffoqué.

La pièce terminée, nous nous sommes rendu compte qu'elle paraissait inspirée d'un épisode du « Décaméron » de Boccace. Il était pourtant impensable que Isabelle, à son âge, ait eu connaissance de cet ouvrage... En fait elle a toujours eu un sens très vif de la farce et quand récemment je lui ai reparlé de cette comédie, elle s'est mise à rire en me jurant à nouveau que ce jour-là seul le prône du bon abbé Loyez l'avait inspirée.

Hélène était très imaginative, mais ses rêveries ne débouchaient que très rarement sur des actions concrètes.

Avec Anne, elle était la plus sage de nos filles et elle a passé son enfance en songeries, parfois mélancoliques, qui la portaient à croire qu'elle était moins aimée... Elle avait un rire de tourterelle qui m'enchantait mais qui était parfois terni par de brusques bouffées de jalousie car elle tenait par-dessus tout à l'affection de ceux qu'elle aimait et dont elle voulait être seule aimée.

Les soirées du samedi, Anne et Diane avaient la permission de se coucher plus tard. Le Prince racontait l'histoire du Vent qu'il avait inventée pour Hélène quand elle avait deux ans, au château d'Agimont. Elle en avait entendu depuis de nombreux épisodes... Lorsque mon mari a continué ce récit pour les plus petits, Hélène, qui avait alors douze ans, venait se blottir près de lui pour recréer sans fin ses enchantements.

Le salon du rez-de-chaussée où nous nous tenions généralement était une pièce immense où des arcades ménageaient une partie plus obscure et indépendante du reste. Ainsi chacun pouvait s'isoler et les groupes se former suivant la nature de leurs occupations.

Dans la haute cheminée, les braises rougeoient ; dehors, la nuit est habitée par le vent, le palmier claque et les branches des camélias grattent les vitres avec insistance. Au dernier étage, les cinq petits dorment depuis un bon moment.

Dans un coin, Raoul, notre fidèle régisseur, s'absorbe dans la lecture du journal tout en manipulant les boutons de la T.S.F. : pour une fois, il est arrivé à capter un bon concert. Vautrés sur le tapis, Henri et François jouent aux cartes. Bien à l'écart, la confrérie du corps enseignant devise gravement et près de moi qui écris, Isa est plongée dans un livre ; comme toujours un coup de canon ne la tirerait pas de sa lecture... Une fois, elle lisait ainsi dans sa salle de bains, perchée sur un tabouret pendant que son bain coulait. L'eau arrivait déjà au rez-de-chaussée après avoir dévalé tout l'escalier, les bonnes couraient partout et Isa, qui ne s'était aperçue de rien, lisait toujours.

CHEZ NOUS...

En ce dimanche de Pentecôte, le vent, grâce à Dieu, est tombé. Toujours le même, ce vent du Portugal, sans fantaisie aucune et si têtu qu'il me fait enrager ! Impossible de garder une porte ou une fenêtre ouverte, alors que dans notre famille nous ne les fermons jamais...

Il fait une chaleur délicieuse, les arbres se balancent mollement, les oiseaux chantent deux fois plus fort qu'hier.

De ma fenêtre, je vois Henri et Isa qui vont et viennent dans la propriété, montés sur des chevaux qui ont besoin d'être repris en main. Sur la pelouse, vêtus de toile bleu pâle comme la couleur de leurs yeux, les sept petits ressemblent aux anges des cartes postales anglaises.

En un instant le rêve s'effrite : Henri sonne le rappel et nous allons finir la journée dans les dunes de la plage du Guincho. La mer est comme je l'aime : froide et forte.

Au retour, la main de Chantal se prend dans la portière de l'auto. Ses hurlements fendent l'âme ; Jacques, qui a fait le coup, essuie mes foudres. C'est que Chantal — comme Diane — admire beaucoup ses mains et aussi ses pieds. Elle prétend même que ses précieuses petites mains se chiffonnent quand on les serre un peu fort.

Aujourd'hui j'ai pu lire un peu mais je n'ai pas eu un instant de solitude pour écrire et j'avais l'esprit si clair... Les idées pourtant se pressaient dans ma tête et j'ai eu tort ce soir de me laisser entraîner par des amis, au cinéma.

Isa est tendue : demain elle passe son bachot au lycée français de Lisbonne. Pour lui soutenir le moral, nous déjeunons en ville avec elle chez le secrétaire de Henri, M. Blanc du Collet.

Elle revient à la maison très excitée et satisfaite de ses épreuves écrites qui se poursuivent demain. Comme notre bachelière est casée à dîner chez des amies, nous en profitons pour passer la soirée chez les Espirito Santo à Cascais. Dans le petit salon dont les rideaux capitonnés sont hermétiquement clos, règne un silence de tombeau égyptien. Anachronique, la sonnerie du téléphone coupe l'air.

Comme tous les soirs, le président Salazar appelle notre ami Ricardo. La conversation sera longue et insolite ; pour l'essentiel elle a trait aux petits problèmes de santé des deux hommes.

Henri s'est entretenu plusieurs fois avec Salazar. Une fois je l'ai accompagné au petit fort qui surplombe la mer, près d'Estoril où le président du Conseil portugais passait ses vacances d'été en compagnie de sa bonne et de sa filleule.

Il nous a reçus sur la terrasse, entourée de murailles et d'où l'on ne voyait que la mer. Seul mobilier de cet endroit, quelques minables transatlantiques... Il nous a précédés dans un salon au mobilier insignifiant, dépourvu de tout tableau, et j'ai découvert alors un petit personnage courtois et attentif, à l'allure vive, au regard noir et malin qui soulignait ses propos avec, parfois, un geste de ses petites mains blanches de curé. Sa filleule nous a servi un petit thé accompagné de biscuits simplets...

Il était à l'aise dans ce cadre austère qui paraissait fait pour lui et, en dépit de ses paroles assez rares, une incontestable force intellectuelle émanait de lui. J'ai appris le lendemain qu'il avait spécialement téléphoné à Ricardo pour lui parler de cet entretien. La seule chose qu'il avait, semble-t-il, remarquée chez moi, c'était... ma voix ! Etranges, tout de même, certaines réactions des hommes !

En septembre 1947, nous avons fait, le comte de Paris et moi-même, une brève escapade en la chère ville de Pampelune, pour le mariage de Pilar, marquise d'Eslava, fille des comtes de Guendulain, avec Rafael Londaïs. La veille de la cérémonie, nous sommes allés rechercher Anne et Diane qui avaient passé les grandes vacances dans la montagne, à Leiza, chez nos chers amis Baleztena et avons retrouvé Chantal tout à fait superbe après un mois passé chez les Guendulaine avec Rufina, alors qu'elle s'étiolait sérieusement sous les chaleurs de l'été portugais.

Le jour du mariage en la cathédrale de Notre-Dame-del-Camino, nos trois « petites poupées de France », comme disait la duchesse de Guise, étaient à nos côtés, toutes pomponnées et si mignonnes avec leurs grosses joues bien hâlées.

Le mariage au palais Guendulain a été superbe.

Le petit jardin de ville qui se trouve entre le palais et l'église Saint-Nicolas était à l'ordinaire assez décevant. Mais ce jour-là, les murs qui le ceignent étaient tendus de tapisseries précieuses et la longue table du festin de noce dressée au milieu de ce somptueux décor...

Bien à contrecœur, nous avons dû reprendre la route dès le lendemain matin. Henri, pour des raisons qui lui appartiennent, a filé sur Madrid en me laissant tout de même le chauffeur car avec mes trois petites filles et attendant par surcroît Thibaut, je me voyais mal faire toute seule la longue route jusqu'à Sintra.

J'ai été bien contente de retrouver à l'arrivée notre chère Madeleine enfin revenue de vacances et une demoiselle nouvelle, Paule de Baglion, mais cette incursion en Espagne a été le point de départ d'une nouvelle période de bougeotte.

15

...EN FRANCE!

A la mi-octobre, Henri est parti pour Rome pour faire le point, avec ses avocats, à propos de sa succession de Palerme et, moi-même, je me suis envolée de Lisbonne... pour Paris.

Je ne saurais décrire les sentiments et les souvenirs qui ont commencé à m'assaillir bien avant de me poser au Bourget.

J'avais hâte, bien sûr, de rejoindre toute ma famille, ma mère, mes deux sœurs, mon frère Dom Joao et le duc de Bragance qui étaient tous à Eu ; mais en attendant j'étais si émue de rentrer en France, par Paris que je n'avais pas revu depuis 1934 !... En ce mois d'octobre de l'immédiat après-guerre, le visage de la capitale m'a serré le cœur avec ses rues désertes qui m'ont paru horriblement tristes...

Je logeais au 102, rue de Miromesnil, chez mes belles-sœurs Isabelle Murat et Françoise de Grèce qui eurent la gentillesse d'inviter, le jour de mon arrivée, ma tante Pia d'Orléans-Bragance et sa fille Pia que nous appelons Coucoutz. A cette même réunion étaient présentes nos trois nièces d'Harcourt que j'ai trouvé changées en jeunes filles vraiment ravissantes.

Dès le lendemain, M. Delongraye-Montier m'a conduite en auto à Eu où je n'étais pas retournée depuis les noces d'argent de mes parents en 1933.

L'automne s'annonçait déjà, un automne radieux, un automne tout en or. Après des années passées dans des pays chauds et secs, je me suis sentie physiquement tout amollie et le cœur submergé de tendresse en me retrouvant au milieu des prairies et des forêts de ma Normandie.

Oh ! mes grands hêtres, mes jolies collines bleutées ! Personne ne peut se douter combien j'avais eu le mal du pays durant toutes ces années ! Comme je me suis sentie transportée par ces retrouvailles !...

Depuis combien d'années n'avions-nous plus été ensemble dans notre vieux château si délabré du fait de la guerre, de l'occupation et d'une bombe qui est venue le frapper ? Mais il était toujours bien debout et accueillant, notre vieux château, et nous avions tant de joie à le parcourir de haut en bas, à y redécouvrir mille petits objets, supports de nos souvenirs et quelques trésors oubliés que Latapie avait réussi à cacher aux envahisseurs !...

Le cher Albert Latapie ! Notre bon vieux serviteur et ami, presque un parent ! Songez !... Soixante-cinq années de dévouement fidèle et intelligent à six générations de notre famille...

Latapie, c'était un vrai Béarnais de Cauterets, avec un accent qui était plutôt une musique quand il prononçait certains mots chantants de sa province. Je l'aimais de tout mon cœur et lorsque j'étais petite, je m'échappais du château avec mon frère Pedro, et nous allions nous réfugier chez lui.

Il avait une jolie maison dans les communs avec un petit jardin et une femme qui répondait au nom peu banal d'Emilie Miroire.

Elle était belge et aimait les choux de Bruxelles. Dans leur jardin il en poussait d'énormes et Pedro et moi nous nous y cachions. Nous les appelions les « sapins de Cauterets », ce qui ravissait Latapie. Souvent, pour nous protéger des sévérités de nos gouvernantes, il nous escamotait dans sa maison.

Emilie Miroire et Albert Latapie s'étaient rencontrés aux Indes. Elle était dame de compagnie d'une riche Américaine et lui accompagnait mon oncle Antoine d'Orléans-Bragance qui faisait avec méthode la tournée des maharadjahs.

Un jour, dans un de ces palais des Mille et Une Nuits, parce qu'ils étaient des serviteurs européens, au lieu de les mettre avec les autochtones, on leur avait installé dans un coin d'une salle immense, derrière des paravents, une petite salle à manger où on leur servait leurs repas.

Voilà bien sûr notre Béarnais qui s'enflamme pour cette Belge charmante, un peu guindée et très sur son quant-à-soi. Au bout de trois jours... il la demande en mariage !... Offusquée d'une telle précipitation, elle refuse. Latapie ne se décourage pas. Il apprend que la belle Emilie doit partir avec sa riche Américaine pour Jaipur ; il arrive à persuader le prince Antoine de changer ses projets et d'aller visiter cette ville... Dans le train, notre héros surprend l'objet de sa flamme qui semble alors se laisser attendrir...

Après maintes promenades romantiques au bord des pièces d'eau et sous les colonnades de ces palais et jardins de marbre blanc, elle dit enfin « oui », mais aux fiançailles seulement. Pendant plusieurs mois encore elle a fait languir notre pauvre Béarnais. Ils se sont mariés juste quelques jours avant la guerre de 1914 et Latapie est parti comme poilu...

Les Latapie de mon enfance, c'est un si gros amas de souvenirs !...

Il était devenu successivement maître d'hôtel, puis régisseur et sa femme a toujours été notre lingère. Elle me donnait des leçons d'anglais, de couture et de broderie et j'allais chez eux le plus souvent possible ; heureuse quand les travaux d'aiguille prenaient le pas sur l'anglais, matière qui m'a toujours pas mal ennuyée, d'où mes hésitations de toujours dans la langue de Shakespeare.

Quand Papa nous laissait aller chasser seuls les lapins, Latapie nous accompagnait et, avec les chiens, il faisait un beau tapage : « Tié, tié, tié ! Tié, tié, tié ! » criait-il dans les fourrés.

J'entends encore comme si c'était hier le son de sa voix. C'était un merveilleux conteur et notre enchantement était de l'entendre raconter ses voyages avec mon père et mes oncles. Les mille petits souvenirs qui me sont parvenus sur mes grands-parents, c'est aux récits de Latapie que je les dois. Son grand-père et son père étaient guides à Cauterets et ont emmené toute la famille, entre autres le prince de Joinville et le duc de Nemours, chasser l'izard dans la montagne.

Latapie s'en souvenait très bien et quand il a eu quinze

ans, le comte et la comtesse d'Eu le prirent à leur service comme valet de pied. Son office consistait à ouvrir et à fermer les portières des landaus et plus tard de l'immense Panhard.

Ma grand-mère aimait beaucoup le théâtre et une fois par an, cette dame sage et austère succombait aux charmes... du « Grand Guignol » !

Latapie, qui l'accompagnait partout, restait à la maison ce jour-là, car elle trouvait qu'il était trop jeune pour ce spectacle alors qu'elle offrait couramment des entrées à ses cochers et valets pour d'autres pièces.

Notre brave Latapie avait été le premier à annoncer la catastrophe du Bazar de la Charité à mes grands-parents. La comtesse d'Eu y avait passé la matinée puis était rentrée à Boulogne pour déjeuner ; elle avait alors chargé son valet de pied d'une commission pour sa belle-sœur, la duchesse d'Alençon, qui était restée rue Jean-Goujon à la vente de charité.

En arrivant place de l'Alma, Latapie voit une foule paniquée et de la fumée partout. Il quitte sa voiture et va à pied jusqu'aux abords du Bazar ; là on lui dit qu'il est impossible d'aller plus loin... Il retourne alors au triple galop de son attelage à Boulogne, le comte d'Eu repart aussitôt avec lui rue Jean-Goujon et là ils restent des heures à attendre que l'on dégage des décombres les corps calcinés. Finalement ils apprennent la mort héroïque et affreuse de la duchesse d'Alençon...

Latapie a ensuite accompagné Bon Papa à Cannes pour y chercher, sur la requête du duc d'Alençon, leur père, le duc de Nemours, afin qu'il assiste, à Dreux, aux obsèques de la duchesse d'Alençon.

Les années passèrent. Mon père et ses frères Louis et Antoine, tout en étant brésiliens et Orléans-Bragance, ne pouvaient pas faire leur service militaire en France... parce qu'ils descendaient des rois de France. Bon Papa, trouvant inadmissible que ses fils ne puissent pas être officiers, les a fait admettre par faveur spéciale de l'empereur François-Joseph, à l'Académie militaire de Wiener Neustadt, à titre d'étrangers.

Après ses années de formation, mon père a été nommé officier dans un régiment de uhlans.

Pendant une saison d'été, il était au nombre des officiers qui accompagnaient l'empereur à Ischgl, petite ville d'eaux où la cour passait ses vacances et où François-Joseph chassait.

On annonce que pour une cérémonie officielle impromptue, tous les officiers doivent être en grand uniforme... Catastrophe ! mon père a laissé son shako à Vienne... Par train spécial, on dépêche aussitôt Latapie pour aller le chercher... Notre serviteur nous racontait le plus simplement du monde son retour triomphal à Ischgl ; prévenu de l'arrivée d'un train spécial, le chef de gare avait fait dérouler un long tapis rouge pour accueillir la personnalité qui devait en descendre. Ce n'était que Latapie, serrant triomphalement contre lui le précieux couvre-chef... Il avait parcouru en entier le tapis rouge et racontait, avec son accent ensoleillé : « Je me croyais devenu au moing ambassadeur ! »

Il suivit mon père pendant toute la durée de son service et nous rapportait que Papa faisait souvent le mur à l'Ecole militaire ; mais je pense que c'était là une image puisque c'est à cheval qu'il faisait ses escapades à Vienne pour les bals du Carnaval...

Chose extraordinaire, pour aller danser ou faire ses visites, mon père devait faire parcourir à sa monture une bonne vingtaine de kilomètres, et autant au retour, après avoir toute la nuit valsé, pour être au petit matin à Wiener Neustadt.

En sortant de l'Ecole militaire, il connut un temps, en Galicie, la vie de garnison. C'était une existence assez rude car on changeait souvent de ville ou de village. Les casernes étaient pleines de puces et avant de s'y installer, les soldats les parcouraient avec des papiers enduits de poix fixés aux jambes ; ainsi les puces, en sautant à leurs guêtres, restaient collées et on brûlait le tout.

En Galicie, Papa passait le plus clair de son temps à dresser les chevaux rétifs, sa méthode consistant à laisser galoper sa monture dans les plaines immenses de ce pays, jusqu'à ce qu'elle se soit assagie. Latapie s'inquiétait, car Papa ne revenait parfois qu'au bout de dix heures. A Jolkief, toujours en Galicie, il faillit mourir d'une pleurésie et son serviteur resta nuit et jour à son chevet, avec, au bout de quelques jours, Bon Papa qui était arrivé dare-dare de France.

Victime d'une autre manie de la famille, l'alpinisme, le pauvre Latapie a été obligé d'escalader plusieurs fois le mont Blanc avec Papa et mes oncles ainsi même que certains pics de l'Himalaya. Nous avons conservé toutes sortes de diplômes signés et contresignés, authentifiant ces exploits.

Comme il se souvenait de tant de choses sur notre famille, je lui ai dit un jour : « Mais, Latapie, pourquoi n'avez-vous pas consigné par écrit les faits et anecdotes que vous savez ? » « Madame, répondit-il, lorsqu'on est le serviteur des princes, il y a des choses qu'il ne faut jamais raconter... »

Comme je le pressais, à la fin, d'écrire ses Mémoires, il me fit une relation où seules certaines dates et les faits saillants apparaissaient...

« Lorsqu'on est le serviteur des princes, disait-il encore, on ne doit pas avoir d'amis. » Cela ne veut pas dire qu'à Eu, Latapie n'était pas aimé, bien au contraire. Il était devenu pour tous le Sage, une sorte de prud'homme qui parlait à tout le monde, que tout le monde venait visiter, mais qui ne sortait jamais nulle part en ville.

Pendant ce premier séjour de l'après-guerre à Eu en 1947, nous avons retrouvé avec une immense joie le bon ménage Latapie. Ils étaient l'un et l'autre très occupés par toutes leurs obligations — on se rappelle qu'il était alors devenu notre administrateur — et malgré cela il tenait à nous servir à table, comme il l'avait toujours fait. Dans notre château assez déglingué, son service était toujours aussi impeccable et c'est dans des plats d'argent toujours bien astiqués qu'il nous présentait des menus plus que modestes, à cause du rationnement qui continuait de sévir.

Afin de pouvoir évoquer jusqu'à sa fin cette existence exemplaire, qu'on me permette une brève incursion dans la période qui suivit notre retour en France.

Lorsque nous habitions déjà Louveciennes, nous allions souvent au château d'Eu, où nous continuions d'habiter. Constamment nous traversions la cour d'honneur, pour nous entretenir avec les Latapie, dans leur petite maison. Le soir nous les trouvions assis l'un en face de l'autre, confortablement installés dans de bons fauteuils Louis-Philippe en acajou, tendus de velours rouge et ils récitaient leur chapelet que nous terminions avec eux ; ensuite, assis autour de la table ronde sous le gros lustre à abat-jour vert, nous causions tout en sirotant un petit verre de calvados.

Au cours d'un mois de mars où l'hiver se traînait en longueur, avec un vent d'ouest qui apportait sans cesse des brumes de la mer, Latapie est tombé malade. Dès que je l'ai su, je suis allée à Eu avec ma fille Anne. Notre bon vieux serviteur s'était levé et habillé pour nous recevoir et nous avons passé la soirée avec lui ; le lendemain, bien inquiète, j'ai frappé à sa porte de très bonne heure. La pauvre Emilie était toute retournée car son bon vieux compagnon était bel et bien en train de passer dans l'autre monde. Anne a couru chercher M. le Doyen qui est venu aussitôt donner les derniers sacrements. Nous sommes restées seules avec Latapie, si calme, les mains croisées sur son chapelet, ses bons yeux ouverts, attendant la mort. J'étais si bouleversée que je me suis cachée dans une encoignure pour pleurer hors de sa vue.

Anne, qui était debout au pied du grand lit, m'a fait signe pour me dire qu'il me cherchait du regard. Je suis alors sortie de ma cachette et j'ai pris ses mains dans les miennes. Il est mort avec un merveilleux sourire.

C'est ainsi que l'un des plus honnêtes hommes que j'ai connus a quitté cette terre et les maîtres dont il fut l'ami.

Revenons en arrière lorsque, après avoir rejoint ma famille à Eu, notre Latapie était encore plein d'entrain et de faconde. Maman a donné une réception à laquelle tout le voisinage avait été convié. Nous étions une bonne centaine qu'il fallait abreuver et pour faire pièce aux restrictions, ma sœur Thérèse est allée déterrer dans la cave quelques bouteilles qui avaient échappé à la tourmente. Elle les a jointes aux fonds de bouteilles restés dans les placards et a mélangé le tout, ce qui a donné un breuvage indescriptible ; baptisé « punch », il a porté l'ambiance à son comble encore que nous n'en aurions pas eu besoin tellement nous étions heureux de retrouver tous nos amis d'enfance...

Faute d'auto et d'essence de toute façon, Maman, toujours pleine d'énergie et de joie de vivre, a décidé que nous irions quand même rendre visite à tous nos voisins ; c'est ainsi que pendant plusieurs jours nous avons sillonné la région en tortillard.

Pendant tout ce mois d'octobre, mon frère Jean, mes sœurs et moi-même, nous nous sommes partagé l'héritage de notre père, du moins une partie. Mon frère Pedro était passé avant nous et avait déjà bourré une chambre avec tout ce qu'il voulait garder pour lui ; parce qu'il était l'aîné de notre branche, nous l'avons laissé user de cette prérogative.

Nous avons réparti entre nous ce qui restait, comme des enfants qui se distribuent un sac de billes... Rarement nous avons tant ri ! Mon frère Jean, qui n'y connaissait pas grand-chose, nous demandait : « Est-ce que c'est beau ça ? Est-ce que ça a de la valeur ? » Pour le taquiner, il nous arrivait de lui dire : « Ça ? Aucune ! » Et bien contents, nous le gardions pour nous-mêmes... Mais en fin de compte il a été loin d'être spolié, et pour autant le château n'a pas été vidé. Ma mère et ma sœur Thérèse y ont vécu encore longtemps et nous tous, après l'abrogation de la loi d'exil, pendant deux ans.

Le 5 novembre 1947, je suis rentrée à la Quinta do Anjinho avec Maman pendant que le comte de Paris était à nouveau à Londres.

Trois années nous séparent de notre retour définitif en France. Nous pensions bien rester pour longtemps au Portugal où notre vie prenait forme dans une maison désormais bien installée ; où les biens de famille en provenance de toute l'Europe venaient aussi redonner vie au passé et un sens à « la maison », comme aiment à le dire tous les enfants ; un enracinement d'autant plus profond, que nous ne pensions pas un instant que l'abrogation de la loi d'exil interviendrait si vite.

Pendant trois ans et quelques mois, la Quinta a donc été une grande ruche, intensément animée, où chacun tenait son rôle selon un ordre bien établi mais où les intermèdes — tristes ou joyeux — ne manquaient pas.

Coup sur coup, sont arrivés deux nouveaux déménagements, l'un de France, l'autre de Sicile ; mais cette fois le Prince a fait procéder à l'ouverture des containers à Lisbonne, dans un palais que le marquis de Pombal nous a prêté à cet effet. Pendant un mois nous avons fait la navette entre le palais Pombal et la Quinta pour déballer et classer tous les objets, meubles et tableaux surtout.

Pour récupérer la succession de Palerme, cela a été autrement compliqué.

Là-bas, le palais d'Orléans avait été pillé par toutes les armées qui avaient passé successivement en Sicile et finalement c'est le gouvernement sicilien qui s'y est installé, ratiboisant ce qui restait.

Henri s'est rendu sur place et a dû jouer à cache-tampon dans toute la ville pour remettre la main sur ses affaires. Son avocat italien lui a donné l'excellent conseil de se mettre en rapport avec la mafia, ce qu'il fit. Je crois même qu'il a rencontré le fameux Lucky Luciano et, chose inouïe, presque tous ses biens lui furent rendus... Même un piano à queue qui se trouvait au cinquième étage d'une vieille maison de Palerme et qu'on ne put emporter qu'après l'avoir démonté.

Quand enfin toutes ces merveilles furent réunies, Henri eut l'idée de les exposer au musée des Janelas Verdes à Lisbonne. La fille des comtes de Mafra, Maria, a remarquablement aidé le comte de Paris à mettre sur pied cette exposition qui connut pendant tout un mois un très grand succès.

L'escadre ou des unités navales françaises venaient de temps en temps mouiller dans le Tage et nous étions souvent invités par les amiraux ou les commandants à nous rendre à bord.

Le premier en date de ces vaisseaux a été le « Richelieu » où nous avons failli arriver en retard parce que Anne n'en finissait pas de se bichonner. Henri voulait même partir sans elle pour être à l'heure au quai où la vedette nous attendait.

Il faut dire que c'était là un événement d'importance car pour la première fois depuis fort longtemps, nous allions nous retrouver en France, entre Français ; nous étions donc tous très émus, même les enfants...

En montant la passerelle, Henri a eu droit aux traditionnels coups de sifflet toujours si impressionnants. Le commandant nous attendait sur la coupée et après qu'il nous eut présenté tous ses officiers, au garde-à-vous, les plus jeunes d'entre eux ont emmené les garçons visiter le « Richelieu » de fond en comble pendant que nous nous entretenions avec le corps des officiers dans le salon du commandant.

Quand les jumeaux sont revenus, ils se sont déclarés ravis et enchantés car ils avaient entendu le cuisinier jurer en français : c'était la première fois qu'ils entendaient semblable vocabulaire dans notre langue...

Nous étions déjà fixés au Portugal depuis plusieurs mois quand une nouvelle famille d'exilés est venue se joindre à notre groupe, celle de l'archiduc Joseph d'Autriche, de son épouse l'archiduchesse Anna et leurs enfants, tous des Habsbourg de Hongrie. C'était une tribu extrêmement originale, courageuse et pleine d'une belle vitalité.

Un jour, alors que nous étions tous à table, Raoul, notre régisseur, qui prenait ses repas avec nous, nous raconte qu'il vient de chasser d'un de nos champs de blé proches de la Quinta, toute une horde d'étrangers qui pique-niquaient là, « avec des chiens, en plus ! »

Nous en étions au café, quand on sonne à la porte. Raoul va ouvrir et se trouve nez à nez avec la susdite horde qui s'engouffre dans l'entrée : c'étaient les Habsbourg au complet. Raoul se confond en excuses, l'archiduchesse fait de même pour le champ piétiné, mais en s'étranglant de rire... Pendant ce temps leur chienne s'installe sur nos plus beaux tapis de Perse et met bas une portée de six chiots. Depuis lors, parents et enfants sont devenus les meilleurs amis du monde...

Les Habsbourg étaient vraiment des gens extraordinaires !... Avant de trouver une maison, ils logeaient tous dans un petit hôtel assez minable, où l'archiduc, qui était un savant et un distingué musicologue, se livrait à des expériences de chimie et de physique.

Après avoir fait sauter la salle de bains, Yoji, comme nous l'appelions, a quand même réussi à trouver un procédé de fabrication de terre réfractaire artificielle, destinée aux hauts fourneaux. Son brevet a été acheté par l'Amérique, ce qui lui a permis de vivre avec toute sa famille et d'acheter une petite quinta à Carcavelos, non loin d'Estoril.

Cher Yoji ! A la plage je le revois encore entrer dans la mer avec une canne à la main et sur la tête un de ces bonnets de toile bis attaché sous le menton et que portaient autrefois les coureurs automobiles...

Notre cousine Anne était elle aussi une femme remarquable, belle, courageuse, et tellement drôle !... Elle travaillait comme un homme à des cultures maraîchères qu'elle avait fait venir sur leur petite propriété, grâce aux conseils de Raoul, et qui lui permettaient de nourrir sa nombreuse famille.

Entre toutes ces familles royales, l'exil a tissé des liens très forts et quand nous nous retrouvons, maintenant que nous sommes à nouveau dispersés, nous ne manquons jamais d'évoquer cette époque de notre vie, avec nostalgie.

Dès que mes enfants étaient en vacances ou en récréation, ils se précipitaient pour aider Raoul et les ouvriers agricoles dans la ferme modèle que le comte de Paris exploitait.

Dans la porcherie dernier cri, on engraissait, dans une propreté absolue, des centaines de cochons ; plus de cent vaches laitières, les premières dans cette région à être traites électriquement, donnaient un lait que nous vendions cher parce qu'il était constamment analysé et contenait un minimum de bactéries pathogènes.

Mes enfants s'intéressaient à tout et observaient toutes les manifestations de la vie, qui leur avaient révélé peu à peu tous ses mystères sans qu'ils s'en formalisent autrement. Mais le comte de Paris trouvait avec raison que ces notions pratiques de sciences naturelles, acquises dans des moments de liberté, ne suffisaient pas à leur culture générale.

Pour la compléter il les décida à fonder un journal dont ils seraient eux-même les rédacteurs, les metteurs en page et les imprimeurs. Un typographe de Sintra est venu leur apprendre l'art de la mise en page, et le prince acheta une vieille machine à imprimer, fonctionnant à bras.

« Nous dix », et après la naissance de Thibaut « Nous onze », était un journal épatant qui paraissait tous les mois et relatait tous les faits et gestes de la famille, agrémentés de récits d'imagination, de choses vues et même de photographies.

Ils travaillaient à chaque numéro avec ardeur, bien aidés, il est vrai, par l'abbé et par Madeleine. Leur journal, qui tirait à une centaine d'exemplaires, était expédié un peu partout dans la famille et aux amis. Les plus petits tournaient la manivelle...

Entre les cours à Lisbonne, se succédaient à la maison divers professeurs dont un des plus pittoresques, celui de dessin, était Mlle Milly Possot. Par ailleurs peintre de renom. C'était une petite personne sans âge, qui a fait quelques très jolis portraits de certains de mes enfants... pendant qu'ils chahutaient au lieu de dessiner !

Mes quatre aînés étaient persuadés que Milly Possot avait une perruque mais pour le prouver, ils n'osaient tout de même pas aller jusqu'à lui tirer les cheveux. Ils ont pourtant vite fait de trouver un « truc ».

Diane possédait une perruche apprivoisée qui avait la manie de se percher sur la tête des gens. Un jour ils la lui empruntent et la lâchent dans la salle d'étude où se déroule le cours de dessin. Comme on pouvait le prévoir, le volatile se précipite sur la tête blondasse et frisottée de la pauvre Milly qui se met à crier et à se débattre. Lorsque la bestiole est bien empêtrée dans les boucles de la malheureuse, ces affreux enfants se ruent avec ensemble sur elle et tirent à qui mieux mieux sur l'oiseau. La chevelure résiste : Milly Possot n'a pas de perruque...

Rien à ma connaissance n'est plus mortifiant pour une mère de famille, soucieuse des progrès de ses enfants, que de devoir les soumettre à la critique d'autrui au cours de ces petits concours où se pressent, devant les familles béates, des petits génies en herbes.

Une fois par an il me fallait souffrir cette épreuve dans les salons XVIIIe de Mme Mello Espiritu Santo, pour l'audition des petits élèves au cours de piano de Mlle Hélène Coelho. Souriante, très compétente, cette minuscule demoiselle déployait toute l'année une patience d'ange mais les talents de Henri, de Hélène et de Jacques s'obstinaient à rester embryonnaires. Ils ont pourtant tous trois le tempérament musicien mais leur paresse a toujours été plus forte que leurs dispositions... Au moment des applaudissements, j'essayais d'encaisser avec stoïcisme les succès d'estime que récoltaient mes chers petits et je me consolais par le spectacle du magnifique parterre de roses qui se déployait sous les portes-fenêtres largement ouvertes. Ces séances se terminaient par un goûter monstre où les parents se congratulaient longuement.

Quand les autos n'y suffisaient pas, les enfants devaient se rendre à leurs cours par le train, comme cette fois-là, où ils sont allés au cirque avec toute la famille. Maman et ma sœur Thérèse les accompagnaient et ils s'étaient munis d'une provision de bonbons acidulés, de grosses boules rondes et rouges. Ne voilà-t-il pas qu'un des petits, Chantal je crois, s'étouffe en avalant une de ces boules en entier. Ma sœur l'attrape par les pieds et la secoue jusqu'à ce que le bonbon réapparaisse.

Décidée à éviter désormais tout drame de ce genre, ma chère sœur, toujours très pédagogue, entreprend de leur démontrer par l'exemple, la bonne manière de sucer les bonbons. Un cahot du train précipite la maudite friandise au fond de son gosier... la voilà qui s'étouffe à son tour, et devient toute violette, et les enfants, qui n'ont pas perdu une miette de sa démonstration, se ruent alors sur elle, en essayant de la faire basculer et de lui prendre les pieds pour la mettre les jambes en l'air...

La perspective d'être livrée aux enfants les jupes en parachute lui fit si peur qu'elle régurgita le bonbon spontanément... Avec une belle naïveté, ma mère s'imagina que c'était là une mise en scène destinée à l'amuser, et jamais elle ne voulut croire que sa fille avait failli périr étouffée !...

Quand la reine Victoria Eugenia, reine d'Espagne, venait voir son fils Don Juan, comte de Barcelone, elle logeait dans une suite au Palace Hotel d'Estoril. Cela lui arrivait assez fréquemment et à chaque fois elle s'emportait contre le climat du Portugal en prétendant qu'il était impossible d'y venir sans s'enrhumer.

En décembre 1947, Maman et moi sommes allées lui faire une visite à son hôtel et elle nous a invitées à prendre une tasse de thé dans son petit salon où elle avait disposé, sur chaque meuble, de nombreuses photos encadrées qu'elle emportait toujours en voyage.

Tante Ina, comme nous l'appellions, était vraiment une femme splendide, une des plus belles que j'ai rencontrées et même à la fin de sa vie elle était encore très belle et toujours aussi élégante.

Son rire spectaculaire pouvait surprendre mais il était très communicatif et sa manière de parler était d'autant plus divertissante qu'elle avait un timbre de voix très spécial et des jugements qui ne s'embarrassaient guère de nuances. Cela m'amusait fort mais ce jour-là Maman était outrée car la chère tante Ena n'avait pas cessé un instant de déblatérer sur les Orléans...

Malgré la proximité de la naissance de Thibaut, Maman et ma sœur ont dû rentrer au Brésil pour le baptême de l'aîné de mon frère Pedro. J'étais donc d'autant plus heureuse de l'arrivée de la duchesse de Guise qui est venue faire alors un long séjour à la Quinta.

A la différence des précédentes naissances de leurs frères et sœurs, mes aînés un peu plus âgés, étaient cette fois davantage captivés par l'événement.

Ils se remuaient même beaucoup, essayant de m'aider à tout préparer. Une fois, Isa est venue me trouver pour me faire part de sa perplexité. Malgré toute la bonne volonté qu'elle mettait à répondre aux questions de sa sœur concernant la manière dont les enfants venaient au monde, il lui semblait que ses éclaircissements ne portaient guère : « Hélène est tellement bouchée qu'elle ne comprend absolument rien à ce que je lui dis, me confia-t-elle, vous devriez vraiment lui expliquer vous-même !... »

Je n'y avais jamais songé, persuadée que vivant à la ferme comme ses frères et sœurs, ma fille s'était rendu compte comme eux de bien des choses. J'avais simplement oublié que Hélène était plus rêveuse que tous les autres et qu'il était dans sa nature de toujours se détourner des réalités de la vie...

Thibaut est né à la Quinta, à 5 heures du matin, le 20 janvier 1948, prenant de vitesse de quelques heures son papa qui n'est arrivé de Rome qu'à 10 heures et demie

Cette fois-là, c'est... un marquis qui m'a accouchée et médecin par surcroît ; l'excellent docteur Pedro da Cunha, marquis de Olhao. J'avais aussi auprès de moi la duchesse de Guise et Colette de Kernars...

Comme après chacun de mes accouchements, je me suis longuement reposée en restant au lit et c'est là, dans ma chambre confortable, que trois jours après la naissance, j'ai reçu la visite du roi Léopold et de son épouse la princesse de Rethy.

Ils étaient de passage à Lisbonne avec Baudouin, le futur roi, et devaient s'embarquer pour les Antilles. J'étais tout heureuse de revoir Léopold après tant d'années et curieuse de connaître la princesse de Rethy qu'on disait très belle. Mais pourquoi diable se sont-ils assis tous deux au pied de mon lit, bien à contre-jour ? Il n'est déjà pas bien commode de faire connaissance du fond de son lit et j'étais d'autant plus mal à l'aise que je sentais la princesse me dévisager avec insistance... Pour finir je n'ai vu de sa beauté tant vantée qu'une indistincte silhouette...

C'est le cardinal patriarche de Lisbonne, Don Manuel Gonçalves Cerejeira en personne, qui a baptisé Thibaut dans la chapelle de la Quinta. Le roi d'Italie, le parrain, était présent et la reine Amélie du Portugal, la marraine, alors exilée en France, s'était fait représenter par sa sœur, la duchesse de Guise.

La réception du patriarche s'est déroulée selon un protocole très ancien. Henri devait l'accueillir sur le perron de notre maison, flanqué de deux domestiques portant des flambeaux allumés. Avec le vent qui sévit tout le temps à Sintra, ce n'était pas facile.

Henri l'a d'abord précédé pour le conduire solennelllement à la chapelle et après le baptême, le cardinal patriarche est passé à table avec Henri à ses côtés, Henri tout seul, et le servant... debout et restant debout pendant toute la durée de sa collation !...

Lorsqu'il eut fini, tout le monde est venu le saluer, puis Henri, toujours escorté de ses porteurs de flambeaux, l'a reconduit à la porte de son auto. Ce n'est qu'après son départ que nos invités ont osé souffler...

Pour inaugurer cette première grande réception que nous donnions à la Quinta, le comte de Paris a procédé à un autre vieux rite, familial celui-ci, en donnant à boire une goutte de jurançon à notre nouveau chrétien.

Ce mois de février était radieux et déjà chaud. Nos trois cents invités, pour la plupart des amis portugais, ont pu se prélasser dans le jardin où les camélias étaient en fleur... Tous les princes qui vivaient en exil au Portugal étaient là sans exception. Tous sauf le roi Karol de Roumanie... Sa liaison avec Mme Lupescu n'étant pas pour nous plaire, encore qu'on nous ait dit qu'ils avaient fini par se marier...

Depuis longtemps je courais après un instant de répit pour m'occuper enfin sérieusement de mes abeilles. L'occasion m'en a été donnée au sortir de la Semaine Sainte, dont aucun de nous n'a raté le moindre office, pas même Chantal qui commençait à trottiner, ni... notre chien, un énorme labrador qui a fait un soir à la grande joie des enfants, une entrée triomphale à l'office des dominicains.

A cause de la douceur du climat les abeilles n'hibernent presque pas au Portugal et dès le mois de mars, elles sont en plein travail. C'est au mois de mai qu'elles essaiment et avec Raoul, nous avons pu récupérer maints essaims baladeurs qui sont venus enrichir notre rucher. Par une après-midi déjà très chaude, je me suis portée vers un essaim qui bruissait sous une branche de prunier. J'étais perchée sur un escabeau branlant, pendant que Raoul, grimpé dans l'arbre, commençait à scier un rameau pour faire tomber l'essaim dans la ruchette que je tenais à bout de bras. Je lui disais de se presser car mon équilibre était plutôt instable et à cause de la chaleur j'avais le tournis. Patatras ! je dégringole en dispersant l'essaim et toutes les abeilles furieuses se sont jetées sur Raoul. Il a été piqué en plus de vingt endroits et s'est retrouvé trois jours au lit entre la vie et la mort...

Il faut dire qu'il se faisait piquer presque chaque fois qu'il venait m'aider et je pense qu'il avait une odeur qui déplaisait aux abeilles...

Lorsque nous avons acheté la Quinta, il y avait une quinzaine de ruches. Toute mon enfance j'avais vu mon père s'occuper de son rucher, à Eu, avec M. d'Orfeuille et je croyais que l'apiculture était un métier facile.

Je m'y suis lancée tête baissée et j'ai dû me rendre vite compte que j'avais beaucoup à apprendre. Pour ma première récolte, je m'y suis si bien prise que les abeilles nous ont donné la chasse et ont envahi toute la cuisine. Pour ne pas devoir les tuer, j'ai vite rechargé mes rayons de miel dans la fourgonnette et j'ai ramené le tout dare-dare au rucher. Cette première récolte était plutôt loupée... Mais comme j'ai la passion des « mouches à miel », comme on dit dans ma campagne normande, j'ai fait des progrès et mes récoltes suivantes ont été si abondantes qu'elles nourrissaient toute la maison et que je vendais le surplus...

Revoilà la France et avec mes enfants cette fois !

J'étais si impatiente de faire découvrir tous ses trésors à mes petits apatrides ! Tant d'êtres chers à leur faire connaître ! Tant de hauts lieux de l'art et de l'Histoire à leur faire admirer !...

Seuls Isa et Henri avaient emporté, dix ans auparavant, quelques souvenirs bien fragmentaires de la France d'avant-guerre...

En montant dans le Sud-Express, ce 24 juin 1948, j'éprouvais néanmoins un peu de tristesse à l'idée d'abandonner mon mari, mes deux garçons aînés et mes deux bébés, Chantal et Thibaut, que j'avais confiés à Colette de Kernars. Il faisait en plus une chaleur suffocante, les enfants se sont vite mis en nage et bientôt ils ont été noirs de suie ; inutile de dire que nous avons été bien aises de débarquer à Bordeaux, accueillis par le ménage Boissarie, de dévoués monarchistes.

Les jours suivants, j'ai rendu visite à toutes les personnes qui à la rentrée d'octobre allaient avoir à s'occuper de notre fils Henri. En tant qu'héritier direct du prétendant il était en principe exilé de France, et le comte de Paris a dû s'employer à fond pour obtenir du gouvernement français que son fils aîné puisse faire ses études dans notre pays. Cela lui a été accordé à la condition que notre fils Henri... se cantonne dans le sud de la France !

Pour commencer, j'ai fait une visite à monseigneur Feltin puis à l'abbé Noizet ainsi, qu'à M. et Mme Avisseau, ses futurs mentors. Au proviseur du lycée Montaigne enfin où M. Boissarie l'avait fait inscrire.

Le 27, après la messe du dimanche dite par l'abbé Noizet à l'église Saint-Pierre, nous avons repris le train pour Paris. Le duc de Luynes et M. Delongraye, nous attendaient pour nous conduire au 9, rue de Constantine, chez M. Moreau, gouverneur de la Banque de France, et sa femme, qui habitaient ce bel hôtel particulier de l'esplanade des Invalides où nous allions loger et qu'ils ont légué à leur mort au comte de Paris.

Il faisait très froid et mes filles et moi, nous gelions dans nos accoutrements d'été. Pour nous permettre de mener un peu plus commodément nos visites dans le cher Paris, Paule de Baglion a bien voulu emmener en vacances avec elle, dans la Sarthe, ma petite Claude qui n'avait encore aucun goût pour les monuments... L'un d'eux éclipsait dans notre cœur les merveilles de Paris et c'est pourquoi, dès le lendemain de notre arrivée, nous avons piqué droit sur l'Ouest, sur la flèche de la plus belle cathédrale du monde.

Monseigneur Harscouët, évêque de Chartres, nous a raconté avec amour son histoire et ses secrets puis nous a emmenés goûter à l'évêché.

Toujours conduits par le duc de Luynes, dans son immense « Station-Wagon », où nous pouvions nous enfourner à dix nous nous sommes ensuite rendus avec Madeleine et M. Delongraye-Montier au château de Versailles dont le conservateur nous a fait les honneurs pendant trois bonnes heures. Les enfants ont été fascinés par le mécanisme de la grande horloge que l'horloger officiel de Versailles, un albinos célèbre, a fait fonctionner devant eux.

La reine Amélie du Portugal habitant à côté du château, nous en avons profité pour aller lui faire quelques courbettes et lui présenter les six enfants qui ont découvert avec stupeur cette grande dame de... près de deux mètres.

La première grande réunion de famille en France, depuis

la guerre, a eu lieu le 3 juillet pour le mariage de Monique d'Harcourt avec Fred Boulay de la Meurthe.

A l'hôtel des Moreau, nous nous sommes tous mis sur notre trente et un et avant la messe, pour ne rien perdre de l'aubaine, les photographes sont venus nous portraiturer dans les salons de nos chers hôtes.

Quelques instants plus tard, vêtue de dentelle fraise et d'un immense chapeau de velours et dentelle noire, suivie de mes six canetons, j'ai fait une entrée à Saint-Augustin que seule une modestie qui n'est pas mon fort aurait pu souhaiter plus discrète.

A la sortie de la messe, une grande foule s'était rassemblée, place Saint-Augustin, qui a ovationné longuement la duchesse de Guise... Dès le lendemain nous avons pris la route d'Eu.

L'été 1948 a été merveilleux et tout aussi insolite...

Rien à voir avec mon précédent séjour, fait à l'entrée de l'hiver juste avant la naissance de Thibaut et tout occupé à démantibuler le contenu du château. Nous y étions cette fois très nombreux et une ordonnance nouvelle s'était reconstituée ; il faisait de plus un temps prodigieux et Madeleine était repartie à Forsac, emportant avec elle les hantises scolaires.

J'ai toujours été frappée par le fait que de deux maisons sans personnel, l'une grande et l'autre petite, c'est la grande qui est la plus facile à ordonner.

Le château d'Eu, c'est cent mètres de façade, quatre niveaux et rien qu'au premier étage, mille mètres carrés de salons en enfilade... Eh bien ! cette énorme baraque reposait en tout et pour tout sur Maman et ma sœur Thérèse, aidées de Mme Mallet, la cuisinière, d'une seule femme de ménage, de M. Leroy qui cirait les parquets mais passait le reste de son temps à faire visiter le château ; de Latapie, aussi, sans cesse au four et au moulin, c'est vrai, à rameuter les corps de métiers, surtout pour faire remplacer les ardoises et les tuyaux crevés. Si cela était possible, c'est que dans les grandes maisons, la patine et l'usure se voient beaucoup moins et le désordre est dilué sur de plus grands espaces...

Soyons justes, mes deux grandes filles et leur cousine Monique de Saint-Salvy mettaient parfois la main à la pâte ; Monique était même arrivée à se faire respecter des jumeaux qui l'appelaient « la police rouge » à cause de son goût, je crois, pour les vêtements de cette couleur. Son mérite était incontestable, car nos deux pendards prenaient tous les jours plus d'assurance.

Tous les matins de bonne heure, ils étaient chargés de ravitailler le château en lait frais, pour le petit déjeuner. Pour cela ils se rendaient à la ferme Sainte-Croix où Mme Carton devait user avec eux de beaucoup de patience. Ils oubliaient les bouteilles ou alors les cassaient et au retour goûtaient largement le lait ou le renversaient... Ils nous ont avoué plus tard que pour ne pas revenir avec des bouteilles par trop entamées, ils complétaient le liquide restant... pas toujours avec de l'eau !

Nous allions à la plage quand la journée s'annonçait vraiment belle, car nous n'avions à notre disposition que le train ou la bicyclette... Jusqu'à l'arrivée du moins de mon frère Jean, qui nous a surpris un soir avec une magnifique Delahaye. Elle transportait en plus une magnifique jeune femme, sa fiancée, la princesse Toussoun, qui m'a rapidement conquise par son charme et son esprit.

Un peu lâchement, j'ai alors abandonné Maman et notre chère demeure pour répondre à une invitation en Saône-et-Loire, de ma cousine Lily de Rambuteau.

J'avais emmené Isabelle et Hélène et je n'ai guère eu le temps de ruminer mes scrupules car nous sommes tombées dans un petit château si bien tenu, plein d'une séduisante jeunesse, de fleurs aussi, dont ma cousine a la passion.

Du coup je me suis sentie vraiment en vacances !... Le plus clair de nos journées se passait sur le court de tennis ou à nager dans l'étang vers lequel nous courions à travers la vaste prairie qui s'étendait au pied du château.

Quand un nuage traversait le ciel, nous allions... devinez où ? Dans les bois, à la cueillette des champignons, bien sûr, la manie de la famille...

Les soirées chaudes, nous les passions assis sur le grand perron de vieille pierre à regarder l'ombre envahir les collines et l'étang.

Mon frère Joao est venu nous rejoindre dans sa belle auto mais sans sa belle fiancée...

Avec la Delahaye en plus, nous avons pu mettre sur pied une

expédition nocturne dont l'objectif a été le château de Chaumont, propriété du marquis de La Guiche.

Quand nous sommes arrivés en vue des tours qui flanquent sur quatre côtés ce petit château très ancien, les malheureux dormaient ; pour les réveiller nous avons commencé à faire quatre fois le tour de la propriété à pleins gaz et en klaxonnant... Comme ils continuaient à dormir où à faire semblant, nous sommes descendus de voiture et en furetant, avons trouvé une poterne ouverte ; nous nous y sommes tous engouffrés et un chahut monstre a commencé. Craignant pour sa réserve de jambons — ils connaissaient notre appétit perpétuel — le jeune et gentil ménage de La Guiche a enfin paru, quelque peu ébouriffé ; dans l'espoir de nous calmer, Philibert de La Guiche s'est précipité dans sa cave et a remonté un merveilleux montrachet dont nous avons incontinent sifflé treize bouteilles...

Le retour à Rambuteau a été plus qu'euphorique mais très vite il a fallu quitter ces lieux enchanteurs pour nous porter au secours de Maman, aux prises à Eu avec mes quatre sapajous. Pour peu de temps d'ailleurs car elle est venue me rejoindre à Paris avec mes quatre filles, pour le mariage, le 12 août, de ma cousine Pia Marie d'Orléans-Bragance qui épousait à l'archevêché de Paris le comte René de Nicolay. Dans la minuscule chapelle de monseigneur Verdier, qui contenait à peine trente personnes, la veuve de l'ambassadeur du Brésil, Régis de Oliveira, a très joliment chanté et ce mariage s'est terminé, on peut le dire, sur un mode tout à fait intime : dans le grand appartement de ma tante Pia, avenue Raymond-Poincaré, il y avait tout juste une petite soixantaine de personnes.

Cette journée paisible venait à son heure car la précédente avait été plutôt bien remplie. Jetant pour une fois mon bonnet par-dessus les moulins, je m'étais payé une vraie journée de liberté comme on peut n'en connaître qu'à Paris.

Revoir Paris au mois d'août, le plus beau mois de l'année, le mois des étoiles filantes et de mon anniversaire, pour mon seul plaisir cette fois !...

Paris vide d'autos, de touristes et même d'habitants, Paris s'ébrouant dans la lumière de l'été en cette journée qui m'apparaît encore comme une poudre d'or scintillant au soleil.

C'était un mardi, je m'en souviens, car les tours de Notre-Dame, que nous voulions escalader, étaient fermées. Nous les regardions le nez en l'air, un peu déçus. Un cycliste joyeux comme un merle est passé près de nous en sifflant la « Paloma ». Le cycliste était gai et cette chanson est pourtant si triste...

Si je m'interroge pourquoi je me souviens d'un détail aussi ténu, d'une impression aussi fugace, je me dis que les journées de grand bonheur retiennent toujours dans leur sillage des reflets de mélancolie. Mais qu'elles ont aussi le privilège d'ancrer pour jamais dans la mémoire le moindre des instants, dont elles sont faites...

Jamais, je crois, je n'ai tant marché dans Paris qu'en ce jour.

Dans l'île Saint-Louis, du haut du quai, côté de l'ombre, on voyait des barques plates, vertes et bleues qui clapotaient dans l'eau calme. Sur certaines, des pêcheurs étaient assis, immobiles comme des jouets de bois.

Dans une librairie près de l'Odéon, j'ai acheté « Le Petit Prince » et à côté le Luxembourg sous son voile de poussière était triste et aride... Puis la nuit est tombée sur le boulevard Saint-Germain avec une ondée qui a fait reluire le macadam.

Paris était joyeux d'une gaieté amicale ; des gens qui ne semblaient pas se connaître s'adressaient la parole...

C'était l'année de la Boule Noire, de la Rose Rouge et du Jimmy's, minuscule, encore perché à un étage et où tout le monde pouvait aller, sans snobisme. C'était une journée du mois d'août, une si longue, si belle journée, une de ces journées qui vous change de la vie...

Début septembre, comme si l'on avait jeté un pavé dans la mare aux grenouilles, c'est la débandade, avec sur l'horizon les nuages gris de la rentrée scolaire.

J'ai retrouvé Madeleine à Forsac et pour la première fois Isa et Hélène ont pu prier à Lourdes. Pierre et Maguy Pastré nous ont conduits à Saint-Sébastien où après de brèves embrassades avec les cousins Bourbon et Bavière, qui s'y trouvaient encore, nous avons pris derechef notre tortillard pour rentrer au logis.

Avant d'aller jouer à la poupée chez Madeleine à Forsac, Anne et Diane sont restées encore quelques jours chez Maman à Eu qui accueillait dans le même temps toute une bande de bohémiens venus sans roulotte... mais qui sont restés, pour sa joie, plusieurs années au château, avant leur départ définitif pour le Canada ; c'étaient mes cousins Dobrzensky, Jenda et sa femme Léopoldine Lobkowitz et leurs enfants qui avaient fui Chotebor, envahi par les Russes.

Dans la chère Quinta que je retrouve avec joie, tout est bien en ordre et Henri, François, Chantal et Thibaut si heureux de retrouver leurs frères et sœurs baladeurs. Ils venaient de connaître l'été le plus chaud de leur jeune existence, surtout quand Henri, voulant les distraire, a emmené ses deux aînés, avec les petits Espirito Santo, à Séville où, sous le soleil andalou, ils faillirent éclater comme des pommes de pin.

En retour, mon cher mari m'a reçue assez fraîchement. Il était très mécontent de ma longue absence et au fond je le comprends car cela doit être bien pénible d'avoir sa femme de l'autre côté d'une frontière infranchissable.

Dès le 25 septembre pourtant, dans la désolation générale, je repars en France avec Henri et François qui rentrent au lycée, bien marris de laisser leurs frères et sœurs pour longtemps.

A Hendaye, M. Sorbé, royaliste fidèle, est venu nous prendre en auto pour nous faire prier à la grotte de Lourdes, à midi, et communier dans le souvenir de Henri IV à Pau, vers 5 heures, sans compter Saint-Bertrand-de-Comminges et la famille de Sèze à Siradan. Tout cela en deux journées et non sans une forte indigestion de foie gras aux raisins chauds.

Le cœur gros, je laisse mon petit Henri à Bordeaux et poursuis avec François, bien courageux, sur Pontoise, après un crochet par Eu.

Voilà mes deux grands garçons qui déjà commencent loin de nous une vie indépendante. Je n'ai rien de la mère poule mais lorsque mes enfants sont tous réunis, ils représentent pour moi la Vie. Toute la vie du monde et la chaleur de la terre et ses bienfaits.

C'est si difficile de tisser jour après jour les fils qui me relient à mes enfants dispersés. Quand parfois ils cassent, il faut recommencer à tendre ce lien plus fragile qu'un fil de la Vierge qui vole à travers l'espace comme mes pensées vers ceux que j'aime...

A mon retour vers Lisbonne, je me suis arrêtée deux jours à Bordeaux pour distraire mon lycéen... M. Boissarie nous a emmenés à Pilat manger des huîtres et quand l'après-midi s'est avancé, j'ai eu soudain envie de voir le coucher du soleil. Nous avons grimpé sur une très haute dune pour capter là-haut un merveilleux présage : pour la première fois de notre vie, il nous était donné de voir, très distinctement, le fameux rayon vert projeter sa coulée d'émeraudes à travers l'océan.

Les Pastré, mes taxis toujours si fidèles, m'ont encore menée à Bayonne où j'ai rejoint, dans son wagon acajou du sempiternel Sud-Express, la comtesse de Rambuteau. Le voyage, d'habitude longuet, a été cette fois agrémenté par la conversation et les taquineries en rafales de ma chère cousine, qui n'a pas arrêté jusqu'à ce que... le train tombe en panne !...

Il se composait alors de trois ou quatre wagons, dont le wagon-restaurant et lorsqu'il s'arrêtait, ce qui lui arrivait souvent, tout le monde descendait pour aller aux nouvelles. Cette fois-là, il y en avait pour des heures...

J'ai prévenu le conducteur de la locomotive que ma cousine et moi-même partions en avant à pied, le long de la voie, en attendant que sa machine reparte. Nous avons trottiné à travers les champs rouges, desséchés et pierreux de la Castille pendant deux bonnes heures. Et puis très loin sur nos arrières, le petit coup de sifflet allègre a retenti.

Comme un chauffeur de maître bien stylé, le machiniste s'est arrangé pour stopper sa locomotive juste à la bonne hauteur...

Pour permettre à Henri et à François d'assister à la première communion de leurs frères Jacques et Michel, nous avons célébré cette cérémonie aux vacances scolaires, précisément à la veille de Noël.

Dans notre petite chapelle se pressaient une cinquantaine d'amis entièrement sous le charme de ma fille Anne, qui chantait des cantiques latins, accompagnée à l'harmonium par Madeleine.

L'ambassadeur de Belgique, le baron Van der Elst, trouvait que ma petite fille chantait divinement et il en est resté tout gâteux... Les deux jumeaux aussi étaient bien attendrissants au milieu du chœur, sur leurs petits prie-Dieu capitonnés de velours bleu, que l'ébéniste du village avait fait à leurs mesures.

Un copieux petit déjeuner réunissant tous les invités a été servi après la cérémonie. Nous n'avions pas prévu davantage parce que nous nous doutions bien qu'en cette veille de Noël tout le monde était pressé de rejoindre ses foyers...

Tant que M. l'Abbé est resté avec nous, nous avions une messe quotidienne à la chapelle et les jours de fête il fallait seconder le curé de la paroisse ; mais une année, nous avons voulu également fêter chez nous les Rameaux, avec les gens de notre petit village dont certains venaient d'ailleurs tous les jours à la messe célébrée dans notre chapelle.

Il faut croire que ce projet n'eut pas l'heur de plaire au ciel car pour commencer il soufflait un vent à décorner les bœufs et tout au long de notre procession solennelle dans la cour, il fallait constamment rallumer les cierges. Dès que nous avons passé le seuil de la chapelle, François, qui n'avait pas réussi jusque-là à bien faire partir son encensoir, nous a tous enfumés comme des jambons. A force de souffler dessus, il a ensuite réussi à flanquer le feu aux palmes et le comte de Paris a dû s'improviser pompier.

Nous avions donc eu un dimanche des Rameaux bien à nous et il faut bien le dire aussi, bien de nous...

La chapelle n'était pas très grande et l'on entendait tout ce qui se disait à la sacristie que seul un rideau séparait du reste. Un dimanche matin, nous étions tous bien sagement en place, à attendre l'apparition de l'abbé et de ses deux servants de messe, quand nous avons entendu avec un intérêt croissant la discussion suivante : « Prince Jacques, commença une voix, vous venez encore de tout faire de travers !... » « Mais pas du tout ! » répliqua une autre voix flûtée... « Vous bâclez tout ce que vous faites », reprit la voix, accablée. « Jamais de la vie ! monsieur l'Abbé. Du reste, vous n'avez rien à me dire, je suis parfait. »

Là-dessus nous voyons apparaître notre Jacques tout souriant avec ses burettes, suivi de l'abbé cramoisi et suffoqué. Jacques avait sept ans. Il a toujours été ainsi prolixe et Michel son frère jumeau, ne disait jamais rien, mais il inventait les mauvais coups et les faisait exécuter par son frère qui fonçait tête baissée... et attrapait la dégelée.

Avec lui, comme avec tous ses frères et sœurs, on ne vivait au reste jamais longtemps dans la hantise de l'accident : il y en avait tout le temps ! Jambes et bras cassés, têtes que l'on tenait pour fêlées... J'avais fait faire, toujours par mon petit ébéniste, deux paires de lits superposés mais en calculant mal la hauteur du second étage qui était vraiment très haut.

Ces lits étaient placés dans la chambre voisine de la mienne et souvent j'étais réveillée en sursaut par la chute d'un corps sur le parquet, suivie d'appels désespérés. De temps en temps, je faisais conduire Jacques, Michel ou Diane chez notre ami le célèbre radiologue Manoel Corte Real, pour faire vérifier si les crânes avaient tenu bon. « Leurs têtes sont très dures... heureusement ! » me disait à chaque fois le docteur avec un bon sourire.

Pour éviter de le déranger pour rien, j'ai fait rabaisser les lits et les enfants ont pu tomber alors de moins haut. Ils n'étaient vraiment pas douillets et un jour, Diane, en tombant d'une échelle, est restée le bras coincé entre deux barreaux. Elle est arrivée vers moi en disant : « Maman, je crois qu'il est cassé. » Son avant-bras avait la forme d'un Z et cette fois il a bien fallu retourner à Lisbonne. Pendant cette longue course, elle n'a pas bronché. Une seule fois elle a soupiré : « Il ne faut pas que je le regarde, cela me donne envie de vomir. »

Les Corte Real ont quatre garçons, dont l'un est mon filleul, qui venaient souvent jouer à la Quinta.

Mes enfants s'étaient installé des cabanes dans plusieurs arbres et ils appelaient cela « le restaurant des fées ».

Ils y jouaient à un jeu idiot dont la règle m'échappe encore et qui s'appelait « le fruit mûr ». Lorsque l'un d'eux criait « le fruit est mûr », ils devaient tous se laisser choir des branches le plus vite possible. Ils ont très bien initié un des petits Corte Real à ce jeu stupide. Bilan : un bras cassé.

J'étais présidente de la Conférence de Saint-Vincent-de-Paul de San Pedro de Sintra, notre paroisse ; avec Mme Carlos Bleck et les dames de Sintra, je m'occupais activement d'une centaine de familles nécessiteuses du district. Il s'agissait pour l'essentiel de familles d'ouvriers agricoles ou de manœuvres du bâtiment.

Quand nous sommes arrivés en 1947, il y avait encore beaucoup de misère ; mais en quelques années, vers 1955, la situation sociale s'est nettement améliorée et la Conférence de Saint-Vincent-de-Paul ne s'occupe plus que des vieillards et de quelques enfants de familles nombreuses. Bientôt, grâce au plan de réorganisation de l'économie portugaise arrêté par Salazar, et à la charité privée des Portugais riches ou moins riches, les choses allèrent rapidement mieux. A notre niveau, nous avons institué, dès notre arrivée, des kermesses de charité annuelles dont la préparation nous occupait pendant toutes les vacances d'été.

Ces kermesses, qui étaient très réussies, rapportaient beaucoup d'argent, mais, quand elles étaient terminées, laissaient la Quinta en bien piteux état.

Le comte de Paris et Isabelle avaient transformé avec beaucoup de goût notre grand salon du rez-de-chaussée, donnant sur le jardin, en boîte de nuit. Amalia Rodriguez est venue y chanter la première année et aussi la comtesse de Sabrosa, que tous les Portugais connaissaient sous le nom de Batè et qui chante encore mieux que Amalia... Vers 7 heures du matin, quand tout le monde était parti, nous restions entre amies, assises dans l'herbe à compter nos sous, aidées de quelques maris...

Le comte de Paris, lui, et les enfants commençaient à tout ranger et... à faire l'inventaire des dégâts.

Nous avons tenu trois ans et finalement nous nous sommes résolus à transférer ces festivités sur la place de Sao Pedro.

Ces fêtes, que l'on appelle au Portugal « arraïals », duraient trois jours et trois nuits. Nous en étions toujours les chevilles ouvrières avec ma fille aînée Isabelle qui tenait avec ses amis le stand de tir où l'on pouvait gagner des casseroles tandis que Michel de Grèce dirigeait la boutique d'antiquités ; Chantal et Thibaut, habillés en paysans (saloios), promenaient un bourricot lesté de cacahuètes et de graines de citrouilles grillées et faisaient pas mal d'argent. Moi-même j'extorquais force écus aux messieurs en leur vendant des œillets pour leur boutonnière.

L'un d'eux m'en a pris un à... mille écus !

Le comte de Paris et notre François tenaient le caboulot aux sardines grillées que l'on proposait avec un piment vert et une pomme de terre en robe des champs.

Les malheureux princes empestaient à ce point la sardine qu'à la fin il a fallu faire lessiver leurs costumes. Notre kermesse était envahie chaque année davantage, non seulement par toute la société d'Estoril et de Sintra, mais aussi par tous les paysans du district et les enfants pauvres de la conférence, qui m'assiégeaient pour des tours de manège gratuits. Quelques touristes français égarés étaient tout ahuris de voir le Prince fonctionner en bras de chemise et en tablier bleu...

Nous étions redevables de ces succès à d'autres encore qu'à nous-mêmes, car outre la générosité sans limites du public, nous pouvions compter sur l'aide empressée de nos amis qui étaient légion.

Toute une cohorte de jeunes femmes des familles Bello, Salgado, Van Zeller, Sabrosa, Mendia, Cabral, Espirito Santo, ravitaillaient le restaurant en denrées diverses et assuraient pour deux cents personnes un service souriant avec leurs propres filles et les miennes.

Les enfants Espirito Santo et certains de mes fils s'étaient fait une spécialité dans les hot-dogs, tandis que le bar était le monopole de Mana Pinto Basto, secondés par les Soveral et des Castro Pereira. La marquise de Cadaval fournissait le vin et le riz, les Vinhas faisaient don de la bière, les Mello du tabac et des jus de fruits, les Asseca du sucre et du café.

Le centre de gravité de la fête restait la boîte de nuit, où il vous en coûtait un œil pour entrer en montrant patte blanche à Mlle Bello, ma secrétaire, un redoutable argus !...

La boîte de nuit était placée sous l'omnipotence du Prince ; fleurant bon la sardine, il surveillait d'un œil le ballet des jolies comtesses de Pombeiro et marquise de Mendia, qui servaient le whisky sans lésiner.

Aujourd'hui ces manifestations peuvent apparaître désuètes, voire paternalistes. Ce ne serait pas tenir compte de la situation d'ensemble du Portugal d'avant les années 1960 ; au lendemain de la guerre, il n'y avait pas, dans notre région, de misère profonde, mais de nombreux cas de familles temporairement démunies. Il fallait les dépanner toutes affaires cessantes et sans s'interroger cent sept ans sur le pourquoi et le comment des choses...

Ces dispositions permettent, en règle générale, à la charité privée d'aller beaucoup plus vite que la solidarité publique et que le peuple portugais, dans son ensemble, approuvait, ressort de l'enthousiasme que déployaient du haut en bas de l'échelle sociale tous ceux qui contribuaient à la réussite de ces fêtes.

Concrètement, leur bilan était loin d'être négligeable : grâce à elles, la Conférence de Saint-Vincent-de-Paul a pu faire construire dans notre village une douzaine de maisons pour des familles mal logées et un foyer paroissial où l'on sert encore aujourd'hui un déjeuner quotidien pour les vieillards seuls et un potage qu'ils peuvent emporter.

L'Organisation Internationale « Caritas », qui s'occupait entre autres choses d'envoyer en vacances les enfants des pays éprouvés par la guerre, nous expédia un jour deux petits garçons en nous prévenant que personne n'en voulait parce qu'ils étaient trop sauvages !

Olivier et Robert Maillet étaient deux adorables petits poulbots de sept et dix ans, nés à Ménilmontant. En fait de sauvagerie, il leur manquait surtout de l'espace et chez nous, ils en ont trouvé ; une seule chose les intéressait : vagabonder tout seuls dans la campagne où l'aîné, Olivier, apprivoisait les oiseaux, l'atavisme devait jouer car il nous racontaient que leur grand-mère vivait... dans une roulotte ! Ils n'étaient absolument pas impressionnés ou étonnés par notre mode de vie, se tenaient aussi correctement à table que nos enfants et le service, l'argenterie leur paraissait aller tout à fait de soi. La seule chose qui leur a paru un peu exorbitante, c'était le bain quotidien ; ils étaient tendres et affectueux et leur parler si savoureux. Je pense souvent à eux. Que sont-ils devenus ?

L'année suivante, nous avons eu une petite Odile, nettement plus terrorisée par ma tribu. Elle m'a écrit pour Noël de longues années...

Ce soir il y a un grand bal à Peru, une propriété de l'autre côté du Tage où Manoel et Isabel Espirito Santo reçoivent pour leur fille Matilde, la contemporaine d'Isa. Nos amis ont onze enfants de l'âge des nôtres, qui se voient souvent, à la plage, en bateau ou dans la grande maison de Peru, perdue dans une campagne, cernée de pins parasols et embrasée de fleurs...

Pour la première fois, Isa va mettre une robe longue et ouvrir le bal avec son père. A la Quinta, nous sommes tous très excités et tournicotons autour de la belle robe blanche aux innombrables volants, suspendue, si longue et si vivante.

J'allais me détendre un peu en lisant, avant la fête, lorsque, oh ! catastrophe ! on vient nous apprendre que l'héroïne de la soirée est recalée à son bachot. De le réussir brillamment l'année suivante, ne l'a d'abord guère consolée ce soir-là.

Nous avons tous passé de longs instants près d'elle à lui parler. J'étais moi-même consternée mais je ne voulais pas trop le laisser paraître. Il est bien difficile de mesurer, face à n'importe quelle déception, la part de chagrin qu'il faut manifester : faut-il ajouter à la peine d'autrui ou passer pour indifférente ?

Bien empanachés, nous sommes quand même partis au bal et à peine dans l'auto, Isabelle s'est mise à commenter son désastre avec humour.

A notre arrivée à Peru, le bal n'avait pas encore commencé. Mais une trentaine de jeunes filles, toutes vêtues de blanc et plus ravissantes les unes que les autres, trépignaient au bras de leur père en attendant la première valse de leurs « débuts ».

Je voyais le Prince se rengorger, si fier et si ému de lancer sa fille dans le monde. Celle-ci s'est bien vengée de ses examinateurs en dansant, comme nous tous, jusqu'à 7 heures du matin, jusqu'à l'heure des œufs brouillés qui m'ont paru être les meilleurs du Portugal...

En revenant à la Quinta dans le matin tiède, Diane m'a donné un petit bouquet de trois roses pompon, cueillies dans le jardin. Elles sont rose saumon ; dans le vase carré en cristal taillé, mes roses me plaisent tant !... Elles sont si fraîches et leurs tiges couvertes de petites bulles ont l'air de se trouver si bien dans l'eau claire.

Aujourd'hui, Marie Bello, notre chère et fidèle secrétaire, est arrivée de Lisbonne par l'autobus de 11 heures. Jusqu'au déjeuner, je lui ai dicté mon courrier et contrairement aux autres jours, la conversation a été plutôt brève après le repas. J'avais à gronder Isa qui, depuis son bachot raté, traîne dans la maison comme une frégate en perdition ; elle est plus garçon manqué que jamais !... Je la gronde et elle est toute tendre et gentille avec moi.

Un emballeur est venu de Lisbonne pour mettre en caisse deux grands vases en porcelaine de Saxe, notre cadeau de mariage pour mon frère Joao et ma belle-sœur Fatima. Ils doivent partir pour le Brésil, mais l'emballeur est empoté comme un vieux chien qui se traîne pour enfouir un os. C'est tout juste si je n'ai pas dû lui donner un coup de main. Je constate qu'il a lambiné plus de trois heures, cherchant un clou de-ci, une planche de-là...

J'arrive enfin à l'enfourner dans l'auto qui part à 4 heures avec Mlle Bello et les enfants pour Lisbonne, à leurs cours de piano.

Voici la maison tranquille et à moi toute seule mais Isa a oublié de cueillir les framboises pour le dessert du soir. Je dois y aller ; comme j'aime les potagers ! Ils ont quelque chose de paisible et ordonné qui vous met l'âme toute droite.

Planter, planter quoi que ce soit, des arbres ou des fleurs, me donne un grand bonheur... Un jour, les enfants m'ont demandé ce que j'aimais le plus au monde. « Aimer, chasser, acheter, et lorsque rien ne va plus, jardiner », ai-je répondu. Depuis lors, chaque fois qu'ils me voient travailler la terre, ils me disent, goguenards : « Alors Maman ! rien ne va plus ? »

Pour en revenir à mon Isa, en cette journée d'été à la Quinta, voici que ma chère fille a invité des amis pour le dîner ; avec elle c'est toujours aussi impromptu.

Elle a tout de même voulu aller aux champs, aider à piquer des bambous pour faire grimper les tomates. Mais elle a oublié que tous les vases du salon étaient à refaire et j'ai dû m'y mettre après le goûter. Enfin, la chère enfant s'en est souvenue et... a convoqué sa sœur Hélène pour lui tenir la main.

Elle sait que pour les bouquets, Hélène est la plus douée. Je l'entends dire à sa sœur que demain sera la journée des confitures. Je sais que les confitures seront bonnes et indicible le désordre dans la cuisine !... Les bouquets sont terminés, il est déjà bien tard, les invités vont arriver. On galope pour se changer mais dès le café pris, toute cette jeunesse s'envole comme une nuée d'étourneaux. Ce soir ils vont tous au cinéma. Je reste seule avec tous mes petits qui dorment ; la grande et belle maison lentement reprend son souffle...

Peu à peu le plein été s'abîme sur la maison silencieuse, repliée derrière ses persiennes closes. On entend juste le bruit des arrosoirs qu'Esmeraldo, le fils du jardinier, entrechoque en allant puiser de l'eau pour sauver mes jolies fleurs. Esmeraldo siffle toute la journée le même air. Tant et si bien que dans le jardin, un merle d'Afrique siffle à présent le même air que lui.

Les nuits sont si calmes et si chaudes ; de ma chambre, je contemple le grand jardin sous la lune... Dehors quelques-uns de mes enfants vont s'endormir dans les hamacs ; je les entends papoter encore doucement dans la nuit. Les grands palmiers agitent l'ombre de leurs bras.

Le 12 août, le rythme soudain s'accélère. J'ai conduit dans ma vieille auto à Fatima deux prêtres français, de passage à la Quinta, accompagnée de François, Diane et Jean-Paul Avisseau.

Il faisait une chaleur qui nous tirait l'esprit du corps, tant celui-ci était bouilli. Curieusement cet état me confère un grand tonus qui s'augmente encore quand j'entends les cigales et les pommes de pin éclater de chaleur.

Après la procession du soir, nous avons comme tant d'autres, dormi à la belle étoile. ... Chacun dans son sillon, tant bien que mal, au milieu d'un champ labouré, planté d'oliviers, nous nous sommes endormis. Seule la lune en tournant m'a gênée : je n'étais plus à l'ombre de mon olivier. Les rayons de la lune sur la figure distraient des soupirs de la terre...

Roulée dans une couverture à mes côtés, Diane dort. Au loin, près de la chapelle de Notre-Dame-de-Fatima, les prières de milliers de pèlerins montent dans la nuit. Ils sont loin et pourtant on entend si distinctement les *Ave* et les *Pater* qu'on peut prier avec eux.

Au matin, les galopades de mules en liberté alentour nous ont réveillés.

Le 13 au soir, nous étions de retour à la maison pour mon anniversaire.

Ma maisonnée est pleine comme un œuf et en plus, ce soir, ont été invités le roi d'Italie, les Barcelone et ma sœur Thérèse.

Depuis le début des vacances, le Prince a chargé Isa du menu et du service, Hélène, des vins et des fleurs ; ce dispositif a bien fonctionné aujourd'hui et pourtant le comte de Paris est tendu. Il est vrai que les enfants font un chahut de première !...

Chers invités français de cette journée-là... un Prince moins amène qu'à l'ordinaire, un rare tohu-bohu et vous qui avez su garder, chers Messieurs de la Cazinière, Le Grippe, Avisseau, une conversation brillante, une contenance charmante et si dégagée.

Est-ce possible ? Il fait encore plus chaud qu'hier !... Nous sommes tous immergés dans notre grand réservoir de trente mètres sur quinze et si profond ; notre bassin antique, tout en pierre. Nous en profitons car bientôt il sera presque vidé pour les besoins de l'irrigation.

Couchée sur le kikouyou, j'écoute les bruits de la campagne, mais plus encore les cris des enfants qui barbotent dans l'eau. Ils ont inventé un nouveau jeu qui fait fureur : les courses à bicyclettes sous-marines. Ils commencent par jeter leurs vélos dans la piscine puis ils plongent, enfourchent leurs vélocipèdes et pédalent tant qu'ils peuvent. A bout de souffle, ils remontent puis recommencent. Ils n'avancent guère, c'est effroyablement dur, paraît-il.

Aux heures torrides, nous nous tenons tous dans la grande salle au rez-de-chaussée. Toutes les persiennes sont tirées et les tapis roulés pour recueillir la fraîcheur des dalles. Le comte de Paris classe et catalogue des albums de dessins et de peintures ; Isa et Henri l'aident à découvrir les signatures...

Dehors on entend le grincement régulier du hamac de François qui se prélasse et lit ; dans les nuées ardentes du jardin, intrépide, un oiseau continue de chanter.

A la rentrée 1949, notre Isa est partie à son tour pour

terminer ses études à Sainte-Marie de Neuilly, chez Mme Danielou. Elle vivait chez M. et Mme Philippe Hoppenot, rue Pierre-1er-de-Serbie, où ira également Hélène l'année suivante.

Pendant la période scolaire, la maison paraissait vide sans nos trois aînés... alors qu'il en restait encore huit avec nous !... Les plus jeunes aimaient à se faire câliner. Chantal surtout venait souvent frotter sa tête blonde contre moi comme un petit chat en répétant : « Je suis la chérie de maman ! »

Un beau jour Thibaut, qui allait sur ses trois ans, n'a plus voulu manger seul. « Aidez-moi, je suis trop petit », répète-t-il d'une petite voix douce. « Tout est trop grand ! »

A Madeleine de Montbron, il dit : « Achetez-moi une fourchette et une cuillère, celles-ci sont trop lourdes. » Il a donné l'argent de sa fête à la chère Madeleine, toujours attendrie par son petit prince chéri, et celle-ci s'est trottée à Lisbonne pour lui acheter des couverts... en plastique. « Voyez comme c'est léger, comme je mange bien tout seul maintenant », disait-il ravi. « J'en ai assez de toi, je vais te jeter dans les nuages », dis-je à mon Thibaut en le prenant dans mes bras. « Est-ce vrai que j'en ai assez de toi ? » « Mais non, répond-il gravement, puisque tous les frères sont partis... c'est moi le seul garçon à la maison !... »

La veille de Noël, je suis allée avec quelques-uns des enfants dans les bois de la montagne de Sintra, ramasser quelques feuillages, du lierre et de la mousse pour faire la crèche. C'est strictement interdit et si vous êtes pris sur le fait, les gardes vous arrêtent. Mon instinct de braconnier et l'excitation de Noël me l'avaient fait oublier... Alors qu'un garde se profilait au bout du chemin, nous avons eu juste le temps de dissimuler nos branchages au fond de l'auto, d'empiler les enfants dessus et de passer avec des airs d'absolue innocence à côté de lui.

J'étais honteuse de notre larcin et je me suis lancée dans des explications sous forme de justification ; après m'être bien embrouillée pour distinguer entre le licite et l'illicite, Chantal, qui avait alors six ans, m'a dit, avec un air à la fois malicieux et protecteur : « Maman, on dirait que vous êtes toute petite !... »

Tous les hivers que nous avons passés au Portugal, nous chassions. Toujours dans une région bien différente de celle que nous habitions, le Ribatejo ou l'Alemtejo, deux provinces au relief peu accusé et aux terres très riches, de l'autre côté du Tage. Chasse aux perdreaux chez les Posser de Andrade, les Castro Pereira et les Belmonte, aux canards à Pinheiro et à Mata do Duque, dans la propriété du duc de Cadaval. Mais surtout à Muge, chez la marquise de Cadaval ; dans ses rizières, où les canards passaient et repassaient très haut au-dessus de nous, c'étaient des journées bien exaltantes.

Le nonce, monseigneur Mozzoni, chassait avec nous, vêtu comme un paysan du Moyen Age, avec gilet et braies en fourrure. C'était un saint homme et vraiment sans conventions... Maintenant il est à Rome, au Vatican, où je l'ai revu dernièrement. Pendant que je le regardais psalmodier à Saint-Pierre de Rome les prières de l'office du Samedi Saint, je me demandais s'il lui arrivait de rêver encore au marais de Muge...

Très peu de temps avant la naissance de Thibaut, nous sommes retournés passer quelques jours chez notre amie la marquise de Cadaval. Nous avons pataugé toute la journée et tiré pas mal de canards, et pendant tout ce temps la marquise n'a pas cessé de se faire du mauvais sang : elle avait peur que l'enfant ne naisse dans ses rizières ! Elle m'a avoué plus tard qu'elle avait tout prévu pour cette éventualité ; même monseigneur Monzoni pour le baptême !

Parmi les nombreuses manières de chasser, répandues dans la péninsule ibérique, une de celles que je préfère est la chasse au lièvre avec les « galgos », les lévriers.

En hiver, nous quittions presque tous les dimanches, de très bonne heure, la Quinta pour attraper la messe de 6 heures à Lisbonne ; ensuite nous nous retrouvions tous, les Cabral, les Palha, Anika et Chico Ribeiro-Ferreira, au bac de Villafranca.

A cette époque il n'y avait pas encore le pont sur le Tage et pour aller dans les plaines de chasse sur l'autre rive, il fallait emprunter une sorte de grande barcasse en travers de laquelle étaient posées des planches. Pour accéder sur ce bac, la manœuvre était très hasardeuse ; une fois l'auto sur les planches, il fallait très vite poser des cales, car si elle dépassait le milieu de l'esquif, celui-ci donnait de la bande et précipitait son chargement à l'eau comme c'est arrivé à la voiture de l'ambassadeur d'Angleterre. De plus, ce transport ne pouvait prendre en charge que très peu de voitures, ce qui obligeait à d'assez longues attentes sur une rive ou sur l'autre. Les jours de crue, quand notre embarcation dérivait, un peu au gré de son moteur poussif et beaucoup plus sous l'effet du courant, nous faisions des conjectures sur nos chances d'arriver sains et saufs de l'autre côté.

Le rendez-vous était toujours fixé dans une des fermes des Palha ou des Cabral où se réunissaient tous les chasseurs. A participer véritablement, nous n'étions toutefois qu'une douzaine de cavaliers car ce genre de chasse s'offusque des troupes trop nombreuses.

Au nombre des cavaliers, étaient bien sûr les maîtres des lévriers, dont un des plus expérimentés était un de nos parents, Dom Rodrigo Castro Pereira, personnage presque légendaire qui a fait une guerre de 1914 magnifique sous l'uniforme américain.

En cette année 1978, il a quatre-vingt-dix ans bien passés et chasse toujours à cheval, mais ses vieilles blessures et cassures sont si douloureuses qu'il est obligé de monter... en amazone !

Au petit matin frais, nous nous mettons tous en rang ; la comtesse de Barcelone, Anika Belmonte et moi-même sommes les seules dames en amazone. Le givre scintille encore sur l'herbe au soleil rose de l'hiver, quand nous partons au petit pas des chevaux, bottes contre bottes, en grand silence, et le nez enfoncé dans les cols relevés de nos samarras, ces jaquettes typiques portugaises à col de renard. Le froid est piquant et on entend juste le souffle des chevaux et le grincement des cuirs. Devant nous marche un homme qui tient en laisse deux lévriers. Lorsque soudain nos chevaux font lever un lièvre, l'homme lâche ses deux chiens dont les maîtres partent les premiers, suivis du reste de la troupe. Pendant deux ou trois minutes, c'est un galop fou dans le sillage des deux chiens qui courent à soixante kilomètres-heure.

La plaine est parsemée d'embûches, fondrières, buissons et quelques arbres : tout en admirant le travail des chiens et les ruses du lièvre, il faut veiller à ne pas se casser la figure.

Au terme de ce galop, de deux choses l'une ; ou le lièvre est pris ou il s'est échappé. Quelle que soit l'issue, s'engage entre les maîtres des chiens et tous les autres cavaliers, une discussion véhémente sur les mérites comparés du travail des deux chiens.

On essaye de déterminer lequel a le mieux passé le lièvre à l'autre, on leur donne des points et parfois ces chasses sont l'objet d'un véritable concours avec un juge neutre.

Puis l'on se remet à nouveau en rang comme au départ, avec deux nouveaux chiens et l'on ratisse ainsi la plaine en aller et en retour par bandes de territoire parallèles. Il peut arriver que dans une petite journée on puisse ainsi lever dix lièvres et davantage.

Après ces heures de joutes courtoises, nous rentrons tous à la ferme en commentant avec fièvre les différentes phases de cette journée épique. Dans une petite salle surchauffée, les commensaux, qui n'ont pas pris part à la cavalcade, nous attendent autour d'un bon souper. Les conversations prennent alors un tour plus aimable et peu à peu une torpeur douce s'installe, coupée de temps à autre par des fados chantés par les dames ou plus rarement par les messieurs.

Dans la nuit froide, sous le ciel étoilé, nous reprenons la barcasse précaire, trop alanguis pour nous demander quelles seront cette fois les péripéties de la traversée...

Toute notre vie nous avons tiré les Rois et le 6 janvier 1949, c'est moi qui ai eu la fève. J'ai choisi comme roi mon Michel, cher petit bonhomme, souvent silencieux ; il était ravi et m'a fait un de ces sourires qui font toujours croire qu'il a plus de dents que les autres, et voir que nous nous comprenons très bien sans nous parler.

Les anniversaires, mais surtout les fêtes des Rois, ont toujours donné lieu chez nous à des repas particulièrement bruyants, surtout en l'absence du Prince. Une fois notamment, François s'est levé pour faire un discours surréaliste tellement désopilant que nous en pleurions de rire. Son propos a eu le don de déchaîner un tel chahut dans l'assistance enfantine, que Madeleine, Paule et moi, nous avons été rapidement débordées. A notre grand effroi, tout ce petit monde jetait ses serviettes au plafond, sautait sur les chaises et paraissait réellement saisi de folie...

François était ainsi très souvent l'élément catalyseur de l'humeur de mes enfants ; il était très lié aux aînés qui l'appréciaient pour ses bons conseils et envers les plus jeunes il se montrait bon et compréhensif. Il leur faisait souvent des cadeaux et ainsi il a enrichi la ménagerie de Diane d'un certain nombre de perruches.

Cette ménagerie, installée dans la chambre à coucher de ma petite fille, gênait beaucoup Anne qui partageait la chambre de sa sœur. Chiens, chats, souris, perruches et cochons d'Inde, toute cette invasion de bestioles variées la faisait souffrir en silence. De temps à autre, elle piquait tout de même une bonne colère quand sa sœur cadette exigeait d'elle qu'elle réparât les dégats causés par cette arche de Noé. Je ne pouvais que lui donner raison.

Le 29 avril 1949, mon frère, le prince Joao d'Orléans-Bragance, a épousé la princesse Fatima Chirine, veuve d'un prince Toussoun, d'origine turque. Avant de se convertir à la religion catholique, la princesse avait suivi assidûment pendant plusieurs mois des cours d'enseignement religieux à Notre-Dame-de-Sion. Ses connaissances théologiques étaient devenues très solides, sûrement plus que celles de beaucoup de membres de notre famille. Elle a pourtant réfléchi deux années encore avant d'embrasser la religion catholique car elle ne voulait pas que son mariage soit le seul prétexte à sa conversion.

Ce mariage mixte peu ordinaire a donné lieu à des complications finales, dues au rigorisme de notre clergé, qui ont pu être aplanies en fin de compte par le cardinal patriarche de Lisbonne lui-même.

Pour nous, ce mariage a surtout été l'occasion d'une réunion de famille de plus, mais particulièrement agréable et chaleureuse qui nous a permis de fêter aussi les soixante-cinq années de service du ménage Latapie que nous avions fait venir tout exprès d'Eu.

La période qui nous sépare des événements décisifs qui sont rapportés en fin de récit, est tout entière constituée de petits faits sans grande importance mais qui donnent à cette partie de notre vie un cachet bien particulier qu'elle ne retrouvera plus jamais par la suite.

L'addition de ces faits habituels et quotidiens, qui laissaient peu de place à l'aléatoire et aux remises en question que nous avions si longtemps connus, a contribué à rendre alors ma vie plus pleine et plus équilibrée qu'elle ne l'avait jamais été.

Tout concourait à me faciliter l'existence ; une maison raffinée, luxueuse même, entretenue par un personnel nombreux, nul souci d'argent, une vie familliale qui n'a été qu'un long moment de grâce, une vie mondaine captivante et qui me laissait tout le temps de m'occuper, plusieurs matinées par semaine, d'œuvres sociales concrètes. Elles m'ont permis d'aller à brûle-pourpoint de la misère et d'en revenir chaque fois plus convaincue que pour la soulager rien ne remplaçait les contacts personnels.

Dès le matin à 8 heures, je quittais la Quinta en auto pour des bleds perdus, laissant bien souvent ma voiture sur la route pour gagner par des raidillons les maisonnettes ou s'entassaient les familles nombreuses. Il fallait s'occuper à peu près de tout, courir chez l'oculiste pour les lunettes des gosses, à la Camara pour des actes d'état civil qui n'existaient souvent pas, ou encore chez les propriétaires pour plaider des réductions de loyer.

Chez les uns il fallait transporter d'urgence à Lisbonne un enfant pour une appendicite, ou un père de famille pour des radiographies des poumons. Chez les autres c'était l'aïeule restée seule au monde qu'il fallait consoler...

Beaucoup venaient aussi à la Quinta et à chaque fois, en cachette de Mme Burais qui ne voulait pas s'en laisser conter, nous allions distraire en leur faveur un sac de nourriture ou quelques vêtements dans nos armoires. Beaucoup de ces maisonnettes n'avaient ni électricité ni eau courante et en général la cuisine se faisait sur de petits réchauds à pétrole. Elles étaient pourtant blanchies à la chaux tous les ans, presque toujours bien tenues, quoique manquant souvent de choses de première nécessité. Il n'était pas rare de voir coucher quatre ou cinq enfants dans le même lit. Tous ces pauvres gens avaient tout autant besoin qu'on leur parlât ou qu'on les écoutât ; ils demandaient conseil pour tous les faits et gestes de l'existence, même pour leur travail ou leurs affaires sentimentales. Que de femmes trompées ou battues n'ai-je pas dû consoler et secourir ! Mme Carlos Bleck et les dames de la Conférence de Saint-Vincent-de-Paul n'ont pas cessé de me seconder, par leurs conseils lors des réunions du mercredi matin où étaient discutés les cas les plus compliqués. Leur action directe dans les foyers et la connaissance qu'elles avaient de la psychologie de ces petites gens m'étaient d'un grand secours.

En France, par la suite, j'aurais bien voulu continuer à me préoccuper davantage des problèmes sociaux concrets. C'est que précisément ces contacts avec les réalités les plus matérielles et les plus humbles m'équilibrent beaucoup plus que les conseils d'administration de bonnes œuvres ou les raouts de charité où je sers plutôt de potiche ou de gobe-mouches.

Présider un bal de charité qui soulagera certainement des misères me fait cependant bien plaisir ; mais torcher un petit malheureux est certainement très utile aussi et je suis loin de trouver cela désagréable...

Il est vrai qu'à l'ordinaire, ma sollicitude trouvait déjà pas mal à s'appliquer dans mon cercle immédiat et cette année 1949 a été faste en journées passées à l'hôpital Saint-Louis-des-Français, tenu par les petites sœurs de Saint-Vincent-de-Paul. En journées et en nuits aussi à veiller les uns après les autres mes enfants opérés de l'appendicite ; en retour, je m'octroyais de beaux instants de rêverie douce, aux fenêtres de cette petite France perdue dans un vieux quartier de chanteurs de fado, dont les rumeurs indistinctes, conciliabules d'amoureux, refrains de piétons solitaires, montaient faiblement jusqu'à moi.

Après être restée moi-même un long temps complètement abrutie par la grippe, je me suis réveillée un beau matin d'hiver presque guérie ; du fond de mon lit, comme un vieux général goutteux, je me suis mise à donner des ordres griffonnés sur des bouts de papier, que la femme de chambre courait distribuer à toute la maison. Par le téléphone, je déversais un flot de paroles, autre signe notoire de guérison...

Il pleut à torrents... J'ai fait mettre la jolie parure rose de mon lit, assortie aux lueurs du feu qui éclaire toute ma chambre ; il y a si longtemps que je n'ai pas fait la paresseuse... Je me sens si bien, toute bichonnée, en paix avec tous mes tourments.

Pourtant il y a comme un grain de sable dans mon âme ; pourquoi faut-il donc toujours qu'un souci se faufile et chemine comme une brume sur mon cœur ?

Dans cette tempête et par les trombes d'eau qui inondent le pays, Henri est dehors de l'autre côté du Tage, à cheval avec les quatre aînés. Ce matin, ils sont partis à une chasse à courre au renard.

Quand la tempête donne en cette saison dans ces plaines et ces forêts de pins, c'est un cataclysme qui rend fous les chevaux et il n'est pas rare de voir des branches voler.

J'attends la princesse Marie Sol de Bavière que mon frère dom Joao d'Orléans-Bragance est allé chercher à Estoril.

Maman et ma belle-sœur Fatima sont venues me tenir compagnie ; quelle paix, quel bien-être ! J'en profite voluptueusement car demain la vie vraie recommence... d'ailleurs, assez paressé comme ça !

Demain, il y a un bal dans la maison et je dois soulager le personnel d'une partie de sa lourde tâche. Mais à chaque jour suffit sa peine... restons encore un instant dans ce tiède séjour.

Demain, d'autres aventures m'attendent comme lors de ce retour de Lisbonne, quand le Prince et moi avons trouvé devant la maison tout un attroupement de cuisinières et de femmes de chambre, pleurant et hurlant, et l'ensemble des enfants entourant leur sœur Anne, assise sur les marches du perron, qui contemple son pied d'un air navré.

Nous nous précipitons et je ressens un choc : planté dans son joli pied, il y a un couteau suisse dont la scie le traverse de part en part. Le spectacle est assez insoutenable...

Dès les premiers beaux jours, mes enfants se promènent

tous pieds nus et en jouant, d'un geste malheureux, Michel a jeté son couteau qui est allé se ficher dans le pied d'Anne. Le pauvre enfant est tellement épouvanté à l'idée d'avoir estropié sa sœur qu'il est allé se cacher au fin fond de la propriété. Heureusement que la petite a interdit que l'on touche à la blessure en dépit des avis extravagants des bonnes. Notre bon et fidèle médecin de Sintra, le Dr Milheriço, est accouru et avec une grande habileté est arrivé à retirer cette affreuse scie sans endommager davantage le joli pied de ma fille. Toute cette scène s'est déroulée au beau milieu de la cour et pendant que le docteur opérait, je me suis employée à calmer les pleureuses ; ma petite Claude surtout, qui était agenouillée et priait convulsivement tous les bons saints du paradis. Elle n'était plus un bébé et commençait à prendre part aux jeux de ceux de mes enfants que nous appelions les moyens — Anne, Diane, Jacques et Michel — par rapport aux aînés et aux « petits poulets » Chantal et Thibaut.

Chaque fois que survenait un événement imprévu, Claude s'affolait et se mettait à pousser des cris dans toute la maison ou alors tombait à genoux, n'importe où pour prier.

1950, c'était encore au Portugal la grande époque du carnaval. Avant le mercredi des Cendres et pendant près d'une semaine, il y a des réceptions un peu partout pour lesquelles on se déguise avec l'intention de se rendre le plus méconnaissable possible. Il est admis que l'on fasse irruption dans certaines maisons connues sans y être forcément invité. La nuit se passe ensuite à intriguer...

Un soir, avec les Van Zeller, les Bello et Salvador da Cunha, nous nous sommes déguisés en apaches avec des foulards sur le nez ; j'avais dissimulé mes cheveux sous une casquette bien enfoncée et nous sommes allés envahir la maison du roi d'Italie qui donnait une soirée pour la jeunesse, à laquelle mes enfants participaient... Pendant plus d'une heure, j'ai dansé avec tout ce monde, y compris avec le roi, sans que personne me reconnaisse.

A la fin, pour animer un peu cette réunion, et agacée aussi qu'on ne me reconnaisse pas, j'ai lâché dans les salons des fusées que j'avais cachées dans les poches de mon pantalon.

J'en ai jeté également dans le feu de la cheminée, qui ont fait un bruit d'enfer.

Le service d'honneur du roi s'est alors affolé. Ces messieurs croyaient avoir affaire à des voyous du port et l'un d'eux m'a sommée de retirer mon foulard ; comme je refusais, il me l'a arraché... en me reconnaissant, il est resté glacé d'épouvante...

Un autre soir, nous avons invité une centaine d'amis à un bal masqué qui s'est déroulé chez nous. Ils se sont tous déguisés sur un thème et par groupes — celui des Tahitiens, des épouvantails, des porto Sandeman, des clowns, etc. — et tous étaient parfaitement méconnaissables. Mais les gens du comte de Barcelone, déguisés en Arabes, se sont vite fait repérer à cause du rire si caractéristique de mon cher cousin. Quant à ma sœur Thérèse, déguisée avec les Horthy en épouvantail, c'est sa grande taille qui l'a trahie.

Moi-même, je m'étais changée en une jolie petite vieille, avec une grande perruque blanche, des lunettes de myope, une robe noire du siècle dernier et des mitaines. On m'a bien sûr cherchée parmi les déguisements les plus somptueux et c'est la simplicité même de mon costume, et ma voix que j'ai dû faire chevroter toute la soirée, qui m'ont permis d'abuser jusqu'à la fin nos amis. En homme bleu du désert, Henri était superbe... mais il a été vite reconnu à cause de ses yeux.

Ma chère mère avait mis un domino noir et un loup ; assise dans un fauteuil, elle observait tout et s'amusait beaucoup... Quand je pense que quelques mois plus tard, elle mourut d'un cancer...

C'était alors une personne d'une incroyable jeunesse de caractère et tout ce que nous faisions lui était une source de joie. Elle se faisait toutefois un devoir de me faire parfois des observations bien méritées et elle donnait aussi souvent raison à Henri contre moi.

Elle estimait que la paix, le bonheur d'un ménage, dépendaient presque toujours de l'épouse, qui devait savoir mettre à certains moments sous le boisseau sa personnalité et son esprit d'indépendance. En ce qui me concerne, il est vrai que c'est particulièrement difficile...

... *EN FRANCE !*

Au Portugal on dit que les tremblements de terre sont toujours précédés de certains signes avant-coureurs que les êtres les plus sensibles savent percevoir et reconnaître.

Le printemps 1950 fut inhabituellement chaud et très tôt, toute la nature sombra dans une sorte de torpeur artificielle. Ces manifestations insolites ne furent pourtant suivies d'aucun séisme et n'eurent réellement de valeur prémonitoire que pour la Maison de France : nous sentions bien que quelque chose allait se passer, qui bouleverserait effectivement notre vie, mais pas du tout à la manière d'une catastrophe.

Cet événement, dont nous redoutions surtout qu'il ne se produise pas, avait été en fait préparé de longue date par certains de nos amis, au départ à la suite d'une coïncidence tout à fait extraordinaire.

L'année précédente, M. Griffoulière, un des fidèles secrétaires du Prince, qui travaillait sous les ordres de M. Delongraye, s'était rendu à l'ambassade du Portugal à Paris pour y faire viser mon passeport afin que je puisse retourner au Portugal après mon séjour à Eu. Alors qu'il stationnait devant le guichet de la préposée aux visas, avec ce document ouvert posé devant lui, une personne, qui attendait son tour, eut son attention attirée par les photographies de mes onze enfants fixées sur le passeport.

Piquée de curiosité, elle demanda à Griffoulière à qui se rapportait cette ribambelle... Notre cher secrétaire lui donna toutes les explications... Ce monsieur n'était autre que le député du Morbihan, Hutin-Desgrées, directeur d' « Ouest-France », homme généreux, toujours prêt à s'enflammer pour de nobles causes.

Griffoulière venait de lui apprendre pourquoi le père de tous ces enfants était frappé d'ostracisme. Cet homme juste en fut profondément scandalisé et il résolut à l'instant de partir en guerre contre une loi inique prise en 1886. Il décida d'aller à la Quinta pour mettre au point avec le Prince la meilleure stratégie pour faire abroger cette loi et il s'attela avec une telle ardeur et un tel désintéressement à cette tâche qu'il put finalement la mener à bien.

C'est le 16 mai 1950 que Henri m'annonça que le texte d'abrogation de la loi d'exil allait être examiné le soir même par la Chambre des députés.

Cette soirée-là s'est passée dans une attente anxieuse...

Après un dîner vite expédié chez le fils du grand écrivain portugais, Antonio Eça de Queiros, nous sommes rentrés daredare de crainte de rater le coup de téléphone que nous attendions de Paris.

Henri allait et venait entre son bureau et le salon où se trouvaient ma mère, ma sœur Thérèse, les demoiselles, Raoul Nataf et le ménage Buraïs. Personne n'osait relancer la conversation et au fil des heures l'attente devenait de plus en plus angoissante. Ce n'est que vers 1 heure du matin que le téléphone s'est mis à sonner.

« Papa, ça y est, c'est abrogé ! » criait Isabelle en pleurant. Depuis plusieurs jours elle suivait avec Delongraye toutes les discussions parlementaires sur ce sujet ; ce soir, d'un petit café proche du Palais-Bourbon, où elle attendait depuis 8 heures, elle était la première à nous annoncer la merveilleuse nouvelle.

Enfin, Dieu soit loué ! Après trois générations et soixante-quatre années de complications et de tourments, les princes sortaient de l'exil.

Nous avons réveillé les enfants qui sont arrivés en trombe pour se ruer sur leur père et faire des farandoles en chemise de nuit... Mme Burais est allée chercher du champagne et dans une ambiance comparable à celle des douze coups de minuit du jour de l'An, nous avons fêté le Prince jusqu'à 2 heures du matin.

Les jours suivants, toute une meute de journalistes s'est ruée à la Quinta où, jusqu'au mois de mai, nous vivions si bien cachés...

Avant notre départ pour Rome le 22 mai, il y a eu juste quelques jours de grâce que le Prince a occupés à fourbir ses projets avec ses conseillers venus de Paris : Longone, Delongraye et Blanc du Collet. Sans pour autant renoncer à proclamer quelques ordonnances supplémentaires en matière d'économie domestique !...

Les trois demoiselles, Mme Burais et moi-même, toutes nous comparaissions pour nous entendre dire qu'en prévision des exigences de notre futur train de vie, des économies plus drastiques encore s'imposaient. Nous prenions bonne note...

Je me demandais pourtant une fois de plus sur quel chapitre rogner encore puisque nous en étions à notre vingtième plan annuel d'économies !

Entre mes abeilles et la lecture de « La Jérusalem délivrée », j'ai pris le temps de me retremper dans une ambiance bien française chez les Antoine Segard, dans leur adorable petite quinta du Rio do Moro où leurs enfants et les miens ont été entièrement subjugués lors de ces visites... par un jardinier visionnaire !...

1950, c'est l'année sainte.

Pour la deuxième fois à vingt-cinq années de distance, je me suis rendue dans la Ville Eternelle pour accomplir mon jubilé.

Les solennités revêtent cette fois une signification bien particulière car la curie romaine nous a invités pour la cérémonie de la canonisation de Jeanne de France, fille de Louis XI, notre aïeule...

Le 22 mai, nous avons pris à 3 heures du matin un avion qui est passé par Alger et Tunis. Pourquoi Henri a-t-il choisi un avion qui nous a ainsi trimbalés pendant dix heures entre Lisbonne et Rome ? Il m'a assuré que c'était pour des raisons d'économie, mais je savais très bien qu'un autre avion, qui n'était pas plus cher, ralliait Rome en quatre heures... En fait, je pense qu'il avait pris cet itinéraire pour pouvoir survoler des territoires français, suite à l'abrogation récente de la loi d'exil. Quoi qu'il en soit, cet interminable périple m'a mis d'une humeur massacrante...

Le 28, jour de la Pentecôte, à 6 heures et demie du matin, on nous accueille à la porte latérale gauche de Saint-Pierre pour nous conduire à la tribune réservée à la famille de la sainte. La duchesse d'Aoste, sa fille Marguerite, Xavier de Bourbon-Parme, sa famille et les grands-ducs de Luxembourg ont pris place à nos côtés ; toutes les dames sont vêtues de noir avec mantille et bijoux et les messieurs en habit et décorations ; Henri avait consenti à mettre exceptionnellement le collier de l'ordre de l'Annonciade, qui lui avait été conféré par le roi Umberto d'Italie. Il s'est en effet toujours refusé à porter quelque décoration que ce soit et c'est là la seule fois où je l'ai vu en mettre une.

Le Saint-Père a fait son entrée sur la sedia gestatoria à 8 heures et demie et jamais, je crois, je ne reverrai une cérémonie aussi grandiose et aussi émouvante. Quarante mille Français avaient pris place dans la basilique et juste en face de nous s'élevait la tribune réservée au corps diplomatique et aux membres du gouvernement français, venus tout exprès pour la canonisation de cette fille de roi de France.

Tout le monde savait que la loi d'exil venait d'être abrogée...

En entrant dans Saint-Pierre, nous avons été pris dans l'immense rumeur qui s'élevait de cette foule et à l'instant où nous nous sommes installés, l'intense bruissement est soudain retombé un quart de seconde...

La basilique était entièrement tendue de damas cramoisi et la soixantaine d'évêques et de cardinaux qui avaient pris place dans le chœur, portaient, tout comme Pie XII en cette fête du Saint-Esprit, des ornements cramoisis rehaussés d'or. Toute cette pompe et ces rites, qui remontaient à saint Jean Chrysostome et avaient traversé les millénaires, donnaient une impression d'éternité...

A notre grande joie Rome était envahie de Français et les Romains disaient que depuis Charles VIII ils n'en avaient jamais tant vus... En allant faire nos dévotions dans les différentes basiliques, nous trébuchions sans cesse sur des pèlerinages, venus de toutes les provinces de France.

A Sainte-Marie-Majeure, nous nous sommes trouvés nez à nez avec le comte et la comtesse de Durfort. Ma chère amie Colette menait manu militari son pèlerinage de la Sarthe et la sainteté du lieu ne nous a pas empêchées d'échanger derrière les pilastres quelques propos allègres et bien séculiers.

En sortant d'une autre basilique et alors que nous cherchions en vain un taxi, une auto s'arrête et le prélat qui se trouve à l'intérieur nous demande si nous sommes des pèlerins français. Nous disons que oui et fraternellement il nous fait monter. Il se présente en disant : « Je suis Mgr Lamy, archevêque de Sens. » Il est majestueusement installé dans le fond de la voiture avec son coadjuteur à ses côtés, tandis que Henri et moi-même prenons place sur les strapontins.

Le bon prélat nous soumet alors à un feu roulant de questions bienveillantes, nous demandant notamment de quel pèlerinage nous faisons partie. Quand il apprend que nous sommes venus motu proprio, il paraît déçu : « Oh alors ! avez-vous seulement pu entrer à Saint-Pierre pour la canonisation ? » Henri s'amuse beaucoup à l'embrouiller et à le désarçonner, d'autant que le coadjuteur nous a reconnus et fait des signes désespérés à son supérieur en essayant de le mettre sur la voie.

Finalement, Henri s'est quand même fait reconnaître et Mgr Lamy a paru ravi de cette aventure.

Un assez grand nombre de ces Français qui déambulaient dans la ville nous ont demandé de poser au milieu de leur groupe pour une photo souvenir...

Notre pèlerinage, comme chaque fois à Rome, ne pouvait s'achever sans une audience du Saint-Père. Le Prince y était poussé non seulement par l'usage, mais aussi par l'intérêt qu'il portait aux analyses politiques si personnelles de Pie XII et aussi aux sentiments particuliers que celui-ci nourrissait à l'égard de la France. Il le connaissait d'ailleurs depuis longtemps et s'était entretenu plusieurs fois avec lui quand il était secrétaire d'Etat du Saint-Siège.

Comme de coutume nous avons traversé maints salons où le relais habituel des camériers secrets — tous français ce jour-là — et des cardinaux, nous a fait progresser posément vers la porte du bureau papal...

Le Souverain Pontife s'est montré très intéressé par les problèmes français et il s'est longuement entretenu avec le prince des dispositions nouvelles que sa politique allait connaître suite à l'abrogation.

D'un point de vue plus personnel, c'est l'impression de timidité pétrifiante que la haute intelligence de ce grand seigneur de l'Eglise suscitait, qui m'est restée la plus présente au souvenir...

Je n'avais pas plutôt remis les pieds à la Quinta qu'il m'a fallu refaire connaissance avec l'hôpital Saint-Louis-des-Français où mon fils Henri s'est fait opérer in extremis de l'appendicite.

Je l'ai encore veillé plusieurs nuits, sans grand mérite cette fois de rester éveillée : c'étaient les fêtes de la Saint-Antoine et durant trois nuits tout le quartier s'est soulevé à grand renfort de gueulantes, de pétards, de fusées, et de fados d'amateurs.

Mais voici que recommence le temps des au revoir...

A mon jardin romantique tout d'abord, sorti tout droit d'un livre illustré de Bernardin de Saint-Pierre, à mes chères petites abeilles à qui je rafle quelques derniers kilos de miel, et, pathétiques, à tous mes protégés de la Conférence de Saint-Vincent-de-Paul qui, en dépit de mes protestations et de mes larmes, s'affligent en disant que je pars pour toujours.

En quelques heures, ce 4 juillet, la maison s'est totalement vidée. Maman et ma sœur Thérèse partent en bateau pour la France où se trouvent déjà Isa et François ; mes huit autres enfants, sous la seule protection de leur frère Henri, prennent l'avion pour Glion, en Suisse, où ils passeront l'été à la pension Primavera.

Presque à l'instant de notre départ, nos chers cousins le comte et la comtesse de Barcelone, viennent à la Quinta nous souhaiter bon voyage. Ce geste d'affection spontané nous a été au cœur et de penser alors que nous rentrions chez nous tandis que pour eux l'exil se prolongeait, m'a fait une peine affreuse.

L'avion pour Londres a décollé à 3 heures. Nous avons passé la nuit au Claridge où nous attendait M. Blanc du Collet et le pauvre Prince était sur des charbons ardents. Si heureux mais aussi tellement nerveux — on le serait à moins ! — et très porté à compliquer les consignes qui pleuvaient sur l'entourage...

C'est le jour même de son anniversaire, le 5 juillet, que nous partons avec Longone et Blanc du Collet en auto pour Douvres.

Un déjeuner bâclé dans un infâme « bed and breakfast » et puis nous montons dans le bateau pour Calais où nous attendent Delongraye, quelques amis, des journalistes et Hutin-Desgrées, que le Prince embrasse. Chez tous, l'émotion est profonde, si profonde qu'ils restent silencieux.

Sur la route de Paris, nous nous arrêtons d'abord pour

prier en l'église de Wimille, puis un peu plus tard à Marseille-en-Beauvaisis pour prendre un casse-croûte.

J'ai le cœur gros car nous sommes si près d'Eu... mais Henri est très pressé d'arriver à Paris.

Quand nous pénétrons en voiture dans la cour du 9, rue de Constantine, une bonne centaine de journalistes nous attendent. Assiégés dans nos voitures, étouffés, nous avons toutes les peines du monde à embrasser Isa et François... Quand nous sommes remis de l'échauffourée, les chers Moreau nous offrent un dîner ainsi qu'à tous ceux qui sont à nos côtés depuis Londres.

Ces instants ont été à ce point chargés d'émotion qu'aucun des assistants, pas plus que moi-même, n'avons réussi à nous souvenir du moindre des mots qui ont été prononcés ce soir-là.

Voici donc, en un halo d'images et d'impressions fortes et douces, le récit de cette journée dont nous avions tant rêvé. Henri, surtout, dont l'attente avait duré près de vingt-cinq années ! Mais nous avions tous la certitude que le rêve ne s'arrêtait pas là, bien au contraire : une vie nouvelle pouvait commencer, enfin accordée à celle de la mère patrie...

Tant de fois des vents contraires nous avaient éloignés de ses rivages qu'à l'espoir avaient souvent fait place la tristesse et la résignation !... Mais, à l'instant même où nous reposions nos pieds sur cette terre, il nous semblait que notre bonne étoile venait soudain de réapparaître et pour longtemps.

L'éloignement, la séparation avaient donné à notre pays des attraits que n'imaginent pas ceux qui n'ont pas connu le temps de l'absence. En fin de compte, nous ne l'avions quitté que pour mieux l'aimer et dans nos cœurs cette journée prenait pour toujours sa place dans la longue histoire de notre Maison, riche de mille prolongements.

ARBRES GÉNÉALOGIQUES

Généalogie d'Henri de France, Comte de Paris

Louis-Philippe
Duc d'Orléans
Premier prince du Sang
Roi des Français en 1830
Marie-Amélie
des Deux-Siciles

Frédéric-Louis
Grand-Duc héritier de
Mecklembourg-Schwérin
Caroline-Auguste
de Saxe-Weimar

Louis-Philippe
Duc d'Orléans
Premier prince du Sang
Roi des Français en 1830
Marie-Amélie
des Deux-Siciles

Dom Pedro IV-I
empereur du Brésil
puis Roi de Portugal
Léopoldine de Lorraine
archiduchesse d'Autriche

Ferdinand-Philippe
Duc de Chartres
puis d'Orléans
Prince royal des
Français en 1830

Hélène de Mecklembourg-Schwérin

François d'Orléans
Prince de
Joinville
Vice-amiral

Françoise de Bragance

Robert d'Orléans
Duc de Chartres
Premier prince
du Sang, 1883
quand son
frère aîné, le
comte de Paris,
Philippe VII
est devenu chef de
la Maison de France

Françoise d'Orléans Joinville

Jean III
Duc de Guise
Premier prince
du Sang en 1910,
à la mort de son père.
En 1926,
succède comme chef
de la Maison de France
à son cousin germain
et beau-frère,
le duc d'Orléans,
Philippe VIII

Henri de France
Comte de Paris

Louis-Philippe
Duc d'Orléans
Premier prince du Sang
Roi des Français en 1830
Marie-Amélie
des Deux-Siciles

Frédéric-Louis
Grand-Duc héritier de
Mecklembourg-Schwérin
Caroline-Auguste
de Saxe-Weimar

Louis-Philippe
Duc d'Orléans
Premier prince du Sang
Roi des Français en 1830
Marie-Amélie
des Deux-Siciles

Ferdinand VII
Roi d'Espagne
Marie-Christine
des Deux-Siciles

Ferdinand-Philippe
Duc de Chartres
puis d'Orléans
Prince royal des
Français en 1830

Hélène de Mecklembourg-Schwérin

Antoine d'Orléans
Duc de
Montpensier
naturalisé Infant
d'Espagne

Louise Ferdinande
Infante
d'Espagne

Philippe VII
Comte de Paris
Premier prince
du Sang en 1850,
à la mort de son aieul.
En 1883, succède
comme chef de
la Maison de France
à Henri V, comte de
Chambord dernier mâle
issu de Louis XV

Isabelle d'Orléans Montpensier
Infante
d'Espagne

Isabelle de France
Sœur du
duc d'Orléans,
Philippe VIII

Généalogie d'Isabelle, princesse d'Orléans et Bragance

- **Isabelle** Princesse d'Orléans et Bragance
  - **Dom Pedro d'Alcantara c.d. Prince du Grand-Para, Prince d'Orléans et Bragance**
    - **Gaston d'Orléans-Nemours** Comte d'Eu naturalisé prince brésilien
      - **Louis d'Orléans** Duc de Nemours Lieutenant-général
        - **Louis-Philippe** Duc d'Orléans Premier prince du Sang Roi des Français en 1830
        - Marie-Amélie des Deux-Siciles
      - **Victoire de Saxe-Cobourg et Gotha**
        - **Ferdinand** Prince de Saxe-Cobourg
        - **Antoinette** Princesse de Koháry
    - **Isabelle de Bragance** Régente de l'Empire du Brésil
      - **Dom Pedro II** Empereur du Brésil
        - **Dom Pedro IV-I** empereur du Brésil puis Roi de Portugal
        - Léopoldine de Lorraine archiduchesse d'Autriche
      - **Thérèse des Deux-Siciles**
        - **François Ier** Roi des Deux-Siciles
        - **Isabelle** Infante d'Espagne
  - **Elisabeth-Adélaïde** Comtesse Dobrzenski de Dobrzenicz
    - **Jean-Wenceslas** Comte Dobrzenski de Dobrzenicz, membre de la Chambre des Seigneurs d'Autriche
      - **Jean-Joseph** Baron Dobrzenski de Dobrzenicz Sgr de Chotebor
        - **Jean-Wenceslas** Baron Dobrzenski de Dobrzenicz, Sgr de Chotebor, etc.
        - **Marie-Anne** Baronne Pergler de Perglas
      - **Marie-Frédérique** Baronne Wanczura de Rzehinez
        - **Joseph-Wenceslas-Joachim** Baron Wanczura de Rzehinez
        - **Marie-Frédérique** Baronne de Lamotte-Printropp
    - **Elisabeth** Comtesse Kottulinski de Kottulin
      - **François-Joseph** Comte Kottulinski de Kottulin
        - **François-Joseph** Comte Kottulinski de Kottulin
        - **Marie-Joséphine** Comtesse de Kazianer
      - **Adélaïde** Comtesse de Attems
        - **François-Antoine** Comte de Attems
        - **Ernestine-Joséphine** Comtesse Khiren de Belasi

Descendance d'Henri de France, Comte de Paris et d'Isabelle, princesse d'Orléans et Bragance

HENRI, comte de Paris
né le 5 juillet 1908
au Nouvion-en-Thiérache (Aisne)
Epouse le 8 avril 1931 à Palerme
Princesse Isabelle d'Orléans et Bragance

ISABELLE D'ORLÉANS et BRAGANCE
née le 13 août 1911
à Eu (Seine-Maritime)
Epouse le 8 avril 1931 à Palerme
Henri, comte de Paris

ISABELLE
née le 8 avril 1932
au Manoir d'Anjou - Woluwe-St-Pierre - Belgique
Epouse le 10 septembre 1964 à Dreux
Comte Fr. K. de Schönborn-Buchhein
né le 30 mars 1938 à Schönborn

Damian 1965 — *Vinzenz* 1966 — *Lorraine* 1968 — *Claire* 1969 — *Melchior* 1977

HENRI
Comte de Clermont
né le 14 juin 1933
au Manoir d'Anjou - Woluwe-St-Pierre - Belgique
Epouse le 5 juillet 1957 à Dreux
Duchesse Marie-Thérèse de Wurttemberg
née le 12 novembre 1934 à Altshausen

Marie 1959 — *François* 1961 — *Blanche* 1962 — *Jean* 1965 — *Eudes* 1968

HÉLÈNE
née le 17 septembre 1934
au Manoir d'Anjou - Woluwe-St-Pierre - Belgique
Epouse le 17 janvier 1957 à Dreux
Comte Evrard de Limbourg-Stirum
né le 31 octobre 1927 à Huldenberg

Catherine 1957 — *Thierry* 1959 — *Louis* 1962 — *Bruno* 1966

FRANÇOIS
Duc d'Orléans
né le 15 août 1935
au Manoir d'Anjou - Woluwe-St-Pierre - Belgique
Lieutenant, mort pour la France
en Algérie, le 11 octobre 1960

ANNE
née le 4 décembre 1938
au Manoir d'Anjou - Woluwe-St-Pierre - Belgique
Epouse le 12 mai 1966 à Dreux
Prince Carlos de Bourbon des Deux-Siciles
né le 16 janvier 1938 à Lausanne

Cristina 1966 — *Maria* 1967 — *Pedro* 1968 — *Inès* 1971 — *Victoria* 1976

DIANE
née le 24 mars 1940
à Pétropolis - Brésil
Epouse le 21 juillet 1960 à Altshausen
Duc Carl de Wurttemberg
né le 1er août 1936 à Friedrichshafen

Friedrich 1961 — *Mathilde* 1962 — *Eberhard* 1963 — *Philippe* 1964 — *Michel* 1965 — *Eléonor* 1977

JACQUES
Duc d'Orléans
né le 25 juin 1941
à Rabat - Maroc
Epouse le 3 août 1969 à Ansouis
Gersende de Sabran-Pontéves
née le 29 juillet 1942 à Ansouis

Diane 1970 — *Charles-Louis* 1973 — *Foulques* 1974

MICHEL
Comte d'Evreux
né le 25 juin 1941
à Rabat - Maroc
Epouse le 18 novembre 1967 à Casablanca
Béatrice de Pasquier de Franclieu
née le 24 octobre 1941 à Paris

Clotilde 1968 — *Adélaïde* 1971 — *Charles-Philippe* 1973

CLAUDE
née le 11 décembre 1943
à Larache - Maroc
Epouse le 22 juillet 1964 à Sintra
Duc d'Aoste
né le 27 septembre 1943 à Florence

Bianca 1966 — *Aimone* 1967 — *Mafalda* 1969

CHANTAL
née le 9 janvier 1946
à Pampelune - Espagne
Epouse le 28 juillet 1972 à Dreux
Baron Fr. X. de Sambucy de Sorgue
né le 20 août 1943 à Arles

Axel 1976 — *Alexandre* 1978

THIBAUT
Comte de la Marche
né le 20 janvier 1948
à Sintra - Portugal
Epouse le 23 septembre 1972 à Edimbourg
Marion Gordon-Orr
née le 4 septembre 1942 à Santiago du Chili

Robert 1976

ACHEVÉ D'IMPRIMER LE 2 MARS 1979
SUR LES PRESSES DE L'IMPRIMERIE HÉRISSEY
POUR LE COMPTE DE FRANCE LOISIRS
75015 — PARIS

N° d'éditeur : 4153 — N° d'imprimeur : 23311
Dépôt légal : 1er trimestre 1979

Imprimé en France